主　编 / 刘善庆
副主编 / 黎志辉 汪忠华

全国革命文物
保护利用报告

REPORT ON
PROTECTION AND UTILIZATION OF

NATIONAL REVOLUTIONARY
CULTURAL RELICS

社会科学文献出版社
SOCIAL SCIENCES ACADEMIC PRESS (CHINA)

序 一

文物是人类历史的见证和文明传承的瑰宝。在辽阔的中华大地上，璀璨夺目的文化遗产和自然遗产星罗棋布，承载着中华文明，延续着千年文脉，连绵不断地塑造和凝聚着中华民族的文化认同。

革命文物作为近代以来民族奋斗的历史见证和民族精神的重要象征，对培育社会主义核心价值观和建设中华民族现代文明具有不可替代的作用。2021年，习近平总书记对革命文物工作做出重要指示时指出，革命文物承载党和人民英勇奋斗的光荣历史，记载中国革命的伟大历程和感人事迹，是党和国家的宝贵财富，是弘扬革命传统和革命文化、加强社会主义精神文明建设、激发爱国热情、振奋民族精神的生动教材。

新时代以来，革命文物工作阔步迈入开拓进取、奋发前行的历史新阶段。在以习近平同志为核心的党中央坚强领导下，各地区各部门和社会各界共同推动新时代革命文物工作前所未有地创新发展，革命文物保护状况持续改善、教育传承功能明显增强、融合发展能力大幅提升、机构队伍建设实现突破，革命文物为讲好"中国故事"、增强民族精神力量做出了独特贡献。编撰一本全面反映新时代以来党领导革命文物事业发展的重大成就和历史经验的书，对有关部门、专家学者和人民群众深入了解革命文物工作实有必要。

国家革命文物协同研究中心是教育部、国家文物局联合批准设立的专门从事革命文物保护利用研究的"国家队"，承担着革命文物领域的价值阐释、智库研究、宣传教育、学科建设等重要功能。在国家文物局革命文物司的指导下，井冈山革命博物馆-江西师范大学国家革命文物协同研究中心发挥专业优势、整合专家力量，编撰完成了《全国革命文物保护利用报告》。该书充分利用革命文物工作的文件资料和典型案例，并汲取学界现有的研究成果，呈现了资料丰富、视野宽广、学科交叉、实践性强等特点，堪称新时代革命文物事业发展的一部全景式实录。

守护革命文物，赓续红色血脉。希望读者通过阅读这本书，更好地了解新时代革命文物工作的发展成就和成功经验，了解新时代革命文物工作者的担当作为和辛勤奉献，在习近平文化思想的指引下，进一步增强文化自觉、坚定文化自信，为实现中华民族伟大复兴贡献力量。

顾玉才

中国文物学会会长

国家文物局党组原副书记、副局长

2024 年 9 月

序　二

　　革命文物凝结着中国共产党的光荣历史，展现了近代以来中国人民英勇奋斗的壮丽篇章，是革命文化的物质载体，是激发爱国热情、振奋民族精神的深厚滋养，是中国共产党团结带领中国人民不忘初心、继续前进的力量源泉。

　　党的十八大以来，以习近平同志为核心的党中央高度重视革命文物保护工作。习近平总书记多次就革命文物保护工作做出重要指示批示，提出一系列新思想新观点新要求，为加强新时代革命文物工作指明了方向、提供了根本遵循。党的二十大报告明确提出要"弘扬以伟大建党精神为源头的中国共产党人精神谱系，用好红色资源，深入开展社会主义核心价值观宣传教育，深化爱国主义、集体主义、社会主义教育，着力培养担当民族复兴大任的时代新人"。在以习近平同志为核心的党中央坚强领导下，各部门各地区加强协作、积极作为，深入推进革命文物保护利用工作。国家文物局积极会同中央和国家机关出台了《关于加强新时代革命文物工作的通知》等30多个政策性、指导性文件。国家文物局还出台了《革命文物保护利用"十四五"专项规划》，与中央党史和文献研究院、人力资源和社会保障部、中央军事委员会后勤保障部、教育部、国家民族事务委员会、国家林业和草原局等单位持续加强合作并开展活动，构建了党委领导、政府主导、部门协作、社会参与的革命文物"大保护""大利用"工作格局，形成了革命文物事业高质量发展的强大合力。

　　全国各地贯彻落实"保护第一、加强管理、挖掘价值、有效利用、让文物活起来"的新时代文物工作方针，不断加强对革命文物的系统保护和活化利用，涌现了许多具有实践探索价值的革命文物保护利用成功经验。江西省通过实施"赣南等原中央苏区革命遗址保护利用工程"，率先提出对革命文物实施整体保护的理念，并出台了《赣南等原中央苏区革命遗址保护规划》，使当地革命旧址保护利用状况得到明显改善。陕西省延安市注重革命文物保护利用与乡村振兴、城市建设等深度融合，探索形成了"六项机制抓保护、六个融合促发展"的延安做法，建成全国首个革命文物国家文物保护利用示范区。广东省将革命文物保护利用作为文化强省建设的重要内容，从 2019 年起连续 5 年安排 15 亿元红色革命遗址保护利用专项资金，并在全国率先建立文化遗产建筑保养维护的"岁修"制度。广西壮族自治区实施百年党史文物保护展示、革命文物集中连片保护利用、长征文化线路整体保护利用等六大重点工程，出台《广西壮族自治区红色资源保护传承条例》。山东省坚持抢救性和预防性保护并重，实施革命旧址维修保护行动计划和馆藏革命文物保护修复计划，组织开展了革命文物修缮计划评审工作，投入财政资金 1.32 亿元，推进实施了新四军军部暨华东军区、华东野战军诞生地旧址修缮保护等一大批国家级、省级文物保护项目。黑龙江省结合省内革命文物保护单位和抗联遗址遗迹，开发了 5 条抗战主题红色旅游精品线路，有效推动了红色文化与旅游融合发展。除此之外，全国其他省份也展开了积极探索，共同推动革命文物工作开创新局面。

江西师范大学是教育部、江西省人民政府共建高校，对江西省的政治、经济、文化和社会发展有较大影响，被江西省人民政府确定为优先发展的省属重点（师范）大学。学校建有国家革命文物协同研究中心、全国重点马克思主义学院以及苏区振兴研究院、江西省红色资源开发与教育研究中心等科研平台，拥有马克思主义理论 A 类学科和马克思主义理论、教育学、中国史等一级学科博士点。近年来，学校贯彻落实习近平总书记关于革命文物工作和思想政治工作重要指示精神，自觉担当革命文物保护利用的社会责任，紧紧围绕用好红色资源、培育时代新人的教育使命，依托与井冈山革命博物馆共建的国家革命文物协同研究中心，努力打造红色资源研究高地、革命文物保护利用高端智库、革命文化学术交流平台、红色资源共建共享中心，助力江西建设全国红色基因传承示范区，切实发挥革命文物在党史学习教育、革命传统教育、爱国主义教育等方面的重要作用。

为深入学习贯彻习近平总书记关于革命文物工作重要论述精神，总结探索全国各地努力开创革命文物工作新局面的成功做法，全面反映新时代革命文物事业发展的辉煌成就，井冈山革命博物馆－江西师范大学国家革命文物协同研究中心在国家文物局革命文物司的指导下，组织专家编写了《全国革命文物保护利用报告》一书。全书系统梳理了党的十八大以来党中央、国务院推进新时代革命文物事业发展的重大决策部署，总结了国家文物局等有关部门组织实施的重点工程、重要活动，从革命文物价值阐释与理论宣传、革命文物数字化保护与利用、革命文物展览展示创新发展、革命文物融入"大思政课"教育、革命文物赋能文旅融合和革命老区振兴等诸多方面，全方位探讨了各地保护革命文物、用好红色资源的典型案例和成功做法。本书记录了党中央、国务院高度重视革命文物工作的决策部署，凝结着各部门各地区协同推进革命文物事业发展的辛勤努力，对文物管理部门、博物馆和纪念馆等文博单位以及党史工作部门、高等院校和相关科研机构的同志们深入了解新时代革命文物事业发展的过程、成就和经验具有一定的参考价值。

习近平总书记强调，加强革命文物保护利用，弘扬革命文化，传承红色基因，是全党全社会的共同责任。我们将坚持以习近平新时代中国特色社会主义思想为指导，认真贯彻落实习近平总书记关于革命文物工作重要论述精神，以传承和弘扬红色文化为落实立德树人根本任务的重要途径，深化革命文物研究阐释，创新革命文物教育方法，大力推进红色基因传承，使中国革命历史的"营养剂"在当代大学生中更好地发挥铸魂育人的重要作用，为以中国式现代化全面推进强国建设、民族复兴伟业凝聚强大的精神力量。

黄加文

江西师范大学党委书记

2024 年 9 月

目 录

I 综合篇

全国革命文物保护利用回顾与展望 …………… 吴　寒　刘善庆／001

一　全国革命文物资源概况 ………………………………… ／002

二　革命文物保护利用格局 ………………………………… ／024

三　革命文物保护利用立法 ………………………………… ／070

四　革命文物保护利用工程 ………………………………… ／077

五　革命文物保护利用队伍 ………………………………… ／080

六　革命文物保护利用经费 ………………………………… ／086

七　革命文物保护利用展望 ………………………………… ／091

II 专题篇

革命文物价值阐释与理论宣传报告

………………… 古屿鑫　潘楚巧　但青霞　李　越／101

革命文物数字化保护与利用报告 ………… 和聪贤　施睿青　宋炳泽／127

革命文物展览展示创新发展报告 ………… 汪春翔　康艳丽　王诗涵／156

革命文物融入"大思政课"教育报告 ………………………… 沈夏珠 / 172

革命文物赋能文旅融合和革命老区振兴报告

……………………… 汪忠华　龚泽懿　刘　婷　刘　想 / 189

Ⅲ　案例篇

革命文物科学保护案例

………… 刘善庆　刘　欢　王绍龙　谭凯淋　熊　微　李归宁 / 213

革命文物展览展示案例 ………………… 黎志辉　蒋玉芳　刘　春 / 240

革命文物社会教育案例

………… 刘善庆　陈佳慧　周　源　钱佳成　莫　莉　郭朝律 / 251

革命文物科技应用案例

………… 刘善庆　王　煜　周　琪　宋锦华　江　玲　宋咨融 / 272

革命文物与文创旅游案例

……………… 周　琪　祁　娟　王艳乔　杨文婧　江　玲 / 289

革命文物与乡村振兴案例

………… 黄小红　贺　静　王绍龙　黄　斐　陈莉莉 / 306

附录一

全国革命文物保护利用十佳案例名单 ……………………………… / 336

附录二

全国革命文物保护利用优秀案例名单 ……………………………… / 339

附录三

建党百年红色旅游百条精品线路 …………………………………… / 342

附录四

庆祝中国共产党成立100周年精品展览 …………………………… / 356

附录五

以革命文物为主题的"大思政课"优质资源示范项目名单（10项）

··· ／ 362

附录六

以革命文物为主题的"大思政课"优质资源精品项目名单（100项）

··· ／ 363

综 合 篇

全国革命文物保护利用回顾与展望

吴　寒　刘善庆

摘　要： 革命文物是传承红色基因、弘扬爱国主义精神的重要载体，具有极高的历史价值、文化价值和教育价值。党的十八大以来，在以习近平同志为核心的党中央的坚强领导下，国家文物局统筹协调革命文物工作，各地区各部门扎实推进革命文物保护利用工作，革命文物家底基本摸清，革命文物保护状况持续改善，形成了革命文物保护利用新格局，革命文物教育功能不断强化。在以中国式现代化全面推进中华民族伟大复兴的新征程上，需要继续推进革命文物史料征集工作，进一步加强革命文物的法治保障，进一步加强革命文物研究阐释，创新活化利用形式，传承红色基因。

关键词： 革命文物　保护利用　历史价值　文化价值　教育价值

---

* 吴寒，国家文物局革命文物司展示传承处处长，一级调研员；刘善庆，博士，研究员，博士生导师，井冈山革命博物馆-江西师范大学国家革命文物协同研究中心常务副主任，江西师范大学苏区振兴研究院院长，主要研究方向为革命文物保护利用、区域发展管理。

革命文物承载着党和人民英勇奋斗的光荣历史，记载着中国革命、建设、改革和新时代的伟大历程与感人事迹，是党和国家的宝贵财富。党的十八大以来，以习近平同志为核心的党中央站在坚定文化自信、建设文化强国的战略高度，重视和推动革命文物工作，习近平总书记就加强革命文物保护利用、用好红色资源、传承红色基因作出一系列重要指示批示，发表一系列重要论述，做出一系列重大决策部署，习近平革命文物保护利用新理念新思想新战略为做好新时代革命文物工作指明了前进方向、提供了根本遵循。

2021 年 3 月 30 日，全国革命文物工作会议在北京召开。习近平总书记做出重要指示，时任中共中央政治局委员、国务院副总理孙春兰，时任中共中央政治局委员、中央宣传部部长黄坤明出席会议，就全面推进新时代革命文物工作做出部署安排。经过不懈努力，革命文物保护利用的政策制度实现了前所未有的突破，革命文物机构队伍建设实现了前所未有的突破，革命文物保护利用亮点前所未有，保护利用状况显著改善，保护利用传承体系基本健全，传承发展平台初步形成。文物保护主要任务完成，革命旧址和革命博物馆、纪念馆日益成为爱国主义教育、党史学习教育、革命传统教育的重要阵地，成为广大党员干部群众缅怀革命先烈、传承红色基因、弘扬革命文化的精神家园，成为服务国家战略、促进经济社会发展的新引擎、新动力。①

一 全国革命文物资源概况

（一）总体情况

一般来说，革命文物可分为移动革命文物和不可移动革命文物两个大类；其中，不可移动革命文物又分为五种类型，分别为重要机构旧址、历史事件和革命事件纪念地、重要人物故（旧）居、革命烈士墓以及革命纪念设施。②

---

① 朱宁宁：《全国革命纪念馆跃升至 1600 余家》，《法治日报》2023 年 1 月 10 日，第 7 版。
② 何军、刘丽华：《辽宁省不可移动革命文物资源状况与结构性保护》，《沈阳师范大学学报》（社会科学版）2021 年第 6 期。

新中国成立以来，我国组织了多次文物普查工作，在第三次全国文物普查和第一次全国可移动文物普查基础上，全国 31 个省（区、市）和新疆生产建设兵团全面完成首批革命文物名录公布，湖南、上海、新疆、河南等省份陆续公布了第二批革命文物名录，① 革命文物家底基本摸清。

据统计，全国有不可移动革命文物 3.6 万多处，仅登记的革命旧址就有 33315 处，占近现代不可移动文物总数的 23.6%；其中，抗战文物遗址 3000 多处，长征文物遗址 1600 多处。革命历史类文物保护单位 1.3 万处，其中全国重点文物保护单位 482 处，以湖南、江西、湖北等省居多；在全国重点文物保护单位革命文物中，革命旧址 4777 处，占近现代重要史迹及代表性建筑总数的 66%。全国可移动革命文物 1000 余万件（套），其中国有馆藏革命文物总数超过 100 万件（套），② 珍贵文物 5 万余件（套）；与近现代重要革命直接相关事件和人物有关的可移动文物共计 49 万件（套）。2023 年完成 2893 件（套）近现代馆藏一级文物备案复核工作，全国备案近现代馆藏一级文物达到 13096 件（套），其中革命历史类馆藏一级文物总数达到 10855 件（套）。

国家文物局首次完成全国性革命纪念馆专项调查，基本摸清了行业发展现状。数据显示，2021 年全国革命博物馆、纪念馆、陈列馆、展览馆共计 1644 家，2023 年，全国新增革命纪念馆 23 家，主题涵盖党的各个历史时期，以各个时期党史为主题的革命纪念馆数量均在 100 家以上，其中以抗日战争时期为主题的场馆数量最多，超过 400 家。已经公布的第一批纳入中国共产党人精神谱系的伟大精神大多以重要的革命纪念馆为支撑。这些事实说明，全国性的革命史迹与纪念场馆体系基本形成。

（二）具体情况

全国 31 个省（区、市）和新疆生产建设兵团革命文物资源具体情况

---

① 李耀申：《保护革命文物 赓续红色血脉》，《中国文物报》2022 年 1 月 21 日，第 1 版。
② 孙文福：《沈阳市革命文物和红色文化遗址保护利用对策研究》，《辽宁经济职业技术学院 辽宁经济管理干部学院学报》2023 年第 1 期。

如下。

北京。2021 年，北京市文物局公布的全市第一批革命文物名录包括不可移动革命文物 158 处，其中全国重点文物保护单位 18 处，市级文物保护单位 29 处，区级文物保护单位 52 处，总占比约为 63%；尚未核定公布为文物保护单位的不可移动文物（即普查登记在册文物）59 处，占比约为 37%；可移动革命文物 2111 件（套），其中一级文物 1974 件（套），二级文物 65 件（套），三级文物 26 件（套），一般文物 46 件（套）。2022 年公布的第二批革命文物名录包括 30 处不可移动革命文物和 535 件（套）可移动革命文物。

在北京市第一批公布的 26 家革命纪念馆中，中国国家博物馆颇具特色。据不完全统计，中华人民共和国成立 70 年来，该馆共收藏毛泽东各类文物近 5000 件（套），含一级品百余件（套）；照片 5000 余张，含原版照片数百张；图书 1400 余册，含珍本、孤本。特别是毛泽东新中国成立前文献资料收藏成为该馆的一大特色。

天津。2021 年公布的全市第一批革命文物名录有可移动革命文物 7154 件（套），包括毛泽东在开国大典上穿过的绿呢制服、周恩来保存的《检厅日录》、地下党员麦璇琨绘制天津城防图时使用的绘图仪、杨连弟烈士在抗美援朝战争中使用的军用工具挎包、天津市人民政府为庆祝开国大典升起的第一面五星红旗、天津试制生产的第一只国产手表等一批珍贵文物；不可移动革命文物 56 处，其中全国重点文物保护单位 7 处，市级文物保护单位 29 处，国保和市保单位占比约为 64%。次年公布的第二批革命文物名录包括不可移动革命文物 20 处，可移动革命文物 1066 件（套）。

天津市共有革命纪念馆 13 家，全国红色旅游经典景区 6 家。蓟州区、宝坻区、西青区被中宣部、财政部、文化和旅游部、国家文物局确定为革命文物保护利用片区。

河北。全省登记不可移动革命文物 1828 处，其中全国重点文物保护单位 15 处，省级文物保护单位 56 处，市县级文物保护单位 524 处；国有馆藏革命文物 26129 件（套）。2021 年公布的第一批全省革命文物名录包括各级文物保护单位 595 处，其中全国重点文物保护单位 15 处，省级文物保护单位 57 处，市级文物保护单位 56 处，县级文物保护单位 467 处；珍贵文物 10302 件（套），其中一级文物 209 件（套），二级文物 383 件（套），三级文物 9710 件（套）。

河北省共有革命题材专题博物馆、纪念馆 35 家，102 个县（市、区）列入革命文物重点片区。

山西。现存革命文物 2500 余处，已公布为各级文物保护单位的有 847 处，其中全国重点文物保护单位 23 处，省级文物保护单位 56 处。山西省公布的第一批革命文物名录包括不可移动革命文物 687 处，其中全国重点文物保护单位 22 处，省级文物保护单位 52 处，市级文物保护单位 79 处，县级文物保护单位 534 处；可移动革命文物 4478 件（套），其中一级文物 541 件（套），二级文物 251 件（套），三级文物 3686 件（套）。第二批革命文物名录包括不可移动革命文物 463 处，其中省级文物保护单位 20 处，市级文物保护单位 52 处，县级文物保护单位 140 处，尚未核定公布为文物保护单位的不可移动革命文物 251 处；可移动革命文物 8289 件（套），其中一级文物 20 件（套），二级文物 10 件（套），三级文物 102 件（套），一般文物 3150 件（套），未定级文物 5007 件（套）。

内蒙古。全区现有革命文物保护单位 398 处，自治区先后公布了 5 批自治区重点革命文物保护单位，其中 9 处为全国重点文物保护单位。2021 年，内蒙古自治区文物局公布了第一批不可移动革命文物名录 39 处，其中全国重点文物保护单位 6 处，自治区重点文物保护单位 33 处。2023 年公布的自治区第二批革命文物名录包括可移动革命文物 230 件（套），其中一级文物 73 件（套），二级文物 74 件（套），三级文物 43 件（套），未定级文物 40 件（套）。19 个旗县（市、区）被列入国家第二批革命文物保护利用片区分县名单。

内蒙古共有革命历史博物馆、纪念馆 23 家，馆藏革命文物 6 万件（套）。

辽宁。全省第一次革命遗址普查共登记 855 处，其中完好的不可移动文物为 676 处，与《辽宁省革命文物名录》（第一批）收录的不可移动革命文物数量相当，但双方互有重叠，也各有不同。2021 年 3 月，在《关于公布第十一批省级文物保护单位（革命文物类）的通知》中，辽宁全省共有 33 处革命文物保护单位。2021 年，辽宁省文物局公布的第一批不可移动革命文物名录 650 处，其中省级文物保护单位 82 处，全国重点文物保护单位 10 处；可移动革命文物 10818 件（套），其中东北抗联不可移动文物遗迹 120 处，各纪念馆登记可移动抗联文物 2370 件（套）。2023 年，辽宁省公布不可移动革命文物名录，包括重新核定后的第一批 575 处、第二批 93 处。

吉林。全省首批认定的可移动革命文物 1 万多件（套），馆藏珍贵革命文物 724 件（套），革命旧址 269 处。2019 年、2022 年，吉林省公布了《吉林省革命旧址名录（第一批）》、《吉林省东北抗日联军旧址名录（第一批）》、《吉林省革命旧址名录（第二批）》、《吉林省东北抗日联军旧址名录（第二批）》和《吉林省馆藏珍贵革命文物名录（第二批）》。具体来看，《吉林省革命旧址名录（第一批）》共登记 269 处革命旧址；《吉林省东北抗日联军旧址名录（第一批）》共登记 133 处抗联旧址；《吉林省革命旧址名录（第二批）》登记 8 市（州）共 61 处革命旧址，其中省级文物保护单位 2 处，市（州）级文物保护单位 4 处，县级文物保护单位 21 处，未定级文物 34 处；《吉林省东北抗日联军旧址名录（第二批）》登记 6 市（州）共 32 处抗联旧址，其中省级文物保护单位 1 处，市（州）级文物保护单位 2 处，县级文物保护单位 11 处，未定级文物 18 处；《吉林省馆藏珍贵革命文物名录（第二批）》登记 9 家博物馆共 421 件（套）珍贵革命文物，其中一级文物 37 件（套），二级文物 40 件（套），三级文物 344 件（套）。全省共登记革命旧址 330 处，东北抗日联军旧址 165 处，馆藏珍贵革命文物 12 家博物馆共 1145 件（套）。仅 2022 年就发现抗联遗迹 3000 余处，出土抗联文物 600 余件（套），进一步证实吉林省东北抗联创建的历史地位。

黑龙江。黑龙江省以第三次全国文物普查和第一次全国可移动文物普查的统计数据为基础，在 2020 年公布全省第一批革命文物名录，其中不可移动革命文物 546 处，包括"赵尚志将军遇难地、东北民主联军航空学校旧址、抗联六军密营遗址①、中共北满省委旧址、八女投江殉难地"等遗址遗迹，其中全国重点文物保护单位 10 处，省级文物保护单位 61 处，市县级文物保护单位 212 处，未定级文物保护单位 263 处；可移动革命文物 2000 件（套）。2023 年公布的黑龙江省革命文物名录包括不可移动革命文物 484 处，其中全国重点文物保护单位 10 处，省级文物保护单位 53 处，市县级文物保护单位 200 处，一般文物保护单位 221 处；馆藏可移动革命文物 4620 件（套），其中一级文物 191 件（套），二级文物 316 件（套），三级文物 3457 件（套），一般文物 656 件（套）。此次名录公布，摸清、摸准了黑龙江革命文物的资源底数和保存现状。

上海。上海是中国共产党的诞生地，是中国共产党历史的伟大起点，也是中国共产党人确立初心的地方。《上海市第一批革命文物名录》显示，全市共有 150 处不可移动革命文物和 208 件（套）可移动革命文物，其中 137 处不可移动革命文物、167 件（套）可移动革命文物为中国共产党领导的新民主主义革命文物，占比分别约为 91%、80%。《上海市第二批革命文物名录》显示：全市共有不可移动革命文物 100 处，包括 13 处上海市文物保护单位，5 处县级文物保护单位，82 处一般不可移动文物；可移动革命文物 3207 件（套），均为珍贵馆藏二、三级文物。根据《上海市不可移动革命文物保护利用报告（2018—2022 年）》披露的信息，上海共有 250 处不可移动革命文物，覆盖全市 16 个行政区域，其中 198 处保存基本完好，占比近 80%；全国重点文物保护单位 11 处，市级文物保护单位 85 处，区级文物保护单位 72 处，文物保护点 82 处。截至 2021 年，上海有不可移动革命文物 257 处，可移动革命文物 8.1 万余件（套）。

---

① 全国登记在册的东北抗联遗址遗迹分布于黑龙江、吉林、辽宁、内蒙古四省（区），总计 602 处，各地建有东北抗联主题博物馆、纪念馆 44 家。朝阳山东北抗联第三路军密营遗址等 3 处东北抗联遗址遗迹先后公布为全国重点文物保护单位，杨靖宇将军殉国地等 6 处东北抗联纪念设施列入国家级抗战纪念设施、遗址名录，辽宁东北抗联史实陈列馆等 9 处东北抗联革命旧址、纪念场馆命名为全国爱国主义教育示范基地。2020 年东北抗日联军片区被列为第二批革命文物保护利用片区，涵盖四省（区）84 个县（市、区），加强东北抗联革命文物的整体保护。

江苏。根据《江苏省革命文物名录》的数据，全省共有不可移动革命文物 1031 处，其中全国重点文物保护单位 24 处，省级文物保护单位 87 处，市级文物保护单位 456 处；国有单位可移动革命文物 48840 件（套）。2021 年公布的《江苏省革命文物名录（第一批）》列出不可移动文物共 447 处，其中全国重点文物保护单位 21 处，省级文物保护单位 69 处，市县级文物保护单位 357 处；可移动革命文物 8759 件（套），其中一级文物 337 件（套），二级文物 1217 件（套），三级文物 7205 件（套）。2022 年公布的第二批江苏省革命文物名录包括不可移动革命文物 43 处，其中全国重点文物保护单位 2 处，省级文物保护单位 8 处；可移动革命文物 227 件（套），其中国家一级文物 9 件（套），二级文物 28 件（套），三级文物 190 件（套）。从文物结构看，在江苏省不可移动革命文物中，重要机构、重要会议旧址占 20%，重要人物故居、旧居、活动地或墓地占 12%，重要事件和重大战斗遗址、遗迹占 9%，具有重要影响的烈士事迹发生地或烈士墓地占 30%，近代以来兴建的涉及旧民主主义革命、新民主主义革命和社会主义革命的纪念碑（塔、堂）等纪念建（构）筑物占 16%，其他类别占 13%。从时间上来看，除少量旧民主主义革命、社会主义革命和建设时期的文物外，抗日战争时期的占 57%，解放战争时期的占 25%，地方党组织建立和大革命时期占 10%。

江苏省共有革命专题博物馆和纪念馆 53 家。

浙江。根据 2018 年省文物局开展的全省革命文物专题调查数据，全省共登录不可移动革命文物 1385 处，可移动革命文物 12935 件（套）。《浙江省第一批革命文物名录》包括不可移动革命文物 554 处，其中全国重点文物保护单位 22 处，省级文物保护单位 72 处，市县级文物保护单位 338 处，文物保护点 122 处；可移动革命文物 9061 件（套），其中一级文物 139 件（套），二级文物 873 件（套），三级文物 4825 件（套），一般文物 3224 件（套）。第二批革命文物名录包括不可移动革命文物 113 处，其中省级文物保护单位 16 处；可移动革命文物 1400 件（套），其中二级文物 5 件（套），三级文物 27 件（套），一般文物 142 件（套），未定级文物 1226 件（套）。

浙江省共有革命纪念馆 218 家，152 家国有单位收藏可移动革命文物

33428 件（套）；其中国家级爱国主义教育示范基地 16 家，省级 33 家，市县级 43 家。

安徽。全省共有不可移动革命文物 3318 处，其中全国重点文物保护单位 25 处，省级文物保护单位 121 处，市县级文物保护单位 430 处；可移动革命文物 11018 件（套），其中珍贵文物 2869 件（套）；革命博物馆、纪念馆 63 家。2021 年公布的安徽省首批革命文物名录包括不可移动革命文物 580 处，其中全国重点文物保护单位 16 处，省级文物保护单位 87 处，市县级文物保护单位 477 处；可移动革命文物 3646 件（套），其中一级文物 904 件（套），二级文物 190 件（套），三级文物 2552 件（套）。全省第二批革命文物名录包括 88 处不可移动革命文物和 113 件（套）可移动革命文物。安徽革命文物主要分布于大别山地区的六安、安庆及淮南市寿县、铜陵市枞阳县等。调查显示，安徽省大别山区有县级以上不可移动革命文物 308 处，其中金寨县已经确定的不可移动革命文物总数达 288 处，7 处属于全国重点文物保护单位，10 处属于省市重点文物保护单位，32 处为县文物保护单位；可移动革命文物近 3000 件（套）。在《革命文物保护利用片区分县名单（第一批）》中，大别山区的六安市、安庆市共 13 个县（市、区）被纳入鄂豫皖片区；在第二批革命文物保护利用片区分县名单中，全省 54 个县级行政区被列入革命文物保护利用片区。

福建。从 2014 年起，福建省在全省范围内开展了革命文物资源专题调查，调查对象为中国共产党领导下开展革命活动的各类史迹。经过调查，全省不可移动革命文物 963 处。2018 年，经过对全省革命文物进行全面补查统计，福建省拥有不可移动革命文物 1832 处，其中全国重点文物保护单位 60 处，省级文物保护单位 314 处，市县级及不可移动文物点 1458 处。可移动革命文物 11.3 万件（套）。根据 2020 年完成的普查统计，全省拥有不可移动革命文物 1657 处，其中全国重点文物保护单位 60 处，省级文物保护单位 225 处，市县级文物保护单位 773 处；可移动革命文物 142581 件（套）。2020 年 9 月，在国务院《关于公布第三批国家级抗战纪念设施、遗址名录的通知》中，三明市大田县均溪镇玉田村的"第二集美学村"旧址群榜上有名。在第八批全国重点文物保护单位中，福建 3 处革命文物列入"国保"。

福建省共登记 28 家革命专题博物馆、纪念馆。全省 45 个县区（不重复）纳入原中央苏区片区、海陆丰片区、闽浙赣片区、长征片区（红一方面军）分县名单。

江西。全省现有不可移动革命文物 2960 处，可移动革命文物 43650 件（套）；被江西省政府公布为省级文物保护单位以上的革命旧址遗址共计 388 处，其中省级文物保护单位 334 处，国家级文物保护单位 54 处。按照地市划分，革命文物数量最多的地区是吉安市、赣州市。2020 年、2022 年，江西省文化和旅游厅公布本省第一批、第二批革命文物名录。第一批名录包括不可移动革命文物 1321 处、国有可移动革命文物 9759 件（套）。其中，全国重点文物保护单位 41 处，省级文物保护单位 414 处，市县级文物保护单位 866 处；一级文物 382 件（套），二级文物 1131 件（套），三级文物 8246 件（套）。第二批不可移动革命文物共 1214 处，包括全国重点文物保护单位 2 处，省级文物保护单位 4 处，市级文物保护单位 15 处，县级文物保护单位 83 处，尚未核定公布为文物保护单位的不可移动文物 1110 处。①

红色标语是见证中国革命历史风云的红色"活化石"，江西省已核对普查登记红色标语共计 10748 条，其中重要红色标语 5292 条，一般红色标语 5456 条。

江西拥有一批全国知名的革命纪念馆，已备案的革命专题博物馆、纪念馆 30 家，其中国家一级博物馆 4 家，二级博物馆 6 家，三级博物馆 10 家；拥有全国爱国主义教育示范基地 20 处，国家级抗战纪念设施、遗址 6 处，11 市 87 县（市、区）列入全国革命文物保护利用片区分县名单，是全国入选数量最多的省份，革命文物资源优势凸显。

山东。据 2016 年统计，全省共有烈士纪念设施 467 处，拥有不可移动革命文物 931 处，其中 8 处全国重点文物保护单位，146 处省级文物保护单

① 徐佳佳：《充分发挥红色资源时代价值存在的问题及对策研究》，《红色文化学刊》2022 年第 3 期。

位，316 处市县级文物保护单位。不可移动革命文物包含了革命旧址、遗址、纪念地 500 处，烈士墓、烈士祠、陵园 194 处，纪念碑、塔、亭 162 处，故居、旧居 64 处，纪念馆、纪念堂 11 处。根据 2020 年 8 月山东省文化和旅游厅发布的革命文物资源成果，全省有不可移动革命文物 1600 余处，可移动革命文物 94091 件（套），其中珍贵文物 3162 件（套），数量上以济南、青岛、济宁三地文博单位收藏为重点。2020 年底公布的第一批山东省革命文物名录中，有不可移动革命文物 897 处，包括全国重点文物保护单位 12 处，省级文物保护单位 179 处，市县级文物保护单位 491 处，一般不可移动革命文物 215 处；可移动珍贵革命文物 3233 件（套），包括一级文物 82 件（套），二级文物 21 件（套），三级文物 3130 件（套）。山东省第二批革命文物名录包括不可移动革命文物 143 处，其中全国重点文物保护单位 6 处，省级文物保护单位 13 处，市县级文物保护单位 105 处，一般不可移动革命文物 19 处；可移动革命文物 16200 件（套），其中一级文物 96 件（套），二级文物 78 件（套），三级文物 1373 件（套），一般文物 10452 件（套），未定级文物 4201 件（套）。

山东省原有各级各类革命博物馆、纪念馆 52 家，占博物馆总数的近 1/8，大部分革命旧址、纪念馆被命名为全国爱国主义教育示范基地。"十三五"以来，山东新建革命类场馆 102 家，其中山东博物馆革命文物数量总计 14048 件（套），实际数量达 38649 件（套），其珍贵文物数量占全省 88.7% 之多。全省 93 个县（市、区）列入全国革命文物保护利用片区分县名单，建成红色旅游景区百余个。

河南。全省共有革命文物点 4000 多处，其中全国重点文物保护单位 19 处，省级文物保护单位 126 处，馆藏革命文物数量丰富。2021 年公布的全省第一批革命文物名录包括不可移动革命文物 115 处，其中全国重点文物保护单位 18 处，省级文物保护单位 97 处；可移动革命文物 4405 件（套）。第二批革命文物名录包括不可移动革命文物 251 处，可移动珍贵革命文物 3351 件（套）。

在全国第一批革命文物保护利用片区分县名单中，河南 35 个县级行政区列入革命文物保护利用片区；在全国第二批革命文物保护利用片区分县名单中，河南 40 个县级行政区列入革命文物保护利用片区。

湖北。2021 年，湖北省文化和旅游厅核定公布了湖北省第一批革命文物名录，共有不可移动革命文物 1018 处，其中全国重点文物保护单位 33 处，省级文物保护单位 150 处，市县级文物保护单位 835 处；可移动革命文物 2810 件（套），包括一级文物 143 件（套），二级文物 367 件（套），三级文物 2300 件（套）。黄冈是鄂豫皖革命根据地中心区域，境内有革命文物点近 800 处。

早在 2017 年，湖北省就有各级各类革命博物馆、纪念馆 43 家，占全省博物馆总数的 1/5，展览总面积近 10 万平方米，馆藏革命文物 10 余万件（套），仅武汉革命博物馆就有藏品 27190 件（套），其中珍贵文物 1007 件（套），集中表现了 1927 年发生在大革命中心武汉的重大历史事件和历史人物，形成了品类齐全、特色鲜明、主题突出的藏品体系。

湖南。2019 年全省查明不可移动革命文物达 1700 余处，其中，已公布的全国重点文物保护单位 46 处、省级文物保护单位 311 处；65 家革命类博物馆收藏可移动革命文物 50 余万件（套）。为迎接中国共产党成立 100 周年和红军长征胜利 85 周年，2021 年湖南省公布了第一批、第二批革命文物名录。其中，首批革命文物名录遴选公布范围仅限于湖南省全国重点文物保护单位革命文物、省级文物保护单位革命文物中与中国共产党领导中国人民进行革命、建设、改革相关的党史文物，以及国有可移动革命文物中与中国共产党领导中国人民进行革命、建设、改革相关的三级（含）以上党史文物。首批革命文物名录包括不可移动革命文物 288 处，其中全国重点文物保护单位 50 处，省级文物保护单位 238 处；可移动革命文物 8643 件（套），其中一级文物 807 件（套），二级文物 1332 件（套），三级文物 6504 件（套）。第二批革命文物属于不可移动革命文物，共计 130 处，其中全国重点文物保护单位 4 处，省级文物保护单位 48 处，市州级文物保护单位 13 处，县区级文物保护单位 65 处。

在国家分两批公布的革命文物保护利用片区分县名单中，湖南省有 9 个片区和 72 个重点县（市、区）入选。

湖南省已登记的革命博物馆、纪念馆 68 家。其中，韶山毛泽东同志纪念馆是全国唯一一家系统展示毛泽东同志生平业绩、思想和人格风范的纪念性专题博物馆，辖两处展馆和韶山冲革命旧址群，馆藏革命文物众多，红色文化资源丰厚，是重要的革命纪念地、全国爱国主义教育示范基地，也是全国重点文物保护单位。[①]

广东。广东是革命文物延续年代最长、序列最完整、种类最齐全的省份之一。截至 2020 年，全省有不可移动革命文物 2030 余处，其中全国重点文物保护单位 34 处，省级文物保护单位 124 处，市县级文物保护单位 888 处。保存展示革命文物较为集中的博物馆有 33 家，革命类珍贵文物 7459 件（套）。2021 年，广东省文化和旅游厅公布首批《广东省革命文物名录》，包括不可移动革命文物 1513 处，其中全国重点文物保护单位 30 处，位居全国第四，省级文物保护单位 105 处，市县级文物保护单位 729 处，一般不可移动文物 649 处；可移动革命文物 4544 件（套），收藏于鸦片战争博物馆、叶挺纪念馆、辛亥革命纪念馆等全省 41 家文博单位，其中一级文物 76 件（套），二级文物 288 件（套）。2023 年，广东省第二批革命文物名录正式公布，涉及不可移动革命文物 69 处，可移动革命文物 408 件（套），包括全国重点文物保护单位 6 处，广东省文物保护单位 63 处，馆藏一级文物 41 件（套），二级文物 79 件（套），三级文物 288 件（套）。连同第一批全省革命文物名录，全省共计 1582 处不可移动革命文物、4952 件（套）可移动革命文物被列入广东省革命文物名录。

广东省共有革命类博物馆、纪念馆 57 家，21 个地级市、82 个县被列入国家革命文物保护利用片区分县名单，包括原中央苏区片区、海陆丰片区、长征片区（红一方面军）和广东片区，是全国为数不多全域覆盖的省份。建成全国红色旅游经典景区 13 个、红色旅游 A 级旅游景区 23 个。

---

① 毛林科：《韶山毛泽东同志纪念馆在革命文物保护与利用方面的经验和做法》，《文物鉴定与鉴赏》2020 年第 1 期。

广西。据统计，广西壮族自治区共有不可移动革命文物约 2000 处，馆藏可移动革命文物 10649 件（套）。2021 年公布的广西壮族自治区第一批革命文物名录包括不可移动革命文物 359 处，其中全国重点文物保护单位 18 处，自治区级文物保护单位 65 处，市县级文物保护单位 276 处；可移动革命文物 3728 件（套），其中一级文物 13 件（套），二级文物 172 件（套），三级文物 728 件（套），其他文物 2815 件（套）。2022 年公布的第二批革命文物名录包括不可移动革命文物 309 处，其中全国重点文物保护单位 1 处，自治区级文物保护单位 17 处，市县级文物保护单位 123 处，一般不可移动革命文物 168 处；可移动革命文物 1312 件（套），其中一级文物 3 件（套），二级文物 29 件（套），三级文物 536 件（套），其他文物 744 件（套）。全区 42 个县（市、区）入选国家革命文物保护利用片区分县名单。

全区共有博物馆、纪念馆 251 家，8 处全国爱国主义教育示范基地；各类红色旅游资源单体 370 处，其中左右江地区是全国 12 个重点红色旅游区之一。

海南省。根据革命遗址普查工作报告，全省革命遗址和其他遗址有 598 处，从分布区域看，海口市数量最多，达 146 处，约占全省总数的 24%。从类别看，重要历史事件和重要机构旧址数量最多，共 209 处，约占全省遗址总数的 35%；重要历史事件及人物活动纪念地 176 处，约占全省遗址总数的 29%；各类战斗现场遗址约 110 处，约占全省遗址总数的 18%。2020 年，海南省旅游和文化广电体育厅公布的第一批革命文物名录包括不可移动革命文物 263 处和可移动革命文物 574 件（套）。《海南省不可移动革命文物名录（第二批）》和《海南省可移动革命文物名录（第二批）》显示：全省不可移动革命文物 15 处，其中省级文物保护单位 4 处，市级文物保护单位 4 处，县级文物保护单位 2 处，一般不可移动革命文物 5 处；可移动革命文物 38 件（套），其中一级文物 1 件（套），二级文物 3 件（套），三级文物 4 件（套），一般文物 1 件（套），未定级文物 29 件（套）。

在海南，海南解放公园、中国（海南）南海博物馆、琼崖工农红军云龙改编旧址、红色娘子军纪念园、母瑞山革命根据地纪念园、六连岭烈士陵园、张云逸纪念馆入选全国爱国主义教育示范基地。

重庆。截至 2022 年，全市有不可移动革命文物 423 处，其中全国重点文物保护单位 48 处，重庆市文物保护单位 95 处，在空间分布上呈"一心、两老、两帅、三片"的格局。第一批公布的革命文物名录包含不可移动革命文物 50 处和可移动革命文物 311 件（套）；第二批公布的革命文物名录包含可移动革命文物 551 件（套），其中一级文物 25 件（套），二级文物 472 件（套），三级文物 24 件（套），一般文物 30 件（套）。全市登记备案的革命纪念馆 36 家，馆藏革命文物 29374 件（套），其中珍贵文物 5137 件（套）。① 全市 10 个区县被纳入国家川陕、湘鄂川黔、长征革命文物保护利用片区名单。

四川。据不完全统计，全省核定登记不可移动革命文物 1900 余处，其中全国重点文物保护单位和省级文物保护单位 200 余处，市（州）级文物保护单位 150 余处，县（市、区）级文物保护单位 700 余处，一般不可移动革命文物 800 余处；省级以下不可移动革命文物约占总数 87%，其中市（州）级约占总数 8%，县（市、区）级约占总数 37%，一般不可移动革命文物约占总数 42%。馆藏国有可移动革命文物 51165 件（套），其中珍贵文物 11404 件（套），其他级别馆藏革命文物约占总数 78%。作为川陕革命根据地的核心区，巴中市现有不可移动革命文物近 400 处，其中市级文物保护单位 17 处，县级文物保护单位 137 处，一般不可移动革命文物 206 处，省级以下不可移动革命文物约占总数 91%，一般不可移动革命文物约占总数 52%。四川省公布的第一批革命文物名录包括不可移动革命文物 233 处，其中全国重点文物保护单位 27 处（套），省级文物保护单位 206 处。第二批革命文物名录包括不可移动革命文物 126 处，其中，全国重点文物保护单位 6 处，省级文物保护单位 27 处，市县级文物保护单位和一般不可移动革命文物 93 处；可移动革命文物 2026 件（套），其中一级文物 68 件（套），二级文物 393 件（套），三级文物 1565 件（套）。

---

① 赵昀：《重庆红色资源保护传承开启有法可依新征程》，国家文物局官网，2022 年 7 月 1 日，http：//www.ncha.gov.cn/art/2022/7/1/art_ 722_ 175457.html。

贵州。贵州省结合第二次文物普查、革命遗址普查以及长征时期文物专项调查发现，全省有革命遗址遗迹 2000 余处，其中全国重点文物保护单位 18 处，省级重点文物保护单位 276 处，市县级文物保护单位 906 处，全省 77 个县入选革命文物保护利用片区分县名单。在众多的革命文物中，红军长征时期遗址遗迹文物分量最重，为 750 余处。2021 年，贵州省公布第一批革命文物名录，遵义会议会址等不可移动革命文物 604 处、邓恩铭家书等可移动珍贵文物 112 件（套）列入贵州省第一批革命文物名录。2023 年，《贵州省第二批革命文物名录》显示：全省有不可移动革命文物 176 处，其中省级文物保护单位 10 处，市县级文物保护单位 32 处，尚未核定公布为文物保护单位的不可移动革命文物 134 处；可移动革命文物 2544 件（套），其中一级文物 16 件（套），二级文物 62 件（套），三级文物 90 件（套），一般文物 2376 件（套）。

云南。2009 年，云南省革命遗址普查工作领导小组认真开展全省革命遗址普查工作。经过一年多的艰辛努力，首次摸清"家底"，共普查出新民主主义革命时期革命遗址 1903 处、其他遗址 362 处，总计 2265 处。根据 2021 年公布的首批革命文物名录，包括不可移动革命文物 928 处，其中全国重点文物保护单位 32 处，省级文物保护单位 119 处，州（市）革命文物保护单位 168 处，县（市、区）级文物保护单位 308 处，一般不可移动革命文物 301 处；可移动革命文物 229 件（套），其中一级文物 14 件（套），二级文物 1 件（套），三级文物 214 件（套）。第二批不可移动革命文物名录包含不可移动革命文物 107 处，其中全国重点文物保护单位 2 处，省级文物保护单位 17 处，州（市）级文物保护单位 17 处，县（市、区）级文物保护单位 38 处，一般不可移动革命文物 33 处。

西藏。2006 年，自治区党委、政府组织开展了革命文物调查工作，调查登记并核定公布不可移动革命文物名录，包括全国重点文物保护单位 5 处，自治区级文物保护单位 62 处，市县级文物保护单位 2 处，未定级 45 处。截至 2019 年，西藏自治区共调查、登记革命文物点 241 处，其中全国重点文物保护单位 4 处，自治区级文物保护单位 53 处，其他革命文物点

184 处。2021 年 6 月，西藏组织力量赴 7 地市 134 处革命文物点和 27 处革命文物收藏单位，开展馆藏革命文物（可移动）的认定、定级等工作，认定登记可移动革命文物 1592 件（套），基本摸清了全区革命文物的家底。2022 年，西藏自治区文物系统完成全区 135 处革命文物收藏单位 1592 件（套）可移动革命文物的认定和建档，完成全区 424 座寺庙可移动革命文物的登记建档，并对拉萨、日喀则、林芝等地 32 处革命文物收藏单位 7414 件（套）革命文物进行了登记建档；各地（市）完成 88 座寺庙 3777 件（套）革命文物的数据采集工作。有 14 个区县入选第二批革命文物保护利用片区分县名单。

2021 年 6 月，西藏百万农奴解放纪念馆、阿里分工委旧址纪念馆、西藏工委旧址 1 号楼等纪念设施建成开馆；西藏百万农奴解放纪念馆、昌都革命历史博物馆、江达县岗托十八军军营旧址、清政府驻藏大臣衙门陈列馆等被中宣部命名为全国爱国主义教育示范基地，全区已建成全国爱国主义教育示范基地 9 个，自治区级爱国主义教育示范基地 22 个。

陕西。陕西革命文物数量位居全国前列。根据第三次全国不可移动革命文物普查和第一次全国可移动革命文物普查结果，全省共有不可移动革命文物 1224 处，其中全国重点文物保护单位 26 处、省级文物保护单位 229 处；可移动革命文物 10.4 万件（套）。陕西省文物局公布的本省第一批革命文物名录包括不可移动革命文物 753 处，其中全国重点文物保护单位 23 处，省级文物保护单位 246 处，市县级文物保护单位 181 处，未定级文物保护单位 303 处；可移动革命文物 40703 件（套）。《陕西省第二批革命文物名录》显示，陕西拥有不可移动革命文物 1141 处，其中全国重点文物保护单位 30 处，省级文物保护单位 277 处，市级文物保护单位 83 处，县级文物保护单位 190 处，一般不可移动革命文物 561 处；可移动革命文物 41226 件（套）。68 个县（市、区）纳入革命文物保护利用片区分县名单，占全省县级行政区总数的 64%。从陕西革命文物结构来看，以重要历史事件和重要机构旧址、名人故旧居、烈士墓及纪念设施居多，分别占全部革命文物的 38%、17%、17%。从时间分布上看，全省革命文物绝大多数集中在 1911～1949

年，占全部革命文物数量的 86%；1911 年之前的革命文物只有 42 处，占比为 3%；新中国成立后的革命文物以烈士墓及纪念设施为主，占比为 11%。

目前，陕西全省共有各类革命纪念馆 76 家，依托革命文物的全国爱国主义教育示范基地 13 处，国家级抗战纪念设施、遗址 10 处，主要分布在延安、西安、咸阳、渭南、榆林、铜川、汉中等地。

甘肃。2019 年，甘肃公布了全省 483 处不可移动革命文物和 82 个革命文物收藏单位名录。483 处不可移动革命文物中包括全国重点文物保护单位 8 处，省级文物保护单位 25 处，市县级文物保护单位 193 处，一般文物点 257 处；全省革命文物收藏单位收藏可移动革命文物 12536 件（套），其中一级文物 120 件（套），二级文物 248 件（套），三级文物 3395 件（套），一般文物 8773 件（套）。2020 年公布的第一批全省珍贵可移动革命文物共计 4466 件（套），其中一级文物 153 件（套），二级文物 400 件（套），三级文物 3913 件（套）。2022 年公布的第二批不可移动革命文物共计 146 处，其中省级文物保护单位 6 处，市级文物保护单位 3 处，县级文物保护单位 68 处，尚未核定公布为文物保护单位的不可移动革命文物 69 处。

甘肃全省现有革命纪念馆 73 家、其他革命文物收藏单位 9 处，全省有 11 个市（州）51 个县区列入革命文物保护利用片区分县名单。

青海。2022 年，青海省公布了第一批不可移动革命文物，共计 18 处，其中全国重点文物保护单位 7 处，省级文物保护单位 7 处，县级文物保护单位 3 处，未定级 1 处。2023 年公布的第二批革命文物名录包括不可移动革命文物 5 处，其中省级文物保护单位 2 处，县级文物保护单位 2 处，一般不可移动革命文物 1 处；可移动革命文物 63 件（套），其中一级文物 3 件（套），二级文物 10 件（套），三级文物 16 件（套），一般文物 9 件（套），未定级文物 25 件（套）。果洛藏族自治州班玛县被纳入第二批革命文物保护利用片区分县名单，西宁市城中区和海东市循化撒拉族自治县被纳入西路军片区名单。

宁夏。宁夏回族自治区有着光荣的革命斗争历史和优良的革命传统，留下了 100 多处宝贵的革命遗址遗迹。2021 年公布的全区第一批革命文物名录包括不可移动革命文物 80 处，其中全国重点文物保护单位 2 处，自治区级文物保护单位 13 处，市县级文物保护单位 18 处，一般文物点 47 处；可移动革命文物 2035 件（套），其中一级文物 45 件（套），二级文物 2 件（套），三级文物 191 件（套），一般文物 1611 件（套），未定级文物 186 件（套）。第二批革命文物名录包括不可移动革命文物 12 处和可移动革命文物 130 件（套）。在第一批、第二批革命文物保护利用片区分县名单中，宁夏分别有 6 个县级行政区入选。

新疆。2021 年新疆维吾尔自治区文化和旅游厅（文物局）公布了全区第一批、第二批革命文物名录。在第一批革命文物名录中，不可移动革命文物 38 处，其中全国重点文物保护单位 6 处，自治区级文物保护单位 16 处，市县级文物保护单位 6 处；可移动革命文物 83 件（套），其中一级文物 17 件（套），一般文物 57 件（套），未定级文物 9 件（套）。在第二批革命文物名录中，不可移动革命文物 30 处，其中全国重点文物保护单位 1 处，自治区级文物保护单位 15 处，市县级文物保护单位 14 处；可移动革命文物 253 件（套），其中一级文物 35 件（套），二级文物 2 件（套），三级文物 15 件（套），未定级文物 201 件（套）。两批次革命文物名录包括不可移动革命文物 68 处、可移动革命文物 336 件（套）。

2021 年，新疆生产建设兵团文化体育广电和旅游局公布兵团第一批革命文物名录，包括不可移动革命文物 99 处，其中全国重点文物保护单位 3 处、兵团级文物保护单位 59 处；可移动革命文物 10078 件（套），其中一级文物 29 件（套）。

（三）分布特征

第一，革命文物类型丰富。一般来说，革命文物大多属于近现代史迹、实物和代表性建筑，除了当时的民居以外，还有寺庙、宗祠、石窟、战场遗址、墓葬、纪念设施等多种类型，[①] 覆盖了从旧民主主义革命时期一直到改

---

① 喻刚：《新时代陕西革命文物资源管理研究》，硕士学位论文，西北大学，2020。

革开放新时代各个历史阶段的革命文物，既全面体现了中国共产党革命、建设、改革、复兴的历史，又突出反映了革命文物资源丰富厚重的特点。

革命文物分布于不同的空间地域，因而充满浓郁的地方特色。如上海建筑类型涵盖里弄住宅、传统民居、联排住宅、花园别墅、公寓大楼、公共建筑等，既体现了上海建筑遗产的典型风格与类型特征，也显现出革命活动的广泛性、深入性。山东不可移动革命文物包含了战斗遗址，烈士墓、烈士祠、陵园、纪念碑，故居、旧居，纪念馆、纪念堂，等等，可移动文物有票据、图书、家信、武器、纪念章、生活用品等。① 陕西革命文物涉及党中央、边区政府相关的文化、教育、金融、医疗、外交等机构旧址，以及领导人旧居、重要会议旧址、重要战役战场遗址、烈士陵园、碑刻标语、国共合作抗战旧址等多种类型。② 北京不可移动革命文物包含重要机构驻地、烈士墓、纪念碑、故居、旧居、纪念堂等，可移动文物包含出版物、纪念章、武器、个人用品、手稿、信件等。③

从所有权看，革命文物原来大多为民居性质，经过几十年乃至一百多年的历史变迁，其产权归属复杂，大致可以分成国有、集体所有、私人所有三种类型，其中，属于私人所有的革命文物又可分为独有、几家共有等情况。④ 受限于不同的产权单位及使用功能，部分革命文物利用情况相对较差、开放程度有待提升，甚至还有相当比例的文物未对社会开放。即使在已开放的革命文物中，也有相当比例处于长期闲置、自然开放、无人看管的状态。

第二，革命文物分布不均衡。这种不均衡既体现在空间上，也体现在时间上。从时间和文物数量看，革命文物涵盖旧民主主义革命时期、新民主主义革命时期以及新中国成立以来的历史，但以新民主主义革命时期以及新中国成立以来的文物数量为多，尤以新民主主义革命时期的文物占比为高。以

---

① 许倩：《我省公布第二批革命文物名录》，《山东商报》2022 年 12 月 2 日，第 7 版。
② 喻刚：《新时代陕西革命文物资源管理研究》，硕士学位论文，西北大学，2020。
③ 李韵：《北京市第一批革命文物名录公布》，《光明日报》2021 年 4 月 1 日，第 1 版。
④ 喻刚：《新时代陕西革命文物资源管理研究》，硕士学位论文，西北大学，2020。

全国重点文物保护单位革命文物为例，虽然反映不同时期主题的全国重点文物保护单位革命文物数量均为 50 处左右，但反映土地革命战争时期及抗日战争时期的数量最多，超过 100 处。山东革命文物虽然体系完整、覆盖面广，但抗日战争和解放战争时期的革命文物最为丰富。陕西延安革命文物多产生于土地革命时期、抗日战争时期、解放战争时期，分布于延安市 13 个县（区）。① 吉林省革命文物资源涵盖旧民主主义时期 6 处，占比约为 2%；新民主主义时期 230 处，占比约为 86%；社会主义建设时期 33 处，占比约为 12%。根据《辽宁革命遗址通览》数据，革命文物资源涵盖奉系军阀统治时期及"九一八"事变前的民国时期 68 处，约占总数的 8%；抗日战争时期 233 处，约占总数的 27%；解放战争时期 554 处，约占总数的 65%。总体来看，抗日战争时期、解放战争时期占比最高。

从空间分布看，革命文物空间分布并不均衡，既呈现分布广、散点多但相对集中的特点，又因为历史事件的关系，还具有片状以及线状等分布形态。

革命文物分布广、散点多。革命文物不仅广泛分布于全国 31 个省份，而且散布于各省份的广大地区。比如江西革命文物呈现明显的散点分布特征；甘肃省的革命文物遍布全省 14 个市（州）的 86 个县（区），辐射全省 90% 以上的县级行政区；重庆除两江新区和万盛经开区之外的 39 个县（区）均有分布；北京、上海每个区都分布着革命文物；在吉林、海南，革命文物遍布两省全境；陕西全省区域内普遍分布革命文物。

革命文物分布相对集中。中国共产党领导的中国革命道路是以农村包围城市，最后夺取全国政权的道路，具有明显的中国特色。土地革命时期、抗日战争时期、解放战争时期，中国共产党在多省交界的山区建立了许多革命根据地，因此，革命文物多分布于农村，其中江西、福建、四川、广东、湖南、湖北、陕西、河南等省的农村地区数量相对较多。以全

---

① 惠昭、姚迪、孙蕙：《延安革命文物保护利用的问题、模式及路径》，《西部学刊》2022 年第 11 期。

国重点文物保护单位革命文物分布情况为例，湖南、江西、湖北等省占比较高。

革命文物空间分布不均衡的特征不仅体现在全国层面，还体现在各省、自治区、直辖市内部。辽宁省革命文物分布存在明显的区域间不均衡和区域内不均衡。从城乡比例看，其农村地区的革命遗址数量远远多于城市。从城市看，沈阳、大连、本溪、抚顺四市所占比重较大。其中沈阳、大连的革命遗址主要分布在市区，以本溪、抚顺为代表的其他市的革命遗址主要分布于农村地区。吉林省革命文物在中部地区集聚明显，呈现东南多、西北少，城市地区多、农村地区少的空间特征，其中长春市革命文物资源最集中。上海市的革命文物总体呈中心城区密集、郊区散布的特征。四川省革命文物主要分布在川陕片区和长征沿线地区。海南省的革命遗址相对集中于海口、文昌、琼海、儋州、定安、澄迈等海南岛北部、东部地区，这六个地区的革命遗址合计占全省总数的67.3%。[①] 北京中心城区内革命文物分布呈现明显的两极分化特征：核心区分布相对密集，海淀次之，朝阳、丰台、石景山区革命文物分布较少；中心城外密云区革命文物数量最多，其次为房山区、门头沟区、延庆区和昌平区，大兴区和顺义区最少。

革命文物片状、线状分布明显。如长征文物整体上具有线性遗产的特点，构成了一条气势恢宏的长征文化线路。陕西形成了以延安为中心的陕北革命旧址群、以汉中为中心的陕南川陕苏区革命旧址群、以西安和铜川为中心的关中革命旧址群的全省革命文物分布格局。[②] 江西革命文物以井冈山摇篮、共和国摇篮、安源煤矿以及秋收起义所在地为最多，呈集群式分布态势。重庆革命文物分布呈"一心、两老、两帅、三片"的格局。"一心"，即以红岩革命文物为中心的主城都市区片区；"两老"，即老一辈无产阶级革命家杨周公、赵世炎故居和纪念馆；"两帅"，即刘伯承、聂荣臻元帅故居和纪念馆；"三片"，即以綦江为重点的长征片区、以酉阳为重点的湘鄂

---

① 赵优：《红色资源活起来》，《海南日报》2021年7月5日，第18版。
② 陕西省文物局、延安革命纪念地管理局：《传承红色基因 弘扬革命精神》，《中国文物报》2019年6月7日，第4版。

川黔片区、城口川陕片区。①

革命文物不同类型之间数量分布也不均衡。根据我国第一次革命遗址普查采用的标准，不可移动革命文物可以分为五种类型，分别为重要机构旧址、历史事件和革命事件纪念地、重要人物故（旧）居、革命烈士墓以及革命纪念设施。总体来看，不可移动革命文物五种类型全部具备，但历史事件和革命事件纪念地、革命纪念设施类型的不可移动革命文物占比较大。以辽宁省为例，在全省革命文物中，历史事件和革命事件纪念地遗址352处，约占总数的41%；具有纪念性质的革命烈士墓和革命纪念设施358处，约占总数的42%；重要机构旧址共129处，约占总数的15%；重要人物故（旧）居共有16处，约占总数的2%；② 重要人物故（旧）居类遗址和重要机构旧址类遗址占比偏少。吉林省环境类革命文物132处，占比约为49%，大多为抗日战争时期的战斗遗址、遗迹；建筑物类和构筑物类分别为56处和27处，占比分别为21%、10%，大多数为新中国成立后建立的纪念馆等纪念类建筑物；此外，还有39处陵园类革命文物资源，占比约为14%，多为新中国成立后为革命烈士修建的纪念碑、公墓等；其他类革命文物资源占比约为6%。

第三，革命文物精神内涵丰富。革命文物在物质、行为、精神层面所反映出的实物性（物质性）、历史性（真实性）、政治性（革命性）、思想性（价值观）、情节性（故事性），决定了革命文物体系构成的核心价值——见证了中国共产党领导中国人民进行革命、建设、改革、复兴的光荣历史，充分体现了中国人民为民族独立和民族复兴做出的巨大牺牲和重要贡献，成为中国革命史不可或缺的组成部分，是革命精神的重要载体，具有重要的历史、文化和社会价值，特别是革命文物承载的革命精神，构成了完整的中国革命精神谱系，并成为中华民族重要的金色名片，具有强大的时代感召力。③ 例如

① 赵迎昭：《重庆市现有不可移动革命文物四百一十七处》，《重庆日报》2021年7月28日，第7版。

② 何军、刘丽华：《辽宁省不可移动革命文物资源状况与结构性保护》，《沈阳师范大学学报》（社会科学版）2021年第6期。

③ 赵迎昭：《全市现有不可移动革命文物四百一十七处》，《重庆日报》2021年7月28日，第7版。

社稷坛-中山堂、碧云寺（孙中山先生纪念堂）等革命旧址承载着反帝反封建的光辉历史；西安事变旧址见证了"西安事变"的爆发与和平解决，对全国抗日民族统一战线的建立起了巨大的推动作用；侵华日军第516部队遗址、侵华日军第100部队遗址、侵华日军第731部队旧址一起构成了揭露日军研制生化武器残害中国人民的反人类罪行的更为完整的证据链；辽源二战盟军战俘营旧址和潍县西方侨民集中营旧址则与贵州镇远和平村旧址形成鲜明对比，彰显了中国人民的人道主义精神与日本侵略者的凶残野蛮；审判日本战犯特别军事法庭旧址凝固了中国人第一次在自己的国土上不受外来势力干扰，公正、独立地审判侵略者的历史时刻；香港文化名人大营救指挥部旧址、汉口中华全国文艺界抗敌协会旧址展示了共产党领导的文化领域的抗战历程；延安革命文物见证了1935年至1948年中国共产党在延安领导中国革命的奋斗史，见证了新民主主义革命由弱变强、走向胜利的辉煌历史；颐和园-景福阁、益寿堂等蕴含毛泽东等中共中央领导人"进京赶考"建立新中国的初心和使命；果洛和平解放纪念地、川藏公路大渡河悬索桥、昌都地区人民解放委员会办公旧址等展现了青海、西藏和平解放的历史进程；湘西剿匪旧址、一江山岛战役遗址等记录了人民军队为保卫新中国所进行的英勇战斗；五四宪法起草地旧址见证了新中国第一部宪法的诞生；[①] 北京站车站大楼、中国人民革命军事博物馆、北京炼焦化厂（北京焦化厂）等建筑遗存以及见证庆祝中国共产党成立100周年大会的重要物品等革命文物突出反映了新中国成立以来的建设成就。

二 革命文物保护利用格局

文物资源是国家文化软实力的实物载体，文物保护利用是中国特色社会主义"五位一体"总体布局的有机组成。就革命文物而言，探索符合国情的革命文物保护利用之路，加强党对文物保护利用工作的领导，科学保护是

---

① 刘庆柱：《第八批国保专家谈》，《中国文物报》2019年10月18日，第6版。

前提，合理利用是手段，传承弘扬是目的。在科学保护中，尤其要严守革命文物安全底线，改善不可移动革命文物保存状况，加大馆藏革命文物保护力度。坚持抢救性和预防性保护并重、保护修复和展示传播统筹，有序推进革命旧址维修保护行动和馆藏革命文物保护修复计划，组织、实施和完工一批革命文物保护展示项目，全面提高革命文物保护利用质量和水平。革命文物保护利用需要与教育互动，与科技联姻，与创意嫁接，与旅游相融。要充分发挥文艺创作优势，深入挖掘红色资源，推出更好更多红色题材舞台艺术和美术作品，以优秀文艺作品讲好红色故事、传承红色基因，让更多党员干部和人民群众通过文艺作品净化心灵、启迪心智、接受教育。革命文物保护利用要与脱贫攻坚、红色旅游、乡村振兴相结合，与相关产业深度融合，增进人民福祉，融入经济社会发展，以文物保护利用成果赋彩人民群众美好生活，助力老区振兴。①

总体来看，党委领导、部门协助、区域联动、齐抓共管的革命文物保护利用工作格局基本形成，连片保护、整体展示的革命文物工作新态势正在形成。

（一）革命文物的保护维修

中共中央、国务院更加重视文物工作，"保护文物也是政绩"科学理念成为共识，"保护第一"首要原则深入人心，革命文物保护形成了法规建设、资源调查、日常管理、保护维修等完整的保护格局，革命文物保护状况持续改善。

1. 构建革命文物保护体系

建立健全垂直分级的革命文物保护体系。20世纪80年代，我国进行财政管理体制改革，建立了"划分收支，分级包干"的财政体制，"多收多支，少收少支"，以充分调动中央、地方积极性。与此相适应，形成了从中央到地方的革命文物分级保护体系，即全国重点文物保护单位、省级文物保

---

① 李群：《奋力推进文物事业高质量发展》，《人民日报》2022年7月25日，第15版。

护、市（州）级和县（市、区）级文物保护单位。近年来，退役军人事务部完善了涵盖国家、省、市、县烈士纪念设施分级保护体系，保护单位层级清晰。

党的十八大以来，进入全国重点文物保护单位的革命文物数量、占比逐渐上升。以 2019 年公布的第八批全国重点文物保护单位为例，共计 138 处革命文物列入全国重点文物保护单位。据统计，前七批全国重点文物保护单位共有革命文物 477 处，本次新增 138 处，增长率近 30%。此前，全国重点文物保护单位中抗战文物 186 处，本次新增 46 处，反映中国共产党领导的革命斗争的文物 233 处，本次新增 94 处。数量上的大幅增长，无疑是第八批全国重点文物保护单位中革命文物增补工作最显著的成绩。与此同样重要的是革命文物在全国重点文物保护单位体系中所占比例的提升——第八批全国重点文物保护单位共公布 762 处，其中革命文物占总数的 18.1%，与 1962 年公布的第一批全国重点文物保护单位中革命文物占比持平，超过了其他各批次；同时，反映新中国成立以来发展成就的文物 40 处，超过了前七批的总和。经过此次增补，全国重点文物保护单位中反映中国共产党领导革命斗争的文物数量在革命文物中占比超过 50%，是近代以来中国共产党领导中国人民探索救国道路，实现民族复兴这一历史进程的突出体现。①

因投入革命文物保护的资金、人力、物力存在较大差异，不同层级文物保护单位所形成的保护现状也参差不齐。总体来看，全国重点文物保护单位均保护较好，省级文物保护单位保护水平参差不齐，市县级文物保护单位与一般不可移动革命文物则普遍保护较差。

分级保护与区域保护双管齐下，探索低级别革命文物保护利用。2016年 6 月，国家文物局印发《关于加强革命文物工作的通知》，组织编制《革命文物保护经费需求规划》，积极争取中央财政对较低级别革命文物保护给予适当支持。2017 年 1 月，中共中央办公厅、国务院办公厅印发《关于实施中华优秀传统文化传承发展工程的意见》，提出实施革命文物保护利用工

---

① 刘庆柱：《第八批国保专家谈》，《中国文物报》2019 年 10 月 18 日，第 6 版。

程,由国家文物局牵头负责,启动编制《革命文物保护传承五年行动计划》。与此同时,国家文物局加强革命旧址密集区文物保护工作指导,印发《关于大别山区革命文物保护利用工作的函》,指导湖北、河南、安徽三省以鄂豫皖革命根据地旧址为龙头,协作开展大别山区革命文物保护联合行动。2017 年 7 月,完成对《延安革命纪念地旧址总体保护规划》评估论证,明确了延安 444 处各级各类革命旧址整体保护利用的总体布局和推进计划。中共中央办公厅、国务院办公厅印发《关于实施革命文物保护利用工程(2018—2022 年)的意见》(简称《意见》),确定了革命文物保护的原则是"坚持全面保护、整体保护,统筹推进抢救性与预防性保护、文物本体与周边环境保护,确保革命文物的历史真实性、风貌完整性和文化延续性"。① 根据《意见》要求,国家文物局积极探索设置革命文物名录,全国 31 个省(区、市)和新疆生产建设兵团陆续公布了第一批、第二批革命文物名录,着力破解条块分割带来的负面影响,统筹推动革命文物整体保护。

根据《"十四五"文物保护和科技创新规划》《革命文物保护利用"十四五"专项规划》,革命文物大省、大市可结合自身实际统筹制定较低级别革命文物保护利用专项规划,同时将较低级别革命文物保护利用融入地方"十四五"规划、国土空间规划、乡村振兴规划、文化旅游规划等相关规划。为探索开展低级别革命文物整体连片保护利用提供新思路、新方法、新途径,江西、河南等省开展了低级别革命文物整体保护利用试点工作。②

健全不可移动革命文物保护机制。结合国土空间规划管理职能的统一调整和推进"多规合一"的改革要求,推动将文物保护管理需求作为常项,全面纳入各级国土空间规划编制和实施。改革基本建设考古制度,地方政府在土地储备时,对可能存在文物遗存的土地,在依法完成考古调查、勘探、

---

① 《中共中央办公厅 国务院办公厅印发〈关于实施革命文物保护利用工程(2018—2022 年)的意见〉》,《中华人民共和国国务院公报》2018 年第 22 期。
② 河南省文物局革命文物处:《实施区域联动河南有序推进革命文物片区保护利用工作》,《中国文物报》2021 年 12 月 7 日,第 3 版。

发掘前不得入库，出台"先考古、后出让"的制度设计和配套政策。①

提升革命文物管理水平。广泛宣传"保护文物也是政绩"的科学理念，普遍形成保护革命文物是各级党委、政府和社会各界共同责任的共识。国家文物局联合相关部门，指导各地文物部门加强文物的普查、登记和建档工作，系统评估革命文物保护管理现状，加强革命文物保护管理"四有"（有保护范围、有保护标志、有记录档案和有保管机构）工作。② 探索建立革命文物资源统一登记和协同管理机制，推进革命文物资源信息开放共享。完善革命文物改陈布展管理机制和支持政策。从严从紧加强纪念设施规范管理，新建改扩建革命纪念设施必须严格履行报批手续，不得未批先建、边报边建。③ 建立展陈内容和解说词审查制度，切实把好政治关和史实关，增强展陈说明和讲解内容的准确性、完整性、权威性。④

2. 系统开展革命文物和相关史料调查征集

第一，明确征集范围、标准。国家文物局发布的《近现代文物征集参考范围》，明确革命文物征集范围主要包括中国共产党成立以来重大历史事件、重要领袖人物、著名革命烈士的有关文物，国际共产主义运动中的重大事件、重要人物，以及为中国革命和建设做出重大贡献的国际友人的有关文物，指导博物馆、纪念馆认真做好馆藏革命文物的认定、定级、建账和建档工作，清晰区分革命文物藏品与老旧传统生产生活用品。

第二，普查、专项调查相结合。革命文物资源的调查、认定与登录工作，主要通过全国文物普查和各类专项调查来实现。目前，我国共进行过三次全国性的文物普查工作，分别是 1956 年的第一次全国文物普查，普查规模小且不规范，未留下统计数据；1981～1985 年的第二次全国文物普查，普

---

① 中共国家文物局党组：《奋力续写新时代文物事业改革发展新篇章》，《中国文物报》2018 年 12 月 19 日，第 3 版。
② 《河南省人民政府办公厅关于进一步加强新时代革命文物保护管理利用工作的通知》，《河南省人民政府公报》2022 年第 19 期。
③ 张伟、徐秀丽整理：《五大任务》，《中国文物报》2018 年 9 月 4 日，第 3 版。
④ 庞乐：《到二〇二五年基本形成文物保护"西安模式"》，《西安日报》2022 年 2 月 16 日，第 3 版。

查规模和普查成果均较第一次有了提高，但受资金与技术等制约，漏查现象较多；2007~2011 年的第三次全国文物普查，普查规模较大、普查涵盖内容更丰富，[①] 且多种现代科技手段用于其中，普查效率和准确度大大提升。涉及的不可移动文物包括古遗址、古墓葬、古建筑、石窟寺和石刻、近现代重要史迹及代表性建筑共 6 大类 59 个小类，革命文物主要包含在近现代重要史迹及代表性建筑这个类别中。[②] 此次普查基本摸清了我国不可移动革命文物"家底"，为之后革命文物建档工作和保护措施的完善提供了数据基础和改进方向。

文物专项调查主要是针对某一区域或专题所进行的文物调查工作。[③] 如长征文物收集工作，中央红军长征到达陕北后，即开始资料收集。第三次全国文物普查和国家文物局开展的革命文物资源调查，进一步摸清了长征文物分布情况。据统计，在福建、江西、河南、湖北、湖南、广东、广西、重庆、四川、贵州、云南、陕西、甘肃、青海、宁夏 15 个省份，核查确认长征遗址遗迹 2129 处。[④] 2020 年，国家文物局组织开展革命纪念馆专项调查工作，调查内容包括革命纪念馆的基础信息和基础数据，主要包括基本情况、历史沿革、馆藏文物、陈列展览、队伍建设、学术研究、社会教育和革命纪念馆简介。革命文物资源专项调查有序推进，基本完成了抗美援朝文物资源的调查。2022 年核查确认抗美援朝遗址遗迹 338 处、2023 年核查确认

---

① 喻刚：《新时代陕西革命文物资源管理研究》，硕士学位论文，西北大学，2020。

② 陈燮君：《以文物普查促文脉传承》，《文汇报》2007 年 12 月 21 日，第 5 版。

③ 喻刚：《新时代陕西革命文物资源管理研究》，硕士学位论文，西北大学，2020。

④ 国家文物局 2017 年 5 月 18 日《对第十二届全国人大五次会议第 1344 号建议协办意见的函》（办保函〔2017〕591 号）显示："据统计，在福建、江西、河南、湖北、湖南、广东、广西、重庆、四川、贵州、云南、陕西、甘肃、青海、宁夏十五个省区市，保存的红军长征文物共有 2132 处，除国保单位外，省级文物保护单位 208 处，市县级文物保护单位 635 处，登记不可移动文物点 1188 处。其中，95% 的全国重点文物保护单位和 92% 的省级文物保护单位对外开放；市县级文物保护单位除私人产权或由企事业单位使用的外，一半以上实现对外开放。依托长征文物建立了江西于都中央红军长征出发地纪念馆、广西兴安湘江战役纪念馆、四川中国工农红军强渡大渡河纪念馆、贵州遵义会议纪念馆、甘肃会宁红军长征胜利纪念馆、陕西吴旗纪念馆等约 30 个专题纪念馆博物馆。"参见国家文物局官网，www.ncha.gov.cn/art/2017/6/2/art_2237_34491.html。

374 处；全面铺开红色标语类革命文物资源调查，全国 14 个省份完成方案制订和调查试点，① 2023 年核查确认红色标语 4.1 万条。此外，还启动了"慰安妇"相关文物资源专项调查、东北抗联文物资源调查等。为持续推动东北抗联革命文物考古、调查和保护利用，国家文物局、国家发展改革委、财政部三部门联合发布《东北抗联革命文物保护利用三年行动计划（2023—2025 年）》，核查确认东北抗联遗址遗迹 602 处，为证实东北抗联军事组织、营地管理，系统展示东北抗联抗战史实提供了坚实支撑。

除全国层面的专项调查外，各省份也根据实际情况开展了专项调查。如陕西开展了陕南地区革命文物资源专项调查工作，截至 2022 年，仅延安市革命文物藏品征集量就达 3683 件（套），完成了 23 处全国重点文物保护单位和 146 处省级文物保护单位的"四有"档案著录工作。② 重庆市广泛征集老一辈无产阶级革命家和被关押在渣滓洞、白公馆的革命志士的相关文物史料。山东开展革命文物实物收集和革命历史人物、亲历者的音视频资料抢救性收集整理工作。③ 潍坊市征集与乐道院潍县集中营有关历史照片 1400 余张、藏品 350 余件（套）、中外文图书 102 本；台儿庄大战纪念馆征集到孙连仲后人捐赠的物品 1550 余件（套）。④ 这些专项调查为推动区域或专题类革命文物保护利用奠定了良好基础。

第三，口述史采集抢救工作方兴未艾。口述史是历史的再现，是鲜活的红色资源，也是珍贵的第一手资料。山东日照开展了革命口述历史抢救整理工作，采访参战老兵 50 多人次，对抗战老兵、南下干部、抗美援朝等重要历史事件当事人进行口述资料记录整理。中国人民抗日战争纪念馆、广西革命纪念馆、四川省建川博物馆等相继开展抗战老兵口述历史的采编工作。上

---

① 朱宁宁：《全国革命纪念馆跃升至 1600 余家》，《法治日报》2023 年 1 月 10 日，第 7 版。
② 刘源隆：《革命文物保护利用，来自陕西的行动与经验》，《中国文化报》2022 年 11 月 28 日，第 2 版。
③ 王廷琦：《山东：立足守正创新　扎实推进革命文物保护利用》，《中国文物报》2022 年 11 月 25 日，第 1 版。
④ 王廷琦：《山东：立足守正创新　扎实推进革命文物保护利用》，《中国文物报》2022 年 11 月 25 日，第 1 版。

述的乐道院潍县集中营博物馆立足国内、联系国际，设立实物资料征集专门资金，开展实物资料搜集工作，采集口述史音视频资料近600分钟。

3. 加大革命文物保护力度

（1）规划先行

在革命文物保护利用工作中，党和政府坚持规划先行，加强源头保护，健全标准规范，革命文物工作顶层设计日益健全。

第一，总体规划不断完善。"十四五"时期是我国向第二个百年奋斗目标迈进的开端，革命文物工作处于重要战略机遇期和最好发展期，各级文物部门坚持科学编制革命文物保护利用规划，明确保护利用的方向路径，少走弯路。

在国家层面，中央深改委审议通过长城、大运河、长征国家文化公园建设方案，加强革命文物保护利用写入《"十四五"文物保护和科技创新规划》并由国务院办公厅正式印发。国家文物局制定发布《革命文物保护利用片区工作规划编制要求》《革命文物保护利用"十四五"专项规划》《长征国家文化公园建设保护规划》《长征文化和文物资源保护传承专项规划》，切实践行价值引领、系统保护、整体保护、融合创新的基本理念和艰苦朴素的革命传统，推进革命旧址维修保护行动和馆藏革命文物保护修复计划，储备、实施、完工一批革命文物保护展示项目；组织编制天安门、双清别墅、北京大学红楼、卢沟桥宛平城等重点革命文物保护规划。本着"统筹考虑，分批推进"的原则，启动革命文物片区保护利用工作规划编制工作。以37个革命文物保护利用片区为支撑，整合资源、创新机制，组织编制25个片区工作规划，加强对省级以下不可移动革命文物的保护利用工作，为新时代革命文物工作提供规划指引。

在省级层面，据不完全统计，全国省级人民政府累计公布46个革命历史类全国重点文物保护单位保护规划，12个省份编制全省革命文物保护利用规划，革命文物工作基础更加扎实，保护利用的系统性、持续性、针对性不断增强。如重庆修订《重庆市革命遗址保护利用总体规划》，编制《红岩文化公园保护提升规划方案》。江西省高标准编制了《赣南等原中央苏区革命遗址保护规划》并获国家文物局批复同意。陕西以陕甘宁、陕甘、川陕、长征片区革命文物保护利用规划为引领，着力推动形成点、线、带、片贯通的革命文物保护利用格局，并为此出台实施了《陕西省省级以上文物保护单位保护管理规划》《延安革命纪念地旧址保护总体规划（2012—2025）》《延安革命旧址群保护利用规划》等总体规划以及《陕西省革命文物保护利用总体规划》《陕西省革命文物保护规划》《陕甘片区革命文物保护利用规划》《川陕革命文物保护利用片区专项规划》《陕西省长征国家文化公园建设保护规划》等专项规划，陕西全省各地市政府编制了《洛川会议旧址保护规划》《杨家沟革命旧址保护规划》《佳县李有源故居保护规划》等文物保护单位保护规划。三个层次的保护规划为陕西省革命文物的保护、管理和利用提供了科学依据。山东不仅编制了《山东省革命文物保护利用总体规划》《山东革命文物保护利用片区工作规划》，还联合江苏、河北、河南编制《冀鲁豫革命文物保护利用片区工作规划》，全面推动革命文物集中连片保护利用，努力打造革命文物片区高质量保护新高地。《山西省革命文物保护利用"十四五"专项规划》提出推进整体保护、加强科学管理、深化系统研究、提升展陈质量、强化教育功能、促进融合发展等主要任务，并规划了5个专栏11项重点工程。广东对主题相近、区域相邻、功能相似的革命文物进行统一规划利用。按照中央统一部署，结合南岭国家公园建设，有序推进长征国家文化公园广东段保护建设。[①] 编制革命文物保护利用片区规划，强化整体规划、连片保护、统筹展示、示范引领。《吉林省革命文物保护利用规划纲要》和《吉林省东北抗联文物保护专项规划》积极谋划革命文物保护利用项目，统筹谋划"十四五"规划思路，做好2021年庆祝建党一百周年各项工作。在23个国家革命文物保护片区基础上构建"一线、两地、三集群、七组团"的吉林特色革命文物保护利用格局，即中国共产党在吉林一条主线，东满与南满两个特色根据地，抗日战争、解放战争、社会主义建设三大历史集群，以杨靖宇干部学院、四平战役纪念馆、靖宇青少年

---

① 黄堃媛、雷伟强：《定期开展文物安全巡查》，《南方日报》2021年5月14日，第A11版。

教育基地、红石硅子教育基地、马村抗日根据地、老黑河遗址、伪满皇宫博物院为核心的七大教育组团。统筹运用革命文物资源与旅游资源、生态资源、林业资源，谋划革命文物与红色旅游重大项目，打造吉林省标志性红色资源品牌。① 福建采用革命文物集中区域编制区域性保护利用规划的模式，着眼于区域整体性和时效长远性，打破行政区域，立足于历史与现实相衔接的闽西原中央苏区革命文物集中区域；打破文物级别限制，以重要国保革命文物故事连带讲好省保、县保革命文物故事；打破文物单体局限，规划内容涵盖保护修缮、环境整治、展示利用、安防消防等多项内容。② 《西藏自治区革命文物保护利用总体规划》《西藏自治区革命文物保护利用片区保护规划》确保全区各级各类革命文物得到科学合理保护。编制自治区"十四五"时期红色遗迹保护规划项目，对红色旅游发展、革命文物保护、红色专题文艺创作等方面进行综合规划设计。

（2）整体保护

第一，从抢救性保护向预防性保护转变。始终坚持把革命文物保护放在第一位，积极组织实施濒危革命文物抢救项目，推进实施不可移动革命文物维修保护和馆藏革命文物保护修复计划，抢救修复濒危、易损馆藏革命文物。如国家文物局对北大红楼与中国共产党早期北京革命活动旧址进行保护修缮，天安门城楼及城台、中共中央北京香山革命纪念地文物保护修缮项目荣获鲁班奖，实施长征文物保护展示项目 500 余项。2018 年以来，贵州先后指导实施完成 114 个革命文物保护利用项目，对中央红军的四渡赤水战役旧址，黎平会议会址，红二、红六军团的川滇黔省革命委员会旧址，黔东特区革命委员会旧址进行了维修保护；甘肃累计投入资金 1.47 亿元，启动实施 156 项革命文物保护利用工程，其中，全国重点文物保护单位、省级文物保护单位保护利用工程 34 项，市县级文物保护单位保护利用工程 100 项、安消防项目 16 项，馆藏革命文物预防性保护项目 6 项，重要革命文物重大

---

① 《吉林省召开第二批革命文物保护利用片区推进会》，《文物鉴定与鉴赏》2020 年第 22 期。
② 徐秀丽：《牢记殷切嘱托　推动福建革命文物工作开创新局面》，《中国文物报》2021 年 4 月 6 日，第 1 版。

险情基本消除。① 2020 年以来，甘肃实施 30 多项保护工程，重要革命文物险情基本排除，基础设施得到显著改善。广西对湘江战役纪念设施、遗址遗存进行抢救性保护，修缮纪念碑、纪念馆等，对 421 处已识别的湘江战役红军遗骸散葬点进行挖掘、收殓并集中安放，湘江战役烈士纪念设施等入选国家 2021 年度中华民族文化基因库（一期）红色基因库建设试点。吉林实施抗联遗迹三年保护计划，完成了遗迹实地调查和 613 个保护标志、300 个界桩的制作工作，为抗联文物有效保护奠定了基础。山西相继维修了武乡八路军总司令部旧址、左权八路军前方总部旧址、左权 129 师司令部旧址、兴县晋绥边区政府旧址等纪念建筑。山东实施潍县集中营旧址修缮、刘公岛黄岛炮台修缮和新四军军部陈毅旧居修缮等革命文物重大项目；开展革命旧址险情排查和革命旧址抢险加固工作，完成抢险加固工程 57 项。② 江西一大批革命遗址得到抢救保护和合理利用，赣南等原中央苏区革命旧址整体保护经验成为全国示范；750 个苏区工程项目获得国家文物保护专项补助资金 10.5亿元。陕西延安抓住"一号工程""十大革命旧址维修"等机遇，先后投入3.7 亿元，保护了枣园、鲁艺、中央西北局等革命旧址 47 处。桥儿沟革命旧址东、西山旧址保护维修工程和西北局革命旧址抢险加固工程分别荣获2019 年全国革命文物保护利用"十佳案例"和"优秀案例"。③

　　第二，从单体革命文物保护向革命文物群体保护转变。大力实施革命文物集中连片保护利用工程，建设革命文物保护利用片区，加强革命文物的资源整合和整体保护，推动形成串点连线、连片打造、整体展示的革命文物工作新态势。

　　从某种角度看，革命文物保护利用片区是革命文物保护利用"主战场"。革命文物连片保护利用经验做法源于赣南等原中央苏区和延安革命文

---

① 李海霞：《甘肃革命文物保护利用取得良好成效》，《中国文物报》2023 年 2 月 7 日，第2 版。

② 王廷琦：《山东：立足守正创新　扎实推进革命文物保护利用》，《中国文物报》2022 年 11月 25 日，第 1 版。

③ 中共延安市委办公室调研组：《延安市革命文物保护管理利用工作调研》，《中国文物报》2021 年 7 月 16 日，第 6 版。

物连片保护利用实践的成功试点。通过实施"赣南等原中央苏区革命遗址保护利用工程"，江西省率先提出对革命文物实施整体保护的理念，并出台了《赣南等原中央苏区革命遗址保护规划》，投入中央财政和省级财政资金，革命旧址保护利用状况得以明显改善。在总结经验基础上，中宣部、财政部、文化和旅游部、国家文物局先后分两批公布了 37 个革命文物保护利用片区，从制度层面加强革命文物连片保护利用，中央财政也对片区整体陈列展示给予倾斜。① 第一批片区以土地革命战争时期为主，依托 13 个农村革命根据地和 2 个抗日根据地确定 15 个片区；第二批片区以抗日战争时期为主，依托 17 个抗日根据地和长征、西路军、东北抗联、西藏、新疆的革命史实确定 22 个片区。两批 37 个片区涉及 31 个省份 268 个市 1433 个县。以 37 个片区为支撑，整合资源、创新机制，实现革命文物的整体规划、连片保护、统筹展示、示范引领。②

在国家文物局指导下，陕西携手甘、宁、川、渝共同推进陕甘、川陕片区革命文物保护利用，编制《陕甘片区革命文物保护利用规划》《川陕革命文物保护利用片区专项规划》，紧抓长征、黄河、长城国家文化公园及片区建设。江西以革命文物保护利用片区及重大历史事件为重点，以赣南等原中央苏区革命旧址保护利用经验为样板，以井冈山、原中央苏区、闽浙赣、湘鄂赣、湘赣 5 个片区 87 个县为主战场，以长征主题、抗战主题和红色标语保护利用为重点，推进全省革命文物连片保护、整体展示和专题革命博物馆（纪念馆）高品质发展，推进全省革命文物的连片保护、整体展示、示范引领；引导推进军民融合发展，启动长征国家文化公园试点建设，加强长征文物保护利用；加快将南昌、井冈山、瑞金、安源等地打造成全国红色文化和理想信念教育基地；实施系统化保护，推进多措并举，坚持革命文物与传统村落保护利用整体规划一盘棋，纳入总体规划编制，助力乡村振兴；鼓励地方创建"国家革命文物保护利用示范区"。福建推进原中央苏区片区、闽浙

---

① 文静：《根植红色沃土赓续红色血脉》，《中国民族报》2021 年 7 月 9 日，第 5 版。

② 徐秀丽：《国家文物局革命文物司主要负责人就第二批革命文物保护利用片区分县名单答记者问》，《中国文物报》2020 年 7 月 3 日，第 1 版。

赣片区、长征片区、海陆丰片区等革命文物集中连片保护利用工程。重庆以红岩革命文物旧址为重点，统筹整合红岩村、曾家岩、虎头岩"红色三岩"，红岩文化公园首期项目建设全面启动，完成桂园保护提升和八路军驻重庆办事处旧址、渣滓洞、戴公祠等红岩革命文物旧址群保护修缮项目；以革命文物保护利用片区为重点，完成聂荣臻故居、刘伯承故居、赵世炎故居、杨闇公杨尚昆故里、南腰界红三军司令部旧址、红三十三军指挥部旧址等重点革命旧址保护展示项目200余个。① 甘肃积极推动长征国家文化公园建设，实施榜罗镇会议旧址等30项革命文物保护利用工程，打造哈达铺会议旧址保护利用样板工程，初步建成以会宁、南梁为重点的甘肃特色长征文物展示体系。② 北京实施中国共产党早期北京革命活动、抗日战争、"进京赶考"建立新中国等三大主题片区的整体保护利用。河南形成了"三山两水一线"的革命文物保护利用片区新格局。广西以全州、兴安、灌阳、龙胜、资源等革命文物集中地区为重点，推进桂北长征地区、左右江革命老区、桂东南广西早期党组织发展地区等地革命文物的整体规划、连片保护、统筹展示、示范引领；在长征文化线路整体保护利用工程中，以红军长征湘江战役纪念园为核心，建设桂北长征文化线路保护利用示范段。湖南创新保护理念，以园区模式推进重点革命文物整体保护利用。坚持以故居、旧址及纪念馆为核心，重点推进毛泽东、刘少奇、任弼时、胡耀邦、彭德怀、贺龙、罗荣桓等革命名人故居及纪念馆，秋收起义、平江起义、中央红军长征通道转兵、红二方面军长征出发地、汝城县沙洲村"半条被子"故事发生地等革命历史事件旧址及纪念馆的保护和建设项目，使之成为集保护、展示、瞻仰、宣传、教育、体验、旅游等功能于一体的、开放式的革命文化园区。

第三，坚持本体优先，由注重文物本体保护向文物本体与周边环境、文化生态的整体保护转变。围绕庆祝中国共产党成立100周年，国家文物局组

---

① 王征：《走进重庆，看文物保护的新探索》，《中国文物报》2020年12月15日，第1版。

② 徐秀丽：《国家文物局革命文物司主要负责人就第二批革命文物保护 利用片区分县名单答记者问》，《中国文物报》2020年7月3日，第1版。

织实施 300 多项重要革命旧址保护展示和环境整治工程,① 严厉查处革命文物保护范围和建设控制地带内的违法建设工程,清理整顿与革命文物环境气氛不相协调的经营活动和娱乐设施。重庆实施红岩革命历史博物馆品质提升工程,推进歌乐山片区周边环境整治。② 陕西统筹推进延安革命文物国家文物保护利用示范区创建工作,按照核心保护区多拆少建、革命旧址周边只拆不建的原则,累计投入 128.71 亿元旧城改造资金对延安老城区重点革命旧址环境进行整治提升,全面推进老城改造、居民下山和旧址周边环境整治。③ 以延安宝塔为代表的革命旧址得到有效保护,同时,革命旧址周边环境面貌得到较大改善,28.9 万老城区居民生活环境得到明显改善,初步实现了革命文物展示利用与城市风貌展示、城市文化传承、城市产业发展相结合。山东省文化和旅游厅联合省自然资源厅调整全国重点文物保护单位保护范围和建设控制地带,由山东省政府公布实施。④ 福建对除了古田会议会址外的革命旧址进行产权收购、修缮保护和环境整治,按国家重点文物保护单位标准对这些文物保护单位进行设计维修,同时,把这些旧址联合成群,成功申报第六批全国重点文物保护单位,使古田会议旧址群成为有机整体和整齐方阵。⑤ 北京将革命文物与周围环境景观资源融合布局、连片发展,促进其与周边村庄、公园、景区的一体化联动,实现以点带面、协同发展的新局面。江西省要求在革命遗址维修方案中,要有周边环境整治的内容。吉安市青原区将红色文物保护与古村落保护、红色旅游、美丽乡村建设、小城镇开发等有机融合,整合交通、水利、农业、扶贫等专项资金,全面规划、整体推进;在青原区横坑村,投入 600 万元文物资金集中修缮 7 处旧居旧址,同

---

① 李元梅:《革命文物工作取得重要进展》,《中国文物报》2023 年 4 月 14 日,第 1 版。

② 王征:《走进重庆,看文物保护的新探索》,《中国文物报》2020 年 12 月 15 日,第 1 版。

③ 陕文:《延安加快推进革命文物国家文物保护利用示范区创建工作》,《中国文物报》2022 年 4 月 1 日,第 2 版。

④ 王廷琦:《山东:立足守正创新 扎实推进革命文物保护利用》,《中国文物报》2022 年 11 月 25 日,第 1 版。

⑤ 傅棨生:《八闽红色文物遗产的保护与传承(逐梦 70 年)》,《人民日报》2019 年 7 月 13 日,第 5 版。

时整合交通、水利、农业、扶贫等专项资金 1000 多万元，使单一的文物建筑修缮"变身"为对整个村落的综合打造，有效推动乡村振兴发展。[1]

（3）示范引领

第一，打造革命文物保护利用示范区。建设国家文物保护利用示范区，是贯彻落实党中央、国务院关于加强文物保护利用改革战略部署的关键举措。自 2020 年 9 月公布首批国家文物保护利用示范区创建名单以来，国家文物局高度重视、加强统筹、支持探索，研究提出务实管用的政策举措，加强工作指导，给予多方位支持；各省级文物行政部门积极结合自身实际，多措并举加强资源整合，完善制度保障，督促精准施策；各示范区锐意改革、勇于创新、扎实进取，努力形成示范效应，创建工作取得重要成果。[2] 作为全国唯一一个革命文物类示范区，延安革命文物国家文物保护利用示范区以革命文物为主题，建设范围为延安市域 13 个县（市、区），涉及革命旧址 445 处，其中全国重点文物保护单位 23 处，省级文物保护单位 147 处，市级文物保护单位 108 处，县级文物保护单位 24 处；革命纪念馆 30 座，馆藏革命文物 43673 件（套），其中一级文物 189 件（套），二级文物 2462 件（套），三级文物 9061 件（套）。陕西以创建延安革命文物国家文物保护利用示范区为契机，将革命文物保护利用纳入延安市"十四五"规划，实现国土空间开发与革命文物保护利用"一张图"，以党中央和毛泽东在延安 13 年革命史为重点，整合延安 13 个县（市、区）445 处革命旧址等红色资源，推动形成串点连线、连片打造、整体展示的革命文物工作新态势。在资金方面，国家文物局重点从财政政策上尝试突破，重点项目经费由国家文物局直接安排，其他项目的经费经过测算后拨付到省里，具体安排由陕西省文物局统筹，允许省文物局拿出一定预算用于省级及省级以下文物保护单位，更好地发挥省文物局的主动权。通过示范区建设，延安革命文物保护水平显著提升，实现了预期目标。

---

[1] 郁鑫鹏：《让红色文物不断焕发时代光芒》，《江西日报》2018 年 9 月 24 日，第 1 版。
[2] 何文娟：《示范引领 扎实推进》，《中国文物报》2024 年 1 月 9 日，第 2 版。

第二，创建革命文物保护利用示范县。河南、江西、山东开展革命文物保护利用试点示范县创建工作，科学引导保护利用工作。内蒙古自治区以兴安盟"一馆三址"、延安民族学院城川纪念馆等重要纪念馆为重点，全区中、东、西部革命文物保护利用示范基地建设全面开展。① 江西以井冈山、湘鄂赣等 9 个片区为主战场，出台《江西省革命文物保护利用示范县创建管理办法（试行）》，编制《江西省革命文物保护利用示范县创建评分细则》，开展江西省革命文物保护利用示范县创建工作。在 10 个革命文物保护利用示范县创建中，瑞金市、铜鼓县、井冈山市、于都县、萍乡市安源区成功通过验收，成为江西省首批革命文物保护利用示范县。以铜鼓县为例，该县紧盯革命文物保护利用示范县创建目标，在推动革命文物活起来上精准施策，在全面提高革命文物保护利用智慧化水平上靶向发力，大力促进资源全域整合、文旅深度融合、产业高度结合，将革命文物资源优势转化为发展优势，服务经济社会高质量发展，实现革命文物保护利用和革命老区发展水平双提升。

第三，打造革命文物保护利用优秀案例品牌。国家文物局借鉴全国文物、博物馆领域已有的十大考古新发现、十大陈列展览精品、十佳文化遗产图书、十佳文博技术产品等品牌成功经验，指导中国文物学会和中国文物报社创设"全国革命文物保护利用十佳案例宣传推介活动"品牌。该活动自2019 年开始，每年一次。案例征集范围包括革命文物调查研究、保护修复、展示传播、社会教育、融合发展等工作中于本年度完成并取得显著成效的课题、项目和工程等，以及当年涌现的其他具有实践探索价值、取得创新成果和典型经验的革命文物保护利用成功案例。随着参评案例数量增多和覆盖面日益扩大，该活动日益成为革命文物领域重要并得到广泛认可的交流展示平台，为引导、促进全国革命文物工作水平提升发挥了积极作用。除全国层面的示范推介外，各地区也积极开展省级层面的推介活动。如山东开展全省革命文物保护利用示范典型案例宣传推介工作，2021 年度公布了"五位一体"

---

① 赵曦：《内蒙古大力弘扬红色文化》，《内蒙古日报》2021 年 6 月 10 日，第 2 版。

推进馆藏珍贵革命文物数字化保护利用的新探索等8项典型案例，相关信息在《中国文物报》《中国文化报》等多家媒体宣传推介。[①]

（4）协同有效

加强革命文物保护利用，需要构建并持续优化协同机制，整体谋划、协同推进。这种协同机制，既有横向层面的合作，也有纵向层面的合作以及横向、纵向的交叉合作。

第一，国家部门协作、央地联动更加密切。在中央层面，为守护文物安全，国家文物局积极主动与公安部、应急管理部开展了多次打击文物犯罪行动、文物消防安全检查行动；国家文物局、财政部联合印发《关于加强新时代革命文物工作的通知》，研究解决革命文物工作难点问题，修订国家文物保护专项资金管理办法，基本形成了革命文物财政保障机制。国家文物局与中央党史和文献研究院在党史研究方面、与人力资源社会保障部在职称改革方面、与中央军委后勤保障部在营区文物保护方面、与教育部在全面推进"大思政课"建设方面加强合作、夯实基础，取得有效进展。[②] 国家文物局与国家民委印发《关于充分运用革命文物资源铸牢中华民族共同体意识的意见》，共同做好民族地区革命文物保护利用、民族地区文博人才队伍建设等方面的工作，充分运用革命文物资源铸牢中华民族共同体意识。国家文物局与国家林业和草原局组织开展"红色草原"推介活动，印发《关于建好红色草原协同推进革命文物与草原生态保护的通知》，加大对入围草原范围内革命文物保护利用、草原保护修复及产业发展等方面的指导支持力度。国家文物局与新华社深度合作，提高革命文物研究阐释和展示传播水平，让革命文物真正活起来。

在央地合作层面，国家文物局与省级人民政府合作，推进贯彻落实习近平总书记重要指示批示和党中央决策部署。梳理国家文物局与四川、山西、湖南、山东、浙江、江西、陕西、青海等省人民政府签署的合作协议，

[①] 王廷琦：《山东：立足守正创新 扎实推进革命文物保护利用》，《中国文物报》2022年11月25日，第1版。

[②] 《传承红色基因 弘扬革命精神》，《北京日报》2022年7月4日，第10版。

发现央地合作呈现以下两大特征。

首先，合作主旨十分明确。就是为了推动地方人民政府贯彻落实习近平总书记关于文物工作的重要指示批示和中共中央办公厅、国务院办公厅印发的《关于加强文物保护利用改革的若干意见》和《关于实施革命文物保护利用工程（2018—2022年）的意见》。

其次，合作范围广。主要涉及文物保护利用改革工作、文物保护传承体系建设、革命文物保护和红色基因传承、传统村落发展、人才培养、科技保护、文物保护责任落实、社会力量参与文物保护利用、博物馆机制创新等诸多领域。

在国家文物局推动下，地方政府在加强本辖区文物安全督察和打击文物违法犯罪、加强文物行政部门和专业机构建设、加大国家文物局重点项目财政投入力度、将文物保护相关内容纳入国土空间规划等方面均推出了积极举措。

此外，国家文物局还与机构开展专项合作。如与中国社会科学院合作，与云南大学签署"高层次文博行业人才提升计划"合作协议。

第二，文博机构横向合作，优势互补，强强联手。在国家文物局支持下，中国文物信息咨询中心、中国文化遗产研究院、中国文物报社、中国文物交流中心、国家文物局水下文化遗产保护中心等直属机构积极推进与地方政府和文博机构的合作，各地文物机构也相互开展合作。如国家文物局水下文化遗产保护中心与山东大学签署合作协议，双方共建"山东大学教学科研基地"；中国文物交流中心和中国文物报社分别与四川省文物局签署战略合作框架协议，合作推动文旅融合发展。陕西牵头组建全国长征纪念馆联盟，汇聚延安革命纪念馆、遵义会议纪念馆、瑞金中央革命根据地纪念馆和四渡赤水纪念馆4处长征沿线纪念馆的资源力量，推动协作共享、协同发展。[1]

第三，构建省际合作机制。如前所述，革命根据地大多位于多省份交界

---

① 刘源隆：《革命文物保护利用，来自陕西的行动与经验》，《中国文化报》2022年11月28日，第2版。

的山区，因此，在保护革命文物时客观上需要相关省（自治区、直辖市）政府通力协作，建立省际协作机制，整体谋划、协同推进。如川、陕、渝签署《川陕片区革命文物保护利用合作协议》，共同推进川陕片区革命文物集中连片保护，着力将其打造成国家级红色文化公园；①陕、甘、宁签署《陕甘片区革命文物保护利用合作协议》，成立陕甘片区革命文物保护利用工作协调小组，建立工作联席会议制度，共同谋划和推进陕甘片区革命文物保护利用工程实施的重大合作项目和事项。陕、甘、宁、川、渝建立五省协作机制，完成《陕甘片区革命文物保护利用规划》《川陕革命文物保护利用片区专项规划》，实现整体规划、连片保护。鄂、豫、皖三省联合推进大别山区革命文物保护利用工作，成立大别山区革命文物保护利用办公室，形成《大别山区革命文物保护利用工作"十三五"行动计划》，并纳入《国家文物事业发展"十三五"规划》。河北、江苏、河南和山东四省联合召开冀鲁豫革命文物保护利用片区工作规划编制工作会议，签署《冀鲁豫革命文物保护利用片区战略合作协议》，四省共同实施冀鲁豫片区革命文物集中连片保护利用工程，推动冀鲁豫片区革命纪念馆馆际交流与合作，共同打造全国革命文物保护利用片区示范典型。在成渝地区双城经济圈建设大背景下，重庆市、四川省联合签订《成渝地区双城经济圈革命旧址纪念馆合作发展协议》。北京以京津冀协同发展战略为引领，联合河北、山西等省探索晋察冀、冀热辽片区跨省市连片保护工作机制，共同编制相关革命文物保护利用片区工作规划。山西、河北、河南签署《晋冀豫革命文物保护利用片区工作联盟框架协议》，成立晋冀豫革命文物保护利用片区工作联盟，携手推动革命文物阐释、展示、传播交流和新时代革命文物保护、管理、运用与研学教育、红色旅游、乡村振兴融合发展。黑、吉、辽三省成立东北革命文物保护利用联盟暨红色景区联盟，推动文化和旅游应融尽融，打造革命文物保护和红色旅游发展新模式。

第四，加强省内机构之间的横向合作。如江西建立革命文物保护工作联

---

① 郭青：《打造国家级红色文化公园》，《陕西日报》2019年11月7日，第2版。

席会议机制，构建宣传、党史、发改、财政、文旅、档案、教育、退役军人事务等部门协同联动、齐抓共管的工作格局，凝聚革命文物事业高质量发展的强大合力。[①] 陕西省文物局与陕西省委宣传部、省委党史研究室建立合作机制，整合高校、科研院所研究力量，组建"陕西革命文物保护利用专家库"，在革命文物内涵研究、保护、展陈等方面加强协作。[②]

第五，构建共建共享的革命文物保护模式。如江西瑞金倡导开展"追根溯源"活动，已有54个国家部门在瑞金找到"前身"，修复了与之相对应的革命旧址，举办了旧址原状陈列和辅助陈列活动，建立了革命传统和爱国主义教育基地；推广"文物认护"模式，通过开展个人、单位、集体捐款"认护"革命文物的形式，提升公众参与文物保护工作的热情和意识，同时也缓解了文物保护资金不足的矛盾，已有1.5万中小学生、100多所全国高校、1.2万市民、67个单位登记"认护"革命旧址文物；开展"旧址代管"活动，采取适当补贴等方式，鼓励群众或社会团体对非国有革命旧址进行日常保洁、巡查和监管，已吸纳、发展30多位旧址代管员，代管边远非国有革命旧址60多处；建立"联保机制"，采用聘请当地退休干部或有责任心的人员管理的办法，形成馆、乡、村三级共同管理模式，弥补了管理力量的不足，探索出了革命遗址维修保护的"瑞金模式"。山西省在推出"文明守望工程"、不改变文物所有权的前提下，鼓励和引导社会组织、企业或个人通过出资修缮、认养等方式，参与市县级文物保护单位和其他不可移动革命文物的保护利用。

（5）科技融合

推进革命文物保护利用与现代科技深度融合发展，以互联网、大数据、信息共享、跨界创意和智慧应用为重点，发挥科技支撑作用。

运用科技手段推动传统保护方式升级。革命文物保护利用大多是在传统方式的基础上运用科技手段创新保护利用方式，通过数字媒介、互

---

① 龚艳平：《江西红色资源家底丰厚》，《江西日报》2021年10月17日，第1版。
② 刘源隆：《革命文物保护利用，来自陕西的行动与经验》，《中国文化报》2022年11月28日，第2版。

联网、数据信息终端等多元化、创新型技术手段进一步加强革命文物的保护和传承。我国文物的科技保护起步于 20 世纪 60 年代。随着信息时代的飞速发展、经济的腾飞、保护材料与技术研究的深入、对外广泛的合作与交流、国家在文物科技保护领域资金和设备的投入逐年增加，革命文物的科技保护事业得到快速发展、跨越发展，先进适用技术应用渐成规模，[①] 在全国层面建立革命文物大数据库，对革命文物保存状况实施动态管理，推进革命文物数据资源开放共享。以广东省博物馆、广州博物馆、广东革命历史博物馆等综合性文博大馆及革命类纪念大馆为代表，率先开展文物数字化保护，主要涉及图像数据采集、本体信息化采集、信息化管理、新媒体展示等方面。同时，采用信息化技术推进文物的保管和管理业务流程，记录相关的操作痕迹，通过多种新媒体渠道向观众及研究者提供服务。

总体来看，数字化保护类别可以划分为大型可移动文物的三维采集、非平面等级文物的三维采集、遴选文物的多角度高清环拍、文献类文物的数字扫描和文字识别四大类。[②]

近年来，东北烈士纪念馆从革命文物的保护、管理与利用角度出发，将数字技术优势和馆藏革命文物保护展示相结合，初步形成以数字化为技术手段、以"科技+革命文物"保护利用的模式，构建了跨平台馆藏文物数字资源管理系统，实现藏品业务的数字化管理，丰富文物信息管理内容，推进藏品征集管理、信息管理、账目管理、保管管理、注销管理、数据查询、数据统计等功能建设。借助移动端密切监测文物进出情况、相关信息及馆藏状态，进行文物多层次、多方向、立体交叉的文物信息资源权限控制，对馆藏珍贵文物状态进行系统化、科学化动态管理，克服空间、时间及环境等因素的影响，实现馆藏红色资源共建共享和广泛传播。

---

① 卢世主、朱昱：《革命文物保护利用研究的现状与进展》，《江西师范大学学报》（哲学社会科学版）2020 年第 6 期。

② 蒋彬彬：《革命文物数字化保护与利用——以渡江胜利纪念馆为例》，《收藏与投资》2022年第 4 期。

西柏坡纪念馆是中宣部遴选的 15 家中华民族文化基因库（一期）红色基因库首批试点单位之一，该馆通过扫描实物信息、科学数字建模等手段，精确记录馆藏可移动珍贵文物状态、西柏坡中共中央旧址外体情况和陈列展览馆的全景可视信息。组建专业团队拍摄、整理了部分文物的高清图片及文字材料、景区语音讲解和音视频等革命文物数据资料，大力推进西柏坡纪念馆革命文物数字化工作。①

南昌八一起义纪念馆在革命文物利用方面表现出色。该馆紧扣"八一"元素，探索革命文物可视化演绎。在 2022 年清明节之际，该馆与央视军事频道推出"追寻打响第一枪的人"；当年 8 月 1 日，举行"南昌起义参加者新增名录发布仪式"，向全社会公布 54 位新增南昌起义参加者，央视新闻频道全程直播。起义参加者后代、寻访名录代表亲临现场，与线上 5629.4 万观众一同见证这一跨越时空的"八一追寻"。打造实景剧，实现跨界融合。将红色资源结合文艺创作、剧本设计、红色文创等形式载体，通过剧本双线互动、安排任务等流行红色剧本杀元素解构新时代红色文化。2022 年 7 月 31 日，南昌八一起义纪念馆在南昌起义总指挥部旧址——江西大旅社中打造"那年八一"革命旧址沉浸式实景剧。以革命旧址为舞台，用全新视角重新诠释八一故事，让八一旧址绽放新生。剧目采用"革命旧址+换装互动+机制彩蛋任务"的新颖方式，把寻找历史线索的身份和使命交给观众，让观众犹如穿越时空，走近 1927 年南昌起义的那段历史，切身感受红色文化魅力和革命精神力量。借助大资源平台，以沉浸式研学、红色故事展演、红色文创等方式，根据不同受众开发丰富生动的"八一课堂"。一是线上线下沉浸式课堂。线上推出青少年红色教育课程《理想照耀中国》，将贺龙指挥部旧址转化为历史教室，将革命文物延展为思政"教材"，讲好"理想"大课题；线下推出"起义少年助力计划"，采取"沉浸式近景演绎+双线互动+剧情讲解+装备拼装"等方式，使青少年在互动中感悟"八一"历史。

---

① 卢润彩：《西柏坡：践行"三个务必"做好新时代革命文物工作》，《中国文物报》2022 年 11 月 18 日，第 3 版。

二是红色故事展演"大思政课"。由八一馆自主编创、讲解员和社会志愿者倾情演出的《八一军旗红》，采用艺术与思政内容相结合的情景教学法，通过精彩演绎和深情诉说，为现场观众呈现了一堂鲜活生动的思政大课。三是亲子美育课堂。举办"五彩八一"——积木搭建体验系列活动，招募95组亲子家庭，通过"目标性探索、竞争性体验、情感性反思"的美育课堂模式，通过积木搭建、观看动画、拼图闯关、AR互动体验、拍照打卡等形式，全面调动孩子的思维、视觉、听觉等多重体验，提高互动参与性，锻炼孩子的创造力，在温馨的亲子时光中尽情领略红色情怀。①

（6）安全筑底

坚守文物安全底线，强化安全制度建设，进一步落实文物安全责任。文物安全纳入国务院安委会安全生产考核巡查范围，将文物安全纳入地方政府绩效考核评价体系，推进地方政府切实履行文物保护属地管理的主体责任，各地各级党委、政府文物安全主体责任逐级压实，多部门齐抓共管，加强文物安全的工作格局初步形成。全国31个省份均已将文物安全工作纳入省级政府年度考核评价体系，文物安全协调机制进一步完善，全国28个省份建立省级政府文物安全工作协调机制。如重庆建立了市、区县、乡镇、村社四级安全责任体系，层层签订文物安全责任书。② 吉林省出台《关于进一步加强文物安全工作的实施意见》，建立了吉林省文物安全工作联席会议制度，将文旅、发改、公安、国土、住建、环保、工商、宗教、海关等部门纳入联席会议成员单位。同时，从2018年开始，吉林省文物局与3家省直文博单位、12个市（州）文广新局签订文物安全责任书。推动省政府连续三年与市县政府签订文物安全承诺书，12个市（州）政府向省政府递交了文物安全承诺书。实行文物安全绩效考评，自2018年开始，吉林省政府连续三年对各市（州）政府文物安全进行了绩效考评。创建推广文物安全区域网格

---

① 江西省文化和旅游厅革命文物处：《江西两项入选！第四届全国革命文物保护利用十佳案例宣传推介活动初评结果揭晓》，2023年11月27日，江西省人民政府网站，http：//www.jiangxi.gov.cn/art/2023/11/27/art_5296_4694553.html。

② 王征：《走进重庆，看文物保护的新探索》，《中国文物报》2020年12月15日，第1版。

化管理制度，文物安全监管体系可延伸到基层，打通文物安全监管的"最后一公里"。

精神文明建设与文物保护利用联系日益紧密。中央文明办将发生重大文物违法案件和安全事故列入全国文明城市年度测评指标体系，将发生文物盗掘损毁事故列入全国文明村镇测评负面清单；将实施革命文物保护利用工程、开展社会主义核心价值观主题展览纳入中央文明委年度重点工作项目清单。江西、安徽、浙江、重庆等地文物部门与省级文明办建立沟通协调机制，提升了文明城市测评所在地党委、政府的文物保护意识。

加强文物安全防护设施建设。据不完全统计，全国各级财政年均投入超过 10 亿元用于文物平安工程，加强革命文物监测调控设施和安全防范设施建设，改善革命文物藏品保管、陈列展览条件，建立全国文物安全案件（事故）数据库。完成省级文物安全监管系统建设，建立革命旧址保护现代化安防监控系统。如广东完成了首批 1500 多处不可移动革命文物的现状调查和安全风险评估，建立省革命文物普查数据平台和成果库。江西建立覆盖全省的全国重点文物保护单位、省级文物保护单位和国有三级以上博物馆的安全监测预警系统。[①] 陕西编印《革命旧址日常管理工作手册》，开展馆藏革命文物保存现状评估工作，完成延安革命旧址群安全监管平台等 41 项安防、技防和消防项目。广西实施重点博物馆、重点文物保护单位安防、消防、防雷系统工程建设。将全区重点博物馆、重点文物保护单位列入公安部门重点保护对象，技防系统与当地公安部门实现联网。建立文物建筑消防标准化建设制度、文物部门与消防救援部门常态化协作机制，有效地加强了文物消防工作。

加强层级监督，加大执法问责力度。开展国家文物督察试点，强化中央层面的文物督察监管。国家文物局组织各地开展革命旧址险情排查，2020年开展文物火灾隐患整治和消防能力提升三年行动，多省份开展消防应急演练，全面排查、排除革命旧址安全隐患；完成"十三五"期间革命文物保

---

① 万磊：《利用红色资源 传承红色基因》，《南昌日报》2021 年 6 月 17 日，第 4 版。

护工程检查评估工作，实现检查全覆盖，确保工程进度和质量。各地抓日常、抓长远，加强革命文物管理维护，努力推动调查排查工作制度化、常态化。① 严格落实定期风险排查和日常养护管理制度，落实文物安全直接责任人公告公示制度，定期开展革命文物安全巡查检查，一大批文物火灾隐患得到排除，文物安全治理能力明显增强。如贵州省不断开展革命文物督察巡查，确保安全。落实文物义务看护员制度，开发文物安全巡查综合管理平台，定期打卡、定期巡查、定期上报，推动文物安全责任落到实处。② 福建建设"福建省文物保护平台安全在线监管系统"，严密防范，有效打击违法犯罪活动，确保文物安全。③ 系列举措的实施，构建了"国省督察、市县执法、社会监督、科技支撑"的文物执法督察体系，完善了联合打击和防范文物犯罪长效机制，健全了文物违法行为惩戒机制。④

（二）革命文物的展示利用

中共中央办公厅、国务院办公厅印发的《关于实施革命文物保护利用工程（2018—2022 年）的意见》提出拓展革命文物利用途径，深入挖掘革命文物的价值内涵和文化元素，运用市场机制开发更多文化创意产品，促进文化消费的主要任务。⑤ 国家文物局印发《关于进一步规范革命旧址和纪念场馆讲解服务、缅怀纪念活动的通知》《革命文物主题陈列展览导则（试行）》《革命旧址展示导则（2023）》，指导各地用好红色资源，弘扬革命文化，办好陈列展览，更好发挥革命文物在党史学习教育、革命传统教育、爱国主义教育、思想政治教育、公民道德建设等方面的重要作用。

---

① 李耀申：《保护革命文物　赓续红色血脉》，《中国文物报》2022 年 1 月 21 日，第 1 版。
② 王征：《走进重庆，看文物保护的新探索》，《中国文物报》2020 年 12 月 15 日，第 1 版。
③ 李慧宏：《让革命文物在新时代焕发新光彩——以福建省革命文物保护利用传承状况为例》，《福建开放大学学报》2021 年第 4 期。
④ 《国家文物事业发展"十三五"规划发布实施》，中国文艺网，2017 年 2 月 25 日，https：//cflac. org. cn/xw/bwyc/201702/t20170225_356085. html。
⑤ 《中共中央办公厅　国务院办公厅印发〈关于实施革命文物保护利用工程（2018—2022 年）的意见〉》，《中华人民共和国国务院公报》2018 年第 22 期。

1. 深化革命文物史实研究和价值挖掘

第一，加强革命文物史实和内涵研究。革命先辈足迹遍布大江南北，革命遗存如星辰缀满广袤天空，守护好、传承好革命文物既需要加强科学保护，[①]又需要开展系统研究，并突出主题和重点，更好展现党的伟大历史贡献。为此，需要整合文物、党史、军史、档案、地方志等方面研究力量，依托博物馆、纪念馆和党校、党史文献等研究部门，加强党史、新中国史、改革开放史、社会主义发展史研究，推出重要研究成果，旗帜鲜明反对和抵制历史虚无主义。

各级文物行政管理机构鼓励在革命文物保护、展示陈列等项目中，加强对革命文物内涵研究，为展示、利用革命文物奠定基础。如福建省文物局编撰出版《中国共产党在福建福建省馆藏珍贵红色文物图集》《福建省革命旧址图录》等革命文物图书，集中展示福建革命文物的整体资源面貌和保护现状；[②]出版了《红色印记——福建永安红军标语集锦》《中央苏区（闽西）红军标语图志》。陕西先后编辑出版《走进红色纪念馆》《延安精神》《革命圣地　红色记忆——延安革命纪念地》《口述历史·延安的红色岁月》《亲历长征》《中国共产党延安历史大事记》等图书。[③]西柏坡纪念馆出版《西柏坡口述史》《西柏坡 100 个经典瞬间》《西柏坡 100 封书信解读》《民主人士北上史录》《中国共产党土地会议实录》《图说西柏坡》《刘少奇与西柏坡》《西柏坡北庄记忆》等图书。

第二，深化价值挖掘，弘扬革命精神。革命文物蕴含丰富的革命精神和厚重的历史文化。为了充分释放革命文物的价值，需要加强内容建设，集中讲好革命文物背后故事，生动展现革命文物的红色基因和思想内涵，构建中国共产党革命精神谱系。为此，国家文物局、中央广播电视总台共同打造了

---

① 李元梅：《革命文物工作取得重要进展》，《中国文物报》2023 年 4 月 14 日，第 1 版。
② 李慧宏：《让革命文物在新时代焕发新光彩——以福建省革命文物保护利用传承状况为例》，《福建开放大学学报》2021 年第 4 期。
③ 中共延安市委办公室调研组：《延安市革命文物保护管理利用工作调研》，《中国文物报》2021 年 7 月 16 日，第 6 版。

革命文物宣传传播工程《红色烙印——革命文物的故事》，生动再现了中国共产党带领中国人民筚路蓝缕、百折不挠、持续奋斗的光辉历程，充分彰显中国共产党人的梦想和追求、情怀和担当、牺牲和奉献。红领巾讲党的故事、百件革命文物的声音档案、《时间的答卷》、《闪光的记忆》、《红色文物100》等生动讲述革命文物背后的故事。2023年，国家文物局与中央广播电视总台、中央网信办联合开展"见证新时代"主题活动并确定公布100件新时代见证物名单。重庆推出话剧《红岩魂》，在全国巡演，开展"红岩精神耀巴渝"故事巡讲、"小萝卜头"进校园活动。联合相关省区市开展红色基因传承工程——"让烈士回家"系列主题活动，组织开展专题展览、主题报告、故事讲解、剧目演出等系列活动，将310位红岩烈士的相关文史资料和事迹、精神送回烈士家乡及他们学习、生活、战斗过的地方，让红岩精神生根发芽、世代传承。① 广东推出《红色热土 百年初心——广东红色故事汇》百个全媒体作品，组织开展走进100个广东红色革命遗址、讲述100个广东红色故事、遴选100张南粤红色文化名片等"3个100"活动。② 四川推出舞剧《努力餐》、川剧《烈火中永生》、音乐剧《红梅花开》，山东启动红色主题剧目创作活动，深入开展民族歌剧《沂蒙山》和《国·家》、吕剧《大河开凌》、话剧和舞剧《乳娘》、复排经典京剧《红云岗》《奇袭白虎团》、红色杂技剧《铁道英雄》、京剧《郭永怀》《燕翼堂》等的全国巡演。广西创作推出杂技剧《英雄虎胆》、壮剧《苍梧之约》、专题纪录片《红色丰碑》、木偶剧《鸡毛信》等一批文艺精品。江西编排赣南采茶戏《快乐标兵》《八子参军》《永远的歌谣》《一个人的长征》等一大批叫好又叫座的艺术精品。北京将零散分布的革命文物、公共空间、胡同街巷进行整体串联，建立空间联系，挖掘历史内涵、提炼文化价值、构建活力矩阵，设计出特色主题线路进行整体推介，让革命文物在发挥内在价值的同时，推动

---

① 渝文岩：《重庆市文物局着力加强革命文物保护利用工作》，《中国文物报》2019年6月28日，第2版。

② 谢庆裕：《坚定历史自信，从党的百年奋斗中汲取智慧力量》，《南方日报》2022年1月17日，第A1版。

城市文化活力共生。例如，以中共中央 1949 年 3 月 25 日"赶考"行动路线为历史脉络搭建的"进京赶考路"，将清华园车站旧址、颐和园益寿堂、双清别墅、香山革命纪念馆与三山五园自然山水景观、御道系统整合串联，形成集历史文化体验、爱国主义教育、生态游览休闲于一体的城市综合性活力空间。①

第三，搭建平台，深入推进革命文物研究工作。《国家文物局办公室关于组织开展国家革命文物协同研究中心候选单位推荐工作的通知》要求，由文博单位和高校联合建设国家革命文物协同研究中心。国家革命文物协同研究中心是由教育部、国家文物局批准设立的国家级人文社科重点研究平台，按照教育部人文社会科学重点研究基地管理。该中心旨在发挥博物馆和高校优势，整合各方力量，打造一批具有创新性、示范性、引领性的红色资源研究高地、革命文物保护利用高端智库、革命文化学术交流重要平台、红色资源共建共享中心，有序推进革命文物史料的抢救、征集和研究工作，准确把握党的历史发展的主题主线、主流本质，② 深入挖掘和阐发革命文物蕴含的思想内涵、时代价值、历史意义和教育意义。③ 2024 年 3 月，教育部、国家文物局公布国家革命文物协同研究中心名单，全国共有 20 家博物馆和高校获批（见表 1）。甘肃依托西北师范大学共建甘肃长征国家文化公园建设发展研究中心，引导加强革命文物价值挖掘和阐释。浙江通过实施革命文物守护弘扬工程，实现打造"一库一中心"革命文物理论研究格局，建成 1 个革命文物专家智库和 1 个协同研究中心，推出一批重大研究成果，形成一批革命文物标识。④

---

① 汪珺、黄钟：《北京城市更新背景下的革命文物保护利用研究》，《北京规划建设》2022 年第 3 期。
② 李元梅：《革命文物工作取得重要进展》，《中国文物报》2023 年 4 月 14 日，第 1 版。
③ 《河南省人民政府办公厅关于进一步加强新时代革命文物保护管理利用工作的通知》，《河南省人民政府公报》2022 年第 19 期。
④ 杨建武：《夯基提能　树立标识　争创一流　奋力谱写文博强省建设新篇章》，《中国文物报》2023 年 2 月 28 日，第 1 版。

表 1　国家革命文物协同研究中心名单

序号	名称
1	中国共产党历史展览馆-北京大学国家革命文物协同研究中心
2	中国国家博物馆-中国人民大学国家革命文物协同研究中心
3	中国人民抗日战争纪念馆-北京师范大学国家革命文物协同研究中心
4	吉林省博物院(东北抗日联军纪念馆)-吉林大学国家革命文物协同研究中心
5	雨花台烈士纪念馆-南京大学国家革命文物协同研究中心
6	南湖革命纪念馆-浙江大学国家革命文物协同研究中心
7	中央苏区(闽西)历史博物馆-厦门大学国家革命文物协同研究中心
8	中国甲午战争博物院-山东大学国家革命文物协同研究中心
9	辛亥革命博物院-武汉大学国家革命文物协同研究中心
10	重庆红岩革命历史博物馆-西南大学国家革命文物协同研究中心
11	邓小平故居陈列馆-四川大学国家革命文物协同研究中心
12	遵义会议纪念馆-同济大学国家革命文物协同研究中心
13	中国人民革命军事博物馆-中国社会科学院大学国家革命文物协同研究中心
14	李大钊纪念馆-河北师范大学国家革命文物协同研究中心
15	八路军太行纪念馆-山西大学国家革命文物协同研究中心
16	中国共产党第一次全国代表大会纪念馆-上海大学国家革命文物协同研究中心
17	井冈山革命博物馆-江西师范大学国家革命文物协同研究中心
18	华东野战军总部旧址暨新四军军部旧址纪念馆-临沂大学国家革命文物协同研究中心
19	韶山毛泽东同志纪念馆-湘潭大学国家革命文物协同研究中心
20	延安革命纪念馆-西北大学国家革命文物协同研究中心

资料来源:《教育部　国家文物局关于公布国家革命文物协同研究中心名单的通知》(文物革发〔2024〕11 号),国家文物局网站,2024 年 3 月 11 日,http://www.ncha.gov.cn/art/2024/3/14/art_2318_46616.html。

2. 革命文物展示实现新提升

革命文物展示是讲好革命故事、发挥育人功能的基本形式。做好革命文物利用工作的重点是聚焦展示弘扬,着力提升展陈水平,坚持政治性、思想性、艺术性相统一,宏大叙事与细节呈现、场景再现相结合,统筹线上线下展览展示,改造提升一批纪念馆、革命旧址陈列展览,着力打造高质量、特色化的革命文物陈列展览精品,提升革命文物的吸引力和感染力。

(1)丰富革命文物展示形式

第一,创新展陈方式,推出革命文物主题陈列展览。革命文物主题陈列展览是展示革命文物、讲述革命故事、开展党史学习教育与"四史"宣传教育的重要载体。① 文物行政管理单位充分发挥红色资源优势，深挖文物内涵，创新展陈方式，将革命文物放在展览中呈现，不断推出一系列主题展览。

国家文物局组织全国革命纪念馆举办"奋进新时代"主题成就展等系列主题展览，指导市县级革命纪念馆推出一批革命文物主题展览和流动展览，② 每年推出主题陈列展览4000多个，如2019年，全国庆祝新中国成立70周年主题展览就达到1660个。根据国家文物局革命纪念馆专项调查数据，2019~2021年，全国超过1/3的革命纪念馆年均开展主题活动在60次以上，即每个月至少举办5次主题活动。仅2021年，围绕庆祝建党百年，全国举办党史学习教育主题活动85万场，接待参观团体136万批、党员干部和群众4.3亿人次，推出主题展览2000余个，其中109个被中央宣传部、国家文物局确定为庆祝中国共产党成立100周年精品展览。"'不忘初心、牢记使命'——中国共产党历史展览""伟大的开端""光辉伟业 红色序章"等基本陈列、专题陈列广受赞誉，博物馆和纪念馆成为宣传党史、学习党史的热门打卡地。山东省军区机关驻地旧址、日照市抗日战争纪念馆等3处场所入选山东省依托革命文物资源开展党史学习教育场所，各场所精心组织具有庄重感、仪式感、参与感的主题活动，成了日照市党史学习教育的重要阵地。③ 广东推出"红色热土 不朽丰碑——中国共产党领导广东新民主主义革命历史展"。上海全方位、立体式改建革命类博物馆、纪念馆，增设主题展览。江西每年向社会免费推出革命专题展150个以上。重庆推出"不忘初心，牢记使命——中国革命精神联展（1921-1949）""一代名帅刘伯承生平业绩展""赵世炎烈士生平事迹展"等专题展览。陕西革命旧址累计举办展览900余个，开展活动2400余场次，参观人数超8000万人。甘

---

① 《国家文物局印发〈革命文物主题陈列展览导则（试行）〉》，《中国文物报》2023年3月31日，第1版。
② 李元梅：《革命文物工作取得重要进展》，《中国文物报》2023年4月14日，第1版。
③ 王娟、来守英、程红：《关于新形势下革命文物保护利用实施路径的探究——以日照市为例》，《文物鉴定与鉴赏》2022年第16期。

肃将旧址原状展示和纪念馆主题展览相结合，突出"两点一存"、万里长征、两当兵变、血沃祁连、载人航天等红色主题，组织全省纪念馆推出基本陈列展览 131 个，举办临时展览 191 个。[①] 浙江推出"红船从'浙'里启航——中国共产党在浙江（1921-1949）""浙里长城——浙江省抗击新冠肺炎疫情纪实展"等集政治性、思想性、艺术性于一体的红色主题展览 376 场，相关活动 2127 场，累计观众超 951.6 万人次。[②] 据统计，全国革命历史类纪念馆累计推出主题展览 1.5 万个，累计接待观众超 28 亿人次；[③] 仅 2019～2021 年，年均参观人数超过 100 万人的革命纪念馆就超过 100 个。

第二，推动革命文物展览展示高质量、特色化、精品化发展。坚持有址可寻、有物可看、有史可讲、有事可说，着力策划打造主题突出、导向鲜明、内涵丰富的革命文物陈列展览精品，做到见人见物见精神。仅 2018～2022 年，全国革命历史类博物馆、纪念馆就实施改陈布展或展陈提升项目 300 余项，其中 27 项被评为全国博物馆十大陈列展览精品。国家文物局与国家林业和草原局联合公布第一批 12 处"红色草原"名单。2023 年，推出"小推车推出来的胜利——淮海战役支前文物展""雪域丰碑——西藏革命文物展""铁军忠魂——新四军历史陈列"等精品展、主题展、巡回展。山东出台《全省博物馆、纪念馆十大革命文物陈列展览精品推介办法》，引导革命类博物馆、纪念馆提升展览展陈质量。"向海图强——人民海军历史基本陈列""让党旗永远飘扬——山东省庆祝建党 100 周年陈列展"分别荣获第十九届（2021 年度）全国博物馆十大陈列展览精品奖和优胜奖。[④] 南昌八一起义纪念馆推出的"南昌起义　伟大开端"展览，共展出各类图片、

---

① 李海霞：《甘肃革命文物保护利用取得良好成效》，《中国文物报》2023 年 2 月 7 日，第 2 版。

② 杨建武：《干在实处　走在前列　坚定守护"红色根脉"——浙江革命纪念馆发展实践》，《中国文物报》2022 年 11 月 15 日，第 5 版。

③ 《国家文物局印发〈革命文物主题陈列展览导则（试行）〉》，《中国文物报》2023 年 3 月 31 日，第 1 版。

④ 赵晓林：《革命类博物馆纪念馆：下一个文旅新热点》，《济南日报》2023 年 6 月 6 日，第 A04 版。

图表509幅（张），实物展品407件（套），艺术品51件，大型景观及多媒体展示10组，^① 用丰富的历史照片、珍贵的文物，全面生动地反映了八一南昌起义的光辉历史以及人民军队发展壮大的光辉历程，展览荣获2018年全国博物馆十大陈列展览精品奖。山西以山西国民师范旧址革命活动纪念馆、八路军驻晋办事处旧址等为基础，推出一批革命文物展览展示精品，^②让观众走进革命老区，学党史、观展览、听讲座。浙江以浙江革命历史纪念馆和南湖革命纪念馆为龙头，成立浙江省革命纪念馆联盟，充分发挥国家一级博物馆在革命文物藏品资源、学术研究、运营管理方面的优势，带动全省中小革命纪念馆打造精品展馆和精品展览，构建"大馆建强、中馆建优、小馆建密、微馆建活"的革命纪念馆文化矩阵。^③

第三，围绕重大历史事件、重要时间节点，策划推介一批主题鲜明、内涵深刻、形式新颖、线上线下融合的革命文物展览精品。^④ 在国家文物局的统筹谋划下，结合纪念中国人民抗日战争暨世界反法西斯战争胜利75周年、红军长征胜利85周年、建军95周年、改革开放40周年、新中国成立70周年、全面建成小康社会重大时间节点，坚持政治性、思想性、艺术性相统一，坚持展示方式与展陈内容相得益彰，及时补充体现时代精神的展陈内容，策划推出了革命文物陈列展览精品。在建党百年之际，中宣部、国家文物局联合推介的109个"庆祝中国共产党成立100周年精品展"，覆盖全国31个省（自治区、直辖市）及新疆生产建设兵团，民航、海关、金融以及军队等部门举办的展览均有优秀展览入选，不仅有国有大型博物馆举办，也有近20个展览在县级博物馆、纪念馆举办，行业博物馆、非国有博物馆的展览也参与其中。北大红楼中国共产党早期北京革命活动纪念馆、中共一大

---

① 伊韵：《初心勾线　匠心施彩》，《中国文物报》2018年3月13日，第4版。
② 李瑞：《2000项文物惠民活动　文化遗产保护成果与全民共享》，《中国文物报》2021年6月18日，第2版。
③ 杨建武：《干在实处　走在前列　坚定守护"红色根脉"——浙江革命纪念馆发展实践》，《中国文物报》2022年11月15日，第5版。
④ 《河南省人民政府办公厅关于进一步加强新时代革命文物保护管理利用工作的通知》，《河南省人民政府公报》2022年第19期。

纪念馆和南湖革命博物馆，分别以"红色序章""伟大的开端""红船起航"为主题，既着重展示建党过程，又以重要革命文物为载体，讲好了党的百年初心故事；中国共产党历史展览馆建成开放，全方位、全过程、全景式、史诗般地反映党的百年光辉历程。① 山东推出"'百年恰是风华正茂'红色档案文献展""'峥嵘百年红色岚山'日照岚山党史特展""'红色基因薪火相承'沂蒙精神红色文化展"等系列红色展览，献礼建党 100 周年。② 浙江创新性开展了"百年党史文物说"，大力实施"绘百馆地图、看百馆联展、赴百址瞻仰、听百童讲解、拍百集视频、展百件国宝"系列活动。③ 吉林开展以"初心如磐"为主题的吉林省庆祝中国共产党成立 100 周年主题展览、吉林革命旧址百课开讲、百名红色讲解员讲百年党史等系列活动。④ 湖南以可移动革命文物为基本展品，推出超百个颂扬中国共产党成立 100 周年的主题展览。江西策划推出百期"守初心　担使命——百件革命文物说江西"系列宣传活动，重点打造"初心耀征程——百件珍贵革命文物档案说江西"主题展览，为建党百年献礼。⑤ 围绕喜迎党的二十大胜利召开，全国革命博物馆、纪念馆推出主题展览 100 多个，生动彰显新时代成就和风采。⑥

（2）拓展革命文物展示途径

第一，进一步完善开放制度，革命博物馆、纪念馆免费开放工作取得新突破。宣传、文化、文物部门管理使用的革命历史类文物保护单位实现对外开放。截至 2022 年，免费开放的革命旧址、革命博物馆和纪念馆数量达到

① 朱军：《用好〈导则〉　不断提高革命文物主题陈列展览水平》，《中国文物报》2023 年 3 月 31 日，第 3 版。

② 王娟、来守英、程红：《关于新形势下革命文物保护利用实施路径的探究——以日照市为例》，《文物鉴定与鉴赏》2022 年第 16 期。

③ 杨建武：《干在实处　走在前列　坚定守护"红色根脉"——浙江革命纪念馆发展实践》，《中国文物报》2022 年 11 月 15 日，第 5 版。

④ 徐秀丽、李瑞：《初心如磐　使命在肩　全面推动文物事业高质量发展》，《中国文物报》2021 年 7 月 6 日，第 6 版。

⑤ 万磊：《利用红色资源　传承红色基因》，《南昌日报》2021 年 6 月 17 日，第 4 版。

⑥ 李元梅：《革命文物工作取得重要进展》，《中国文物报》2023 年 4 月 14 日，第 1 版。

1856 家，其中 860 家被纳入中央免费开放补助范围；全国重点文物保护单位革命旧址开放率达 94%，革命历史类省级以上文物保护单位开放率达 90%，全国超过 1/3 的革命纪念馆年均开展主题活动 60 次以上，即每个月举办 5 次以上主题活动。① 参观人数增长数倍。陕西免费开放革命旧址、纪念馆达 200 余处，举办展览 900 余个，开展活动约 2400 场次，参观人数达 8000 万人次。上海 146 处对外开放。甘肃全省革命纪念馆全部实现免费开放，43 个纪念馆被列入中央财政专项补助免费开放名单，年均接待观众近 1000 万人次。贵州革命文物列为免费开放博物馆、纪念馆的有 15 处，每年国家支持的免费开放资金达 8416 万元，每年接待参观人数达 388 万人。② 山东革命旧址开放数量和程度进一步提升，在 2020 年博物馆评估定级中，该省 16 家革命博物馆、纪念馆被评定为一、二、三级博物馆，数量位居全国第一。③

第二，革命文物展示展陈渐成体系。革命博物馆、纪念馆正在成为党史学习教育、革命传统教育、爱国主义教育的重要场所，④ 区域布局持续优化，数量不断增加，目前已达 1600 家。其中，山东、河南两省超过 100 家，浙江、四川、湖南、广东、江西、湖北、甘肃等省超过 60 家。甘肃组织实施会宁会师旧址、哈达铺会议旧址等 10 余个展示利用和基础设施建设项目，完成南梁革命纪念馆、两当兵变纪念馆等 20 多个纪念馆的展览提升工作。重庆红岩革命历史博物馆建立了"基本陈列＋复原陈列＋特色临展＋合作展览＋巡展"的展陈体系，完成了 89 个革命文物展陈项目。⑤ 浙江积极筹建中国共产党浙江历史展览馆，相继开放浙西南革命根据地纪念馆、五四宪法纪

① 王珏：《用好文物资源　讲好红色故事（大数据观察）》，《人民日报》2022 年 3 月 23 日，第 7 版。
② 姜刚杰：《关于加强贵州革命文物保护利用工作的建议》，《贵州政协报》2017 年 4 月 14 日，第 A2 版。
③ 赵晓林：《革命类博物馆纪念馆：下一个文旅新热点》，《济南日报》2023 年 6 月 6 日，第 A04 版。
④ 杨建武：《干在实处　走在前列　坚定守护"红色根脉"——浙江革命纪念馆发展实践》，《中国文物报》2022 年 11 月 15 日，第 5 版。
⑤ 朱军：《用好〈导则〉　不断提高革命文物主题陈列展览水平》，《中国文物报》2023 年 3 月 31 日，第 3 版。

念馆等一批市县级革命纪念馆；同时，鼓励各地利用红色资源建设乡村博物馆，将淳安下姜村乡村振兴展示馆和浙江省联产承包第一村旧址展示馆等一批革命纪念馆列入第二批革命文物名录，全省初步形成了以省级革命纪念馆为龙头，市县级革命纪念馆为支撑，红色乡村博物馆为补充的革命纪念馆基本格局。① 据统计，2023 年，中共一大纪念馆、延安革命纪念馆、重庆红岩革命历史博物馆年接待主题教育及党建活动团体 7758 批次、3587 批次、2000 余批次，全年接待观众分别超过 310 万人次、300 万人次、1085 万人次。革命圣地、红色地标日渐成为红色基因传承的"金名片"。

第三，推进革命文物联展巡展，推动大展联动。一些革命旧址和革命博物馆、纪念馆与周边学校、党政机关、企事业单位、驻地部队、城乡社区共建共享，不仅组织学生、干部、部队官兵和各界群众参观学习，还主动给基层单位送去灵活机动的流动展览。如广东支持国家一、二级博物馆定期策划推出一批革命文物主题展览和流动展览，开展"广东流动博物馆"革命主题展览联展巡展，拓展社会教育覆盖面。重庆开展爱国主义教育示范基地巡礼，启动"不忘初心，牢记使命——中国革命精神联展（1921-1949）"巡展，② "红岩革命故事展演"赴全国演出 415 场、受众 550 万人次。河北组织全省各地革命博物馆、纪念馆陆续开展红色文化进校园系列活动 251 场，受众 39. 12 万人次。

第四，适度合理运用现代科技手段，提升革命文物陈列展览互动性、体验性，增强革命文物表现力、感染力、传播力、影响力。国家文物局支持全国红色基因传承平台建设，开展红色文物数字展厅线上展示传播工作，创新"互联网+革命文物"传播方式，适度运用 AI 建模、VI 视频讲解、AR 导览、3D 建模等现代科技手段，提供可视化呈现、互动化传播、沉浸式体验的信息产品和网络服务，实现展览内容和展览形式相得益彰，跨越时空、拉

---

① 杨建武：《干在实处 走在前列 坚定守护"红色根脉"——浙江革命纪念馆发展实践》，《中国文物报》2022 年 11 月 15 日，第 5 版。

② 渝文岩：《重庆市文物局着力加强革命文物保护利用工作》，《中国文物报》2019 年 6 月 28 日，第 2 版。

近距离，让人们触摸到革命历史的温度与厚度。2019 年，"红色中国——革命文物数字展厅"在国家文物局官网正式上线。数字展厅分为革命岁月、建设年代、改革篇章、奋进新时代四个板块，使数以亿计的观众足不出户就可以共享革命文物展览陈列成果。山东建成"文物山东"文物线上展示平台。广东建设"广东网上红色展馆"。陕西不仅上线"互联网+革命文物"教育平台，而且建设线下体验中心，支持指导"红色会客厅"建设。北京构建线上"北京革命文物展览中心"，推动线下实体展览与线上展览结合。甘肃上线由全省 60 家纪念馆组成的"甘肃省红色纪念馆网"，基本形成集党史宣传教育和革命文化弘扬于一体的展示宣传新模式。

3. 革命文物传播呈现新态势

第一，创新传播方式，深入实施革命文物宣传传播工程，强化革命文物展示宣传。国家文物局联合中央有关部门，开展革命文物宣传传播工程"三个百集"（即百集革命文物故事微视频、百集革命旧址短片、百集革命人物纪录片）拍摄工作，展现百年大党初心与使命；支持地方制作传播当地革命文物故事短片、发行革命历史题材出版物；联合有关部门开展"党的故事我来讲——争做红领巾讲解员"实践体验活动、"见证新时代——晒晒我们的新物件"主题宣传活动、"追寻先烈足迹"短视频征集展示活动、革命文物百佳讲述人遴选推介活动。全国 31 个省份开展"革命文物最美守护人"等 80 多项主题推介活动和"革命文物青年说"等 100 多项短视频征集、广电节目制播活动，为传承红色基因、赓续红色血脉营造了良好氛围。①

第二，加强与多种媒体联合互动，传播平台进一步拓展。顺应网络时代新特点，通过价值挖掘、产品打造、宣传推广，整体打造音（音频）、影（视频）、图（动漫）、文（文章）"四位一体"的革命文物传播体系，全方位促进革命历史和革命文化的广泛、持久、深入传播。国家文物局推出大型融媒体报道节目《红色印记——百件革命文物的声音档案》，在中国之声和中央广播电视总台央视新闻、央广网、云听等新媒体平台同步推出，播出

---

① 李元梅：《革命文物工作取得重要进展》，《中国文物报》2023 年 4 月 14 日，第 1 版。

《见证新时代·新物心声》精品网络音频节目、《红色烙印——革命文物的故事》第二季、《复兴印迹——"一带一路"倡议提出十周年主题微纪录片》等一批精品节目。中国联通参与国家文物局"革命文物保护利用宣传活动月"活动，推出党史主题视频彩铃。中国文物报社与哔哩哔哩合作出品纪录片《烈火，鲜血和旗帜》，精选经典革命文物，用现代表达方式进行演示。甘肃在网站、微信、今日头条、新甘肃等平台同步开通"党史学习教育专栏"，[①] 推出"文物里的红色故事"100 篇；在抖音、快手等新媒体开展"看革命文物 解精神密码"网络名人公益行活动。天津与津云新媒体联合推出了"红色文物讲故事"有声海报 100 期，通过学习强国平台集纳成专题同步发布，并加工成小视频，在抖音、快手、视频号、B 站等平台推广，形成较为完整的传播矩阵，综合访问量突破 1000 万；联合天津滨海国际机场，策划推出两套革命文物主题登机牌 70 万张，联合天津轨道交通集团推出"地铁生活圈"博物馆图册和 4 条红色印记线路。重庆推出"追寻先烈的足迹"大型全媒体系列报道。四川拍摄《追寻四川红色印记》《红色草原》系列微视频。江西利用互联网和数字化手段，辅以音频、视频、环拍、3D 文物体验等形式，推出系列视频，并同步在电视、微信、抖音中播出；推出"早安，红土地"晨读党史系列直播、"跟着红歌学党史"合唱展示活动等。根据国家文物局革命纪念馆专项调查成果，截至 2021 年，全国已有 348 家革命纪念馆建设了网上展厅，593 家开设了微信公众号，368家建设自有网站，149 家拥有微博账号，147 家拥有其他自媒体平台。据统计，2023 年全网革命文物报道超 15 万篇（条），传播量超 20 亿人次。

第三，强化教育功能，建立革命文物资源共享机制。中共中央办公厅、国务院办公厅印发《关于加强革命历史类纪念设施、遗址和全国爱国主义教育示范基地工作的意见》，国家文物局、退役军人事务部联合印发《关于充分用好革命文物资源及烈士纪念设施服务党史学习教育的通知》，国家文物局、教育部联合出台《关于充分运用革命文物资源加强新时代高校思想

[①] 李海霞：《甘肃革命文物保护利用取得良好成效》，《中国文物报》2023 年 2 月 7 日，第 2 版。

政治工作的意见》，要求进一步发挥革命文物资源的教育功能，提出"全面推动革命文物资源融入高校思想政治工作体系"的目标任务；国家文物局、教育部等十部门联合印发《全面推进"大思政课"建设的工作方案》，切实推进革命文物资源纳入思政课教学素材库、教学案例库。强化阵地建设，夯实工作基础。支持国家革命文物协同研究中心切实推动革命文物基础研究系统化、体系化。中国共产党历史展览馆等100家革命旧址、纪念馆博物馆被教育部、国家文物局确定为中华优秀传统文化、革命文化、社会主义先进文化专题实践教学基地，① 这些旧址、场馆成为探索"互动式""沉浸式"等实践育人模式的"第二课堂"。全国红色文化战略联盟、全国革命文物展示联盟、全国馆校合作联盟相继成立，汇集革命场馆资源力量，发挥好资源、人才、研究等各方面优势，使革命纪念馆博物馆成为教育人、激励人、塑造人的大学校。《革命文物主题陈列展览导则（试行）》将服务"大思政课"建设列为重要评价内容。"全国革命文物与新时代高校思想政治教育工作融合发展论坛""全国大中小学思想政治教育一体化战略研讨会""革命文物跨文化传播"等学术会议先后召开，革命文物、思政教育等相关领域专家学者围绕革命文物工作融入学校思政教育积极进行经验交流和学术探讨。国家文物局与教育部联合开展以革命文物为主题的"大思政课"优质资源建设推广工作，精心评选出优质资源示范项目10个、精品项目100个，"纪念馆里的思政课""行走的思政课""主题游径上的思政课"等充分挖掘、运用好有形的物质资源和无形的精神财富，突出优质资源示范作用，打造内容深刻具体、形式生动可感的"大思政课"。全国111个革命旧址、纪念馆博物馆被中共中央宣传部新命名为全国爱国主义教育示范基地。据了解，全国绝大多数革命博物馆、纪念馆都被列为爱国主义教育基地、党性教育基地等，依托革命文物场所开展革命传统教育呈现大众化、常态化趋势。全国爱国主义教育示范基地和国家级抗战纪念设施、遗址名录见表2。

---

① 李元梅：《革命文物工作取得重要进展》，《中国文物报》2023年4月14日，第1版。

表 2　全国爱国主义教育示范基地和国家级抗战纪念设施、遗址名录

单位：个

序号	地区	全国爱国主义教育示范基地 数量	国家级抗战纪念设施、遗址 数量
1	北　京	42	10
2	天　津	10	3
3	河　北	21	24
4	山　西	17	21
5	内 蒙 古	9	12
6	辽　宁	21	12
7	吉　林	11	10
8	黑 龙 江	16	11
9	上　海	15	6
10	江　苏	31	19
11	浙　江	18	7
12	安　徽	14	10
13	福　建	22	2
14	江　西	21	6
15	山　东	21	30
16	河　南	22	4
17	湖　北	25	9
18	湖　南	33	10
19	广　东	17	7
20	广　西	12	3
21	海　南	7	2
22	四　川	25	2
23	重　庆	12	8
24	云　南	11	10
25	贵　州	18	3
26	西　藏	9	0
27	陕　西	19	10
28	宁　夏	8	0
29	甘　肃	21	1
30	青　海	8	0
31	新　疆	12	2
32	香　港	0	2
33	澳　门	0	1

资料来源：国家文物局编《革命文物工作文件选编》，文物出版社，2021。

　　江西坚持革命遗址保护与爱国主义教育基地建设相结合，充分发挥革命遗址在爱国主义、革命传统教育中的作用，形成了国家、省、市、县四级爱国主义教育基地网络，其中红色纪念设施、遗址遗迹 340 处，占总数的55%。山东在全省遴选 100 处革命旧址和 27 处革命博物馆、纪念馆，编印《山东省依托革命文物资源开展党史学习教育活动场所》。① 重庆强化红岩党性教育基地教育功能，优化"大德大智、大忠大勇、大仁大义"三大教学区、20 余个现场教学点，完善"理论教学、现场教学、体验教学、延伸教学、互动教学"五大教学课程，重点研发了"重温周恩来《我的修养要则》""重庆谈判的启示""解读《狱中八条》"等现场教学课程 9 门，推动教学课程更具针对性和体验性，2020 年接待各级各类培训班 367 个、学员 1.18 万人次。陕西积极引导中小学生走进革命场馆接受教育、争当志愿者和讲解员，开展"全省革命文物开学第一课""小八路生活体验"等活动，组织大学生红色经典诵读比赛，② 举办全省"革命文物融入高校思政教育培训班"，讲好革命故事，传承红色基因。广西充分发挥红色教育基地作用，因地制宜开辟党史学习教育"第二课堂"，让旧址遗址成为党史"教室"，让文物史料成为党史"教材"，让英烈模范成为党史"教师"。③ 组织党员干部、青少年学生参观百色起义纪念园、红军长征湘江战役纪念园等革命遗址遗迹，采取实地实物、鲜活讲解、互动体验等方式进行现场教学，引导党员干部和青少年传承红色基因、弘扬光荣传统。《甘肃省革命历史类纪念设施、遗址和省级以上爱国主义教育基地工作联席会议制度》落地落实，全省 300 多万名党员干部参观革命旧址（遗址）、纪念馆或浏览革命纪念馆网络展览；甘肃依托玉门红色资源、工业遗产建成铁人干部学院，成为甘肃重要红色教育研学基地。广东发布"铭记光辉历史　传承红色基因"革命传统教育现场教学点推荐名单，重点推进鸦片战争海防遗址公园和华南教育历史研

---

① 肖寒：《守护文化根脉》，《走向世界》2022 年第 31 期。
② 任丽：《管好用好革命文物　传承弘扬红色文化》，《中国旅游报》2022 年 11 月 29 日，第 1 版。
③ 王春楠：《突出政治性　突出广泛性　突出人民性　突出实效性》，《广西日报》2021 年 6 月 16 日，第 4 版。

学基地建设，组织各地各部门就近就便走进革命遗址、红色场馆，瞻仰参观、接受教育。在河南，中共中央中原局旧址、鄂豫皖革命根据地旧址（鄂豫皖分局旧址）、鄂豫皖革命根据地旧址（红四方面军总部旧址）、邓颖超祖居、红二十五军长征出发地等年均参观人数超过 30 万人次。调查统计数据显示，全国每年前往革命遗址祭扫纪念的群众达 1.5 亿多人次，年均参观人数超过百万的革命纪念馆已超过 100 个，分布于全国 26 个省份。2021 年，全国依托革命文物资源共举办党史学习教育相关活动约 84 万场，接待参观团体约 136 万批，接受党史学习教育人数达 4.29 亿人次，① 其中，35 岁以下的人数超过总数的一半，这说明青年、青少年群体已经成为党史学习教育的主力军。

4. 革命文物利用拓展新领域

革命文物作为文化产业和旅游产业的重要资源，在培育国民经济新的增长点、带动现代服务业发展等方面发挥着越来越重要的作用。为了让革命文物焕发光彩，让红色基因永续传承，各地展开了积极探索，大力推进文物合理利用，有效盘活文物资源，加快要素集聚，推动革命文化相关产业发展，拓宽革命文物利用新领域，切实让革命文物活起来。

第一，促进革命文物复合化利用。现阶段，以政府单一主体推动革命文物保护利用的传统模式，在城市更新背景下面临实施难度大、带动性有限的困境，需要以政策赋能、推动多元主体共同参与、强化革命文物与周边空间的复合化利用。② 为此，各地进行了积极探索并积累了不少经验。作为革命文物、文化资源集中的地区，北京西城区率先出台了《北京市西城区人民政府关于促进文物建筑合理利用和开放管理的若干意见（试行）》，为文物建筑活化利用提供了政策层面的制度保障。③ 例如，京华印书局作为中国书

---

① 王珏：《用好文物资源 讲好红色故事（大数据观察）》，《人民日报》2022 年 3 月 23 日，第 7 版。

② 汪瑀、黄钟：《北京城市更新背景下的革命文物保护利用研究》，《北京规划建设》2022 年第 3 期。

③ 《北京市西城区人民政府关于促进文物建筑合理利用和开放管理的若干意见（试行）》，北京市西城区人民政府网站，2019 年 2 月 11 日，https：//www. bjxch. gov. cn/xxgk/xxxq/pnidpv814264. html。

店出版社办公场所的同时，通过对建筑的复合利用，将一层作为咖啡厅进行社会化经营并对外开放，实现革命文化展示、权属单位运营、社会居民受益的多方共赢。[①] 陕西各级文物行政部门鼓励革命文物在符合保护要求的前提下进行活化利用，例如延安新闻纪念馆等革命旧址将部分窑洞类革命文物作为革命传统研学学员宿舍，西安八路军办事处纪念馆将部分建筑作为青年旅行社，在延续文物原有功能的同时，达到保护和利用相互促进的目的。江西始终坚持革命遗址保护与公共服务设施建设相结合、与改善民生相结合，充分发挥革命遗址惠及民生的作用。如于都县工农兵革命委员会旧址，既有专题陈列展览，又布置了电子阅览室、图书室和老年人活动室等多个场所，解决了贡江镇社区文化活动场地问题。[②]

第二，发展红色旅游。2016 年，中共中央办公厅、国务院办公厅联合印发《2016—2020 年全国红色旅游发展规划纲要》，要求各地各部门注重红色旅游的内涵化发展，统筹好、落实好红色旅游的各项具体工作；2017 年，文化和旅游部会同国家发展改革委等部门印发《"十三五"时期文化旅游提升工程实施方案》；《中华人民共和国国民经济和社会发展第十四个五年规划和 2035 年远景目标纲要》强调推动红色旅游创新发展，打造深入人心的中华文化旅游体验。国家文物局支持各地把革命文物资源和旅游结合起来，加大对红色旅游的支持和引导力度，编制好中长期发展规划，完善政策体系、优化结构布局，积极协调和指导相关部门将文物保护维修与古村落保护、红色旅游、美丽乡村建设、小城镇开发等有机融合，整合交通、水利、农业、扶贫等专项资金，全面规划、整体推进，集中打包、综合改造，全面提升村庄基础设施建设水平。[③] 延展红色旅游产业辐射宽度和资源聚集深度，改善革命旧址服务设施和景观环境，以"红色旅游+"推动多元业态融

---

① 汪瑀、黄钟：《北京城市更新背景下的革命文物保护利用研究》，《北京规划建设》2022 年第 3 期。

② 陈金泉、王军力、黄颖敏：《新时代赣州市革命遗址保护与利用思考》，《老区建设》2020 年第 16 期。

③ 《中华人民共和国国民经济和社会发展第十四个五年规划和 2035 年远景目标纲要》，新华社，2021 年 3 月 12 日，https://www.gov.cn/xinwen/2021-03/13/content_ 5592681.htm。

合发展。文旅部、国家文物局印发《关于进一步规范红色旅游和革命文物保护利用项目建设的通知》，切实规范红色纪念地、红色旅游设施建设和革命文物项目管理，坚决杜绝大拆大建、建大广场大绿化大景观等背离艰苦朴素精神、破坏革命历史风貌的问题出现。通过举办中国红色旅游博览会、红色旅游文化节、红色主题自驾游，成立中国红色旅游推广联盟，革命文物保护利用深度融入公共文化服务、红色旅游、乡村振兴战略，① 在保护中发展，在发展中保护。黑龙江、吉林、辽宁三省 27 家单位发起东北革命文物保护利用联盟暨红色景区联盟。江西依托丰富的革命文物史迹，通过整合旅游资源、设计旅游线路，连续举办 9 届中国红色旅游博览会，制定《红色教育培训服务规范》江西省地方标准，开发情景剧式、体验式红色经典课程，大力发展红色旅游产业，江西某门户网站公布的全省红色旅游景区多达242 个、红色旅游线路达 87 条，基本形成红色旅游快速发展、核心产业优势明显、相关产业协调发展的旅游产业体系。福建以建设红色文物特色村镇为抓手，提升乡镇文化内涵，改善发展乡村文化产业软环境，促进乡村餐饮、住宿、服务等相关行业发展。② 山东以乡村振兴考核指标为抓手，出台《山东省红色文化特色村创建评定管理办法（试行）》，深入推进红色文化特色村培育创建工作。③ 陕西打造青少年研学、干部培训、公共文化及旅游休闲服务等场所，打造照金旅游特色小镇，发掘革命文物蕴藏的时代价值，葛牌线、重走"两当兵变"路等红色旅游线路助力乡村振兴。浙江坚持"红古融合""红绿融合""红蓝融合""红商融合""红育融合"，走出了一条红色文旅融合发展的"浙江路径"。江苏省积极探索红色资源与文物保护开发的运作模式，提出"红色旅游"与"绿色旅游"结合的产业化运作模式、红色旅游资源与历史文化资源相结合的模式及以社会公益为导向的模式。④

① 李元梅：《革命文物工作取得重要进展》，《中国文物报》2023 年 4 月 14 日，第 1 版。
② 徐秀丽：《福建是怎样做好革命文物工作的》，《中国老区建设》2021 年第 6 期。
③ 《山东省红色文化特色村创建评定管理办法（试行）》，山东省文化和旅游厅网站，2021 年 4 月 23 日，http://whhly.shandong.gov.cn/art/2021/4/23/art_100579_10288107.html。
④ 卢世主、朱昱：《革命文物保护利用研究的现状与进展》，《江西师范大学学报》（哲学社会科学版）2020 年第 6 期。

　　第三，加强品牌建设，打造经典景区、精品线路，助力革命老区振兴发展。文化和旅游部与中央宣传部、中央党史和文献研究院、国家发展改革委以革命文物史实研究和价值阐释为基础，推出井冈之路、血战湘江、抗美援朝、小岗精神、汶川地震等"建党百年红色旅游百条精品线路"，通过红色旅游的示范作用推动文旅融合发展，一批全国重点文物保护单位革命旧址被纳入红色旅游精品线路。支持革命老区创建 AAAAA 级旅游景区，改善旅游基础设施和公共服务设施条件，增强文化旅游发展能力，革命老区红色旅游系列景区被纳入《全国红色旅游经典景区名录》。各地依托革命文物、红色景区举办旅游文化节，发展形式多样的文化创意产业与配套服务，助力乡村振兴，巩固脱贫成果。江西重点建设 11 个红色旅游经典景区，统筹中央、省级财政资金，发行红色旅游债券 50 多亿元，重点支持遗址文物保护设施建设、广播电视基础设施建设、旅游基础设施建设等，构建全域一体的红色旅游发展新格局，助力 54 个贫困县脱贫摘帽，2021 年瑞金红色旅游收入达到 94 亿元。福建充分利用红色文化资源打了古田会议丰碑、调查研究模范、万里长征起点等红色文化品牌，革命旧址成为"革命传统的教育基地、党风建设的展示基地、干部教育的培训基地、摆脱贫困的实践基地"，[①] 龙岩 2021 年的红色旅游收入达到 36.02 亿元。广东积极培育以革命文物为支撑的红色研学旅行和深度体验旅游精品线路，将红色游与生态游、乡村游、滨海游、文化游、南粤古驿道游等项目有机结合，把重要革命遗址和主要的历史文化名城（镇、村）、传统村落、风景旅游区、革命老区、贫困村等串联起来，打造南粤星火路、南粤"左联"之旅等一批经典红色旅游线路，提升红色旅游产业的集聚度和辐射度，带动区域经济发展。[②] 山东在全省布局打造沂蒙、胶东、渤海、鲁西四大红色文化旅游片区，依托革命旧址、革命博物馆和纪念馆等建成红色旅游景区 100 余个，全国红色旅游经典景区有 24 个，推出红色旅游研学主题产品 23 个、红色旅游精品线路 33 条。[③] 贵州已有 170 余

---

① 徐秀丽：《福建是怎样做好革命文物工作的》，《中国老区建设》2021 年第 6 期。
② 黄堃媛：《定期开展革命文物安全巡查》，《南方日报》2021 年 5 月 14 日，第 A11 版。
③ 王磊：《山东：挖掘革命文物蕴含的巨大精神力量》，《中国文物报》2021 年 5 月 4 日，第 1 版。

处革命文物被列为红色旅游资源点，11 处被列为全国红色旅游精品景区，50 处被列为贵州省红色旅游精品景区。陕西策划推出全国首个红色旅游大型实景演出《延安保卫战》和大型红色历史歌舞剧《延安保育院》《永远的长征》《延安 延安》等红色文化品牌。精心设计"西北革命线""长征落脚线""大生产运动线""转战陕北线"等精品参观学习线路。① 甘肃依托革命文物培育打造"红色沃土""长征丰碑""浴血河西"三大红色旅游区、14 处 AAA 级以上红色旅游景区、"建党百年·红色之旅"六大主题 20条红色精品线路和"三州三区"红色旅游专列等。② 湖南着力打造"红色景区+红色展示、红色演艺、红色文创、红色体验"为一体的"红动湖南"红色文旅品牌。广西成功创建百色起义纪念公园 AAAAA 级景区等一批红色旅游景区，推出"邓小平足迹之旅""湘江战役之旅"等 10 条红色游学精品线路。浙江嘉兴南湖革命纪念馆推出"首创之旅""奋斗之旅""奉献之旅"的"红船精神"三大主题游线。吉林省围绕"东北抗联精神"，推出"抗联精神传承线""抗战烽火铭记线""致敬国门线"三条红色旅游精品线路。主题鲜明、内容丰富、深受游客欢迎的全国红色旅游经典景区基本形成规模和体系。据统计，截至 2015 年底，全国红色旅游景区达到 249 个，其中 AAAA 级以上 173 个，AAAAA 级 26 个，接待人数超过 100 万人次的景区达到118 个。国家发改委 2016 年底印发的《全国红色旅游经典景区名录》收录的红色旅游景区已经达 300 处。③ 其中北京市 15 个，排名首位；河北、湖北、湖南各 14 个；山东、陕西、广东各 13 个；江西 11 个。

第四，革命文物主题游径逐渐成熟。随着全国各地推进革命文物资源的整体性保护利用，革命博物馆、纪念馆打破区域壁垒，积极开展合作，加快资源共享、平台共建，成立了一系列不同主题的革命纪念馆联盟，推出了

---

① 中共延安市委办公室调研组：《延安市革命文物保护管理利用工作调研》，《中国文物报》2021 年 7 月 16 日，第 6 版。

② 李海霞：《甘肃革命文物保护利用取得良好成效》，《中国文物报》2023 年 2 月 7 日，第2 版。

③ 廖仁武：《革命文物遗址保护利用与红色旅游发展的关系及应用研究》，《2019 中国旅游科学年会论文集》，中国旅游研究院，2019 年 4 月 21 日，第 405~408 页。

"红色公交专线""红色地铁专列""红色文化地图"等一系列革命主题游径，这些线路串联起经典革命文物资源。重庆依托革命旧址大力发展红色旅游，推出红岩精神、统战文化、大革命文化、西南大区建设等主题游线。2023 年，山东革命文物保护利用片区首批"渤海老区抗敌斗争线""八路军一一五师主力运动线""抗战秘密交通运输线""沂蒙精神线""胶东抗日运动线""齐长城抗战线"等 6 条红色主题遗产线路向社会发布，着力打造集自然景观、红色文化、历史遗迹、学习园地于一体的文化旅游产品。[①] 据统计，2023 年，"进京赶考之路""新四军东进北上""川陕红色交通线""红军长征粤北突围"等 200 余条红色游径受到关注，革命文物正在成为提振旅游产业、带动乡村振兴和区域发展的新增长点。

第五，通过把革命旧址保护利用与红色旅游景区建设、传统村落保护、特色乡镇建设、休闲农业相结合，革命文物推动区域发展作用逐步显现。红色旅游人数逐年增加。据有关资料，2004 年全国参加红色旅游的人次为 1.4 亿，2013 年达到 7.86 亿人次，占国内旅游总人次的 21.46%；[②] 2016 年增加到 11.47 亿人次，2017 年为 13.24 亿人次，占全国游客数的 26.39%；2019 年为 14.1 亿人次，是 2004 年的 10 倍。"十三五"期间，红色旅游出游人数保持稳定增长，在全国国内旅游市场中维持 11% 以上的市场份额，不少红色旅游目的地成为民众出游的重要选项和"网红打卡地"，年轻人成为红色旅游的主力军。根据国家文物局编制的《深厚的滋养——革命文物资源服务党史学习教育大数据分析与案例探究》对 AAAAA 级景区的大数据分析，以革命文物资源为主的 AAAAA 级景区参观人数增长率远高于其他类型的 AAAAA 级景区，由此可见，以革命文物资源为依托的红色旅游已成为我国旅游产业发展的关键组成部分。2011~2015 年全国红色旅游综合收入保持稳定快速增长，由 2011 年的 1450 亿元增长至 2015 年的 2611.74 亿元，

---

① 徐秀丽：《山东革命文物保护利用片区红色主题遗产线路发布》，《中国文物报》2023 年 7 月 4 日，第 2 版。

② 廖仁武：《革命文物遗址保护利用与红色旅游发展的关系及应用研究》，《2019 中国旅游科学年会论文集》，中国旅游研究院，2019 年 4 月 21 日，第 405~408 页。

年均增速为 15.8%;[1] 2017 年达到 3622.40 亿元，2019 年达到 4800 亿元，2020 年接近 4000 亿元。

党的十八大以来，全国红色旅游景区景点接待境内外游客累计近 51.7 亿人次，红色旅游开发综合运营收入累计达 1.35 万亿元。"新青年""红船"等红色主题文创产品受到广大消费者喜爱，中国共产党第一次全国代表大会纪念馆、中国共产党早期北京革命活动纪念馆、南湖革命纪念馆等十大革命纪念馆文创产品年销售额超过 3 亿元。据预测，2023 年我国红色旅游市场规模接近万亿元。通过保护利用革命旧址，带动人居环境改善、特色产业发展，江西、湖南、贵州、广西、山东等省一批贫困县村脱贫摘帽，巩固了脱贫攻坚成果；随着接待人数的增多，有效带动了革命老区的基础设施建设，有效增加了当地的就业人数，促使当地居民的经济收入不断增加，依托革命文物发展红色旅游成为一些革命老区的支柱产业，革命文物保护利用与红色旅游、城乡建设、文化消费深度融合，日益成为乡村振兴、老区发展和繁荣文化市场的重要力量。

三 革命文物保护利用立法

通过制度设计，我们要进一步提升全社会革命文物保护的法治意识，为新时代革命文物工作提供法治保障，以良法保障善治，促进发展。

（一）革命文物保护利用政策文件密集出台实施

建立健全革命文物保护制度。我国革命文物保护可追溯至 1931 年中华苏维埃共和国制定的《中国工农红军优待条例》,[2] 开启了党领导的政权保护革命文物的先河；1950 年中央人民政府关于征集革命文物的命令，明确

---

① 廖仁武：《革命文物遗址保护利用与红色旅游发展的关系及应用研究》，《2019 中国旅游科学年会论文集》，中国旅游研究院，2019 年 4 月 21 日，第 405~408 页。

② 卢世主、朱昱：《革命文物保护利用研究的现状与进展》，《江西师范大学学报》（哲学社会科学版）2020 年第 6 期。

提出了"革命文物"概念；1953 年政务院发布《关于在基本建设工程中保护历史及革命文物的指示》，要求对"具有重大历史意义的地面古迹及革命建筑物，应予保护"。① 此后，建立并实行了革命文物定期排查制度，由国家文物主管部门牵头组织各省（自治区、直辖市）宣传、文物部门对辖区内革命文物进行排查，摸清家底。2010 年印发的《中共中央关于加强和改进新形势下党史工作的意见》明确要求加强党史遗址保护，组织开展党史遗址考察、调查党史方面的非物质文化遗产等工作。②

党的十八大以来，中央各部门贯彻落实习近平总书记重要论述和重要指示批示精神，通力协作，不断优化革命文物保护利用政策。《中共中央关于党的百年奋斗重大成就和历史经验的决议》首次将文物工作写入党的历史决议，高度彰显了文物工作在党和国家事业大局中的方位坐标。继2016 年国家文物局印发《关于加强革命文物工作的通知》后，国家文物局又在 2018 年、2019 年印发《关于报送革命文物名录的通知》《革命旧址保护利用导则（2019）》；2018 年 7 月，中共中央办公厅、国务院办公厅印发《关于实施革命文物保护利用工程（2018—2022 年）的意见》，这是统筹推进新时代革命文物保护利用各项工作的指导性文件，全面确立了新时代革命文物工作的任务书和路线图。2019 年，中共中央办公厅、国务院办公厅、中央军委办公厅印发《烈士纪念设施规划建设修缮管理维护总体工作方案》，着力推进烈士纪念设施保护管理工作。2021 年 10 月，国务院办公厅印发《"十四五"文物保护和科技创新规划》，对"十四五"时期革命文物工作进行高位规划。2022 年，中央宣传部、国家文物局联合印发《关于持续开展革命文物名录公布工作的通知》，进一步摸清革命文物资源的家底。

为推动中共中央办公厅、国务院办公厅《关于实施革命文物保护利用

---

① 张伟明：《近代以来中国文物保护制度的实践及效果分析》，《中国国家博物馆馆刊》2011年第 6 期。

② 何军、刘丽华：《辽宁革命遗址资源的基本特征及其文化解读》，《沈阳师范大学学报》（社会科学版）2020 年第 6 期。

工程（2018—2022 年）的意见》落实落地、见诸成效，国家文物局会同 20 多个中央和国家机关相关部门在 2023 年出台了《关于加强新时代革命文物工作的通知》《国家文物保护利用示范区创建管理办法（试行）》《关于进一步规范红色旅游发展和革命文物保护利用项目建设的通知》等 30 多个政策性、指导性文件。以革命文物保护利用片区为抓手，以国家文物保护利用示范区创建为引领，完善革命文物保护制度，革命文物整体保护、系统保护的态势初步形成。革命文物保护利用规范性文件（部分）见表 3。

表 3　革命文物保护利用规范性文件（部分）

序号	文件	发布时间	文号
1	中共中央办公厅　国务院办公厅印发《关于实施中华优秀传统文化传承发展工程的意见》的通知	2017 年 1 月	中办发〔2017〕5 号
2	国家发展改革委　国土资源部　住房城乡建设部　文化部　新闻出版广电总局　国家林业局国家旅游局国家文物局关于印发《"十三五"时期文化旅游提升工程实施方案》的通知	2017 年 2 月	发改社会〔2017〕245 号
3	中共中央　国务院关于印发《新时代爱国主义教育实施纲要》的通知	2019 年 10 月	中发〔2019〕45 号
4	中共中央办公厅　国务院办公厅《关于进一步加强新建改扩建纪念设施管理的通知》	2014 年 1 月	中办发〔2014〕2 号
5	中共中央办公厅　国务院办公厅印发《关于加强文物保护利用改革的若干意见》	2018 年 10 月	中办发〔2018〕30 号
6	中共中央办公厅　国务院办公厅印发《关于实施革命文物保护利用工程(2018—2022 年)的意见》	2018 年 7 月	
7	中共中央办公厅　国务院办公厅印发《长城、大运河、长征国家文化公园建设方案》	2019 年 7 月	
8	国务院关于新时代支持革命老区振兴发展的意见	2021 年 1 月	国发〔2021〕3 号
9	中宣部　中央文明办　国家发展改革委　教育部　民政部　财政部　文化部　全国总工会　共青团中央　全国妇联关于加强和改进爱国主义教育基地工作的意见	2004 年 9 月	中宣发〔2004〕22 号

续表

序号	文件	发布时间	文号
10	烈士纪念设施保护管理办法	2013 年 6 月	民政部令第 47 号
11	财政部 国家文物局关于印发《国家文物保护专项资金管理办法》的通知	2018 年 12 月	财文〔2018〕178 号
12	国家文物局关于印发《国家文物保护利用示范区创建管理办法（试行）》的通知	2019 年 12 月	文物政发〔2019〕27 号
13	财政部 国家文物局关于加强国家文物保护资金管理的意见	2020 年 12 月	财教〔2020〕244 号
14	国家文物局关于开展革命文物名录公布工作的通知	2020 年 5 月	文物革函〔2020〕395 号
15	国家文物局关于进一步加强革命文物保护项目组织实施工作的通知	2020 年 4 月	文物革函〔2020〕384 号
16	教育部 国家文物局关于利用博物馆资源开展中小学教育教学的意见	2020 年 9 月	文物博发〔2020〕30 号
17	国家文物局关于印发《革命旧址利用导则（2019）》的通知	2019 年 1 月	文物保发〔2019〕2 号
18	教育部关于印发《革命传统进中小学课程教材指南》《中华优秀传统文化进中小学课程教材指南》的通知	2021 年 1 月	教材〔2021〕1 号
19	文化和旅游部办公厅 教育部办公厅 国家文物局办公室关于利用文化和旅游资源 文物资源提升青少年精神素养的通知	2022 年 2 月	办公共发〔2022〕29 号
20	中宣部 国家文物局关于持续开展革命文物名录公布工作的通知	2022 年 4 月	
21	教育部 中共中央宣传部 中共中央网络安全和信息化委员会办公室 科学技术部 工业和信息化部 生态环境部 国家卫生健康委 国家文物局 国家乡村振兴局 中国关心下一代工作委员会关于印发《全面推进"大思政课"建设的工作方案》的通知	2022 年 7 月	教社科〔2022〕3 号

资料来源：国家文物局编《革命文物工作文件选编》；国家文物局编《2020 年文物工作文件选编》；国家文物局编《2022 年文物工作文件选编》。

全国各级党委、政府相继出台贯彻落实文件，进一步增强政策供给，完善政策体系，充分发挥政策引导作用，建立健全事前、事中、事后保护的制度体系。如江西省委办公厅、省政府办公厅先后出台《关于加强革命历史类纪念设施、遗址和爱国主义教育基地工作的实施意见》《关于推进红色文化资源保护与开发利用工作的意见》《关于进一步加强革命旧址和纪念设施管理工作的通知》等文件，江苏省政府印发《江苏省英雄烈士纪念设施保护管理办法》，陕西省人民政府印发《新时代支持革命老区振兴发展若干措施》，山东省政府办公厅印发《关于进一步加强文物保护利用工作的若干措施》，甘肃省委办公厅、省政府办公厅出台《关于加强文物保护利用改革的实施意见》，山西省政府办公厅印发《关于做好我省抗战文化遗存保护工作的意见》，河南省人民政府办公厅下发《关于进一步加强新时代革命文物保护管理利用工作的通知》。重庆修订《重庆红岩遗址保护区管理办法》和《重庆市红岩革命旧址保护区管理办法》，为红岩革命文物保护提供了法律依据。根据《自治区人民政府授予新疆生产建设兵团行政职能和行政执法权的决定》，2018 年 2 月 1 日起，新疆生产建设兵团在所辖区域依法行使包括文物工作在内的 2190 项行政职能和行政执法权，[①] 为兵团依法管理所辖区域内的革命文物提供了充分保障。据不完全统计，全国 15 个省、46 个市制定实施革命文物保护相关地方性法规 63 部，革命文物保护利用法制建设初见成效。

形成全社会保护革命文物的新格局。社会力量参与革命文物保护利用的深度和广度不断拓展，党委领导、政府负责、部门协同、社会参与的文物保护体系更加完善。2016 年国务院印发《关于进一步加强文物工作的指导意见》，出台引导社会力量参与文物保护利用的指导意见，推广政府和社会资本合作（PPP）模式；[②] 2017 年国务院办公厅印发《关于进一步激发社会领域投资活力的意见》，进一步激发文物行业社会领域投资活力；2018 年中共中央办公厅、国务院办公厅印发《关于加强文物保护利用改革的若干意见》，支持社会力量依法依规合理利用文物资源。[③] 国家文物局积极组织召

---

① 卢大林：《全面深化兵团改革　规范兵团行政执法》，《兵团党校学报》2018 年第 5 期。

② 《国家文物局政策法规司解读〈国家文物事业发展"十三五"规划〉》，《中国文物报》2017 年 2 月 21 日，第 1 版。

③ 《中共中央办公厅　国务院办公厅印发〈关于加强文物保护利用改革的若干意见〉》，《中华人民共和国国务院公报》2018 年第 30 期。

开贯彻落实《关于加强文物保护利用改革的若干意见》工作协商会推进会，拓宽社会资金进入文物保护利用渠道，形成全社会保护革命文物的新格局。在地方政府层面，山西省政府印发《山西省动员社会力量参与文物保护利用"文明守望工程"实施方案》，制定出台《山西省社会力量参与文物保护利用办法》，山西省文物局等四部门印发了支持社会力量参与文物保护的三十条政策。坚持政府主导，着力健全社会参与机制，革命文物保护利用的动能和潜力正在释放。[1]

（二）为革命文物保护提供法律保障

法律法规是革命文物保护利用的依据，为革命文物保护管理与传承利用提供法律保障，是新时代革命文物工作的重要一环。

第一，科学立法，依法治理。基本形成以《中华人民共和国文物保护法》为核心的中国特色文物保护法律制度，为全国文物工作包括革命文物保护提供法律保障。

新中国成立之初，一批文物保护法令陆续颁布；改革开放后，文物保护理念实现新突破，文物法制体系建设工作迈出坚实步伐；党的十八大以来，党中央高度重视文物工作，着力健全文物保护利用法律制度、执法机制、司法体系、守法格局，严守文物安全红线，文物法治建设日臻完善，《中华人民共和国文物保护法》修订积极推进；2018 年，制定了《中华人民共和国英雄烈士保护法》，加强了对革命文物的保护；2021 年，通过了《中华人民共和国民法典》，与《中华人民共和国文物保护法》的相关规定相衔接；国务院及有关部门制定修改了《中华人民共和国水下文物保护管理条例》《博物馆条例》《中华人民共和国文物保护法实施条例》等行政法规及相关部门规章。[2] 文物治理能力和依法管理水平显著提升，探索符合国情的文物保护

---

[1] 徐秀丽：《坚持保护第一 持续做好山西文物工作》，《中国文物报》2020 年 5 月 19 日，第 2 版。

[2] 李萌：《保护文化遗产所产生的法律问题及完善建议——以"复兴 1957 艺术街区"为例》，《法制博览》2023 年第 19 期。

利用之路迈出坚实步伐。

第二，地方文物立法进程加快。积极推动地方政府革命文物立法工作，落实文物保护属地管理要求和地方政府主体责任，革命文物法规体系逐步健全，革命文物法制体系建设加快推进。国家文物局指导《内蒙古自治区革命文物保护利用条例》《广西壮族自治区红色资源保护传承条例》《阿坝藏族羌族自治州红色资源保护传承条例》《海北藏族自治州中国第一个核武器研制基地旧址保护管理条例》等制定实施。《河北省人民代表大会常务委员会关于加强革命文物保护利用的决定》《山西省红色文化遗址保护利用条例》《安徽省红色资源保护和传承条例》《天津市红色资源保护与传承条例》《上海市红色资源传承弘扬和保护利用条例》《重庆市红色资源保护传承规定》《江苏省红色资源保护利用条例》《四川省红色资源保护传承条例》《广东省革命遗址保护条例》《河南省革命文物保护条例》《湖北省革命文物保护条例》正式施行。新修订的《福建省文物保护管理条例》设立了"中央苏区革命文物的保护"章节，明确了各级政府和各有关部门在革命文物经费保障和调查、研究、保护、展示、宣传等方面的职责;① 此外，还相继出台了《三明市红色文化遗址保护管理办法》《龙岩市红色文化遗址保护条例》。《山东省红色文化保护传承条例》以及日照、滨州、临沂等重点地市出台的保护条例，《江西省革命文物保护条例》《赣州市革命遗址保护条例》《吉安市红色文化遗存保护条例》等地方性法规，《陕西省革命文物保护利用条例》《陕西省延安革命旧址保护条例》《铜川市陕甘边根据地照金革命旧址保护条例》，共同构建起具有山东、江西、陕西特色的革命文物法规体系。《黄冈市革命遗址遗迹保护条例》的颁布实施，标志着湖北大别山革命文物保护进入新的阶段。《玉溪市革命遗址保护条例》的实施，标志着云南革命遗址保护利用逐步迈入法治化轨道。《丽水市革命遗址保护条例》将全市 90% 以上的低级别、未定级革命文物纳入"县乡政府奖励

---

① 赖文燕：《略论福建中央苏区革命文物保护利用》，《福建文博》2017 年第 4 期。

补助、群众和社会多元捐助投入"统筹保护与管理。① 据不完全统计，截至 2023 年，全国 27 省、57 市出台革命文物或红色资源主题地方性法规达到 79 部，系统完备、科学规范、运行有效的革命文物法律制度体系加快形成。

四　革命文物保护利用工程

（一）央地合力推进

中共中央办公厅、国务院办公厅印发的《关于实施革命文物保护利用工程（2018—2022 年）的意见》部署了六大重点工程，即百年党史文物保护展示工程、革命文物集中连片保护利用工程、长征文化线路整体保护工程、革命文物主题保护展示工程、革命文物陈列展览精品工程、革命文物宣传传播工程。② 全国各地各部门结合实际出台实施文件，认真贯彻落实中央精神。综合分析这些实施文件，发现呈现如下特点。

第一，各地各部门高度重视革命文物保护利用工程工作。全国 31 个省份和新疆生产建设兵团制订革命文物保护利用工程实施方案。发文主体多为省（自治区、直辖市）党委办公厅、政府办公厅，少数以宣传部等单位名义发文，如山东省委宣传部等 13 个部门联合印发了《山东省革命文物保护利用工程实施意见》。不仅省级党委、政府高度重视革命文物保护利用工程工作，相关地市党委、政府同样重视，并出台实施文件。如陕西省的西安、渭南、延安、汉中、商洛等市均结合地方实际，印发了贯彻落实意见；海南三亚出台了《三亚实施革命文物保护利用工程（2019—2022 年）实施方案》；吉林通化出台了《通化市革命文物保护利用工程（2021—2025 年）实施意见》；浙江杭州出台了《杭州市革命文物和红色资源保护利用工程

---

① 蒋雨彤：《"红绿融合"振兴浙西南革命老区》，《中国青年报》2022 年 5 月 25 日，第 2 版。
② 《中共中央办公厅　国务院办公厅印发〈关于实施革命文物保护利用工程（2018—2022 年）的意见〉》，《中华人民共和国国务院公报》2018 年第 22 期。

（2019—2022 年）实施纲要》《杭州市革命文物保护利用工程（2019—2022年）实施方案》等文件；山东烟台出台《烟台市革命文物保护利用工程实施意见》；甘肃庆阳出台《庆阳市革命文物保护利用工程实施方案》；江西九江出台《九江市革命文物保护利用工程（2020—2022 年）实施方案》。中央、省（区、市）、市系列文件的出台，基本形成了革命文物保护利用工程体系，为扎实做好革命文物保护利用提供了基本遵循。

第二，工程实施期限有先有后。绝大多数以 2022 年为实施时限，如陕西、浙江、江西、西藏、吉林、辽宁等省份的革命文物保护利用工程实施时限为 2018～2022 年；山西、宁夏、内蒙古、广西等省份的实施时限为2019～2022 年；有的地方是 2020～2022 年。但是，少数地方根据实际情况，实施时限突破了 2022 年，如吉林通化实施时限为 2021～2025 年。

第三，相当多地方部门没有向社会公开文件名称及内容。据不完全统计，全国有 16 个省份和新疆生产建设兵团没有向社会公布革命文物保护利用工程文件内容，如重庆等省级政府只是采取新闻通稿的形式向社会公布了文件信息及有关内容，广东等省只公布了文件名。

第四，重点项目数量、内容呈现地方特色。全国各地各部门围绕中央部署的六大重点工程，结合自身实际明确了各自的重点项目，福建、辽宁、内蒙古等省份为 5 项，四川则多至 8 项，陕西、甘肃重点项目与中央部署一致，均为 6 项，且结合本省实际对相关内容进行了充实；福建、内蒙古、辽宁则除了长征文化路线整体保护工程空白外，其余 5 项均根据中央部署及本省实际进行了充实。重庆市根据自身资源禀赋，创新了革命文物保护利用工程内容，确定了 7 项重点工程，即实施革命文物保护行动计划、拓展革命文物利用途径、提升革命文物展示水平、加强革命文物宣传传播、加强革命博物馆和纪念馆管理、夯实革命文物基础工作、加强革命文物保护利用规划和制度建设。

（二）工程圆满收官

通过工程实施，一大批重要革命旧址得到抢救、修缮和对外开放。"十三五"时期，国家文物局共实施 263 项全国重点文物保护单位革命文物保护项目，批复了数百项。围绕庆祝中国共产党成立 100 周年，以革命文物所在地的保护工程为重点，国家文物局组织实施革命文物保护展示和环境整治工程 323 项，以北京大学红楼、上海中共一大会址保护修缮为代表的百年党史文物保护展示工程圆满完成，生动展现百年党史光辉历程。据统计，仅 2018~2022 年，全国实施革命旧址维修保护行动计划和馆藏革命文物保护修复计划的项目总计就超过 3000 个，全面提升反映百年党史的重大事件遗迹、重要会议遗址、重要机构旧址、重要人物旧居保护展示水平，革命历史类文物保护单位重大险情基本消除，为革命文物的保护积累了大量的实践经验和研究范本。湖南对全省重要革命名人故居旧居、重点革命历史事件旧址遗址等不可移动革命文物，实施"百项重点革命文物保护利用工程"。在湘鄂西、湘鄂川（渝）黔革命老区，国家文物局和湖南省人民政府实施了 46 项文物保护重点项目，建成湘鄂川黔革命根据地旧址、贺龙纪念馆、厂窖惨案遇难同胞纪念馆、平江起义纪念馆等多处国家级、省级爱国主义教育基地，以及永顺县湘鄂川黔革命根据地烈士陵园和龙山县烈士陵园等国家级烈士纪念设施和国防教育基地。甘肃有序推动习仲勋旧居、西路军永昌战役遗址等 54 个革命文物保护利用工程。福建重点实施中央红军长征、中央苏区红色交通线、北上抗日先遣队、中央苏区毛泽东调查研究之路等精品红色文化线路整体保护项目。[①] 西藏自治区重点打造中央人民政府驻藏代表楼旧址的保护维修与展示利用项目。

革命文物集中连片保护利用工程实现新的突破。37 个革命文物保护利用片区规划编制工作全面启动，中国共产党早期北京革命活动旧址以及金寨、闽西和延安革命旧址群等连片保护展示项目顺利完成，井冈山、赣州、遵义等地聚焦革命主题，实施连片保护利用，探索出了许多值得总结和推广的经验，推进革命文物整体规划、连片保护、统筹展示、示范引领。

长征文化线路整体保护工程稳步实施。中央全面深化改革委员会审议

① 黄国勇：《福建：让革命文物成为新时代的新时尚》，《中国文化报》2021 年 6 月 18 日，第 3 版。

通过《长城、大运河、长征国家文化公园建设方案》，长征文物资源调查全面完成，实施长征文物保护展示项目 500 余项，遵义会议旧址、湘江战役旧址群等重要长征文物保护项目加快推进。江西、湖南、四川、贵州、甘肃、陕西等省份创新实践"点、线、面"结合的长征主题线路保护利用模式；依托中央红军长征集结出发地旧址、泸定桥等长征遗址遗迹，江西、四川等省积极打造"重走长征路"红色旅游品牌，长征文物保护展示初见成效。

革命文物主题保护展示工程成效明显。组织开展红石砬子遗址、老黑河遗址考古发掘等东北抗联文物考古与保护项目，启动第一个核武器研制基地旧址、三线核武器研制基地旧址等"三线"建设遗址保护展示工程，举办"人民至上　生命至上"抗击新冠疫情专题展览，生动讲述党的故事、英雄的故事、中国的故事。

革命文物陈列展览精品工程反响热烈，举办庆祝改革开放 40 周年、庆祝中华人民共和国成立 70 周年、纪念中国人民抗日战争暨世界反法西斯战争胜利 75 周年系列主题展览，国家文物局与香港特别行政区政府在港举办"血浓于水：香港历史建筑中的家国情"主题展。革命文物陈列展览精品工程极大提升了革命历史类博物馆、纪念馆的策展水平和展陈水平，带动了广大民众特别是青少年的参观热情。

革命文物宣传传播工程影响深远。比如，国家文物局会同中央广播电视总台等媒体平台制播《红色烙印——革命文物的故事》、《故事里的中国》（第三季），举办中国革命纪念馆高质量发展峰会，成立革命文物保护利用、红色旅游区域性联盟，全面打造红色文化公众传播矩阵。

五　革命文物保护利用队伍

（一）机构建设从无到有

切实加强革命文物机构队伍建设，中央层面示范引领，省级层面势头良好，基层保护管理力量稳步壮大，专业化人才队伍素质持续提升，人才创新活力不断释放。

革命文物机构建设从无到有。2019年11月，中央编办批复国家文物局设立革命文物司，统筹指导全国革命文物保护管理利用工作。26个省级文物部门设立革命文物处，革命文物大省构建了纵向多级的行政管理机构。如广东省在全国率先增设革命文物处，省文物考古研究院成立革命文物研究所，16个地市、38个县（区）设置文物局，4个地市文旅部门成立革命文物科。陕西构建了省、市、县三个层级的革命文物行政管理机构：省级革命文物管理机构为陕西省文物局，业务承担处室为革命文物保护处；市级革命文物管理机构为各市文物行政管理部门，其中延安专门设立"延安革命纪念地管理局"统筹全市革命文物管理，西安单独设立文物局并设革命文物处，宝鸡单独设立文物局，咸阳、铜川、渭南、榆林、汉中、韩城为文化和旅游局加挂文物局牌子，商洛为文化和旅游局加挂文物广电局牌子，安康为文化和旅游广电局，杨凌示范区为文化和旅游体育局，共12个市级革命文物管理机构；县级（包括县级市）革命文物管理机构为各县区文物行政管理部门，主要为各县区文化和旅游局、文化和旅游体育局、文化和旅游文物局或文化和旅游文物广电局，部分加挂文物局牌子，全省共有107个县级革命文物行政管理机构。[1] 据不完全统计，全国32个地市级文物主管部门设立了革命文物处/科。中央、省、市、县层面革命文物管理机构的相继成立，进一步夯实了革命文物保护利用工作的基础。

（二）队伍建设实现新突破

革命文物保护管理队伍建设实现新突破。各级革命文物管理部门加强人才队伍建设，确保革命文物保护利用工作力量与其承担的职责和任务相适应。积极推动革命文物博物馆、纪念馆与高等院校、科研机构合作共建，提高科研队伍专业化水平。督促各地配齐配强革命文物博物馆、纪念馆工作力

---

① 喻刚：《新时代陕西革命文物资源管理研究》，硕士学位论文，西北大学，2020。

量，努力建设一支政策强、业务精、作风好的革命文物工作队伍。通过举办革命文物优秀讲解案例推介活动等，不断加强革命文物讲解员队伍建设。如湖北省文物局、河南省文物局、安徽省文物局联合主办"讲述红色故事——大别山区革命文物优秀讲解案例交流推介活动"，进一步提高大别山地区博物馆讲解人员的整体水平。引入专业人才参与，完善志愿服务队伍，提升讲解服务水平。国家文物局积极联合中央军委后勤保障部、国防科工局等相关部门，广泛联系军事军工文物研究方面的专家学者，定期组织军事军工文物考察和调研，推动保护、传承和利用。鼓励退休、退役军人参加各类革命军事博物馆、纪念馆的志愿者队伍，积极开展红色文化教育讲座和军事军工文物讲解活动，人才结构渐趋合理，人才整体学历不断提升。根据《中国革命纪念馆概览》的数据，统计范围内全国革命纪念馆从业在编工作人员约 1.3 万人。从学历结构看，大学本科以上工作人员占比为 65.97%，硕士占比为 9.64%，博士占比为 0.87%；从职称看，正高级、副高级、中级、初级职称占比分别为 1.78%、6.82%、23.3%、23.85%，初级和中级两者相加占比超过 50%，成为中坚力量；从工作人员分布看，综合管理人员占比约为 40%，专业技术人员占比约为 60%。

创新革命文物领域人才机制，健全人才培养、使用、评价和激励机制。文博人才队伍一直是制约文物事业发展的短板，为此，国家文物局实施高层次文博行业人才提升计划，加大急需专业技术人才、技能型人才和复合型管理人才培养力度。文博人才培养"金鼎工程"明确，"十三五"时期，国家文物局实施文物领域培训项目 300 个以上，培养各类文博人才 1.8 万人次以上，实施"以修代培"项目 20 个以上。在文物重点领域培养领军人才 20 名以上，每年举办专业技术培训班 10 个以上，新增文物保护修复人才 700 名以上，举办贫困地区文物专业技术和管理人员培训班 30 个以上。[①] 北京深入落实"新时代文物人才建设工程"，实施"四三二一"战略措施。以首

---

① 《国家文物局政策法规司解读〈国家文物事业发展"十三五"规划〉》，《中国文物报》 2017 年 2 月 21 日，第 1 版。

都高校、科研院所、党校行政机构、行业协会等社会各方资源为依托，持续加强文博人才分层次、分类别、分专业培养，建立一批文博人才培养共建基地。以能力建设为核心，强化专业培训，举办"文博名家课堂"，面向全市文博人才开展考古、博物馆等重点专业培训，提高专业化水平。加大文博人才培养投入力度，健全文博人才引进、评价、使用、激励机制，构建文博高级人才库。完善人才招聘条件，拓宽引才渠道，深化文博系列职称制度改革，完善专业技术人才评价机制，打通各类人才内部转岗通道。革命文物培训、交流活动（部分）见表4。

表4 革命文物培训、交流活动（部分）

序号	时间及地点	名称（培训人数）	主办、承办方	培训层级	培训内容
1	2017年8月，长汀	革命文物保护利用培训班（60多人）	福建省文物局	省级	从福建红色文化资源、福建革命史、革命文物保护规划编制等方面，重点讲授如何做好革命文物的保护与利用
2	2018年12月，通江县	革命文物保护利用培训班（人数不详）	四川省文物局	省级	革命史与革命文化、当前文物保护新形势、革命文物保护新要求、如何做好新时代革命文物的保护工作等方面
3	2018年9月，黄冈市	讲述红色故事——大别山区革命文物优秀讲解案例交流推介活动	湖北省文物局、河南省文物局、安徽省文物局联合主办，湖北省博物馆协会、黄冈市文化新闻出版广电局承办	区域	讲述红色故事——大别山区革命文物优秀讲解案例交流推介活动
4	2018年6月，延安	全国重点文物保护单位（革命旧址类）保护管理机构负责人培训班（89人）	国家文物局主办、延安革命纪念地管理局承办	国家级	文物安全风险分析与防控，革命旧址展示策略，全国重点文物保护单位日常管理、展示与利用等

序号	时间及地点	名称（培训人数）	主办、承办方	培训层级	培训内容
5	2018年10月，太原市	全国文物政策法规研讨班、山西省文物局学习贯彻两个中央文件精神培训班同时开班（220多人）	国家文物局主办、山西省文物局承办	国家级	交流文物事业改革发展情况，研讨落实中央文件精神的有关措施方法，讨论提出《中华人民共和国文物保护法》的修订建议，切实提高文物部门抓大事、促改革的能力，切实提高文物部门政策法规和理论研究水平
6	2018年11月，吉安市	国家文物局2018年革命文物保护利用工程实施研修班、江西省文化和旅游厅推进革命文物保护利用工程培训班同时举办（130多人）	国家文物局主办、江西省文物局承办	国家级	学习借鉴各地革命文物保护利用的有益做法、经验，研讨落实中央文件精神的有关措施方法，部署安排革命文物保护利用工程实施相关工作
7	2019年5月，福建龙岩	全国革命文物保护利用工程实施研修班（人数不详）	国家文物局主办、福建省文物局承办	国家级	贯彻落实习近平总书记关于革命文物工作系列重要论述精神，深入贯彻落实中共中央办公厅、国务院办公厅《关于实施革命文物保护利用工程（2018—2022年）的意见》，交流经验，统筹推进，形成合力，确保全国革命文物工作取得新进步、新成效
8	2019年6月，金寨县	全省博物馆纪念馆革命文物讲解培训及比赛（人数不详）	安徽省文物局	省级	讲好革命文物，传承红色基因，弘扬革命精神
9	2019年9月，中央文化和旅游管理干部学院	文物保护管理专题培训班（二期）（人数不详）	国家文物局	国家级	党性修养、文物政策法规、国保专项资金管理、文保单位管理、文物保护与文物行政执法、文物安全、博物馆管理等

序号	时间及地点	名称 （培训人数）	主办、承办方	培训层级	培训内容
10	2019 年 11 月，全国文博网络学院	"革命文物保护利用"网上专题培训班（人数不详）	国家文物局	国家级	保护革命文物传承革命精神、革命文物政策法规、革命文物保护利用片区介绍以及革命文物保护利用具体工作经验介绍等
11	2019 年 12 月，全国文博网络学院	"文物保护管理"网上专题培训班（人数不详）	国家文物局	国家级	加强国家重点文物保护单位、博物馆管理，提高从业人员的业务素质和管理能力
12	2021 年 4 月，杭州良渚	全省文物局长培训会（人数不详）	浙江省文物局	省级	总结回顾"十三五"时期及 2020 年全省文物工作情况，推动"十四五"时期全省文物事业开好局、起好步
13	2021 年 6 月，平顶山市	革命文物保护管理工作培训班(80 多人)	河南省文物局	省级	加强革命文物保护队伍建设，提升革命文物保护利用工作管理水平
14	2021 年 7 月，綦江区石壕培训中心	建党 100 周年 100 名红色讲解员培训班（100 人）	重庆市文化旅游委、重庆市文物局指导，重庆市綦江区文化和旅游发展委员会、重庆市綦江旅游度假区建设管理委员会、重庆南州旅游开发建设投资（集团)有限公司	省级	针对革命历史讲解专业知识及讲解礼仪规范和技能技巧进行系统化培训
15	2021 年 12 月，福州	全省分管文物工作领导干部培训班(120 多人)	福建省文化和旅游厅、福建省文物局	省级	学习贯彻党的十九届六中全会精神和省第十一次党代会精神
16	2022 年 6 月，抚州市	2022 年全国革命文物保护管理培训班（人数不详）	国家文物局主办，由中国文物交流中心联合江西省文物局承办	国家级	新时代革命文物工作形势与思路、革命文物保护管理政策解读、革命文物保护利用片区建设、革命文物价值阐释与展示、革命文物资源信息管理等方面

资料来源：根据国家文物局官网信息整理。

六 革命文物保护利用经费

（一）财政保障政策体系基本形成

党的十八大以来，中央、地方相继出台了革命文物保护利用的财政保障政策，革命文物财政保障政策体系基本形成，从而构建了从中央到地方的财政保障机制，且支持力度逐渐加大，为革命文物保护利用提供了坚实的政策和财政支撑。

在中央层面，设立国家重点文物保护专项补助资金，支持博物馆、纪念馆免费开放，加强基础设施建设。其中，国家重点文物保护专项补助资金来自 2013 年财政部会同国家文物局颁布的《国家重点文物保护专项补助资金管理办法》，它是通过整合国家重点文物保护专项补助资金、大遗址保护专项经费等中央财政文物保护经费项目制定的。其特点有三：一是打破了国有与非国有以及行政隶属关系界限；二是合理调整了补助范围，规范了支出内容，主要支持全国重点文物保护单位保护、大遗址保护、世界文化遗产保护、可移动文物保护等领域；三是建立了项目库管理制度，规范了项目预算申报审核流程，强化了资金管理和监督评价。2018 年，财政部、国家文物局修订出台《国家文物保护专项资金管理办法》，拓展了专项资金的补助范围和支出内容，改革了分配办法。一是增强文物保护中央财政专项资金的导向性，对重大项目、重点工程和重大政策实施予以保障，对革命文物保护予以倾斜，支持革命文物保护利用片区整体陈列展示、长征国家文化公园建设；二是明确提出中央财政文物保护专项资金适当向革命老区、民族地区、边疆地区、贫困地区倾斜，将省级及以下文物保护维修纳入专项补助范围，增加革命文物维修保护、预防性保护、数字化保护、环境治理等支出内容；三是配合"放管服"改革，专项资金分配方法由"项目法"改为"因素法与项目法相结合"。

制定支持博物馆、纪念馆免费开放政策。博物馆、纪念馆免费开放补助资金范围涵盖了运转经费补助、陈列布展补助和国家级重点博物馆补助三个部分。这类补助经费主要依据博物馆、纪念馆行政隶属关系，按照省级馆、地市级馆、县区级馆分类补助。2013年，财政部印发《中央补助地方博物馆 纪念馆免费开放专项资金管理暂行办法》，明确了博物馆、纪念馆免费开放支持政策。一是运转经费补助。对2008年、2009年纳入中央宣传部、财政部、文化部、国家文物局确定的免费开放名单的博物馆、纪念馆，门票收入减少部分由中央财政全额负担（根据上年度决算数核定），运转经费增量部分由中央财政按照东部20%、中部60%和西部80%的比例补助；对2008年以前立项建设、2010年及以后年度建成并纳入中央宣传部、财政部、文化部、国家文物局确定的免费开放名单的博物馆、纪念馆，以及新增命名为全国爱国主义教育示范基地的博物馆、纪念馆，运转经费补助按照每年省级馆500万元/个、地市级馆150万元/个、县区级馆50万元/个的标准安排；对2008年以后立项建设或者改扩建的博物馆、纪念馆，中央财政不新增安排运转经费补助。[①] 二是陈列布展补助。根据项目申请情况和相关支出标准确定。三是中央、地方共建国家级博物馆补助。由财政部、国家文物局对上年度共建国家级博物馆基本情况进行审核，按照因素法（因素包括馆舍面积、馆藏品数量、地区因素、经费保障水平、陈列展览、观众、科研成果）确定各博物馆补助数。该办法同时明确，地方财政应当保障本地区免费开放博物馆、纪念馆日常运转经费，不得因中央财政安排专项资金而减少应由地方财政安排的资金。为进一步强化地方政府的责任，2020年，国务院办公厅印发《关于公共文化领域中央与地方财政事权和支出责任划分改革方案的通知》，明确将基层公共文化设施按照国家规定实行免费或低收费开放，确认为中央与地方共同财政事权，由中央与地方共同承担支出责任。主要包括地方文化文物系统所属博物馆、纪念馆、公共图书馆、美术馆、文化馆（站），以及全国爱国主义教育示范基地，按照国家规定实行免费开放，所

---

① 《财政部公布免费开放博物馆补助资金管理办法》，人民网，2013年7月4日，http：//culture.people.com.cn/n/2013/0704/c172318-22072050.html。

需经费由中央与地方财政分档按比例分担。① 2022 年初，国家文物局、财政部联合印发《关于加强新时代革命文物工作的通知》，要求各级文物、财政部门落实主体责任，健全革命文物保护支持机制，加大投入力度，统筹推进革命文物保护重点任务、重大项目，加强项目预算执行管理，提高项目资金使用效益。

加强红色旅游等基础设施建设的政策制定。国家发展改革委联合国家文物局等七部门于 2017 年印发的《"十三五"时期文化旅游提升工程实施方案》，明确支持全国红色旅游经典景区到交通干线的连接路建设以及国家级抗战纪念设施、遗址的必要维修保护，且明确了中央投资补助标准：原则上东部、中部、西部地区（含根据国家相关政策分别享受中、西部待遇的地区）中央投资补助比例为 30%、60% 和 80%。由国家发展改革委联合国家文物局等七部门于 2019 年联合修订印发的《文化旅游提升工程实施方案中央预算内投资管理办法》，对红色旅游基础建设加大投入；中央预算内投资采用按比例补助并控制补助投资最高限额的方式，原则上按照东部、中部、西部地区（含根据国家相关区域政策享受中、西部政策地区）分别不超过核定总投资的 30%、60% 和 80% 的比例进行补助；对中部地区集中连片特殊困难地区县、深度贫困县、国家扶贫开发工作重点县项目按照不超过项目总投资的 80% 的比例进行补助。②

在地方层面，各省（区、市）设立革命文物保护利用专项资金，构建稳定的财政投入机制。如安徽省设立 2 亿元革命老区红色文化保护专项资金。2018 年，广东省财政厅会同省委宣传部、省文化和旅游厅等 8 个部门印发《关于建立红色革命遗址经费保障机制的实施意见》，省财政从 2019 年起 5 年专项安排 15 亿元实施省级以上红色革命遗址保护建设、展陈提升

① 《国务院办公厅关于印发公共文化领域中央与地方财政事权和支出责任划分改革方案的通知》，中国政府网，2020 年 6 月，http://www.gov.cn/zhengce/content/2020-06/23/content _5521313.htm。
② 《关于修订印发〈文化旅游提升工程实施方案中央预算内投资管理办法〉的通知》，国家发展和改革委员会网站，2019 年 1 月 30 日，https://www.ndrc.gov.cn/fzggw/jgsj/shs/sjdt/ 201907/t20190722_ 1121592.html。

行动；2019 年起，探索建立文物建筑"岁修"制度，从文物专项资金中安排 2000 多万元用于 711 处省级以上文物保护单位的日常保养维护，每处每年 3 万元。① 甘肃省财政将市县级革命文物保护单位纳入省级文物保护专项资金支持范围，发展改革部门将文物保护利用设施建设列入重点支持对象。② 湖北依照属地管理原则，督促各县级行政区财政重视革命文物的"岁修"，将革命文物安全巡查经费、隐患排查经费、文物保护员聘请经费等，纳入地方财政预算。浙江丽水市与浙江省农信联社丽水办事处达成"微改易贷"战略合作协议，获得 100 亿元"微改造、精提升"授信额度，为革命遗址的微改造提供有力资金保障。

（二）经费支持力度持续加大

中央财政支持革命文物保护利用的力度持续加大。自"十二五"以来，中央财政累计安排落实文物保护专项经费 11.83 亿元，支持革命旧址保护工作。此后，逐步提高，仅 2014~2016 年，就累计增加到 26.5 亿元，一大批革命文物保护项目顺利推进。"十三五"期间，中央财政支持文物保护经费累计达到 483 亿元，90% 专项资金按照因素法切块下达，由地方统筹管理使用。2018~2022 年，中央财政革命文物保护补助资金逐年递增，投入革命文物保护利用经费 41 亿元。

各地方重视程度持续提升，经费保障进一步加强。近年来，广东省级专项资金、地方政府资金和社会资金等持续加大对革命文物的投入，其中省级财政年度文物保护专项经费逐年递增，从 2015 年的 6000 万元增加到 2019年的 1.6 亿元。③ 在组织实施濒危革命文物抢救项目方面，省财政每年下达的 800 万元抢险加固经费，优先用于革命文物，统筹各项相关资金 70 亿元，

---

① 广东省人大教育科学文化卫生委员会：《关于广东革命遗址保护地方立法的思考》，《人民之声》2021 年第 6 期。
② 施秀萍、念涛：《让革命文物绽放时代芳华》，《甘肃日报》2022 年 5 月 12 日，第 6 版。
③ 广东省人大教育科学文化卫生委员会：《关于广东革命遗址保护地方立法的思考》，《人民之声》2021 年第 6 期。

用于红色革命文物管理提升和免费开放、红色文化传播、红色教育基地打造和红色志愿服务行动等，还联合金融、保险机构为 135 处省级以上革命文物保护单位免费捐赠保额达 49.5 亿元的保险，首开全国金融保险行业参与全省文物保护之先河。2010 年以来，四川省累计投入约 1.4 亿元用于革命文物保护展示；2020 年安排省级预算内投资 1596 万元，支持川陕革命根据地红军烈士陵园展示提升项目。自 2011 年开始，云南省财政每年给予 300 万元的全省革命遗址保护专项补助资金，到 2020 年，经费增加至 1000 万元，截至目前，13 个财政年度共拨款 6700 万元，撬动各级各类资金近 10 亿元，有力地推动了全省革命文物保护利用工作。天津市委、市政府安排资金 2.6 亿元，完成平津战役纪念馆、周恩来邓颖超纪念馆基本陈列改陈及配套设施提升工程。"十三五"期间，陕西省级财政投入 5515 万元用于革命纪念馆的免费开放、陈列展览、宣传教育和馆藏文物保护工作；2020~2022 年，国家及省级财政累计投入约 3.6 亿元文物保护专项资金用于全省革命文物保护，完成 87 项革命文物保护维修工程以及 41 项安防、技防和消防项目。山东投入财政资金 1.32 亿元，开展了 133 项革命旧址、纪念地抢险加固项目，以及革命博物馆、纪念馆建设和馆藏珍贵革命文物修复项目。甘肃投入 1.4 亿元，先后实施 43 项国保省保、27 项市县保革命文物保护工程和 20 多个革命纪念馆保存环境标准化项目。[1] 广西壮族自治区人民政府同意 2023~2027 年，每年投入 3000 万元资金用于长征国家文化公园（广西段）建设和加强桂北长征文化资源保护开发利用。"十三五"期间，全国省级财政投入革命文物保护利用经费 30 亿元，其中，江西省财政共计安排 2 亿元，对基层文物保护项目予以大力支持，省财政自 2017 年起，连续三年共计安排资金 1880 万元，用于红色标语的维修与保护，统筹中央和省级资金共计 10.6 亿元支持博物馆、纪念馆免费开放，统筹省以上资金 4 亿余元，支持南昌八一起义纪念馆、瑞金中央革命根据地纪念馆、南昌新四军军部旧址陈列馆等

---

① 邱瑾玉：《让革命文物"好看" 革命历史"好听"》，《民主协商报》2021 年 7 月 26 日，第 1 版。

革命类场馆免费开放，下达中央补助地方博物馆、纪念馆陈列布展资金
1.18亿元，其中支持革命史题材陈列布展项目26个，共计5530万元。[①]
"十三五"以来，湖南省争取国家文物保护专项资金6.93亿元和省级文物
保护专项资金1.23亿元，投入革命文物保护，共实施保护项目507个。每
年争取中央补助湖南省免费开放专项资金1.688亿元，其中近70%投入革命
纪念馆的开放服务。[②] 据不完全统计，2018～2022年，全国省级财政投入革
命文物保护利用经费超过30亿元。

七 革命文物保护利用展望

（一）目前革命文物保护利用存在的主要问题

1. 革命文物和相关史料征集工作需要进一步加强

经过多次大规模的文物普查，全国革命文物家底基本摸清。但是，
依然需要在现有基础上进一步深化。一是继续强化对新中国成立以前历
史时期革命文物和相关史料的征集工作，特别是有关战场遗址、遗骨遗
骸等的调查征集工作亟待加强；二是加强对新中国成立以来革命文物及
其史料的征集工作，特别需要关注新时代以来革命文物的征集工作，如
与抗震、抗洪、抗疫紧密相关的一些文物征集以及音像影像、档案资料、
信札笔记等新型革命文物的征集等。通过这些工作，进一步增加革命文
物总量。

2. 革命文物保护依然任重道远

革命文物保护管理的法律依据不足。新时代以来，党中央、国务院
高度重视革命文物保护利用工作，密集出台实施了一系列政策文件，国

---

① 惠梦、廖乐葵、章凯：《打造革命文物保护利用的"江西样板"》，《中国财经报》2021年
7月1日，第5版。

② 陈远平：《湖南在革命文物保护传承中的担当与实践》，《中国文物报》2020年10月13日，
第1版。

家文物局推动全国多数省（区、市）制定了地方法律条文，一些地市也对革命文物保护利用进行立法。但是，就全国层面而言，在革命文物保护利用中，目前能够作为法律法规依据的主要是《中华人民共和国文物保护法》《中华人民共和国文物保护法实施条例》。因为尚未建立针对革命文物保护利用的法规，所以在具体保护管理工作中，尤其是革命文物的认定、定级、保护修缮、活化利用，以及博物馆和纪念馆建设、展示、传承等都无法找到相关的法律依据，亟须在法律层面予以明确规定。

革命文物保护管理机构分散，存在多头管理。综合分析革命文物保护管理现状发现，目前革命文物的保护管理机构主要分为文物部门、民政部门、政府机构、军事部队以及其他管理部门。作为革命文物的专业管理部门，各级文物部门无法行使对全国所有革命文物的保护管理权力。革命文物保护管理权力分散在不同的部门、机构，权责不明，导致革命文物保护维护及其经费审批受到限制。

革命文物维修缺乏统一标准。大量实地调研发现，相当多的不可移动革命文物属于民居，建筑强度不高，保存状态易受环境影响，文物本体演变较快。一些留有革命先辈们足迹的老街，经过保护修复后，门面一律用同一种颜色，商铺牌子高度统一；有些革命旧址原来是夯土修建的，修复后在外面用砖包上，失掉了"原真性"。① 革命博物馆、纪念馆保存的见证革命历史的纸质文物已经泛黄，极易破碎。自 1840 年以来，大量革命旧址历经数十年乃至上百年的风雨侵蚀、自然损毁，保护状况不容乐观，急需修缮，不少馆藏革命文物由于保存设施简陋、保存条件差，急需修复，② 无论是不可移动革命文物还是可移动革命文物，其保护维修都急需建立统一的保护维修标准。

---

① 李瑞：《宋纪蓉常委：让革命文物保持"原真性"》，《中国文物报》2021 年 3 月 9 日，第 2 版。

② 孙文燕：《立法强支撑　护好江西红——解读〈江西省革命文物保护条例〉》，《时代主人》2022 年第 1 期。

未定级文物、低级别文物、地处偏远文物的保护问题严重。国家文物局积极探索设立革命文物名录，着力破解条块分割带来的负面影响，统筹推动革命文物整体保护。但是，因为名录的选择范围是各级文物保护单位名录，所以，没有进入各级文物保护单位的革命文物没有资格进入名录之中，也不能受到相应保护。此外，革命文物中尚有大量未定级的遗存。有的保存于革命文物博物馆、纪念馆，也有大量文物在价值认识不完全的前提下容易因区域发展及城市建设而得不到良好保护，甚至出现灭失。偏僻的大量低级别不可移动革命文物因地方财力不够，没有得到有效保护，损毁严重。保护级别较低的战场遗址主要分布在地势较高、远离乡村城镇的地方，多年以来受自然因素、生产活动影响，历史环境改变较大，战壕遗址、构筑物等基本不存，树木杂草丛生，很多地方无路可走。即使在北京，由于区位条件和周边资源的限制，京郊部分纪念碑、烈士墓也处于荒山野岭之中。不少民居古建类革命文物，因住户生活需要，大多有不同程度的改建、扩建或拆除，内部结构改变，为集中修缮、整治带来难度。随着城市化进程加快，农村空心化严重，革命旧址所有权人在城市购房的现象越来越多，导致位于农村的革命旧址闲置荒芜，但又不愿意捐赠给政府，致使其逐渐残破甚至消失。①

传统保护手段亟待升级。在保存革命文物现状的数据方面，主要采用文字、图表、影像等形式记录存档，这些手段形象直观，表达效果较好，但缺少文物精确的尺度和结构关系数据，不利于革命文物的科学研究、重建和复建。自然和人为影响因素引起的保护对象及其周围环境的变化无时无刻不在发生，因此需要掌握革命文物动态变化的全时段态势，在革命文物本体监测上，传统的监测手段如利用全站仪、水准仪通过对预先设计好的变形点进行单点观测，体现该点的变形效果，虽能保障重要革命文物承载结构的稳定性，但无法对突发状况进行观测，少量的监测数据也无法顾及革命文物的全部结构，甚至有局部结构发生变形甚至损毁的风险，从而

---

① 程秋云：《论较低级别革命文物保护利用困境与对策》，《文物鉴定与鉴赏》2022年第7期。

破坏其完整性；同时，缺乏有效的变化分析手段，对革命文物空间格局变化评估、原貌恢复并不能产生很大的作用。在革命文物病害监测与修复方面，传统的病害调查多采用文字结合图表、影像的记录方式，虽能客观记录革命文物病害的整体现状，但难以发现病害微小变化，更无法对其演变过程进行量化分析，若不及时处理这些病害，革命文物本体势必遭受损害。①

3. 革命文物利用需要进一步优化

革命文物陈列展览手段落伍。虽然从纵向看，革命文物陈展水平已经有了较大的提升，但是，站在更好满足人民群众对美好生活需要的高度衡量，相当多的革命文物点展示手段依然较单一。由于资金和人才的制约，位于广大革命老区的革命博物馆、纪念馆等，大多依然采用"图片+文字+实物"的传统展示方式，特别是一些边远、观众较少的革命文物点，收集的实物不多，加之缺少声、光、电等现代科技配合，更缺少视频、音频、AR、AI 等数智化呈现手段，观众缺乏参与体验，难以产生良好的教育效果。

价值阐释亟待强化。革命文物的保护利用涉及多个学科以及行业部门，呈现很强的专业性。长期以来，革命文物保护、利用分属不同的机构、部门，文物部门在革命文物的保护维修方面拥有很强的优势，其利用则涉及资源整合问题，既包括展览陈列，也包括价值阐释、宣传推广，还涉及旅游等。就价值阐释、理论研究而言，高校、科研机构拥有明显优势。由于革命文物保护部门与高校、科研机构等专业研究部门之间脱节较严重，许多革命文物价值没有得到合理阐释和宣传。

整体谋划与连片开发的力度亟待统筹协调。革命文物分布点多面广，加之其保护管理长期以来实行行政分级，客观上容易导致行政分割、各自为政、自成体系，使革命文物在保护利用上存在如何统筹整体谋划与连片开发的问题。革命文物事实上分属不同层级的行政区域，导致其在活化利用方面

---

① 卢世主、朱昱：《革命文物保护利用研究的现状与进展》，《江西师范大学学报》（哲学社会科学版）2020 年第 6 期。

很难打破既有的行政边界，形成协作开发机制；长期实施的以点状开发为主的方式，缺乏由点到线、由线到面的跨行政区域的资源整合。[①] 以资金安排为例，长期以来比较注重革命文物点的资金安排，并考虑区域平衡，按照轻重缓急顺序安排资金，忽视从历史事件的角度、线性的角度、连片开发的角度安排资金，没有形成有效的展示片区与展示线路，自引流较差，更遑论形成品牌效应和聚集效应。

革命文物与旅游融合发展水平有待提升。目前，一方面，全国相当部分的红色旅游资源开发停留在表层，缺乏连贯性、完整性，没有很好地挖掘革命文物的内涵，很多红色旅游景点只有革命遗址没有革命故事，缺乏核心主题。从革命文物构成看，许多都是寻常建筑、日常用品，或者是烈士墓、纪念碑、会议旧址、战斗遗址等。由于在革命文物的趣味性、互动性、科学性等方面尚未很好地挖掘和宣传，一般人会觉得比较严肃、沉重、乏味，没有收到应有的教育效果。另一方面，红色旅游景区分布较零散，景区间的关联性不强，尚未形成国家级精品游线，品牌形象不够突出，集聚效应不够显著。

革命文物保护利用、展示传播人才队伍亟待壮大，专业型、复合型、管理型人才相对缺乏，尤其是基层文博单位宣教队伍水平有待提升。以革命旧址为例，在近 1 万处被列入文物保护单位的革命旧址中，60% 以上对外开放，很多革命旧址陈列展示亟须规范、引导、提升。特别是市县级或未公布为文物保护单位的革命旧址，由于研究管理力量薄弱、展示利用投入不足，内容苍白、形式简单的问题还很普遍，难以为广大参观者接受，影响了教育作用的发挥。

（二）改善革命文物保护利用的主要举措

以习近平新时代中国特色社会主义思想为指引，深入贯彻落实党的二十

---

① 广东省人大教育科学文化卫生委员会：《关于广东革命遗址保护地方立法的思考》，《人民之声》2021 年第 6 期。

大精神和习近平总书记关于革命文物工作重要指示批示精神，坚持"保护第一、加强管理、挖掘价值、有效利用、让文物活起来"的新时代文物工作方针，踔厉奋发、勇毅前行，开拓新时代革命文物工作高质量发展新局面。

1.认真做好革命文物和相关史料的征集工作

国务院印发《关于开展第四次全国文物普查的通知》，决定于 2023 年 11 月起开展第四次全国文物普查。需要利用好本次普查机会，进一步细化革命文物普查标准、认定标准、定级标准，全面掌握革命文物资源状况，在全国广泛开展革命文物尤其是不可移动革命文物普查工作，进一步拓展革命文物内涵，将新时代革命文物纳入普查范围，进一步充实不可移动文物资源，丰富不可移动文物资源大数据库。

适当开展革命文物专项调查工作。在总结红色标语类革命文物专项调查经验基础上，可以围绕特定主题开展全国范围的专项调查，也可支持鼓励各地根据区域实际，适时开展其他类别革命文物专项调查工作。例如，在百年党史上，党的六届七中全会、十一届六中全会、十九届六中全会分别通过了《关于若干历史问题的决议》《关于建国以来党的若干历史问题的决议》《中共中央关于党的百年奋斗重大成就和历史经验的决议》，实事求是总结党的重大历史事件和重要经验教训，在重大历史关头统一全党思想和行动，对推进党和人民事业发挥了重要引领作用。[①] 因此，可以根据三个历史决议有关内容开展专项调查，适时开展与抗震、抗洪、抗疫等有关的专项调查。

积极进行口述史料的收集整理工作。广泛征集散落在民间的具有历史价值和时代内涵的各类家书、报刊、图书、图片等资料。鼓励各地采取多种手段，深入辖区走访事件亲历者，收集当事人的日记、音像影像、档案资料、信札笔记等文物，并通过深度访谈等各种方式，记录事件原委，挖掘历史真相。

2.进一步加强革命文物保护工作

建立健全革命文物保护利用法律体系。在中央层面，一方面，要推动《中华人民共和国文物保护法》的修订完善，增加关于革命文物保护利用的法

---

① 《中共中央关于党的百年奋斗重大成就和历史经验的决议》，人民出版社，2021，第 2 页。

律条款；另一方面，在吸收地方立法经验基础上，将行之有效的政策文件上升为法律条文，与即将修订的《中华人民共和国文物保护法》相衔接，推动国务院研究制定《革命文物保护利用条例》《长征文物保护条例》，夯实革命文物工作法制基础。在地方层面，一方面，继续推动尚未对革命文物保护利用进行立法的省（区、市）出台法律保护措施；另一方面，鼓励地市、县级政府对革命文物保护利用进行立法，实现应立尽立、应保尽保，从而构建纵向到县、横向到边的革命文物保护利用法律体系，提升革命文物保护利用法治水平。

进一步优化革命文物保护管理机制。一要理顺革命文物治理体系，在妥善处理有关问题基础上，进一步理顺部门职能，将原分属不同部门保护管理的革命文物划归文物部门统一管理。二要进一步厘清革命博物馆、纪念馆归口管理问题，运用爱国主义教育基地联席会议等制度，加强不同部门间组织协调。① 探索分类管理，激发活力。针对革命博物馆、纪念馆数量较多、属性各异的情况，进行分级管理、分类指导，打造一批研究型博物馆（偏科研机构性质），使之享受科研机构待遇，发展一批创意型博物馆（偏企业性质），给予经营上的激励。② 三要鼓励有条件的省份将革命文物保护利用经费专项列支，为革命文物保护利用提供经费保障。③ 同时，为缓解革命文物保护维修普遍存在的财政压力，探索出台税收优惠政策，鼓励社会力量参与革命文物保护修复。

制定统一的革命文物标准。一是统一革命文物的保护修复标准。建议由国家文物主管部门牵头成立"革命文物保护修复标准制定委员会"，制定各类不可移动革命文物和可移动革命文物的修复标准，科学开展革命文物保护修复。④ 二是统一革命博物馆、纪念馆行业标准。根据部分革命博物馆、纪念

---

① 徐秀丽、李瑞：《加强革命文物保护　讲好中国共产党的故事　传承红色基因》，《中国文物报》2021年3月9日，第1版。

② 文冰：《守正创新　开拓进取　推动文物工作再创佳绩》，《中国文物报》2020年8月25日。

③ 徐秀丽、李瑞：《加强革命文物保护　讲好中国共产党的故事　传承红色基因》，《中国文物报》2021年3月9日，第1版。

④ 李瑞：《宋纪蓉常委：让革命文物保持"原真性"》，《中国文物报》2021年3月9日，第2版。

馆分布在老少边穷地区的实际情况，积极推动行业标准制定，规范行业行为，提高行业运行质量，实现行业优秀案例的可复制、可借鉴。[①]

强化科技赋能。应用大数据、人工智能等最新科技，升级传统保护手段，加强革命文物日常保养和病害监测，完善革命文物的存贮、修复、展陈、推广宣传。加强文物科技的顶层设计，加强重点实验室等平台建设，成立国家级文物科技资源平台和国家级科研实体等。[②]

加大统筹整合力度，推动革命文物应保尽保。继续推动革命文物名录整理工作，将没有被纳入各种保护名录中的革命文物进行整理收录，并分批公布。加紧对未定保护级别的革命文物进行甄别、定级，加强对部分低级别革命文物的研究，以提升其保护级别。建立革命文物保护利用项目库，紧密结合 2025 年中国人民抗日战争暨世界反法西斯战争胜利 80 周年、2027 年中国人民解放军建军 100 周年等重大时间节点，策划实施一批连片保护和整体展示工程，实施一批低级别革命文物抢救保护项目，有效抢救保护文物本体。[③] 针对偏僻且不便管理的零星文物点，探索试行"区域行政管理+农户管理"的模式。利用当地人员资源，将负责任的群众纳入文物点管理员队伍，对其进行革命文物保护相关的知识培训并签订责任书。

3.活化利用好革命文物

强化动态管理，创新传播方式。一是进一步完善免费开放政策与经费投入机制。《关于全国博物馆、纪念馆免费开放的通知》已颁布十余年，按照《新时代爱国主义教育实施纲要》的要求，需要对免费开放财政补贴进行重新核定，加强对革命博物馆、纪念馆的动态管理，督促其不断完善展陈手段，实现"奖优罚劣、奖勤罚懒、以效定补"的管理目标。[④] 二是以创新创

---

① 徐秀丽、李瑞：《加强革命文物保护　讲好中国共产党的故事　传承红色基因》，《中国文物报》2021 年 3 月 9 日，第 1 版。
② 文冰：《守正创新　开拓进取　推动文物工作再创佳绩》，《中国文物报》2020 年 8 月 25 日。
③ 程秋云：《论较低级别革命文物保护利用困境与对策》，《文物鉴定与鉴赏》2022 年第 7 期。
④ 徐秀丽、李瑞：《加强革命文物保护　讲好中国共产党的故事　传承红色基因》，《中国文物报》2021 年 3 月 9 日，第 1 版。

意为主线、以群众喜闻乐见的方式加强革命文物展陈和传播。进一步挖掘革命遗址、纪念地相关人物生平、感人事迹，丰富完善讲解词，更好地开展革命事迹教育。研究制定革命文物文创标准，加大对革命文物创意产品的扶持开发力度，制定推动社会力量和文博系统参与激发文化创意的指引办法。三是协调教育部门把具备观观开放条件的革命旧址、革命博物馆和纪念馆等全部纳入辖区中小学生研学旅行范畴，鼓励各类学校到革命旧址、革命博物馆和纪念馆等开展现场教学活动。四是构建帮扶机制，支持鼓励"大馆"与"小馆"结对，协调推动发达地区具有较高水平的文博人才到革命老区博物馆、纪念馆交流挂职，革命老区博物馆、纪念馆的管理人员到发达地区跟班学习，优势互补、共赢发展，不断提升革命文物治理效能。

构建共建共享的革命文物价值阐释机制。创新文物管理部门、革命博物馆和纪念馆与教育管理部门、高校、科研机构合作共享机制，总结推广国家革命文物协同研究中心经验、做法，鼓励各地建立革命文物协同研究平台，对革命文物相关的历史信息进行客观考证，建立革命文物档案库，形成内容全面、翔实的革命史料及文物档案；加强理论与实务研究，为行业发展提供学理支撑；强化革命文物价值阐释、展示宣传，提升传播效能，充分发挥革命文物在党史学习教育、革命传统教育、爱国主义教育中的重要作用，讲好新时代的故事，深刻领悟中国共产党为什么能、马克思主义为什么行、中国特色社会主义为什么好等道理，进一步提升革命文物治理能力，为以中国式现代化全面推进中华民族伟大复兴提供强大精神力量。

推动"革命文物+红色旅游"融合创新。充分利用乡村振兴战略机遇，推动红色、绿色、古色旅游资源相结合。进一步完善红色旅游景区与主干道的交通体系，打通"最后一公里"，提升景区的可进入性；进一步优化景区公共服务供给，提升服务水平，增强红色旅游景区可参观性和观众舒适感；进一步加强宣传推广，集中资源开拓重点客源市场，增加曝光率和知名度。革命文物资源较丰富的地区，应积极支持和鼓励旅游企业参与红色旅游开发，采用线性串联打包的形式，挖掘精品路线，将路线上的众多低级别革命文物串联成整体，或采取以重点文物为中心、吸收周边低级别文物为一体的方式，实现保护利用全覆盖。① 尤其要保持战略定力，摒弃"撒胡椒面"式的资金分配惯性，强化革命文物价值阐释，深挖革命文物背后的故事，通过若干年的持续投入和努力，打造一条或数条具有全国影响力的红色旅游精品线路，进一步提升革命文物治理效能，积极助力乡村振兴、革命老区高质量发展。

---

① 徐秀丽、李瑞：《加强革命文物保护　讲好中国共产党的故事　传承红色基因》，《中国文物报》2021年3月9日，第1版。

专题篇

革命文物价值阐释与理论宣传报告

古屿鑫　潘楚巧　但青霞　李越*

摘　要： 　革命文物是中华优秀传统文化的重要组成部分，是中国共产党领导人民进行革命、建设、改革的重要历史见证。新时代党和国家事业的发展，迫切需要加强革命文物资源整合、统筹规划和整体保护，迫切需要深化革命文物价值挖掘、阐释、传播，迫切需要发挥革命文物服务大局、资政育人和推动发展的独特作用。本报告阐述了新时代以来革命文物价值阐释与理论宣传的现状及成效，分析了其面临的现实困境与挑战，并立足革命文物宣传主体、手段及效果，针对性地提出壮大活化利用主体、优化宣传渠道、铸牢中华民族共同体意识的策略，旨在挖掘革命文物在新时代具有的内涵与价

* 古屿鑫，江西师范大学苏区振兴研究院副研究员，江西省文化产业研究中心副主任，主要研究方向为马克思主义与中国传统文化；潘楚巧，江西师范大学苏区振兴研究院/马克思主义学院硕士研究生，主要研究方向为马克思主义与当代中国经济社会发展；但青霞，江西师范大学苏区振兴研究院/马克思主义学院硕士研究生，主要研究方向为马克思主义与当代中国经济社会发展；李越，江西师范大学苏区振兴研究院/马克思主义学院硕士研究生，主要研究方向为马克思主义与当代中国经济社会发展。

值，实现革命文化的有效传承与传播。

关键词： 革命文物　价值阐释　理论宣传

加强革命文物价值挖掘，深化理论宣传是当前党和国家推动革命文物工作的重点。必须"从巩固党的执政地位、筑牢意识形态阵地的战略高度，从坚定'四个自信'的战略高度，充分认识加强新时代革命文物工作的重大意义"，① 不断开辟新时代革命文物价值阐释与理论宣传工作的新思路，推动党领导的革命文物工作开创新局面。

一　新时代革命文物价值阐释与理论宣传的 现状及成效

党的十八大以来，以习近平同志为核心的党中央对革命文物工作给予了高度重视和大力支持。如 2016 年，国家文物局印发《关于加强革命文物工作的通知》，为各地切实加强革命文物保护工作提供了可行、有效的指导意见。革命文物工作被纳入国家文物事业发展"十三五"规划，并提出要实施革命文物保护利用工程（2018—2022 年），进一步凸显了革命文物的时代价值，彰显了革命文物工作在党和国家事业发展全局中的重要战略地位。一系列政策、规划的出台为新时代做好革命文物工作提供了政策层面的支持，使其发展呈现前所未有的良好态势。

（一）革命文物展示水平不断提升

革命文物的展示与全国各大博物馆以及革命旧址关系密切，它们相互依

---

① 《中共中央办公厅　国务院办公厅印发〈关于实施革命文物保护利用工程（2018—2022 年）的意见〉》，《中华人民共和国国务院公报》2018 年第 22 期。

存、相互促进，共同承载着传承和弘扬革命文化的重要使命。首先，博物馆是革命文物展示的主要场所。博物馆通过精心策划的展览，将革命文物以生动、直观的形式呈现给公众，让人们能够深入了解革命历史和文化。这些展览通常包括实物展示、图片资料、文献资料等多种形式，旨在还原历史场景，再现革命精神。革命旧址中的文物则成为博物馆展览的重要组成部分，为展览提供了真实、生动的历史见证。其次，革命旧址是革命文物展示的天然载体。革命旧址承载着丰富的历史信息和文化内涵，是革命历史更为具象的见证地。通过保护和利用这些旧址，可以让人们身临其境地感受革命历史的厚重和革命精神的伟大。在这些旧址中，革命文物得以以原状展示，为公众提供了更加直观、生动的历史体验。可见，博物馆与革命旧址之间是相互补充、相得益彰的关系。博物馆作为收藏大量革命文物的地方，是做好革命文物保护和展示工作、传播和弘扬革命文化的主要阵地。革命旧址则可以发挥革命文物宣传教育的重要作用，是对革命文物进行保护利用的重要形式。

2018 年，中共中央办公厅、国务院办公厅印发了《关于实施革命文物保护利用工程（2018—2022 年）的意见》，该意见明确指出："（四）提升革命文物展示水平。坚持有址可寻、有物可看、有史可讲、有事可说，着力策划打造主题突出、导向鲜明、内涵丰富的革命文物陈列展览精品，做到见人见物见精神。"[①] 2020 年 9 月，国家文物局印发《关于做好庆祝中国共产党成立 100 周年革命文物陈列展览工作的通知》，提出要"围绕中国共产党成立 100 周年，策划推介一批主题突出、导向鲜明、内涵丰富的革命文物陈列展览精品"，明确要求发挥好革命文物在激发爱国热情、振奋民族精神、汇聚发展力量方面的重要作用，充分彰显其教育功能。近年来，我国各地依托政策支持与资源优势，在博物馆展示展陈、革命旧址展示利用两方面开展了大量实践，取得了一定经验和成果。

山东省是革命老区、红色热土，位于山东省的革命遗址和纪念馆达 67

---

① 《中共中央办公厅 国务院办公厅印发〈关于实施革命文物保护利用工程（2018—2022 年）的意见〉》，《中华人民共和国国务院公报》2018 年第 22 期。

家，反映了全省深厚的革命文化底蕴和丰富的革命历史。这些遗址不仅彰显了山东在中国革命史上的重要地位，而且使山东全省已备案革命博物馆在全国革命博物馆数量排名中位居第一，其中 17 家更被评为一级、二级、三级博物馆。山东省的光荣革命历史留下了诸多革命传统，也留存了众多珍贵的革命文物，包括不可移动革命文物和可移动革命文物。这些独特的革命遗产为山东各大博物馆提供了独特的优势和宝贵资源。为此，山东省积极响应党中央革命号召，出台了《全省博物馆、纪念馆十大革命文物陈列展览精品推介办法》，为打造精品展陈、引领博物馆高质量发展提供动力引擎，如青岛市博物馆推出"烽火胶东——纪念全民族抗战爆发 85 周年展"等 7 个革命主题展览，并获评国家文物局 2022 年度"弘扬中华优秀传统文化、培育社会主义核心价值观"主题展览，[①] 充分彰显其建设成效。该省成立了山东省革命类博物馆、纪念馆专业委员会，推动山东高校与革命场馆共同搭建国家革命文物协同研究中心深度融合平台，建设革命文物培育单位，为该省革命场馆高质量发展搭建了沟通、交流、展示的平台。立足省内红色资源禀赋，山东省先后建立了多家教学基地，充分利用红色遗存遗迹、红色人物故事和红色文化产品的教育功能，拓展红色文化教育阵地，扩大红色资源对青少年的影响力，用以铭记革命历史、传承革命传统，教育一代又一代青少年。该省还结合青少年特点，有针对性地利用数字化手段增强红色文化的交互性、可视性、感染力，引导他们从小在心里树立红色理想，使革命历史、优良传统对青少年群体更具亲和力、接受性，进而使他们产生更强的情感共鸣。为进一步发挥红色资源在教育领域的积极作用，山东省还成立了山东革命场馆与高校融合发展联盟，该联盟由山东省文化和旅游厅携手省教育厅共同发起，为全国各地做出良好示范。

此外，山东省也踊跃响应中共中央办公厅、国务院办公厅印发的《关于实施革命文物保护利用工程（2018—2022 年）的意见》，该意见的主要任

---

① 山东省文物局：《山东：创新实施"革命文物+"蓄深流长结硕果》，《中国文物报》2023年9月1日，第6版。

务第五点要求"创新革命文物传播方式。推动革命传统教育进学校进教材进课堂，编纂出版系列革命文物知识读本，鼓励学校、党校（行政学院）到革命旧址、革命博物馆纪念馆开展现场教学。"① 该省以此为指南，在全省遴选革命旧址和革命博物馆纪念馆，先后编印《山东省依托革命文物资源开展党史学习教育活动场所》《山东省依托革命文物资源开展主题教育活动场所》，促使山东省成为服务主题教育的重要平台。②

井冈山博物馆为用好红色资源，赓续红色血脉，不断推进馆馆资源共享和优势互补，引进了"苦难与战争——旅顺日俄监狱史实展""青春壮歌——中国青年运动中的雨花英烈""永远的铁人——王进喜生平业绩展"等临时展览，输出"跨越时空的井冈山精神"展到广西桂林、四渡赤水博物馆、天津滨海文化中心、江西省图书馆等，创作"曲石村村史展""'瓷'话井冈斗争史——井冈山革命博物馆馆藏陶瓷文物展"等 7 个展览。《革命文物主题陈列展览导则（试行）》正文第十六条要求，"鼓励开展革命文物主题陈列展览的馆际合作、境内外交流，通过联合办展、巡回展览、流动展览等多种形式，拓展交流合作的渠道和平台，积极构建反映中国革命、建设、改革历程和新时代的话语体系和叙事体系。"井冈山博物馆正是在该导则的指引下，持续提升其展览展陈质量，力争以馆馆合作形式协同增效，努力打造革命文物保护利用及革命精神培育弘扬的前沿研究高地和协作协同平台。

革命文物见证了中国共产党人百年来的奋斗历程，承载着丰厚的革命精神财富。从博物馆陈列展览的叙事特点出发，借助革命旧址等珍贵不可移动革命文物，深入挖掘革命文物背后的故事和蕴含的革命精神，将宏大叙事与细节呈现、场景再现有机结合起来，升维为立体化、沉浸式、交互式、有代入感的教育模式，提升陈列展览的生产力，既是各地不断开创新时代革命文

---

① 《中共中央办公厅　国务院办公厅印发〈关于实施革命文物保护利用工程（2018—2022 年）的意见〉》，《中华人民共和国国务院公报》2018 年第 22 期。
② 山东省文物局：《山东：创新实施"革命文物+"蓄深流长结硕果》，《中国文物报》2023 年 9 月 1 日，第 6 版。

物工作新格局的工作重点，也是用好红色资源、传承红色基因、赓续红色血脉的题中之义。

（二）革命文物的内涵价值得到创新阐释和广泛宣传

革命纪念馆是展示和传承中华民族伟大革命精神的重要阵地。各大场馆始终坚持守正创新，努力打造一系列精品红色展览陈列和特色活动，切实履行革命纪念馆"传承红色基因、赓续红色血脉"的历史使命，为推进文化自信自强、铸就社会主义文化新辉煌做出积极贡献。

中国人民抗日战争纪念馆（简称抗战馆）作为优秀全国爱国主义教育示范基地之一，具备平台优势。近年来，抗战馆充分运用革命纪念馆的专业优势，采用科技手段，通过场景复原、历史的画面、历史的影像等全面客观反映革命历史，讲述党史故事，从而有力推动了党史学习教育的开展，充分展示了中国人民在夺取抗日战争伟大胜利中的特殊历史地位。为强调、彰显中国共产党的中流砥柱地位，充分发挥抗战馆全国爱国主义教育示范基地的功能，抗战馆承担了"光辉伟业　红色序章——北大红楼与中国共产党早期北京革命活动"主题展等纪念中国共产党早期活动主题展览的筹备工作。自 2015 年以来，抗战馆结合全民族抗战爆发纪念仪式，先后举办"民族先锋　中流砥柱——中国共产党抗战英烈事迹""全民抗战伟大壮举""伟大抗战　伟大精神""为抗战吹响号角——中国共产党与抗战文化""抗日根据地的创建与发展""中流砥柱——中国共产党抗战文物专题展"等多个专题展览，取得了不错的社会反响。

2021 年，济南市博物馆以七一建党节为契机，推出"百年风华　初心永驻——庆祝中国共产党成立 100 周年馆藏革命文物展"，生动呈现了党的光辉历程。该展立足济南特色，明确展示定位，立足本土文化，概览革命历史，坚持以革命文物为始，深挖其丰富内涵。这一主题展旨在通过对红色激情岁月的重现，加强革命历史与观众的情感连接，增强广大人民群众对革命史实、革命人物的情感共鸣。济南市博物馆还抓住了数字化浪潮机遇，以多媒体手段为抓手，以重要的时间、节日为媒介，组建数字化建设团队，为观众打造了全方位、沉浸式的观展体验。基于此，在建党百年革命文物展展出期间，观众不需移步博物馆，就能通过观看文物和展览，重温那些在反抗日本军国主义侵略的艰苦岁月中，不屈不挠、浴血奋战，最终取得抗战胜利，保家卫国，捍卫和平事业的光辉事迹。数字化展陈大大增强了革命展览的传播效果，也使人民群众充分了解济南的革命历史文化。

"为用好红色资源，赓续红色血脉，推进革命文物集中连片主题保护"，北京市着力打造"抗日战争主题片区"。2022 年是全民族抗战爆发 85 周年，抗战馆举办主题片区特展，以卢沟桥、宛平城和抗战馆为核心的抗日战争主题片区，涵盖了全市重要抗战遗存和纪念设施 160 余处。为纪念全民族抗战爆发 86 周年，进一步传承和弘扬伟大抗战精神，抗战馆举办了"伟大工程——抗战时期中国共产党的建设"专题展览，生动展现抗战时期中国共产党通过加强党的各方面建设以带领中国人民取得抗战胜利的光辉历史。

为更好地起到文化传承、教育启迪的作用，山东努力将济南市博物馆打造成优秀全国爱国主义教育示范基地和全国党史国史教育基地。江西省南昌市八一起义纪念馆依托八一起义旧址群和八一起义珍贵馆藏文物打造精品展览，策划大型原创展览"百年回望 红心向党——庆祝中国共产党成立 100 周年"等，将革命文物和红色文化遗产当作时代的精神财富，转化为观众喜爱的好展览，推动革命文物资源创造性转化、创新性发展。红色主题展览的呈现将主题的政治性与展览的艺术性结合得恰到好处，革命文物与红色文化遗产的潜能在以博物馆和纪念馆为载体的展览中得以释放。赣州市兴国县狠抓革命文物保护，发展红色文化。兴国县充分发挥丰厚的红色资源优势，立足"一园一院五馆七大革命旧址"，广泛开展爱国主义教育、红色旅游等活动，做大做强"苏区干部好作风"模范兴国品牌。一是加强场馆设施建设。近年来，完成了苏区干部好作风纪念园、长冈乡调查纪念馆、潋江书院、官田中央兵工厂旧址群等一批纪念场馆及旧址的陈展提升和维修工程；将军园引进虚拟现实技术，让游客通过虚拟现实技术深入体验飞夺泸定桥等革命战争场景。二是深挖资源丰富主题教学。该县将军园依托模范书记亭，围绕苏区时期历任兴国县委书记的先进事迹，开发体验课程，成为该园红色主题教育新亮点。三是加快推进红色旅游发展。兴国县依托将军园、革命纪念馆、长冈乡调查纪念馆等红色场馆，做大红色旅游市场。基于此，可以持续使人民群众感悟革命文化，同时实现经济效益与社会效益的双赢。

（三）革命文物保护利用工程取得良好的社会效益

进入新时代，革命文物工作迎来了前所未有的发展机遇，长征文化作为红色文化之一，也迎来了新的发展契机，主要体现在全国各地现阶段高度重视弘扬长征精神，保护、开发和利用长征文化资源。当前，各地区在传承和发展长征文化方面主要聚焦于两大核心领域：一是弘扬长征精神；二是保护、开发和利用长征文化资源。通过推进长征文化旅游产业发展，各地实现了当地经济和社会效益的提升。这些措施取得了显著成果，积累了丰富经验，为各地提供了样板。

2017 年，国家文物局在印发的《国家文物事业发展"十三五"规划》中，明确提出要实施"长征——红色记忆工程"，从国家层面编制长征文化线路建设规划，加强长征文物保护利用，打造红色旅游精品线路，推动老区脱贫攻坚和社会发展。[1] 该项工程现已正式启动，经过前期准备工作，也顺利编制完成了相关研究报告，其余的各项具体工作也在稳步推进中。

在《关于实施革命文物保护利用工程（2018—2022 年）的意见》所列的六大重点项目中，第三项就是"长征文化线路整体保护工程"，并明确提出要推进长征文化线路整体保护、加快长征文化公园建设的发展目标。[2]

红军长征历时两个寒暑，跨越了大半个中国，总计达到 65000 余华里，留下了各级文物保护单位 1600 余处，分布在沿线 15 个省、自治区及直辖市的广大范围内，形成了一个巨型遗产体系。2019 年，中央全面深化改革委员会会议审议通过、中共中央办公厅和国务院办公厅联合印发了《长城、大运河、长征国家文化公园建设方案》，对加强长征国家文化公园建设做出

---

[1] 国家发展和改革委员会编《"十三五"国家级专项规划汇编》，人民出版社，2017。

[2] 《中共中央办公厅　国务院办公厅印发〈关于实施革命文物保护利用工程（2018—2022 年）的意见〉》，《中华人民共和国国务院公报》2018 年第 22 期。

明确部署。长征沿线各地以此为契机，积极谋划、主动作为，长征文化线路整体建设初见成效。如 2020 年初，贵州率先完成并上报《长征国家文化公园贵州重点建设区建设保护规划》，明确了以遵义为核心，铜仁、毕节为两翼，涵盖全省 60 余个县（市、区）的多点体系架构，坚持"轻资产、重内容、新方式"的建设保护原则。长征文化资源既是铭记长征历史、传承长征精神的生动载体，又为后世留下了丰富珍贵的文化遗产。在我国各地，长征文化资源已得到初步保护，并有限度地开发利用，取得了阶段性成果。

在遗址遗迹保护方面，各级政府在完成普查基础上，对现存的革命文物遗址遗迹实施保护措施。众多重要的遗址遗迹被列为省级、市级、县级重点文物保护单位或革命遗址，并收录在国家、省、市编纂的革命遗址通览丛书中。此外，博物馆、陈列馆等收藏了各地征集和捐赠的长征遗物，进行保护性展示。

长征文化资源的开发利用同样取得一定成绩。在地方政府主导下，各地充分利用长征遗址遗迹，依托纪念场馆等建筑设施，展示红军战士和历史亲历者的遗物等。这些纪念设施以教育功能为主，发挥了显著的社会效应。各地级市、县、乡镇依据实际情况，因地制宜地开发利用本地长征文化资源，助力地方经济发展，取得了显著成效。如四川积极推进"重走长征路·奋进新征程"红色旅游年活动，致力于创建红色旅游品牌。2021 年 4 月，四川省颁布了《四川省"重走长征路·奋进新征程"红色旅游年实施方案》，方案内容包括推出红色经典景区及优质线路，举办"四川长征故事"讲述活动，开展长征历史文化研究及传承活动，推动红色文化进校园，举办长征文化文艺作品征集、展演和体育活动，开展红色旅游创意产品竞赛和展示活动，以及推进国家文化公园建设等。这些举措激发了人民群众的爱党爱国热情，深入挖掘了长征文化的内涵，提升了旅游资源的品质，并扩大了长征文化的影响力。由此，各地区的长征文化资源在不同程度上得到了利用，产生了良好的社会效益。

（四）革命文物的宣传渠道借助新媒体不断延伸拓展

在媒体融合背景下，"互联网+"成为革命文物保护传承利用工作的新引擎，借助各类网络社交平台，革命文化的传播更为高效。众多新媒体平台具有广泛的影响力，无疑成为革命文化传播的重要途径。但这也为革命文物工作提出了必须建立健全网络阐释传播体系的难题。对此，在《关于实施革命文物保护利用工程（2018—2022年）的意见》所列的六大重点项目中，第六项就是"革命文物宣传传播工程"，就加强革命文物利用做出明确部署。基于此，各革命纪念馆针对不同目标受众需求，运用多媒体数字渠道及个性化手段对革命文物进行加工，为革命文物宣传方式技术变革提供了成功范例。

南梁是甘肃省红色资源最富集的地方之一。近年来，南梁革命纪念馆大力开展陕甘边区革命遗址遗迹再普查行动，通过实地考察、寻访知情人、党史研究人员座谈等形式全面了解文物情况，并进行实地拍照、收集相关资料、录制音视频等收库存档。该馆积极借助网络、电视、报纸、杂志等媒介，紧密结合新媒体矩阵，利用直播、微课堂、微视频等方式，编发文物图文信息，推出"网上云展""腾讯博物馆"等观展服务新形式，同时用观众喜闻乐见的方式全新策划推出具有代表性的文物背后的历史故事。南梁革命纪念馆积极聚焦融媒，录制《全国革命文物百佳讲述人》《南梁革命文物》《看革命文物 解精神密码》等专栏视频节目，广泛宣讲文物故事，让文物史料打动人心，弘扬红色精神。

井冈山博物馆为拓展革命文物利用途径，建立井冈山精神专业宣讲队伍；编排《永远的井冈山》情景宣讲节目；开发红色课程；录制微党课；运用AR、VR、MR、三维建模等数字化技术，将革命历史、革命文物、红色文化等红色资源数据化，利用新媒体、云展览和云展厅等方式，实现线上线下交互分享、有效展示；搭建数字资源库系统；实施红色基因传承示范区创建活动。

（五）依托革命文物资源铸牢中华民族共同体意识得到有效推进

为深刻领悟习近平文化思想，深入挖掘革命文物蕴含的思想内涵和时代价值，各地着力在科学研究、人才培养、铸魂育人、资政建言等方面产出具有影响力、创新性的研究成果，致力于打造开放协作、资源共享、示范引领的红色资源研究高地。各部门、单位也踊跃响应《革命文物主题陈列展览导则（试行）》正文第十四条，该导则指出，"博物馆纪念馆应围绕革命文物主题陈列展览，加强讲解人员培训，鼓励革命人物后代、英雄烈士后代、相关历史事件亲历者、幸存者、见证者等担任志愿讲解员，鼓励推出多语种讲解服务、专家导览和馆长讲解服务"。对此，校馆合作为我们提供了成功典范。

西安外国语大学高级翻译学院与延安革命纪念馆、延安文艺纪念馆利用多语种翻译优势，携手积极筹建延安红色文化国际传播基地。西安外国语大学与延安革命纪念馆共同签署《鲁艺记忆》《燃烧的岁月：我的父辈在延安》两本红色著作的英文翻译出版合作协议，西安外国语大学与延安文艺纪念馆共同签署战略合作协议。三方通过对延安故事的"厘、译、介"，推进延安精神融入大学校园，融入大学生理想信念教育和校园文化建设；通过党建引领学生实践和"双创"建设，促进红色产学研协同育人，提升红色文化魅力，服务文化强省建设；通过共同筹建延安红色文化国际传播基地，助力中国革命文化的传承弘扬，助力提升国家文化软实力和中华文化影响力。

为深入贯彻落实习近平总书记关于加强和改进民族工作的重要思想、关于革命文物工作的重要论述精神，更好发挥革命文物在铸牢中华民族共同体意识中的重要作用，国家文物局、国家民委于 2023 年 6 月联合印发《关于充分运用革命文物资源铸牢中华民族共同体意识的意见》，全面部署充分运用革命文物资源铸牢中华民族共同体意识工作。青海省、北京市响应国家号召，充分利用革命文物资源开展铸牢中华民族共同体意识的相关文教活动。青海省玉树藏族自治州的青少年参加了"三江源·北京情·中国心——青海玉树藏族青少年北京行"公益活动。他们参观了位于北京蒙藏学校的中华民族共同体体验馆，该馆设有"中华一脉 同心筑梦——中国共产党民族工作光辉历程和伟大成就"主题展区以及中华美术体验空间。中央民族歌舞团的演员们还带领青少年们，在歌舞表演活动中进一步加深了他们对中华文化的理解和认同，从而切实铸牢中华民族共同体意识。

二 新时代革命文物价值阐释与理论宣传的困境与挑战

我国革命文物价值阐释与理论宣传步入正轨，颇有成效，但是仍然面临着许多困境与挑战。

（一）革命文物价值阐释的理论基础亟待夯实

革命文物征集工作遇到的困难与革命文物理论阐释之间存在一定的关联。一方面，革命文物理论阐释可以帮助人们更好地理解革命文物的价值和意义，从而更好地进行革命文物征集工作，提升革命文物阐释宣传效果。因此，革命文物征集工作遇到的种种难题会导致革命文物价值阐释的前期基础不牢。另一方面，革命文物征集工作中也可能遇到一些困难和挑战，如征集经费不足、征集渠道不畅等，这些困难可能会影响人们对革命文物的认识和理解，进而影响其保护和利用。由于各种原因，许多革命文物留存于文物收藏爱好者手中，一些特殊革命文物的征集工作往往开展困难，革命文物征集保护利用工作刻不容缓。

有些学者通过走访调研发现，在现阶段的革命文物征集过程中，全国各级政府的革命文物保护工作主要集中在对革命遗迹旧址等不可移动革命文物的保护和修复上。然而，对可移动革命文物的实物和史料征集，缺乏指导和资金支持，导致许多革命文物丢失或损坏。并且，许多地方政府忽视了革命文物保护利用工作中的专业人才队伍建设，导致革命文物的发掘、保护、鉴定和修复等工作中的专业人才严重缺失。因此，各级政府和相关部门必须立即采取行动，加大资金支持力度，加强与革命文物相关的专业人才队伍建设。

许多亲历历史事件的革命前辈、参战老兵和烈士家属、革命后代等，他们了解革命战争历史以及藏有未收集到的有关战争年代的革命文物和详细史料。然而，由于缺乏适当的文物保护环境和专业保护措施，这些珍贵的文物史料被遗弃，这对红色文化和革命精神的传承和弘扬造成了巨大的损失。广西革命纪念馆在文物的征集过程中发现，由于革命文物的持有者遍布全国各地，寻找它们变得非常困难；有一部分的革命文物持有者认为这些文物是他们本人或祖先的珍贵物品。[①] 这些革命文物不仅是一段段记忆的物质传承，还蕴含着特殊的革命纪念价值，是无法复刻的纪念品和精神寄托，因此，他们更加希望自己珍藏或者在家族中传承。

（二）革命文化的宣传阵地面临网络传播困境

革命文物的传播宣传工作正在如火如荼地开展，实现了革命文物内涵、革命精神以多种表达形式、多方面渠道，以及丰富视角的跨时空传播。就目前的网络发展路径和网络生态环境而言，革命精神的网络传播同样面临着诸多挑战。

1.革命文化传播的话语权受到冲击

革命文物见证的中国共产党领导中国人民救国、兴国、强国的各种革命故事，都需要深刻挖掘并加以阐释。党和政府的新闻媒体是中国共产党革命史实的主要传播者，但囿于传播方式的限制，传播效果甚微。新媒体时代文化传播主体的多元化，对革命文化的传播效果冲击较大。在信息时代，网络上的每个人都能接受和传播革命历史事实，并做出相应的回应。每个人都有自己的喜好和了解，他们通过视频剪辑、发表文章评论等多种方式对革命故事进行个性化的解读与阐释，甚至可以在接收别人发布的革命文物的相关信息后，对其内容进行再讲述、再解释和再创造。网络舆情的多元化和快节奏都给革命文物的网络传播带来了新的挑战。

2.革命文化网络传播泛商业化、低俗化

近年来，我国互联网普及面渐广，短视频平台发展迅猛，互联网传播信息的及时性、传播手段的多样性特点突出。个别应用主体（或其他主体）

---

① 冯超群：《革命文物抢救性征集保护利用工作实践路径探析——以广西革命纪念馆为例》，《文物鉴定与鉴赏》2023 年第 14 期。

为博眼球，不遵从革命史实，随意编造、杜撰一些与真实历史毫无关系的故事。各种平台上还有些所谓的"历史学家"打着"学术研究"的旗号，常常刻意截取某一历史事件片段或者将毫无关系的几段历史拼凑在一起，断章取义、歪曲历史，在网络上肆无忌惮地宣扬历史虚无主义的观点，抹杀革命文化的价值。

在市场经济发展的过程中，一些市场组织为了获取更多的利益，经常会迎合资本与市场的需要，通过拍摄纪录片、影视剧、综艺节目、网络推文等手段，对革命文化、革命史实和革命精神的商业价值进行发掘和利用。它一方面促进了"革命精神"的广泛传播，另一方面也造成了"文化遗产"的过分商业化和"消费主义"话语的渗透，使之成为一种吸引人眼球的特殊现象。比如，有些电影公司为了取悦观众、吸引眼球，利用群众的好奇心，私自改编革命经典，随意地夸张和演绎英雄的情感，把革命史实随意地删减、增补、拼凑，把革命历史题材变为革命情感偶像剧，淡化了革命文化的红色内涵，弱化了革命烈士的革命精神。因此，在消费主义和商业化的大潮中，革命文物蕴含的政治性、崇高性以及其中所包含的伟大精神，都被严重地淡化，革命文物蕴含的服务大局、资政育人和推动发展的独特作用被大幅削弱。

3. 革命文物宣传传播的法律法规亟待修订

《关于实施革命文物保护利用工程（2018—2022 年）的意见》鼓励各省（区、市）和设区的市制定革命文物保护地方性法规。加强全国红色旅游经典景区和红色旅游精品线路建设，加大对革命文物保护利用的支持力度。但是，目前我国尚未出台关于革命文物主题宣传传播的指导意见和法规政策，而各地政府出台的革命遗址保护条例中极少有针对革命文物和革命精神的传播相关条例，且各地方部门对革命文物传播过程缺乏有效的监管，使历史虚无主义进一步在网络上传播与蔓延，给我国意识形态领域的斗争带来了新的冲突与挑战。

（三）革命文物保护利用的资金缺口大

以赣南为例。赣南等原中央苏区是中国革命事业发展、党和国家建设的主要阵地。赣南老区在新中国成立后特别是改革开放以来，经历了一次又一次的复兴，但由于资源、交通、产业结构等方面的限制，其发展速度与全国平均值相比仍有很大差距。从2012年至今，诸多针对革命老区发展问题的政策陆续出台，如国务院印发了《关于新时代支持革命老区振兴发展的意见》、国务院办公厅印发了《新时代中央国家机关及有关单位对口支援赣南等原中央苏区工作方案》等，相关单位和各被支援县有效对接，积极推进对口支援工作，助力受援地如期打赢脱贫攻坚战，对口支援政策体系日渐完善。

从十年来赣南地区各县对口支援脱贫纪实来看，赣南苏区发展迅速，基础设施建设、社会保障建设等迅速开展。十年前的安远还未有一条高速公路、一条国道，县、乡、村公路普遍破败不堪，正是交通运输部的对口支援，让安远道路旧貌换新；在水利部对口支援干部的规划和带动下，赣州市六大水利项目被列入全国水安全"十四五"规划，拟投入资金638亿元，打破了赣州30余年来无国家重大水利项目安排的局面；中国民航局直接支持6亿元民航发展基金，大力推动赣州市在"十四五"期间建成投用第2个机场——瑞金机场；等等。[1]

但在对口支援政策的扶持、中央对口支援单位的帮扶下，针对革命文物的修复、保护、利用的文保拨款只占据资助拨款总额的极小比例。据有关部门统计，赣州市现保存775处革命旧址，而在对赣南老区的帮扶援助中，赣州市236个革命遗址被列入赣南等原中央苏区革命遗址群修缮工程，获得中央财政文保专项资金3.54亿元，大部分的革命遗址遗迹并未受到资金扶持。而全国在录的革命遗址有3万多处，在没有资金的支持和缺少社会力量帮扶的情况下，相关工作难以得到充分开展，革命文物价值的深入挖掘及传播受到很大限制和阻碍。因此，我们需要加大资金投入力度，为革命文物保护利用工作提供必要的支持和保障。

（四）革命文物策展设计急需理念创新

《关于实施革命文物保护利用工程（2018—2022年）的意见》提出，

---

[1] 胡晓军：《真情润红土 携手促振兴》，《光明日报》2022年6月28日，第7版。

要坚持有址可寻、有物可看、有史可讲、有事可说，着力策划打造主题突出、导向鲜明、内涵丰富的革命文物陈列展览精品，做到见人见物见精神。国家文物局印发的《革命文物主题陈列展览导则（试行）》，为各地革命纪念馆的革命文物主题陈列展览提供了思路和指导。

传统博物馆的三个主要职能是收藏、研究和展示。随着时代的不断发展，现代博物馆的职能也逐渐适应了时代的变迁，现在更多地专注于教育、研究和收藏活动。在此背景下，我国开始注重博物馆功能的重新定位与发展，并提出了新时期博物馆功能的概念及具体目标。2015 年，我国颁布的《博物馆条例》明确了博物馆的核心功能，即教育、研究及欣赏。在新的形势下，博物馆又增加了一个全新的功能——欣赏。其中，博物馆核心功能发生根本转变，教育成为最重要的功能，欣赏功能的提出意味着博物馆受众在精神层面上有所期待和要求，而无论是教育还是欣赏，都是原有展陈功能的升级和转变。因此，在新时期，要实现博物馆由传统的陈列设计向文化创意设计转化，必须以"文化创意"为切入点。这样的变革和进步要求我们放弃传统的展陈设计思维，跳脱原有框架，深度挖掘每件文物蕴含的、需要我们传达的真正含义。除此之外，通过创意设计有效阐释文物的故事，实现革命文物的价值阐释。另外，需要理念层面上的创新，即由过去注重陈列内容向关注展示形式转化。现代博物馆高度重视设计活动，强调展览主题的广泛传播、历史故事的详细解读、文物文化背景的精心布局以及观众的认知效度，从而构建了一种富有信息传播价值的"展览话语"。

展览设计是呈现革命文物价值的重要手段，而缺乏创新的展览设计可能导致观众对革命文物的兴趣和理解有限，从而影响革命文物价值的深入阐释和有效传播。当前国内的革命纪念类博物馆，其中很大一部分只在"展陈"上下功夫，重点关注陈列的"物"，展览在设计上缺乏新意，仅针对革命文物本身进行单纯描述，以文字图片表达为主，缺乏艺术性，难以吸引观众的眼球，也无法充分发挥革命文物的教育功能，无法全面展现革命文物的历史内涵和时代价值。其展览虽有明确题旨，但碍于人才和经费不足、藏品稀缺、传播形式单一、效果不佳等问题，未能充分阐释历史故事，缺乏文物语境，难以真正体现特色，观众认知效度不高。以遵义会议会址展览馆为例，形式上还是传统的以文物和照片形式为主的宣展，虽然加入了一些多媒体互动及数字展示，但受到场地、时间和人数等诸多因素的限制，观展时的信息传达效果并不理想，而观展后信息的重复使用率也较低，且与此相关的艺术、音乐、舞蹈、文学著作等缺少系统性的梳理，革命文物等红色资源还有极大的开发拓展空间。

国家文物局、中央精神文明建设办公室、中央网信办发布 2023 年度"弘扬中华优秀传统文化、培育社会主义核心价值观"主题展览推介项目，从中可以看出，上榜的革命纪念类展馆多是中直和省级的大馆，小馆想要办大、办好展览，需要积极同其他展馆联系，争取联合办展。目前开展的联合办展，还仅限于各合作单位间提供文物史料支持，但要做出精品展，需要在展览策划、联合讲解、文物故事互通共享、联合宣传报道、共同参与直播等方面做到多重联合，这才能真正达到大联合、深层次的联合。革命纪念馆展览设计未能充分综合运用图片、革命文物、档案、视频、景观、艺术品、音视频等元素，缺乏策展设计的创新力度，未能引入新的展示理念、技术手段和互动方式，欠缺更具吸引力和影响力的革命文物展览，呈现效果不佳，教育功能并未有效发挥。

（五）革命文物的海外文化影响力不高

《关于实施革命文物保护利用工程（2018—2022 年）的意见》要求做好革命文物的宣传传播工作，对革命文物进行全景式、立体式、延伸式展示，创新阐释和广泛宣传中国共产党的历史贡献，做好百年党史文物保护展示、革命文物主题保护展示等的相关工作，强化革命文物教育功能。

2019 年以来，中国文物交流中心联合文物交流智库、瞭望东方周刊、中科智库研究院等文博智库类研究机构持续推出《全国博物馆（展览）海外影响力评估报告》，浏览量数千万次。根据 2019~2021 年的《全国博物馆（展览）海外影响力评估报告》，在全国博物馆中，革命纪念类博物馆海外影响力比其他综合类博物馆或主题类博物馆低。依据"全国博物馆海外综合影响力 TOP10"的榜单，2021 年仅有侵华日军南京大屠杀遇难同胞纪念馆上榜，位列第四，而在出境展览综合影响力这个指标中，没有革命纪念类的展览上榜。

《2022 年度全国博物馆（展览）海外影响力评估报告》是在总结前三年实践经验基础上，选取不同指标对国家一级博物馆进行评估分析，探索建立科学系统的全国博物馆（展览）海外影响力评价体系的创新尝试，也是推进全国博物馆（展览）高质量发展、增强中华文明传播力影响力的具体举措。报告以 2022 年全国一级博物馆样本数据和海外舆情数据为基础，统计整理该年份全国博物馆（展览）在科研影响力、文化服务力、展览创新力、媒体传播力等方面的表现，并进行评估。[1]

在"综合影响力前一百名"的榜单里，革命纪念类等专题博物馆有 11 家（见表 1）。在科研影响力十强榜单中，孙中山故居纪念馆上榜，位列第六。在文化服务力十强和媒体传播力十强两个榜单中，侵华日军南京大屠杀遇难同胞纪念馆上榜，位列第九，而展览创新力十强榜单中没有革命纪念类博物馆上榜。

表 1　综合影响力前一百名中革命纪念类博物馆名单

排序	博物馆名称	排序	博物馆名称
19	侵华日军南京大屠杀遇难同胞纪念馆	63	中共一大会址纪念馆
31	孙中山故居纪念馆	68	重庆红岩革命历史博物馆
32	中国人民革命军事博物馆	76	遵义会议纪念馆
37	延安革命纪念馆	83	井冈山革命博物馆
40	南昌八一起义纪念馆	93	东北烈士纪念馆
46	中国人民抗日战争纪念馆		

资料来源：《2022 年度全国博物馆（展览）海外影响力评估报告》，新华社，2023 年 11 月 15 日，https://h.xinhuaxmt.com/vh512/share/11765906。

---

[1] 《2022 年度全国博物馆（展览）海外影响力评估报告》，新华社，2023 年 11 月 15 日，https://h.xinhuaxmt.com/vh512/share/11765906。

根据五个榜单的排名统计，可以发现如下几点。

第一，规模较小的博物馆、纪念馆科研研究方面发展较弱。革命纪念类博物馆研究力度有待提升，对学术研究和创新实践的重视程度有待提升，可以与同领域甚至是不同领域的博物馆、纪念馆交流经验。例如国家博物馆在2022年实施的一系列增强学术研究交流的举措，可为规模较小的博物馆、纪念馆提供科研传播方面的做法与经验参考。

第二，革命纪念类博物馆的智慧服务力不如其他类型的博物馆。习近平总书记多次强调，要"运用先进技术加强文物保护和研究"。① 文物科技创新是目前文物保护、研究、管理和利用工作的重难点，由于革命文物的稀缺性和珍贵性，各革命纪念类博物馆在数字藏品服务方面有待优化，如推出VR、全景等新模式，实现云展览、云模拟、云平台全覆盖，适度运用现代科技手段实现"革命文物+科技"。

第三，革命纪念类博物馆社会推广力较低。主要原因是对外开放、宣传的程度、广度不够，纪念馆以及展陈的思想性、艺术性挖掘不够深刻。展陈主线不清晰、主题不突出、导向模糊，革命文物的历史真实性、风貌完整性达不到要求，这使革命纪念类博物馆与其他不同类型博物馆之间人流量、精品展览的浏览量、网络上相关微视频的点击量有较大差距。

因此，为了提高人们对革命文物的认识和理解，需要加强对革命文物的对外宣传传播工作。通过多种形式的展示和传播，让更多的人了解中国共产党的历史贡献和伟大精神，增强民族自豪感和爱国热情。另外，中共中央办公厅、国务院办公厅印发的《关于实施革命文物保护利用工程（2018—2022年）的意见》指出：宣传、文化、文物部门管理使用的革命文物类文物保护单位应全部对外开放，其他部门管理使用的应尽可能对外开放。由于人力物力不足、各部门上下级缺乏联动等，我国仍有很多未对社会开放的革命文物类保护单位。

---

① 习近平：《论党的宣传思想工作》，中央文献出版社，2020，第408页。

三 提升革命文物价值阐释力度与理论 宣传水平的对策建议

"新时代党和国家事业的发展，迫切需要加强革命文物资源整合、统筹规划和整体保护，迫切需要深化革命文物价值挖掘阐释传播，迫切需要发挥革命文物服务大局、资政育人和推动发展的独特作用。"① 革命文物是弘扬革命文化的鲜活史料与载体，也是红色资源的重要组成部分，对传承红色基因、传播弘扬中华文明具有重要作用。党的二十大报告强调要"弘扬革命文化，传承中华优秀传统文化"。② 面对革命文物价值阐释的理论基础薄弱、网络传播陷入困境、革命文物保护利用资金缺口较大、展陈设计理念亟须创新、海内外传播乏力等困境，必须立足其宣传主体、手段及效果，坚持大历史观和辩证思维，促使革命文化在新时代中不断展现新的内涵与价值。

（一）壮大活化利用主体，构建多元协同的新格局

习近平总书记指出："加强革命文物保护利用，弘扬革命文化，传承红色基因，是全党全社会的共同责任。"③ 推动社会力量参与革命文物活化利用，是提高革命文化传播效能的题中之义。社会力量作为促进革命文物活化利用的关键主体，能为其提供诸多资源，注入创新活力，成为其发展的内在动力，更好满足各种主体自身的诉求。因此，必须培育壮大革命文物活化利用主体，坚持保护革命文物历史价值第一原则，促进包括除政府外的社会组织、新乡贤、社会精英、企事业单位等多元主体共同参与，充分发挥社会力量的能动作用以实现共建共享共治。

① 《中共中央办公厅　国务院办公厅印发〈关于实施革命文物保护利用工程（2018—2022 年）的意见〉》，《中华人民共和国国务院公报》2018 年第 22 期。
② 习近平：《高举中国特色社会主义伟大旗帜　为全面建设社会主义现代化国家而团结奋斗——在中国共产党第二十次全国代表大会上的报告》，人民出版社，2022，第 43 页。
③ 中共中央党史和文献研究院编《习近平关于社会主义精神文明建设论述摘编》，中央文献出版社，2022，第 12 页。

第一，坚持政府主导，形成社会力量参与革命文物活化利用的浓厚氛围。一方面，要加强组织领导。各级政府必须将鼓励支持社会力量参与革命文物保护利用列为工作重点，制定相关的配套政策措施，强化政策供给和资源要素支持，广泛听取社会需求，细化操作程序，切实保障社会力量参与其中的合法权益。另一方面，要加强监督管理。与革命文物有关的职能部门，必须合力推动工作，有效衔接、各司其职、各有侧重、一体推进，最大限度发挥各个部门的力量，一同推动革命文物保护利用工作有序、长效开展。因此，各级政府需发挥牵头抓总、组织督导作用，督促文物主管部门抓好任务落实、提升工作能力，做好相关工作的评价管理，并总结、学习、推广各地的好做法、好经验。

第二，建立社会力量参与革命文物保护利用平台。努力创建革命文物信息资源管理平台。一方面，利用现代信息传播技术，整合革命文物资源，宣传展示与革命文物有关的信息，实现数据共享，消除信息孤岛，加大各级革命文物保护单位的开放力度，为社会力量参与革命文物保护利用奠定协同合作、资源共享的基础。另一方面，必须制定相关规范标准，对平台公布的革命文物信息精度、完备度、使用权限等设定限制，以确保平台数据使用合法合规、革命文物的知识产权得到保护。积极搭建革命文物开放协同创新平台。例如可成立社会力量参与革命文物保护利用联盟，广泛联络社会力量，鼓励全国各地的革命文物保护利用组织、机构和团队以各自擅长的方式参与其中。并且，坚持以促进革命文物保护利用为前提，以服务社会公众为目的，注重社会效应，切实促进革命文物保护利用知识的宣传，帮助相关部门培养革命文化保护利用、传承人才，开展民间革命文物保护利用组织的交流与合作，推动革命文物保护利用工作可持续发展。

第三，强化社会力量参与革命文物保护利用的主体意识。主体意识是社会力量参与革命文物活化利用的基础性条件。一方面，应坚持以社会主义核心价值观为引领。社会主义核心价值观所倡导的"爱国""敬业"应成为社会力量参与革命文物保护利用的主导价值理念，这种责任意识、爱国情怀能从根本上激发各主体助推革命文物保护利用的热情与积极性，有利于打造坚实的价值认同基础。另一方面，应多举措加大宣传力度。宣传思想工作是党的一项极为重要的工作，是助推社会力量参与革命文物保护利用的重要方法。宣传介绍的形式可有效强化社会力量的主体意识，因此，可通过微信公众号、抖音、微博、小红书等网络平台，结合现代化手段，发布相关信息，推介成功经验，提升社会力量参与革命文物活化利用的社会公信力与影响力，打破信息壁垒，为各界积极参与其中提供广泛交流的机会。

第四，健全社会力量参与革命文物保护利用的监督与激励机制。一方面，需建立健全社会力量助推革命文物保护利用的监督机制。充分调动社会力量参与革命文物保护利用的积极性，提升社会力量、政府与市场的协同效果，需明确监督内容，制定监督公开制度，形成社会监督、舆论监督、自我监督等多元化监督体系。另一方面，需建立健全社会力量助推革命文物保护利用的激励机制。可通过多种方式奖励革命文物活化利用的先进集体或个人，激励更多的人参与到文物活化利用的工作中，以直接有效的激励方式鼓励社会各界力量参与，加大政策落实力度。

（二）优化宣传渠道，实现全方位、深入式传播

"让收藏在博物馆里的文物、陈列在广阔大地上的遗产、书写在古籍里的文字都活起来，对于传承中华优秀传统文化、满足人民群众精神文化需求、提升国民素质、增强民族凝聚力、展示文明大国形象、促进经济社会发展具有十分重要的意义。"[①] 推动革命文物活起来，让面向未来的革命文化在传承中创新，在创新中传承，应时代之需，顺时代之势，立时代潮头，坚持革命文物本体保护与整体价值相协调，持续推进革命文物传播手段、方法的改革与创新，坚持线上线下双管齐下、协同发力。

1. 突破革命文化理论宣传网络传播困境

第一，加强革命文化网络传播人才队伍建设。在信息化时代，网络空间已成为主流意识形态和思想文化宣传的重要阵地，在网络的推动之下，其叙

---

① 《国务院关于进一步加强文物工作的指导意见》，人民出版社，2016，第 2 页。

事内容生产范式发生转化,为革命文化理论宣传的网络传播提供了必要情境,也提出了新的要求。因此,必须加强革命文化网络传播人才队伍建设,构建人员的"准入—考核—监管"制度,通过硬性标准提升革命文化网络传播人才队伍的整体素质,同时帮助革命文化网络传播的主体树立终身学习理念,不断提升其政治、理论、技术和法律素养,着力建设一支专业化的革命文化传播队伍。

第二,扩大革命文物科技人才培养规模。为了加速革命文物科技创新后备人才的培养,可采用学科建设、科研平台建设和重大项目实施等多方面的方法,推动革命文物领域科学与技术相关学科的建设,着力加大文理交叉领域革命文物科技人才的培养力度。例如扩大革命文物遗址遗迹方面的科技专业人才的培训范围;鼓励和支持条件成熟的学校与机构自行开设与革命文物有关的专业;通过实施"强基计划"和"国家关键领域战略人才储备专项招生计划"等措施,切实提高革命文物科技创新相关领域的高级人才培训的规模与品质;对文博类专业的研究生培养制度进行调整与完善,确保行业导师能够有效地提供指导;鼓励职业教育中的"革命文物修复与保护"等相关专业进行升级和数字化改造,同时加强对技术和技能人才的专业培训。

2. 突破革命文物展示展陈的实物传播困境

第一,坚持正确政治方向。用好革命文物资源,弘扬革命文化,必须始终遵循正确的政治导向。要以满足人民对更好生活的渴望为起点和终点,基于往年工作的尝试、探索、经验,坚持守正和创新相统一,进一步激发创新和创造的活力,从而增强国家的文化软实力和中华文化影响力。因此,展览陈列工作必须严格执行意识形态责任制,坚持正确的党史观和大历史观,准确把握革命、建设、改革各个历史时期和中国共产党历史发展的主题主线、主流本质,恰如其分评价历史事件、历史人物,尊重历史、还原真实,以史实为根据,见史见事,旗帜鲜明地反对历史虚无主义,严格遵循中国共产党的三个历史决议,充分吸纳最新研究成果。

第二,转变传统展陈理念。陈列展览是向公众传播革命文物价值内核的重要媒介,更是博物馆这样一个传播载体功能得以实现的重要环节。与大众传媒和教育媒体不同，博物馆和其他展示馆的陈列展览都是利用实物这一媒介来进行实物展陈的，通过该种方式以传播其精神、文化。因此，必须转变革命文物主题陈列展览的理念。必须围绕服务人民群众不断增长的美好生活需要，践行新发展理念，坚持内容建设优先，谋划发展多样化、有温度、高质量的革命文物公共服务与文化产品供给体系。以保证革命文物历史真实性、风貌完整性、文化延续性等方面为前提，不断提升革命文物生命力与影响力，扩大革命文物社会教育覆盖面，促进革命文物资源的保护利用和经济社会发展相互促进。

第三，加强联动，协同合作。一方面，各类展馆要注重发挥自身平台优势，积极办好革命文物相关的主题展览、专题展览，讲好文物的故事、革命的故事。深挖大历史背后生动感人、振奋人心的历史细节，在坚持政治性和科学性的基础上，增强展览的故事性、生动性、艺术性，做到以情感人、以情育人，始终当好革命文化、革命精神的弘扬者。另一方面，各类型展馆要积极开展校馆合作、馆馆合作、国内外交流，可采取如联合办展、巡回展览、流动展览等多种合作方式，对革命文物展示展陈的内容、手段、方式进行创新，扩大沟通交流与合作共建的渠道与平台，积极构建体现中国革命、建设、改革艰辛历程及新时期的话语与叙事体系。

（三）铸牢中华民族共同体意识，夯实复兴根基

革命文物承载的革命文化是构筑中华文化红色基因、促进各民族交往交流交融的精神桥梁，是凝聚全国人民的思想基石，在铸牢中华民族共同体意识方面发挥至关重要的作用。习近平总书记强调："做好新时代党的民族工作，要把铸牢中华民族共同体意识作为党的民族工作的主线。"[①] 因此，必须全面加强革命文物征集调查工作，系统梳理民族地区的革命文物资源；必须统筹研究力量，切实运用好革命文物资源；必须全力开展铸牢中华民族共同体意识的文化活动，筑牢信仰之基。

---

① 习近平：《习近平谈治国理政》（第四卷），外文出版社，2022，第245页。

第一，深化研究阐释，高度凝聚铸牢中华民族共同体意识的思想共识。革命文物反映的是特定历史背景下各民族的生产生活实况，呈现的是各民族交融互通、同源共生、砥砺奋进的客观史实，见证了各民族团结一致、交融发展的重要历程。对革命历史的生动还原能够唤醒各族人民共同奋斗的历史记忆，能为铸牢中华民族共同体意识凝聚思想共识。"我国是统一的多民族国家。我国各族人民同呼吸、共命运、心连心的奋斗历程是中华民族强大凝聚力和非凡创造力的重要源泉。"① 为此，必须深化对革命文物的研究与阐释，如大力推进革命文物主题游径建设，让陈列在全国各地的革命文物更好地活起来、连起来，发挥其特殊的时代意义。要坚持以革命历史为主要脉络，尊重革命史实，串联革命精神的生成逻辑和历史脉络，将各个民族的历史记忆勾连，打破时空束缚，生动呈现中华民族共同历史记忆。还可以在深入挖掘区域文化的基础上，建立协同合作、共建共享机制，全力整合各地的革命文物资源，高效展示中华民族共同奋进历程。这不仅能开启革命文物价值阐释与理论宣传的新篇章，也对理解中国文化、讲述中国故事、展现中国形象有着宝贵的现实意义。

第二，加强征集调查，着力夯实铸牢中华民族共同体意识的资源基础。依托革命文物、文史资料，可提高革命故事、革命精神在各族人民现代生活中的可感性和可读性。对此，以各级政府为主导，针对各地区的革命文物资源进行系统梳理和全面排查，重点关注少数民族地区的革命文物资源状况，积极推进各民族地区革命文物的征集、评估、定级工作。以社会主义革命、建设和改革时期为时间坐标，面向少数民族的革命事件，以各民族英雄烈士、民族工作领导人等为重点征集对象，对相关的史料、文献、档案、重要文物采取重点征集、认定的工作措施，加强对革命文献档案史料、口述资料的调查征集工作，形成分类目录和数据库。以此为研究基础，出版独具民族特色的综合性、权威性大型精品文献出版物，客观反映中华各民族经过不断互动、交融、汇聚，共同缔造统一的多民族国家的历史进程，进一步"深

---

① 习近平：《习近平书信选集》（第一卷），中央文献出版社，2022，第15页。

化民族团结进步教育，在各族群众中牢固树立正确的祖国观、民族观、文化观、历史观，铸牢中华民族共同体意识，促进各民族在中华民族大家庭中像石榴籽一样紧紧抱在一起"。①

第三，统筹研究力量，充分挖掘铸牢中华民族共同体意识的思想内涵。一方面，应充分发掘历史记忆，以鲜活、生动的形式讲述中国共产党人带领各民族群众坚决维护祖国统一、献身革命的故事。通过这种方式唤醒各民族共同的历史记忆，以共同的奋斗历史涵养全国各族人民的家国情怀，以此警示、教育各族人民必须牢固树立休戚与共、荣辱与共、生死与共、命运与共的共同体理念，以此激发中华民族共同体意识方面的情感共鸣，巩固中华民族共同体的文化支撑。另一方面，应强化研究规划，深化学术研究，如鼓励国家自然科学基金等对革命文物研究领域基础研究的支持，加强对革命文物的价值研究和内涵阐释，确保革命文物资源得到有效保护、管理和使用。还可通过国家科技计划，关注对革命文物价值认知、展示与传播的现实需求，加强自然科学与人文社会科学交叉的理论和方法研究，支持革命文物科技创新研究。

第四，依托红色资源，全力开展铸牢中华民族共同体意识的文化活动。围绕革命、建设、改革各个历史时期的重大事件和关键节点，研究确定一批重要标识地，以标识地为平台，讲好党的故事、革命的故事、英雄的故事，带领各族人民学懂、学深革命历史，传承革命精神，筑牢信仰之基。此外，可利用相关重要历史事件和历史人物的纪念日，举办主题宣传活动，以布置主题展览、发放宣传资料、专人专场讲解等方式，向公众宣传和普及相关革命史料，从而形成人人熟知革命历史、人人参与革命文物宣传的生动局面；可利用各种节假日开展主题宣讲活动，传播有关革命先烈的感人事迹和生动故事，以生动鲜活的方式呈现革命历史、缅怀革命英烈，让全国各族人民在特色活动中感悟今天的幸福生活来之不易，从而形成缅怀革命先烈、学习革命精神的氛围。

---

① 中央农村工作领导小组办公室组织编写《习近平关于"三农"工作的重要论述学习读本》，人民出版社，2023，第113页。

革命文物数字化保护与利用报告

和聪贤　施睿青　宋炳泽*

摘　要：　2021 年，《"十四五"文物保护和科技创新规划》《革命文物保护利用"十四五"专项规划》相继印发，均强调充分运用大数据、云计算、人工智能技术保护利用革命文物。在大数据时代，大众基础数字化、红色文化需求升级，革命文物保护利用手段日益多样化，"革命文物+"链式新业态不断创新发展。数字处理技术、再现技术、媒介技术分别赋能革命文物"数字转化"基础层、"数字活化"核心层、"数字传播"发散层。针对目前革命文物数字化保护利用面临的顶层设计薄弱、活化方式欠缺、技术应用障碍及传播效果较弱等挑战，应加强革命文物与科学技术的深度融合，如建立革命文物大数据库、搭建革命文物共享平台、创新革命文物展陈手段、打造革命文物传播矩阵、拓展革命文物利用途径。

关键词：　革命文物　数字化　保护利用

　　当前，我国正在阔步迈入数字化时代，5G、人工智能、云计算等数字技术快速发展，数字技术正以新理念、新模式全面融入人类社会各领域和全过程，给人类生产生活带来广泛而深刻的影响。革命文物承载党和人民英勇奋斗的光荣历史，记载中国革命的伟大历程和感人事迹，是党和国家的红色

---

* 和聪贤，江西师范大学苏区振兴研究院讲师，江西省革命老区振兴发展研究基地副主任，主要研究方向为革命文物保护利用、革命老区振兴发展；施睿青，江西师范大学苏区振兴研究院/马克思主义学院硕士研究生，主要研究方向为革命老区振兴发展；宋炳泽，江西师范大学苏区振兴研究院/马克思主义学院硕士研究生，主要研究方向为马克思主义与当代中国经济社会发展。

基因库和宝贵财富，需要保护好、利用好，让红色基因代代相传。数字技术的发展使革命文物的吸引力与感染力不断增强，在奔涌的科技创新浪潮带动下，革命文物保护利用的手段得以升级，革命文物新场景新业态充满活力，革命精神薪火相传，百年初心历久弥坚，在新时代焕发出全新生命力。

一 革命文物数字化保护利用的基础与条件

（一）大众基础数字化、红色文化需求升级

人们对于数字化新技术体验充满了渴望，同时也为文化的线上传承奠定了数字化群众基础。根据中国互联网络信息中心（CNNIC）第 52 次《中国互联网络发展状况统计报告》，截至 2023 年 6 月，我国网民规模达 10.79 亿人，互联网普及率达 76.4%。其中，网络视频用户规模达 10.44 亿人，占网民整体的 96.8%，短视频用户规模为 10.26 亿人，占网民整体的 95.2%。可见，与网络"共存"的泛在性数字化生存成为常态。

人们对革命文物体验需求充满新的期望。在大数据时代，信息的传播与更新快速便捷、传播平台多样广阔、人类思维多元变幻，人们会不断追求数字图像的视觉刺激与感官体验，期待数字技术与文化艺术融合对传播业态的创新以及对社会生活深层次的表达。在猎奇心理与自我表达欲望获得一定程度的满足之后，人们更加注重文化产品的内在品质与情感认同。革命文物的精神价值是社会公共价值的构成要素，是讲好党的故事、彰显革命精神、体现中国共产党坚定理想信念的叙事单元。而人们期望能看到、听到、感受到革命文物蕴含的精神品质与理想信念，特别对青年一代来说，革命文物的有效呈现，可以在一定程度上通过"同框"氛围弥补"不在场"的缺陷，从而建立起基本的情感认同、共鸣的桥梁。这些需求无疑为革命文物承载的红色文化数字变革带来巨大机遇。

红色文化引领力、传播力、影响力需要切实提升。以革命文物为载体的红色文化，是传承于中华优秀传统文化、诞生于革命战争年代的先进文化，

是马克思主义同中国革命实际相结合的时代结晶。红色文化真切体现了马克思主义的真理性、实践性和社会主义制度的巨大优越性和强大生命力，体现了中国共产党的坚定信仰、思想品格、崇高精神和优良作风，具有鲜明的民族性、科学性、大众性。同时，红色文化所具有的独特性质和深刻内涵，在思想引领、精神传承、培育新人等方面发挥着无可替代的作用。尤其是在经济全球化向纵深发展的时代背景下，各种思潮相互激荡，文化交流交融更加频繁，要求我们必须发扬斗争精神，牢牢掌握意识形态阵地建设的主导权和话语权，大力彰显红色文化的主流意识形态底蕴、时代价值和文化自信力。因此，新时代必须高度重视红色文化的传承与发展，不断赋予红色基因新的时代内涵和现代表达形式，增强红色文化引领力、传播力、影响力，以促进国家文化软实力的提升。

（二）科学技术迭代下革命文物保护利用手段升级

区块链、数字孪生、虚拟现实、人工智能等技术将成为革命文物数字化活态传承的时代利器。现代化技术提供了革命文物修复还原、多元展示的基础与平台。交互式感知实现了革命文物与观者之间的双向互动，并开辟了革命文物资源的数字窗口，用革命文物与数字技术生动可感的互动体验，消除革命文物空间、时间上的疏离感。信息化变革促使大众对革命文物信息由单向性、被动性传播转向双向性、主动性的发展变化，拓宽了革命文物的公众参与空间。

数字化支撑革命文物"活"起来。革命文物借助5D、VR、AR等数字化手段，将革命文物中被破坏的、消失的红色革命历史旧址、伟人故里、红色史料等通过技术手段进行复原再现，数字化方式可以实现对革命文物的数字化保存、远程浏览、虚拟展览，同时可以利用相关数据开展科学研究和宣传推广，这就减少了观众与文物的直接接触，避免了文物在搬运、展出过程中可能出现的人为损坏。

数字化助力革命文物"动"起来。通过模拟革命历史时期的具体情况，激发人们体验的积极性，增加红色文化传播的体验性和趣味性，是革命文物保护利用数字化变革的鲜活体现。依托数字技术的纵深发展，数字技术逻辑与编码逻辑不断增强革命文物的时空表现力，其所创设的虚拟现实、情景再现、全场景沉浸式生态等为人们提供了更加丰富和逼真的视觉体验与感官刺激，因氛围渲染而引起的强烈情感认同无不激发着人们参与这场"视听盛宴"的热情。

数字化推动革命文物"热"起来。借助微信、微博等数字媒介，对革命文物进行传播，利用数字化打破地域限制和时间限制，有助于不断增强革命文物的生命力与影响力。大数据能够精确定位不同网络主体的浏览记录和取向偏好等，了解他们的思想动态，提高红色文化推送的针对性。在数字技术的加持下，革命文物所承载的红色文化正以动漫、游戏、短视频等多种姿态融入人们生活的方方面面，数字技术不仅为革命文物保护利用的数字化变革提供了载体支撑，还在深度与广度上不断提升红色文化的价值影响力。

（三）革命文物保护利用"破圈"的自我需求

数字化是现阶段革命文物保护利用跨领域建构的有力手段之一。数字化的自由、活态、安全等理念与革命文物活态传承理念同频共振，将为实现革命文物数字化的"活态"传承提供新的发展路径。革命文物是不可再生、不可替代的珍贵资源，利用数字化手段对革命文物收集、挖掘、修复和再现，是对红色文化科学保护直接而有效的方式，也是让红色文化"有声、有色、有形"的有效路径。同时，数字化有利于革命文物资源的活化利用，由此推动的"革命文物+"链式新业态创新发展，以教育与文旅为主要代表。

革命文物背后的故事需要讲好。革命文物是重要的红色资源，对其保护利用的一个重要方面就是发挥其强大的育人功能。用好用活革命文物这一生动教材，切实加强爱国主义和革命传统教育，引导广大党员、干部坚定理想信念、筑牢初心使命，教育广大青少年坚定"四个自信"，厚植爱国主义情怀，是具有重要意义的时代课题。以革命历史遗迹、博物馆、纪念馆为基础的红色研学基地是人们了解中国革命光辉历史与先烈英勇事迹、传承红色基因、强化党性教育的重要场所。运用全息影像、裸眼 3D、交互娱乐、Web3D 引擎开发、大数据、人工智能等数字技术，再现革命情景，还原革命文物背后的故事，受众不但能感受到中国革命的筚路蓝缕，而且会被其蕴含的革命精神打动，从而增进受众对中国共产党与中国特色社会主义的政治认同、思想认同、情感认同。学校是思政教育的主要阵地，馆校协同是上好"大思政课"、拓宽教育空间的一大平台。基于 VR、AR 数字技术和智能可穿戴交互设备，可以虚拟还原革命文物、中国革命的历史场景，构建沉浸式教学情境。这有助于突破时空限制，使学生与革命文物"零距离"接触，与革命人物"现场对话"，身临其境般参与到重大历史事件中，从而在互动体验中增进爱国情感、强化理论认同、坚定理想信念。

红色文旅连接的形式有待创新。借助数字化手段推进革命文物和旅游深度融合创新，是深入贯彻落实习近平总书记对传承弘扬革命文化和发展红色旅游重要指示精神的重要措施，也是开启红色文旅以"创新发展"推动"高质量发展"新阶段、带动产业发展与乡村振兴的有效动力。我国文化消费升级趋势日趋明显，需要通过技术赋能推动革命文物从文物价值向文旅价值转变，更强调为游客创造独特的历史顿悟、文化体验、情境沉浸，提升红色空间的可视化效果与互动参与度，带动红色文旅市场迈向转化增效的高品质路径。通过 5G 与人工智能、VR、AR 等先进技术融合，提升红色景区项目的可视化效果与互动参与度。对于具有较高保护要求的文物，可以通过"数字化再现"实现沉浸式体验、个性化定制和智能互动。红色文旅资源数据库的建设，则为打造红色旅游云项目奠定了扎实的基础。通过设计红色旅游云线路，实现相关红色文旅资源故事性串联，提升旅游者对红色文化的整体认知，是对线下红色旅游的有益补充。此外，以红色文旅资源库为蓝本，更加深入地挖掘革命文物的红色历史、红色人物、红色故事和红色资源，对于建立内容更加丰富、翔实、准确而不失生动的解说系统以及规范红色旅游话语体系具有重要意义。

二　革命文物数字化保护利用的逻辑机理

互联网、大数据、区块链、云计算、虚拟现实等数字技术的高速迭代，加速催生了数字文旅、数字文创、数字考古、数字文博等文化领域的新内容、新方法和新业态，推动数字化成为文化发展的新趋势、新潮流和新动能。革命文物数字化保护利用是指通过数字技术与信息的识别、获取、存储、分析和运用，促进资源组合与配置优化，实现革命文物创新发展，[①] 充分发挥数字技术精准化、多平台、广覆盖的直接优势，打破时空限制，赋能革命文物资源的创造性转化与创新性发展，有助于实现革命文物资源形式、内容和意义层面的升华。基于此，本报告构建革命文物数字化保护利用的三层机理：一是数字处理技术赋能革命文物资源"数字转化"的基础层；二是数字再现技术赋能革命文物资源"数字活化"的核心层；三是数字媒介技术赋能革命文物资源"数字传播"的发散层。

（一）基础层：数字处理技术赋能革命文物资源的"数字转化"

革命文物资源"数字转化"是随着计算机技术、扫描技术、数字摄影技术、数据库技术、存储技术等发展而产生的一种数字化信息存储形态。革命文物资源借助数字技术以数字化形式保存、开发、转化，把各种文物资源转化为数字化档案信息，从而建构数字化空间，[②] 形成一个结构有序的档案信息库，以延伸革命文物资源的时代价值。结合革命文物资源的转化过程，可将革命文物资源"数字转化"划分为数字采集与归类整理、数字修复与虚拟再现、资源整合与数据共享三个方面。"数字转化"路线见图 1。

1. 数字采集与归类整理

数字采集与归类整理，奠定数据库建设基础。在技术不断升级的大背景

---

① 刘英基、邹秉坤、韩元军等：《数字经济赋能文旅融合高质量发展——机理、渠道与经验证据》，《旅游学刊》2023 年第 5 期。

② 金青梅、刘琴、苏卉：《数字技术赋能红色文化资源创新转化的逻辑机理与路径选择》，《长江师范学院学报》2023 年第 1 期。

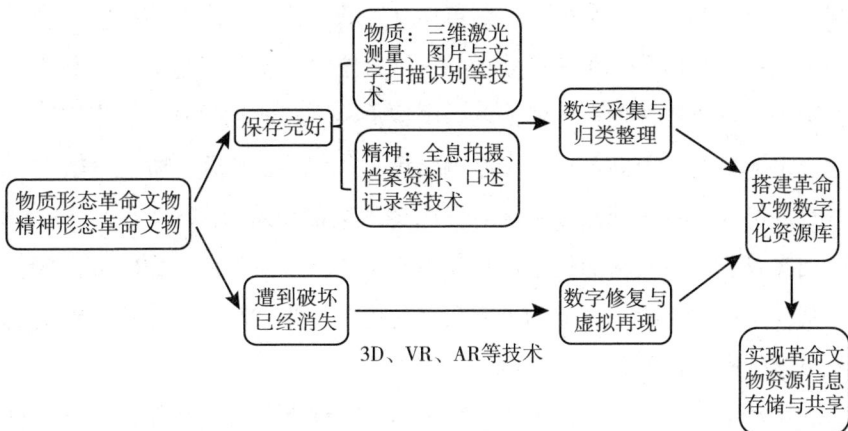

图1 基础层：革命文物资源的"数字转化"

资料来源：笔者自制。

下，人工智能、3D、VR等技术落地应用速度大大加快，革命文物资源的数字化进程也从简单复刻转变为动态的、交互的"穿越"。一是革命文物数字化信息采集。通过查阅文献资料与实地走访调查，使用数据分析技术，对革命文物的相关信息进行挖掘和分析，对革命文物资源的数量、分布、形态、完好程度等进行多方面摸底调查，全面掌握革命文物资源的实际情况。依据档案实物、文献资料等各类革命文物资源特性，借助数字技术和设备对革命文物进行全景拍摄、扫描、录像、录音等，将文物资料信息分门别类采集、处理、存储后，将其转化为数字化档案，为资源数据库的科学建设提供支撑，为全面盘活革命文物资源打下基础。二是革命文物数字化归类整理。按照分级、分类、分层原则，将数字化采集的革命文物资料信息按照主题内容、历史时期或存档形式进行翔实的记录、分类、整理、组织和存储，实现革命文物数据的编目、审核、发布、注销、检索和统计功能，为后期建立和完善革命文物大数据库提供完善的资料和坚实的基础。

2. 数字修复与虚拟再现

采集和整理的革命文物资源数据可能存在不同程度的问题，如照片老化模糊、文档图书发霉、录音老化失真等，这就需要借助数字技术进行修复及再现，以便长期保存和利用。一是革命文物数字修复。结合传统的文物保护与修复工作，利用数字化图像处理和三维扫描等技术手段对损坏的照片、文献档案等进行色彩处理、划痕修复、图像重构，对老化失真的录音进行音效处理、声音修补、声画合成、文字编辑等工作，[①] 将破损文物按原始形态复原修复，加强对各时期已被破坏或者已经消失的革命文物、图片、纪录片、文献档案以及口述资料的技术修复与复原工作。二是革命文物虚拟再现。运用虚拟现实技术，对革命文物进行数字化仿真实体重建，搭建三维模型或虚拟形象数据库，帮助部分破坏或完全湮灭的革命文物资源实现"动态"再现。利用数字修复技术构建的虚拟数据信息，辅助革命文物保护、修复和研究工作，实现革命文物的再现，如虚拟复原修复、辅助修复、无损检测分析、3D 打印、数字化拓片、仿真书画复制等。

3. 资源整合与数据共享

以革命文物资源为出发点，利用区块链技术将革命文物数据资源进行分区，将不同的数据库资源划分在不同的模块，建立健全革命文物资源分级分类登记备案制度和检索制度，破除各单位之间的数据壁垒，实现实物和电子档案同步、文物资源数据共享，为进一步创新利用革命文物资源夯实基础。一是搭建革命文物信息资源整合平台。搭建全国数字化平台与地方革命文物数字资源库，实现革命文物资源的知识共享，将空间上分散的革命文物资源"串点成线"，按照统一的元数据标准及格式进行保存归档，实现革命文物资源的整合，助推革命文物资源管理、修复、研究等整体性保护工作。二是开发革命文物信息资源共享系统。与各地建设统一数据接口，提供登录平台，将共享革命文物资源以文字、照片、音频、视频等方式提交至云服务中心并完整录入相关信息，通过标准化接口实现革命文物资源的外围扩展，向上可对接国家文物局普查系统，向下可实现各省市单位革命文物的统一采集，促进全国各地革命文物资源共享。

---

① 刘咪：《陕西省革命文物的数字化保护与利用路径探析》，《新楚文化》2023 年第 8 期。

（二）核心层：数字再现技术赋能革命文物资源的"数字活化"

数字赋能革命文物资源的创新与转化，将采集的数据、搭建的信息系统与数字化平台进行有效利用，是革命文物资源内容的"数字活化"，是革命文物的社会意义空间营造。采用 AR、VR、全息影像、云展览、云直播等数字化手段对革命文物进行活化利用，拓宽线上线下展示渠道，化静态展示为动态演示，提升观众的体验感、融入感、满足感，将革命文物背后的文化精神具象化。革命文物资源的"数字活化"是外显层面上解构与重组的创新表达，是内隐层面上红色故事、红色精神等精神意义的挖掘、拓展和延伸。"数字活化"路线见图2。

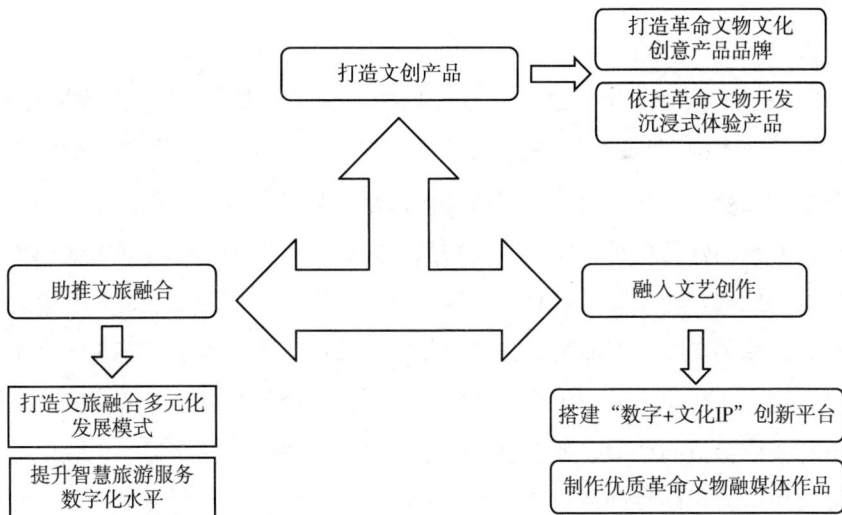

图 2　核心层：革命文物资源的"数字活化"

资料来源：笔者自制。

1. 助推文旅融合

数字技术助推文旅融合，衍生文旅新业态。在数字技术发展的背景下，探索融合发展新路径，衍生出基于数字技术的数字红色博物馆、红色云展厅、数字剧场、沉浸式演艺等新的文旅业态，"云娱乐""云直播""云看展""智慧文旅"等新业态不断涌现。一是打造文旅融合多元化发展模式。利用大数据、元宇宙、人工智能等新技术，打造"革命文物+旅游""革命文物+乡村""革命文物+阵地"等发展模式，积极开展数字文博、云展览、云演播、网络直播等服务，推动线上线下融合创新发展，激活文旅新业态，发展智慧旅游，强化智慧景区建设。大力发展非遗旅游、红色旅游、考古旅游，传播本土文化，促进各地文化繁荣与发展。二是提升智慧旅游服务的数字化水平。开展数字展馆、虚拟景区等服务，支持文化文物单位与融媒体平台、数字文化企业合作，发展"互联网+展陈"新模式。在观众接待服务如智慧讲解、文创产品等方面进行大数据分析和信息化管理，从而不断提高旅游服务质量。以馆藏文物资源为载体，以互联网为依托，以新媒体为平台，推出"云+"系列活动。

2.打造文创产品

数字技术赋能文化创意，打造红色文创精品。随着5G、大数据分析、云计算等技术的创新发展，具有可视化、交互性、沉浸式等特性的数字创意产品不断涌现。一是打造革命文物文化创意产品品牌。充分发挥科技创新和文创产业相结合的优势，将革命文物数字资源的开发利用作为新的应用场景进行深入挖掘，建立完善采集、制作、宣传、发行、使用的全链条规范，开发家居用品类、电子产品类、学习用品类、旅游纪念品类、工艺美术品类等革命文物文化创意产品。将革命文物内涵与商品属性相结合，开发具有文化价值与实用价值的产品，如在书立、手机壳、置物桶、绕线器、包装纸、文具等实用型文化创意产品设计生产过程中融入革命文物文化内涵，增强文化创意产品的文化承载力、展现力和传播力。二是依托革命文物开发沉浸式体验产品。从馆藏文物、历史资料、红色故事中提炼要素，创作一系列高质量的影视、动漫等作品，设计研发手绘、人偶、书签等文创产品。跳出传统陈列思维，借助数字技术，让革命文物资源从档案馆、博物馆中走出来，通过AR、VR、全景漫游、云展览等数字虚拟现实技术展示，利用触摸屏等方式实现革命文物多维度信息展示并呈现全貌。开发沉浸式旅游演艺、沉浸式娱乐体验产品，如"红色景点+剧本杀"等趣味项目，让更多受众参与进来，扩大革命文物影响力，实现革命文物文创产品多样化发展。

3. 融入文艺创作

数字技术融入文艺创作，延伸革命文物内核。数字技术是推动文艺创新创造的重要引擎，5G、人工智能、裸眼 3D、大数据、数字影像等数字技术，从呈现、传播、体验等多个阶段赋能文艺创作，开启艺术与科技融合发展新篇章。一是搭建"数字+文化 IP"创新平台。紧扣时代主题，立足革命文物蕴含的红色基因，依托数字技术，积极挖掘数据资产价值，活化历史和人文之美，综合运用影视、综艺、动画片、短视频等创作手法，采用"数字+文化 IP"的形式对革命文物进行创造性活化，传达革命文物所蕴含的红色文化意义，实现主流价值观的引领。二是制作优质革命文物融媒体作品。加大革命文物主题融媒体短视频、音频作品的征集力度，鼓励大家讲好革命文物故事，传承好革命文物内涵的红色基因，形成全民参与革命文物精神传播的良好氛围。推动红色革命文物资源融入网络文学、音乐、影视等互联网阵地，实现革命精神和当代审美追求有机结合，拓展革命文物应用场景，利用 VR、AR 等技术，打造数字博物馆等线上线下一体化、在线在场相结合的多元文化体验，推出更多高质量的数字文艺作品，让革命精神植根于人民心中。

（三）发散层：数字媒介技术赋能革命文物资源的"数字传播"

在数字、文化、信息交融的时代，借助数字化媒介和数字化技术，对不同类别革命文物资源进行针对性的挖掘、分析、整合，创新革命文物传播途径。通过数字媒介技术的虚拟、仿真和投射，革命文物资源在网络空间和现实场景下实现了内涵和价值的拓展与转移。以"媒介技术"为支撑，以"互动传播"为突破，构建全方位、立体化、多维度传播矩阵，激发受众与红色文化的情感共鸣与思想共振。利用数字媒体、大数据等技术将革命文物内涵及其载体联系起来，借助各类传感器把革命文物背景、内涵价值等信息融合，在传播过程中，赋予革命文物生命力，让受众能够与其进行深度对话，完成双向传播，拓宽受众渠道。"数字传播"路线见图 3。

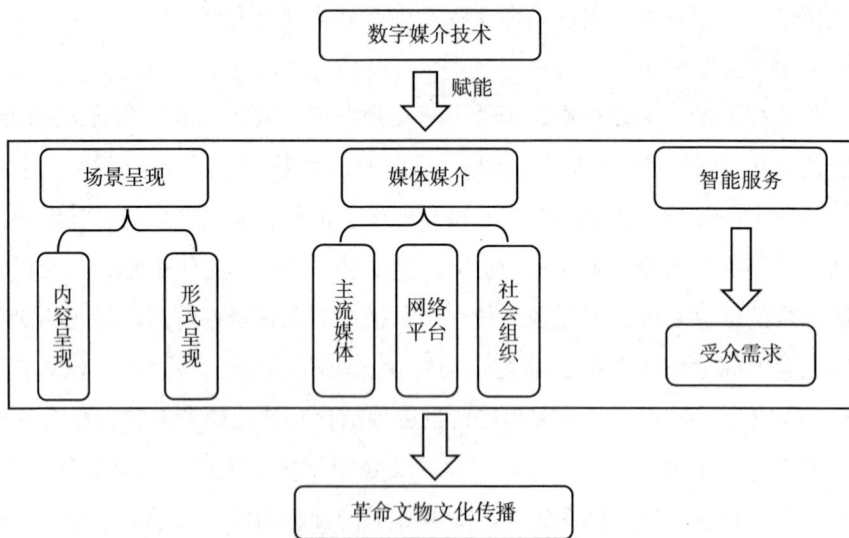

图 3 发散层：革命文物资源的"数字传播"

资料来源：笔者自制。

1. 创新场景化传播

沉浸体验+景观呈现，技术支撑创新场景化传播。一是创新革命文物资源数字化展陈方式。利用全息影像、网上展厅、虚拟展览、藏品数字化、线上演播、沉浸式体验等新技术、新方法全面铺展，配合故事化的叙事方式、真实的场景营造，能够生动复原文物的完整形态，让静态文物"活"起来。丰富革命文物原状陈列，增设情景雕塑、文物标语漫画、主题文化墙等，融入声、光、电、媒等现代技术，利用智能讲解员、AR 导览系统、VR 游戏等创新展陈方式，从听觉、视觉、触觉等方面让游客沉浸式体验革命文物背后的故事，融合科技让文物说话。二是打造沉浸式体验场景。支持文物文化单位、红色景区景点、革命文物遗址遗迹等运用文物文化资源开发沉浸式体验项目，推动沉浸式业态与城市公共空间、特色小镇等相结合，辅以一系列沉浸式体验项目，将观众引向实景，近距离感受革命先辈的奋斗环境，让传统模式下的单一传播与静态的革命文物转变为全方位、立体化的动态互动，能够与参观者进行主动的对话沟通，留住参观群体的视线与关注，提升参观者的体验感与满意度。

2. 助力全媒体裂变传播

媒介延展+立体覆盖，助力全媒体裂变传播。一是推出革命文物发展重点项目。将革命文物资源转化为教育资源，与多所学校建立共建、共创、共育机制，推出红色课堂服务项目，拓展教育功能，丰富表达内容，创新讲述形式，推出音乐剧、情景故事讲演、革命岁月体验活动、品读会等一批红色教育品牌。融合媒体平台推出红色故事党课微视频，做好项目选题规划，对重点出版项目予以扶持，精心策划出版一批通俗易懂的革命文物读物，努力拓宽革命文物传播渠道，丰富红色文物展示场景，推动革命文物故事化、情景化、生动化。二是搭建全媒体"数字传播"矩阵，拓宽传播路径。建立馆校合作机制，打造以传播革命精神为主的"纪念馆+学校"联合体，将革命文物元素分置于电视媒体、互联网平台、三微一端等外矩阵平台，实现全媒体、跨平台联动，打造集"平台—互联网—社会—公众"于一体的全媒体传播渠道。充分利用现代化的传播渠道，如微博、抖音、微信、哔哩哔哩等平台，数字媒体艺术转化的革命文物能够实现多维度、快速、广泛的传播，进而延伸、扩展红色文化的辐射范围。

3. 驱动智能化精准化传播

数据采集+智能分发，大数据驱动精准化传播。精准化是指利用大数据将革命文物资源进行收集整合，对革命文物数据资源采用统计、预测、关联等算法进行整合分析，[①] 依据不同的革命文物资源类型，制订有针对性和系统性的革命文物宣传方案。一是以客户需求为导向实现智能化精准化服务。对不同的客户群体数据进行精准化分析，最大限度地锁定目标客户群体，提供全流程智慧旅游服务，贯通全业态营销渠道，实施全链路景区智慧管理，进行多维度数据分析决策。利用大数据、人工智能等技术对文物数字化产品的生产、传播、消费、服务等环节进行数据分析，精准把握社会各主体需

---

① 付安玲、肖朝霞：《大数据时代红色文化的数字化变革与实现路径》，《红色文化学刊》
2022 年第 1 期。

求，及时调整商业模式，根据内部和外部条件及时预测、把握新时代消费者的文化品位、鉴赏水平、审美偏好、消费习惯，精准分析用户画像，定制个性化的革命文物数字化产品，实现革命文物数字文化产品的智能推送与精准分发，进一步提升社会公众对革命文物主题展览和活动的参与度。二是构建全产业链条，打通线上线下服务渠道。以"互联网+"为载体，延伸革命文物社会教育和公共服务的业务链条，打通线下展览与线上信息服务渠道，连接革命文物信息资源让全民共享利用，搭建全国以及省域红色文物资源公众服务平台，让革命文物数字化成果在更广阔的平台上更好地为公众提供优质的社会化服务，加深公众对革命文物文化的了解，促进革命文物文化资源的宣传推广。

三 革命文物数字化保护利用面临的挑战

数字技术融入革命文物资源保护利用全过程，重塑保存模式，提供活化路径，重构传播场景，创新产业形态，拓展传播渠道，数字赋能焕发革命文物新活力。但随着数字技术和革命文物保护利用融合的深入，一些深层次的障碍与挑战也逐渐显现：针对革命文物数字化保护利用的相关政策与方案还未落实；数字设施因无法获得足够的资金、人才支持而难以维护；与革命文物相关的信息的泄露与滥用；等等。这导致文化内核保护与数字技术创新利用、生产性保护与供需两端数字化发展、主体权益保护与市场公平竞争秩序维护等关系的失衡。[①]

（一）顶层设计薄弱，建设标准参差不齐

近年来，我国促进红色文化资源保护、开发、传承与利用的政策文件不断出台，对加快数字技术赋能红色文化资源也做出了宏观指导和顶层设计要

---

① 谭志云、李惠芬：《数字技术赋能非遗保护传承的逻辑机理与创新路径》，《南京社会科学》2024 年第 1 期。

求，如《关于实施革命文物保护利用工程（2018—2022年）的意见》《关于实施中华优秀传统文化传承发展工程的意见》等，强调切实做好数字技术赋能红色文化资源的保护发展工作。但从整体看，革命文物资源数字赋能方面的顶层设计与基层实际结合不够紧密，标准规范有待健全。此外，当前文物数字化采集设备升级迭代频繁，文物数字化保护利用尚未形成统一的技术标准，规范性和应用的有效性有待提高，数据成果主要依靠实施人员的经验，导致数据成果质量参差不齐，后期应用明显不足，缺乏参照和评价标准。

国家层面缺乏针对革命文物数字化保护利用的实施细则和操作指导。目前，我国落实到"数字经济+文物保护利用"领域的政策意见及法律法规略显不足，国家层面尚未形成具体针对文物数字化的统一政策和支持，缺乏清晰准确的实现路径，缺少对革命文物数字化保护利用路径的全面规划和系统性思考，尚未形成全面完善的"数字技术+文物资源"发展方案和格局。各地区缺乏进行革命文物数字化保护利用顶层设计的共识。各地区未能紧密结合自身情况和当地实际进行探索研究，缺乏个性化、精细化的革命文物数字化保护利用发展规划，接地气、切实际、有力道的革命文物数字化保护利用的顶层设计不足，影响本地区革命文物数字化建设的实际效果。此外，革命文物分布于不同行政区域，经济发展水平、硬件设备、数字化水平等因素均有所不同，尚未形成大数据理念之下建设全国性革命文物数据资源库的共识，跨区域、跨行业的协作和科学决策尚未形成，协同推进机制缺乏，协同推进革命文物资源数字化发展的难度较大。缺乏革命文物资源数字化利用的配套实施政策。关于革命文物资源数字化发展的顶层规划、行业规范、技术标准、金融财税、人才配套、产权保护等支持性配套政策落实不到位，部分地方政府尤其是发展较落后的地方政府仅停留在文件制定层面，缺乏与数字技术赋能相匹配的基础设施与附属能力，未能实现资源、资金、技术、人才的全面调动与协调。

革命文物数字化保护利用尚未形成统一的技术标准。革命文物数据采集的利用模式、效率、安全和数据交互共享缺乏统一的技术标准，采集数据的工作精度、数据加工与存储等一系列技术标准还未明确规定，满足文物实现数字化保护利用的工作要求、工作流程及技术数据等缺乏系统性。革命文物数字资源共享协同机制缺乏。各地区革命文物资源较为分散、种类繁杂、数量庞大，缺少文物大数据存储、备份、交换的相关规范，革命文物数据资源采集多由散在各地的文保机构自行筹资开展，依循不同的数字化标准，缺乏统筹整合，从而出现数字资源分类不合理、整合不到位等问题，存在信息孤岛和资源隔离情况，存在资源共享利用时空上的限制，异构资源的整合与共享难度加大。不同数字系统接口标准不统一。由于缺乏统一的元数据技术建设标准，跨系统之间传输和交换数据存在技术障碍，相关数字应用系统的使用、部署运行、运行维护和技术支持等情况也较为复杂，既有统筹建设系统，也有部门自建系统，既有多部门共用系统，也有独立部门或个人使用的单机软件，各系统难以集中到一个统一的技术平台、遵照统一的接口标准、建立一致的数据规范，系统间缺少数据交换，导致革命文物数字化技术赋能效果欠佳。

（二）活化方式欠缺，传播效果弱化

利用数字媒介的交互性、便捷性、沉浸性等特点，可以为革命文物信息的表达提供更多的选择，使传播的内容更具吸引力，但革命文物资源的历史性、文化性、严谨性与数字媒介时代的娱乐性、碎片化、"一刀切"存在矛盾，导致革命文物资源活化方式欠缺，传播效果弱化。

活化场景待挖掘。革命文物单位现有相同定位、相关场景、相似功能的业务系统普遍存在同质化现象，部分地区的平台、软件和数字化场景存在盲目跟风、模仿建设现象，数字技术与革命文物业务结合的横纵面仍需拓展，革命文物的展现形式和手法仍需丰富。另外，革命文物数字化保护利用发展不均衡，除敦煌研究院、故宫博物院等单位在数字化保护利用方面取得一定成效外，部分文博单位的数字化建设尚未充分开展，存在重采集轻管理使用现象，尚未充分搭建革命文物活化平台，让文物进入大众视野。文化内涵挖掘不足。文物研究离不开历史研究，目前社会对文物数字化的认知度和参与

度还不足，文物研究人员的历史知识尚不扎实、不深入，研究基础较为薄弱。大多数人对文物数字化的意义和价值了解甚少，且数字化的文化资源呈点状零星分布，影响了文化资源的数字化整合及优化利用，面向社会公众的数字化传播创意手段研究力度不够，存在传播碎片化现象，科学研究与文化展示及传播存在一定的脱节，对革命文物背后的故事、文化内涵、精神价值等难以充分挖掘。数字技术在展示过程中被滥用。在当前革命文物资源数字化保护利用方面，存在不当使用数字技术，甚至滥用新技术和新手法的现象，不少革命文物数字化展览在技术上过于求新求异，曲解了数字媒体带来的沉浸式体验和交互式体验，普遍将声、光、电技术应用在展览中，[①] 过度的技术表达使文物本身的文化内涵让位于表现形式，文物藏品自身的文化及艺术魅力被弱化和削减。

传播模式单向。目前我国革命文物资源的传播方式依旧以传统革命文物传播方式为主，主要借助语言、活动、场馆等传统载体，以传统的知识讲解、历史介绍为主，对参观者进行单向性、直接性的文化传输，基本偏向零互动的状态，尚未完全形成与参观者的双向互动传播模式，参观者拘泥于静态的文物形象与相对应的文字说明，缺少趣味性和互动性，受众的体验感与参与感直线下降，削弱了革命文物的传播效果。传播受众泛化。[②] 在互联网信息时代，大数据、云计算等数据技术在智能化信息推荐中的应用更加广泛，"数字传播"过程中会根据用户的知识结构和喜好需求进行个性化推荐，容易形成"信息茧房"，导致用户不能接收到更加多元的信息，传播的针对性大打折扣。另外，对传播受众无差别的内容宣传，阻碍受众了解革命文物资源相关内容，缺少对浏览数据背后的游客偏好的分析，难以深入了解受众的差异性，造成传播内容和形式与受众的脱节，无法实现同频共振。传播内容刻板。随着抖音、小红书、微博等网络平台的出现，革命文物资源传

---

① 柴秋霞、姜琳馨：《博物馆藏品数字化展示的现存问题及对策建议》，《科学教育与博物馆》2022 年第 2 期。

② 谈国新、何琪敏：《中国非物质文化遗产数字化传播的研究现状、现实困境及发展路径》，《理论月刊》2021 年第 9 期。

播在内容创作上存在同质化现象，同样的内容通过场所或革命文物的变换实现再次传播，成为传播主体普遍使用、争相模仿的手段，导致宣传内容同质化问题愈发严重，优质内容稀缺，传播内容缺乏吸引力与感召力，用户在浏览过程中感受不到冲击力与新鲜感，产生视觉审美疲劳，传播效果事倍功半。传播形态单一。不同类别的革命文物资源应当有不同的数字化传播形态，但现存传播形态单一化现象明显，呈现一种为传播而传播的趋势，未能精准地、有针对性地筛选革命文物资源类型，针对所有革命文物资源都采用相同的传播策略和方式方法，未能体现全媒体时代多种媒介技术的联动价值，传播媒介未能充分利用，传播形态趋同、单一，缺乏多样性与多元化。

（三）人才支撑不足，投入资金短缺

随着数字技术的普及以及国家对革命文物资源的日益重视，革命文物数字化保护利用成为目前发展的重点方向。推动新时代革命文物资源数字化创新与发展离不开专业的人才队伍支撑，但我国尚未建立与革命文物数字化保护利用相配套的人才体系。革命文物的数字化保护利用技术、设备、软件研发及人才的培养引进需要投入大量资金，开发和利用成本居高不下，难以全面普及推广。

数字化人才供需结构失衡。在开展革命文物数字化保护利用的过程中，革命文物单位对具备大数据管理、人工智能和云计算技能的数字化人才需求呈现爆发式增长。同时，革命文物保护利用领域对数字化工作人员的专业水平要求高。因此，人才供给与需求严重脱节，人才缺口日益扩大。革命文物数字化领域人才短缺问题严重，导致数字赋能与深层次革命文物文化内涵的结合成为创新转化过程中的突出短板。综合性跨界融合人才不足。革命文物数字化保护利用涉及多学科，是一项综合型、复合型的工作。在革命文物数字化保护利用过程中缺乏同时具备数字技术应用和历史、文宣、教育等行业经验的创新型、复合型、实用型、跨界型人才。部分文物工作人员缺乏足够的知识储备与合格的专业技能，尚未建立综合性跨界融合的人才队伍和工作团队，难以满足新时代革命文物数字赋能的实际需求。缺乏完善的人才培养

体系。各级单位对数字化人才的专门培养方案相对缺乏，数字化人才培养缺乏统一规划，尚未建立健全"数字技术+革命文物"的复合型人才培养体系，对跨专业的综合性革命文物数字活化人才的培养力度不大。高校及职业院校缺乏对数字化人才统一的培养标准，缺乏标准化的系统性教学，课程设置和培养周期长，[①] 社会培养数字化人才的渠道、手段单一，尚未构建数字化人才培养对口合作机制体系。引才制度体系尚未健全。人才引进主体和渠道单一，目前革命文物单位侧重于引进考古学专业或文物与博物馆专业人才，且主要在自身官方平台发布招聘信息来吸引人才，市场化的人才信息共享交流平台还未建立。人才引进机制与当地"软环境"建设不配套，各地区对人才引进后的环境适应、与本土人才的融合共生以及发展环境优化等缺乏全盘考虑，人才评价、流动、激励机制尚不完善，缺少必要的引进人才后续服务措施。

革命文物资源数据采集与数字化修复再现工作需耗费大量财力。革命文物资源数据采集难度大、周期长，革命文物资源数字化修复再现技术价格高昂，两者皆需要较大资金投入，需耗费大量的物力、财力、人力，文物保护专项资金杯水车薪，在文物保护工作中无法普及应用，且提取使用程序复杂、过程缓慢，资金使用效率不高，难以确保不断损坏的革命文物能得到及时有效的保护，难以发挥数字化技术的优势。数字化设施设备运营维护所需资金缺口大。数字化展示设备的长期维护和运营的压力远大于开发成本，数字技术的运用不仅意味着高额的成本投入，也对革命文物实地场所的硬件设施提出了更高的要求，实体场馆的数字化体验设备及互动装置经过开馆后短时间内的高频使用，便会面临维护更新成本过高而不得不闲置弃用的尴尬境地。投入资金来源单一。革命文物资源数字化建设利用过程中，建设资金来源主要以中央财政补助资金为主，地方配套资金为辅，然而，数字技术、设施设备等投资规模大、建设周期长、后期维护成本高，社会资本参与革命文

---

① 张琳、王李祥、胡燕妮:《我国数字化人才短缺的问题成因及建议》,《信息通信技术与政策》2021 年第 12 期。

物资源数字化建设积极性不高，现有资金来源已不能满足革命文物实际建设发展需要。

（四）技术应用障碍，数据安全存在隐患

革命文物数字化保护利用是一项包括"数字转化"、"数字活化"、"数字传播"、维护更新等工作的复杂性、系统性和整体性工程，数字技术赋能具有内在的限度，在革命文物数字化保护利用的进程中仍面临诸多无法回避的技术障碍，在采集、存储、修复再现等方面都存在一定的难度和技术局限。同时，革命文物数字化保护利用过程中，会产生大量的数字数据，不仅包括文物的图像、视频等基本信息，也包括一些涉及文化、历史、政治等方面的敏感信息。如何确保数据的安全和保密、如何保护个人隐私安全，以及如何保障革命文物数字版权安全，都是革命文物数字化保护利用过程中必须面对的问题。

数字采集方面。革命文物资源分布范围广、数据量大，部分不可移动革命文物还处在异常复杂的环境之中，为从海量数据和复杂环境中获取有效文物数据资源，需要采用高精度的大数据获取技术，需耗费大量物力、财力、人力，且数据的全面性和准确性难以保证，需在文物精细化信息的认知与采集方面进一步加强研究。

数字存储方面。在数字存储过程中，随着数字技术的不断更新，多数资源因设备及软件版本过旧而无法读取。革命文物资源容量大、存储周期长，大数据存储系统的容量、扩展能力、传输瓶颈等方面都面临着挑战，目前难以达到相应的数字存储能力，不能保证长期高可用性，对革命文物数字资源的长期存储造成威胁。

数字修复再现方面。革命文物修复再现阶段不仅对技术要求较高，还需要整合多种修复技术，灵活应用数字技术帮助文物修复再现工作稳步落实。目前，革命文物保护修复领域缺少相契合的综合性技术手段，文物数字化修复再现存在一定技术门槛，且市场上现有的设备及技术仍存在一定的局限性，修复受损严重的文物资源尚有一定难度，许多革命文物的修复仍需要靠

机械复制实现。

数字信息安全与隐私保护。数字化技术的应用涉及大量的文物信息和大数据资料，随着数字化技术的应用，数据的可得性与利用率更高，信息更加透明化，信息获取更加方便快捷，革命文物资源数据存储区域集中，数字化展览和保管面临着数据安全和隐私保护的问题，若遭到外部技术的恶意攻击，存储在区块链中的个人信息及数据就存在泄露及被恶意利用的风险。数字管理体系尚未健全。各地革命文物资源分散，文物管理涉及内容多，数据整合与管理存在突出问题，各革命文物单位对数据的管理体系尚不健全，各单位相互之间的沟通协调欠缺，不能做到共同筹划、共同建设、共同管理。另外，相关单位对革命文物数字网站和新媒体的管理责任落实不到位，数字监测、监控管理系统仍未全面普及，数据管理平台缺乏安全防范机制。版权保护困难。数字技术的存在对革命文物文化版权保护构成一定的挑战。一方面，革命文物资源的原件、数字化资源等版权归属不明确、来源较为复杂，恶搞现象频现，数字赋能下的革命文物资源创作与流动都较为复杂，跨媒介、多主体的属性加大了数字内容的侵权与失真风险。另一方面，部分革命文物单位的网站缺少基本的资源加密、水印处理以及版权归属等标识信息，导致用户非法下载、使用及传播现象严重，可能还会催生文物数据的非法交易、跨境流通、文物仿制、文物侵权等问题，法律保护的滞后性导致不能为版权纠纷问题提供全面、精准、及时的法律支持。

四 革命文物数字化保护利用的实践路径

新时代数字技术蓬勃发展，革命文物保护利用应乘着数字时代的科技东风，加强革命文物与科学技术的深度融合，让革命文物全方位、多角度、高层次焕发新生，奋力书写新时代革命文物的"数字答卷"，完成时代赋予的红色使命。

（一）建立革命文物大数据库

通过数字技术建立革命文物基础数据库，实现革命文物可再现、可再生、可共享的数字化文化形态。一是采集革命文物本体信息。根据全国红色地图，摸清革命文物分布情况，将革命文物本体信息按照基本信息（名称、类别、质地、尺寸等）、日常管理信息（鉴定信息、考古发掘信息、损坏记录、著录信息等）、附加信息（关联文物的照片、音频、视频等）三大类别进行采集。二是形成革命文物数字档案。采用三维点云数据与高清数字图像采集技术，通过记录、去噪、补型、封装、拓扑、贴图等步骤，最大限度地还原革命文物的原始细节，构建革命文物的三维模型，形成多形态的数字档案。三是加强革命文物数字管理。搭建革命文物数字信息管理系统，不仅对革命文物的征集、编目、鉴定、登录、展览利用、出入库状态，以及日常保养、修复保护记录、检索统计分析等信息进行登记管理，还支持数据资源修改、查看、编辑、统计、分析等功能，实现对文物档案、三维模型、图像、音视频等资源的统一存储、规范管理。

案例一

2021年，山东博物馆根据馆藏革命文物材质、外形等特征分三类进行数字化采集：一是印章、云梯等需要三维模型制作的文物，采用激光扫描技术与多图像三维重建技术相结合的方式制作高清三维模型，其中，获取的三维立体信息精度可达0.01毫米，可为文物建立高精度数字化档案；二是锦旗、衣物等纺织品类文物，选用数码翻拍设备进行数据采集，文物扫描过程无接触，且输出文件可以准确进行色彩还原；三是图书、报刊类纸质文物，采用非接触式大幅面高保真扫描仪进行扫描，既能获取高清二维图像，又能最大限度减少压褶现象，保护藏品本体。这为丰富革命文物数据库提供了充实的保障。此外，山东省革命文物数据库建设针对已有两套数据——第一次全国可移动文物普查（2012~2016）总数据中的革命文物数据和2018年山东省文物局对省内国有单位馆藏可移动革命文物统计的数据，进行拆分、对比、整理，最终获得一份山东省可移动革命文物总目录。在总目录基础上，项目组借助大数据、云计算、人工智能等先进技术，开发了山东省革命文物数据库管理平台。该平台分为服务、管理两个子系统：服务子系统能够通过不同渠道将文物数据信息以丰富多样的形式呈现给观众，为各种类型的参观群体提供全面周到服务；管理子系统则为文物相关单位提供先进有效的管理工具，提供藏品变更历史记录查询功能及全省文物登录、审核、报送等各项数据管理功能，便于全面掌握山东革命文物保存状况和保护需求，实现革命文物资源动态管理和信息资源社会共享。

（二）搭建革命文物共享平台

构建革命文物数据交换服务体系，为文物主管部门与保管单位间的垂直管理、保管单位间的横向协作提供枢纽、管道，推动革命文物资源传输共享。一是建设各具特色的地方数据库。各地将完成数据采集和结构化存储的革命文物资源，按照不同类型，以故事、人物、事件等为线索，标注、关联红色文化数据，利用数字技术突破空间限制，形成革命文物的系统性整合，实现革命文物数字化集中连片保护利用。二是打造全国互联互通大平台。建立全国性革命文物数字化互联共享平台，各地各馆建设数据接口，通过登录平台，将共享革命文物资源以文字、照片、音频、视频等方式提交至云服务中心并完整录入相关信息，促进革命文物的收集研究、资源共享、监管防控和展示传播。

案例二

2022 年 9 月，广东省博物馆运用 SaaS、服务总线、可移动革命文物多维数据采集、空间虚拟成像、大数据、人工智能等先进技术手段，创新革命文化弘扬与传承模式，打造广东省可移动革命文物数字化保护利用平台，该平台以合作共建、开放共享为理念，打造革命文物资源中心。其依托文物高清数据的采集、加工、存档、交换和融合，对文物数据进行动态管理和整合利用，构建广东省革命文物标本库、基因库、素材库，形成全省一体化的革命文物数据资源集群。"数字化保护"领域应用包括文物本体数据资源库建设及文物多维数据采集。文物本体数据资源库已整理革命文物类及省内可移动革命文物共 75 万余条，数据范围包括文物本体数字档案、保管日志、影像资料、三维模型等，为全省可移动革命文物数据的互联互通夯实基础。"数字化研究"领域应用从支持学术、创新研究方法入手，利用平台数据库中海量、多源、异构的革命文物数据，通过自然语言处理、大数据分析等技术绘制革命文物资源知识图谱，为广东革命文物和历史等各项研究提供知识表达。"数字化传播"领域应用通过广东革命文物展示平台，从革命文物多维展示、革命人物专题知识传播、革命题材展览展示等多个角度弘扬红色文化。公众及研究人员可以在多维展示系统中鉴赏革命文物三维模型，查看文物高清细节，并通过文字及语音讲解的方式全面了解文物的研究成果。基于知识图谱及可视化展示技术搭建的革命人物知识图谱专题展示系统，则在革命历史研究、革命文化传承、革命精神蕴蓄等方面发挥重要导向作用。

（三）创新革命文物展陈手段

依托数字技术充分激发革命文物在当代的活力，围绕革命文物所处的场域空间厚植在地性的展览体验，注重参观者具身化的多维感知，提升其与革命文物在红色体验中的结合度。一是丰富革命文物的红色记忆。以革命文物为载体，深耕史料，遵循"事件—人物—活动"逻辑链条，突出红色底蕴，增加历史厚重感，嵌入故事化思维，兼顾真实性与趣味性创作红色故事。二是加强革命文物的立体化展示。制作数字全景式立体场景，拉伸展陈空间，运用全息影像将革命文物三维化呈现，结合多媒体技术如音频、视频、VR等，增强革命文物表现力，帮助观众体验展览内容，让其通过触摸装置或互动屏幕与文物近距离接触，身临其境地了解历史人物或事件。三是增加革命文物的多元化互动方式。利用 VR、数字沙盘、数字孪生等交互装置，通过视觉、触觉、听觉等多重感官的刺激，让观众与革命文物进行互动。同时，设定与革命文物相关联的类似解谜或者模拟游戏类型，增强革命文物的吸引力，提高参观者的参与度。

案例三

2022 年，东北烈士纪念馆利用文物多媒体互动"魔墙"，通过裸眼多视点 3D 显示技术，把显示屏内的馆藏文物三维模型与显示屏外的实景空间展示布局，从形式和内容上紧密结合起来，从颜色反差、画面深度、比例透视等多方面进行空间设计，让观众的临场视觉与已有记忆产生强烈的反差，从而营造一个虚实有序的立体视觉空间；再结合红外动作感知系统，实时获取观众肢体动作信息，控制馆藏文物三维模型跟随动作指令进行变化，从而创造出生动有趣、亦真亦幻的逼真视觉效果。"观众"站在文物多媒体互动"魔墙"屏幕前方，不需要借助眼镜、头盔、操作手套等外在设备，也不需要触碰按钮、操纵杆、屏幕等任何辅助的指令设施，简单自然地挥动手臂，凭空抓取文物图标就可激活对应文物，使文物立体浮现在观众面前，触手可及，同时开始文物语音讲解。"观众"通过左右挥手、上下挥手、双手开合等简单动作指令，即可实现对眼前文物的旋转、移动、缩放控制。整个操作简洁流畅。在研学展区设有"我和英雄共成长"专题虚拟现实体验和密营保卫战专题 AR 投影互动游戏两个展项。其中，"我和英雄共成长"专题虚拟现实体验紧紧围绕杨靖宇、赵一曼等英雄人物少年时期的志向和理想，以高精度三维建模技术数字还原时代场景和历史人物，采用环幕投影、三维影像呈现和虚拟互动的技术手段，打造身临其境的虚拟体验空间。通过英雄人物自述、合唱革命歌曲等环节，展示丰富饱满的英雄形象，帮助观众了解东北抗日联军的峥嵘岁月。

（四）打造革命文物传播矩阵

利用数字媒体、大数据等技术，将革命文物背景、内涵价值等信息汇集起来，赋予革命文物生命力，扩大受众范围、拓宽受众渠道，补足大众的精神之钙。一是构建全媒体传播格局。各种网络互动平台、网络推广平台、电脑、智能手机 App 等逐渐成为当前主要的文化传播渠道，将革命文物背后的故事、所承载的精神制作成优质 IP、影视、动漫、有声书、游戏等数字化展陈内容，连接到网站、微博、微信、手机报、移动客户端等新媒体平台，实现红色文化多主体、多渠道传播，加深公众对革命文物的了解，提升其对红色文化活动的参与度，促进红色精神的广泛传播。二是推广双向传播模式。数字技术和平台的大众化模糊了文化产品生产和消费之间的界限，要善于抓住新时代语境下的宣传新手段，从供需两端"双向发力"，使大众群体在某种程度上成为文化产品的生产者。通过大数据、智能算法等对大量信息进行分析、筛选、研究，不断推出新的满足民众文化需求的红色文化产品。同时，邀请民众制作高质量的宣传作品，塑造具有本土特色的红色文化品牌，形成传播合力。

案例四

2020 年 10 月 25 日，中国文物报社联合抗美援朝纪念馆、腾讯看点，推出"背后即是祖国，我们绝不后退"创意文物 H5，该活动也获得退役军人事务部思想政治和权益维护司的支持，共同弘扬抗美援朝精神，并将抗美援朝战争时期的历史文物，通过线上互动 H5 的创新形式展示、传播，进一步加强党史、国史、军史领域宣传，让文物"亲自讲述"英雄事迹。H5 从一位老战士的视角，讲述了他参加抗美援朝战争的亲历往事，用漫画的形式还原战争场景，展现了战士们生活战斗的艰苦环境，从而凸显中国战士不屈不挠、顽强作战的革命爱国精神。吃炒面、喝雪水，艰苦环境磨不灭他们的革命精神。为了背后的祖国，他们宁死不退一步。创意文物 H5 还展示了由抗美援朝纪念馆提供的珍贵抗美援朝文物图像资料，包括中国人民志愿军在抗美援朝作战中所使用的武器、工具等。在 H5 里可以看到一把有趣的胡琴，它的琴筒是用罐头盒做的。志愿军战士给它起名叫"两洲三国胡琴"，指的便是它特别的取材：缴获的美军罐头盒、朝鲜的木材、中国的马尾。还能看到《志愿军战歌》的珍贵手稿、杨根思烈士墓碑、上甘岭阵地上的黄土和弹头、志愿军战士当年挖坑道时使用的工具……丰富的历史文物、翔实的文献资料、新颖的展陈手段，将历史文物与创新互动相结合，既让大众了解历史、了解文物，又让红色基因在数字化创新传播中生生不息。

（五）拓展革命文物利用途径

利用数字技术，发挥革命文物的红色特质与红色力量，让革命文物活起来、火起来，激发大众的红色热情，有助于传承红色基因、赓续红色血脉。一是发挥革命文物育人功能。推动红色教育培训成为爱国主义教育和革命传统教育的重要抓手，使之成为入学、入党、入职第一课，开展现场教学、专题教学、情景式教学、拓展训练等形式多样的教育实践活动，让参与者与革命文物进行沉浸式互动体验，使大众深入了解革命文物所蕴含的精神价值，传承好红色基因。同时，深化学校、研修班与革命纪念馆、博物馆、革命遗址遗迹等协同的"大联动"格局，依托革命文物资源共享平台，将数字革命文物"放进"学校里、"摆在"黑板上，拓展革命文物的教育"空间"。二是打造红旅新业态。利用数字技术，为游览的观众营造高沉浸感、高逼真的互动参观体验场景，充分调动参观者能动性。一体式布局智慧景区，建立智能化交流服务平台，设计不同的主题旅游线路，将 AR 功能应用于旅游导览，使游客通过手机查看更多有关文物的信息，满足其多元化、个性化需求。三是设计红色文创产品。推动革命文物保护单位与文化创意设计机构、高等院校等开展合作，坚持视觉美学与实用性原则，提炼革命文物中蕴含的红色文化元素，设计和优化满足市场需求的红色创意产品，如利用云计算、区块链等数字技术，开发革命文物数字藏品，通过线上线下一体化营销，有利于推动红色文化创造性转化，以及催生新消费，带动文博领域实体经济发展。

案例五

2023 年 2 月 14 日、16 日，在天津市，平津战役纪念馆宣讲人员先后走进南开区义兴里小学和和平区劝业场小学，利用革命文物数字展示平台，让同学们与历史"面对面"，感受传统文化的魅力，上好新学期"红色第一课"。在义兴里小学的进校园活动中，平津战役纪念馆宣讲人员用吴富善的毛毯，讲述了战役前线广大指挥员艰苦朴素、实事求是的故事，并邀请同学在数字化平台体验如何"展开"毛毯、查询毛毯简介和聆听语音解说。宣讲人员以刘亚楼在解放战争时期穿的皮大衣为导引，介绍了刘亚楼的戎马生涯，尤其是他在指挥天津攻坚战时期所体现的过人智谋与胆识。由地下党员冒着生命危险绘制并转送出城的天津国民党军城防部署图及相关文物在平台上的组合呈现，引发同学们对文物间关联性的思考。在劝业场小学，宣讲人员在"平津战役纪念馆革命文物数字展示平台"上分别选取了"绥远和平签名纪念章""苏静在北平和谈和签署《关于和平解决北平问题的协议书》时使用的钢笔"等文物，在讲述文物背后故事的同时，立体展示文物三维模型，让革命文物实实在在地"活起来""动起来"。为了让学生动口、动脑、动手，真切体会中华优秀传统文化的魅力，平津战役纪念馆宣讲人员还开展了"留住时光·活字印刷术"活动，在带孩子了解活字印刷术的"前世今生"后，组织学生现场体验印制董其武将军的诗文。孩子们积极参与，反响热烈。

案例六

2023年10月，长征数字科技艺术馆"红飘带"于贵州开馆。"红飘带"是《长征国家文化公园建设保护规划》重点项目之一、长征国家文化公园贵州重点建设区标志性项目，也是首个以长征为主题的全域行浸式数字科技体验馆。"红飘带"项目用数字科技的语言向世界讲述长征故事，传承红色基因。《红飘带·伟大征程》整体以无名英雄、血火洗礼、伟大转折、砥砺征途、胜利丰碑以及新时代新长征六个篇章组成。集合AI虚拟交互、全息影像、全维度机械运动、虚拟现实技术、三维声场等最新科技手段，数字化全景再现长征之路。让观众通过行进式、沉浸式的参观模式，在战略视角与行走视角间不断转换、穿梭，身临其境地感受长征途中壮烈的战斗场面和严酷的自然挑战，从而引发内心共鸣，升华信仰之心。《红飘带·多彩飞越》是贵州首个8K电影级巨型LED球幕飞行影院的首演剧目。设计团队通过实地考察贵州地形地貌，使用数位扫描技术来采集实时数据，1：1制作数字沙盘模型，还原了贵州地貌，包含遵义会议会址、安顺黄果树瀑布、铜仁梵净山、遵义赤水丹霞、毕节百里杜鹃等19个国家级贵州景区风光。影院采用悬挂式乘骑设备结合LED球幕系统，以及高自由度的悬挂动感座椅，可以让观众亲身"飞行"于多彩贵州壮美山河之上，直径为20米的LED球幕，伴随全景声场、体感特效，带给观众一场震撼的全方位"五感"盛宴。让观众在飞行影院全方位、全视角、全景领略贵州大美风光。

革命文物展览展示创新发展报告

汪春翔　康艳丽　王诗涵*

摘　要： 党的十八大以来，革命纪念馆深化拓展革命文物保护利用，革命文物基本陈列展览与时俱进，临展特展量质提升，革命文物展览展示强调精品意识，主题鲜明突出，参观展览人数逐年攀升，充分发挥了爱国主义教育基地、党史学习立体教材、思想政治教育生动课堂等社会教育功能。但传统革命文物展览展示受时空等方面客观条件的限制、表现形式较为单一、要素保障水平亟待提升。适应新时代新要求，以时代性、政治性、教育性为基调，要从完善革命文物资源大数据管理，打造体验式、沉浸式展览展示场景，运用新媒体创新革命文物展览展示方式，充分利用好国家文物局"博物馆网上展览平台""国云展"等全景展览平台，加强对革命文物展览展示专业人才的培养等方面推动革命文物展览展示创新发展。

关键词： 展览展示　革命文物　创新发展

　　革命文物展览展示是革命博物馆、纪念馆、陈列馆、展览馆以及革命旧址旧居（以下简称革命纪念馆）的业务的主要内容之一，也是革命纪念馆活化利用革命文物，开展社会教育、传承红色基因、赓续红色血脉的有效载体和重要途径。革命文物展览展示包括主题挖掘与策展、设计与制作、布展

---

* 汪春翔，博士，江西师范大学苏区振兴研究院副教授，江西省文化产业中心主任，主要研究方向为文化和旅游管理、革命文物保护利用；康艳丽，江西师范大学马克思主义学院硕士研究生，主要研究方向为革命文物保护利用；王诗涵，江西师范大学马克思主义学院硕士研究生，主要研究方向为革命文物保护利用。

与开放、交流与社教服务等方面，它们是革命纪念馆管理与服务水平的综合体现。党的十八大以来，习近平总书记在各地考察中多次参观革命纪念馆并发表重要讲话，为新时代革命文物展览展示创新发展指明了方向。围绕新时代文物工作方针，以深化拓展文物保护利用、传承红色基因为主线，以满足人民日益增长的美好生活需要为根本目的，适应新时期数字技术持续发展和新技术、新业态、新模式蓬勃兴起的发展趋势，革命文物展览展示与时代需要相适应，契合习近平新时代中国特色社会主义思想，创新设计，不断提升展览展示质量水平。

一 革命文物展览展示发展现状

（一）革命文物基本陈列展览与时俱进

参观展览人数逐年稳步攀升。据统计，全国已建成革命纪念馆 1644 家。近年来，以革命文物为主题的基本陈列展览水平进一步提高，展览数量进一步增加，通过展现中国共产党领导下革命斗争和社会主义建设、改革开放的奋斗历史，传承红色基因、赓续红色血脉，在全社会发挥着以史鉴今、资政育人的重要作用。近年来，全国革命纪念馆累计推出主题展览 1.5 万个，累计接待观众超 28 亿人次，其中绝大多数被党和政府列为爱国主义教育基地、党性教育基地等。据国家文物局 2022 年发布的大数据报告，基于 100 个革命纪念馆样本数据，2020 年参观人数有所下降，2021 年参观革命纪念馆人数大幅回升，达到 2200 万人次，相比 2019 年增长 39.62%，相比 2020 年增长 157.95%，人们参观革命文物陈列展览的积极性高涨。[①]

基本陈列展览改陈布新。随着经济社会的飞跃发展，人民物质生活水平提高，对美好生活的追求日益强烈，对公共文化服务特别是公共文化场馆提

---

① 国家文物局编《深厚的滋养——革命文物资源服务党史学习教育大数据分析与案例探究》，南京出版社，2022，第 19 页。

供的服务要求也日益提升，许多博物馆、纪念馆的原有陈列展览难以适应人民群众日益增长的审美、教育功能需要。各地纪念馆落实革命博物馆、纪念馆和革命旧址基本陈列超过 5 年的可进行局部改陈布展以及基本陈列超过 10 年的可进行全面改陈布展的规定，运用革命文物改陈布展管理机制，着力打造主题突出、内涵丰富、形式新颖的革命文物陈列展览精品。2012 年之后，有大批的革命纪念馆进行了展陈改造，调研数据显示，在全国 1644 家革命纪念馆中，75% 以上的革命纪念馆都进行了基本陈列展览的改造与更新。部分革命纪念馆的基本陈列展览因主要依赖于原址原始风貌，或因为藏品数量较少、改造空间太小，而未进行基本陈列展览改造提升。如近年来依托名人故居建立的革命纪念馆，征集文物较难，受实物数量及内容的限制，基本陈列展览难以扩充、改造和更新。

基本陈列展览主题鲜明突出。鲜明的红色文化主题、深刻的纪念意义和现实意义是革命纪念馆最重要的特征，也是区别于其他博物馆的特色。挖掘革命历史内容、凝练其背后蕴含的精神价值、确定特色鲜明的主题是精品陈列展览的先决条件。在革命纪念馆基本陈列展览内容设计时，突出主题，为陈列展览注入灵魂。纵观全国革命纪念馆，陈列展览基本上都有一个非常突出的陈列主题。中国共产党历史展览馆"'不忘初心、牢记使命'中国共产党历史展览"，紧扣"不忘初心、牢记使命"主题，用 16800 平方米展览面积和展示空间，通过 2500 余幅图片、4500 多件（套）文物实物，全方位、全过程、全景式、史诗般展现我们党的百年历史，努力建设成为展示党的波澜壮阔百年奋斗历史的不朽丰碑。[①] 为庆祝中国共产党成立 100 周年，国家文物局推出庆祝中国共产党成立 100 周年精品展览，各地革命纪念馆聚焦主题，推出了各具特色的主题展览，如上海中共一大纪念馆推出"伟大的开端——中国共产党创建历史陈列"、山东博物馆推出"让党旗永远飘扬——山东省庆祝中国共产党成立 100 周年主题展"、福建龙岩推出"百年辉煌　闽西

---

① 国家文物局编《深厚的滋养——革命文物资源服务党史学习教育大数据分析与案例探究》，南京出版社，2022，第 104 页。

荣光——庆祝中国共产党成立 100 周年龙岩老区苏区成就展"。2023 年 6 月，北京香山革命纪念馆举办"永葆青春活力——香山时期中国共产党自我革命实践专题展览"，全景式地展现香山时期中国共产党坚持砥砺初心，在政治、思想、组织、作风、纪律等方面进行自我革命实践，在全党大兴学习之风，发扬优良作风，推进从严管党治党，完成了"打破一个旧世界""建设一个新世界"的历史重任，向人民交出满意答卷。[①]

（二）革命文物临展特展量质提升

临展特展量质提升。近年来，随着生产力不断发展与文化需求的日益增长，我国革命纪念馆临展特展同样有了很大的发展，在策展理念和展览技术手段方面都有了较为显著的进步。临时展览的时效性强、主题鲜明，可以更大限度地利用馆藏文物资源，以点带线、以线带面，补全基本陈列没有详细展示的内容，既易于运作，又能对观众产生极大的吸引力。相对于革命纪念馆基本陈列更新慢、周期长，临展特展更能够适应时代和社会需求，紧贴国家、社会和公众的需要，样式灵活、聚焦热点，是革命纪念馆展览中最为活跃、最受广大观众喜爱、与社会接轨最为密切的展览，革命纪念馆的临展特展也因此蓬勃发展。比如，2021 年，首都博物馆推出的"伟大征程——庆祝中国共产党成立 100 周年特展"，全面展现中国共产党早期北京革命活动历史，当年共接待观众超过 60 万人次，接待各级机关、企事业单位、社会团体、基层党组织 2000 余个，营造建党百年红色文化学习教育浓烈氛围。[②]江苏省 70 家革命纪念馆中有 41 家每年定期举办临时展览，有 19 家革命纪

① 香山革命纪念馆：《永葆青春活力！香山革命纪念馆为您呈上专题展览开展"月报"》，"香山革命纪念馆"微信公众号，2023 年 7 月 26 日，https：//mp.weixin.qq.com/s?__biz=MjM5NDE0NTg5MQ==&mid=2247584019&idx=1&sn=d0c4e8df86e224e0aaad7c407711450c&chksm=a68ffa1f91f873090b728100ead79484035425c6bc30df379a11d0df46cd90d6bb382c288b1d&mpshare=1&scene=23&srcid=0815ROOIy32bIknZ3fUi4DmM&sharer_shareinfo=a6f12ab6c62e30679da002a4b3c51fc9&sharer_shareinfo_first=a6f12ab6c62e30679da002a4b3c51fc9#rd。
② 国家文物局编《深厚的滋养——革命文物资源服务党史学习教育大数据分析与案例探究》，南京出版社，2022，第 41 页。

念馆年均举办临时展览 3 场以上，有 11 家革命纪念馆年均举办临时展览 5 场以上，达到一级博物馆临时展览举办水平。江苏省革命纪念馆临时展览的参观者总数呈逐年稳步增长态势，根据收集到数据的 72 家革命纪念馆所提供的资料，与 2015 年相比，2019 年临时展览接待参观者总数上涨 40%。在临时展览参观的群体中，参观临时展览青少年总数变化较大，与 2015 年相比，2019 年临时展览接待参观者总数上涨约 198%。①

临展特展专题化和特色化发展。革命纪念馆的临展特展具有很强的时政性和专题性，主要为集中展示与某一特定范围或领域相关的一系列专题内容。临展特展选取展览主题时，重要的时间节点是其策展的坐标。革命纪念馆因其特殊的文化资源常常作为党性教育基地，在策划临时展览时，临展特展的选题如果与传统节日、纪念日、重要历史人物诞辰相结合，尤其是建党节、建军节、国庆节等时间节点，更能够增加展览的时效性、针对性和纪念性。如 2020 年 8 月 1 日，为纪念第 93 个建军节，中国人民解放军海军诞生地纪念馆、武汉市中山舰博物馆共同举办"苦难·辉煌——舰证中国海军百年展"，展览以中国海军发展为主线，讲述近代百年来的发展历程，着重介绍人民海军建立后发展成为"海上钢铁长城"的历史印记。展览推出后，结合建军节的相关宣传活动，获得了热烈的社会反响。

作为重要的党性教育基地，各个革命纪念馆推出了一大批深受观众喜爱的临展特展。这些展览把握重要时间节点，更适合作为广大党员干部开展党性教育活动的平台，也起到了良好的宣传教育作用。如陕西杨家沟革命纪念馆在建党 100 周年之际，举办了"伟大的战略转移——从杨家沟到西柏坡"主题巡展；淮安市苏皖边区政府旧址纪念馆为纪念红军长征胜利 100 周年推出的"光辉的征程　伟大的壮举"集邮展览，结合了邮票这种群众喜爱的内容形式，让广大群众深刻理解中国工农红军长征胜利的伟大意义，进一步激发广大群众对革命先辈的敬仰之情，弘扬以爱国主义为核心的民族精神。

展览形式注重适用性和多样性。相比基本陈列展览，临展特展的主题鲜

---

① 江苏省博物馆学会编《江苏博物馆事业高质量发展》，文物出版社，2019，第 102 页。

明、内容新颖、形式多样，展品选择比较聚焦主题，陈列内容和艺术表现形式机动灵活，展览的文物容易更换，往往比纪念馆基本陈列取得更好的效果。比如，革命纪念馆在开展临时展览活动中，充分考虑不同年龄段人群认知能力，有针对性地举办临时展览。2021 年 10 月，在石家庄市西柏坡纪念馆临展厅举办"传承千载　翰墨燕赵——全国百位书法名家邀请展暨青少年爱国主义教育书法传承活动"，展出经评选出的 100 名中小学生书法作品，展现燕赵少年的笔墨风采和爱国主义情怀。武汉革命博物馆的全景技术展示，让参观者对从空中到地面的场馆全貌一览无余，更可以进入展厅内部，细细参观陈列展览，享受到全面可视化的高清游览体验。另有"中国共产党纪律建设历史陈列馆数字展馆""日出江城——庆祝武汉解放 70 周年展览"两个专题展厅的数字展示，运用 720 度激光采集技术，通过多媒体互动叠加图文、音视频等形式，让观众可在线任意浏览文物资料、珍贵历史照片与电子书，其解说全程音画同步，全景呈现实体展览内容，为观众提供深度代入的浏览体验。同时，观众还可以随时随地将精彩展览内容分享到主流社交平台。

（三）革命文物展览展示坚持守正创新理念

展览展示以时代性、政治性、教育性为基调。习近平总书记指出："经过长期努力，中国特色社会主义进入了新时代，这是我国发展新的历史方位。"① 进入新时代，革命纪念馆更好顺应时代发展要求，展览展示工作的价值理念、工作使命、工作原则等都有了新的发展。革命文物展览展示以传承红色基因为主线，挖掘红色文化内涵，讲好红色故事，用红色文化滋养时代新人，推动红色文化与时俱进、薪火相传。展览展示工作立足政治性，宣传阵地的作用进一步巩固。各地革命纪念馆通过革命文物载体，在展览展示中运用大量史料，挖掘主题，凝练价值，传播革命精神。展览展示涉及党史

---

① 习近平：《决胜全面建成小康社会　夺取新时代中国特色社会主义伟大胜利——在中国共产党第十九次全国代表大会上的报告》，人民出版社，2017，第 10 页。

相关内容，在宣传、党史部门会同审核认证与层层把关下，革命纪念馆展览展示内容的革命性、科学性、严谨性得到了保障。教育功能是革命纪念馆陈列展览与生俱来的使命，革命纪念馆是文化精神的助推器，能够帮助广大青少年树立正确的世界观、人生观、价值观，形成奋斗求索的精神品格和爱国主义情怀。为最大限度地发挥教育功能，各地革命纪念馆推出了基于革命文物展览展示的研学课程，将红色文化贯穿于研学实践的全过程。2021 年，国家文物局会同共青团中央、全国少工委启动"党的故事我来讲——争做红领巾讲解员"活动，推动少先队员成为红色故事的宣讲人，切实发挥革命纪念馆展览展示在向青少年进行党史学习教育、革命传统教育中的重要作用。

展览展示聚焦重大题材。进入新时代以后，革命纪念馆展览展示以建党百年历史为基础，聚焦重大历史和现实题材，不再囿于限定的范围，取得不同程度的突破和创新。聚焦关乎中华民族历史，更关乎未来的民族复兴题材，中国国家博物馆精心设计、精心制作，打造"复兴之路"展览，展览通过 1280 多件（套）珍贵文物和 870 多张历史照片，回顾了 1840 年鸦片战争以来的一百多年，陷入半殖民地半封建社会深渊的中国各阶层人民在屈辱和苦难中奋起抗争，为实现民族复兴进行的种种探索，特别是中国共产党领导各族人民争取民族独立和人民解放、国家富强和人民幸福的光辉历程，深刻揭示出历史和人民为什么和怎样选择了马克思主义、选择了中国共产党、选择了社会主义道路、选择了改革开放，深刻揭示出历史和人民为什么必须始终坚持高举中国特色社会主义伟大旗帜不动摇，坚持中国特色社会主义道路不动摇，坚持中国特色社会主义理论体系不动摇。聚焦建党百年历史，深入贯彻落实习近平总书记对革命文物工作的重要指示精神，中央宣传部、国家文物局联合公开推介庆祝中国共产党成立 100 周年精品展览。聚焦时代和平发展，侵华日军南京大屠杀遇难同胞纪念馆就多次举办国际和平海报双年展。双年展面向全世界的设计师、专业师生、艺术家和设计机构征集作品，每届都选取不同的主题，参与者通过简单或复杂、沉静或动感的色彩、符号、图式，以新颖、有创意的海报表达了和平的主题理念，在国际上有较大的影响力。

展览展示强调精品意识。2018 年 7 月，中共中央办公厅、国务院办公厅印发《关于实施革命文物保护利用工程（2018—2022）的意见》，提出实施革命文物陈列展览精品工程，"推介一批庆祝改革开放 40 周年、庆祝中华人民共和国成立 70 周年、纪念中国人民抗日战争暨世界反法西斯战争胜利 75 周年、庆祝中国共产党成立 100 周年、迎接中国共产党第二十次全国代表大会召开的革命文物系列陈列展览精品，策划举办中国共产党百年党史文物大展"。[①] 2019 年 11 月，中共中央、国务院印发的《新时代爱国主义教育实施纲要》也对革命纪念馆爱国主义教育提出了新的要求，各级各类爱国主义教育基地"要加强内容建设，改进展陈方式，着力打造主题突出、导向鲜明、内涵丰富的精品陈列，强化爱国主义教育和红色教育功能，为社会各界群众参观学习提供更好服务"。[②] 打造精品展览成为各个革命纪念馆新的使命与任务。国家文物局会同中央宣传部，策划、打造、推介了一批主题突出、内涵丰富、形式新颖的革命文物展览展示精品，以小切口展现大主题，多角度展示中国共产党的伟大贡献。活动遴选出 109 个庆祝中国共产党成立 100 周年精品展览，全国 31 个省、区、市及新疆生产建设兵团均有展览入选。此外，超过 20 个精品展览在县级纪念馆举办，将精品展览带到了基层一线。精品展览在对革命文物资源禀赋进行深入研究的基础上，对中国革命历史阐释得更为深入，以物见史，以细节打动观众、启发观众，吸引了大量观众前来观展学习。[③]

（四）革命文物展览展示社教功能拓展延伸

爱国主义教育的基地。宣传教育是革命纪念馆的重要功能，展览展示是

---

① 《中共中央办公厅　国务院办公厅印发〈关于实施革命文物保护利用工程（2018—2022 年）的意见〉》，《中华人民共和国国务院公报》2018 年第 22 期。
② 《中共中央　国务院印发〈新时代爱国主义教育实施纲要〉》，教育部网站，2019 年 11 月 13 日，http：//www.moe.gov.cn/jyb_xxgk/moe_1777/moe_1778/201911/t20191113_407983.html。
③ 国家文物局编《深厚的滋养——革命文物资源服务党史学习教育大数据分析与案例探究》，南京出版社，2022，第 14 页。

发挥宣传教育功能的重要手段，承担着对人民群众进行爱国主义教育的重任。爱国主义是动员和鼓舞中国人民团结奋斗的一面旗帜，是推动我国社会历史前进的巨大力量，通过革命文物展览展示，可以直观地、最大限度地激发广大群众的爱国主义情感。近年来，青少年观众参观革命纪念馆的人数大幅增加，许多革命纪念馆成为青少年红色打卡地，革命纪念馆在青少年爱国主义教育中起着越来越重要的作用。2022年10月，中共四大纪念馆国旗教育展示厅中，更新了一场特别的"展中展"——孩子们的艺术作品纷纷上墙，与原有展品进行跨时空联动，让红色文化的接班人更深入地参与到爱国主义教育、国旗文化传承的队伍中。2023年，哈尔滨市冰雪旅游火爆"出圈"，许多游客来到侵华日军第七三一部队遗址和位于遗址内的侵华日军第七三一部队罪证陈列馆参观，接受爱国主义教育。侵华日军第七三一部队罪证陈列馆清楚地记录了日本侵略者犯下的细菌战、人体实验等惨绝人寰的战争罪行。2024年元旦假期，侵华日军第七三一部队罪证陈列馆接待参观者3.63万人次，创历史新高，许多年轻人感慨动容，哭着看完展览，纷纷留言"勿忘历史""以史为鉴""珍爱和平""愿山河永固，国泰民安"……广大观众接受了以爱国主义为核心的民族精神的洗礼。福建博物院"英雄的鲜血染红了它——革命先驱遗书展"，从展览名称"英雄的鲜血染红了它"到每一部分的小标题——"人间正道是沧桑""英特纳雄耐尔，就一定要实现""把我们的血肉筑成我们新的长城""共和国的旗帜上，有我们血染的风采""我爱你中国"，都出自脍炙人口的红色经典歌曲，串联起理想与信念的颂歌，让观众在观展的同时激发爱国主义情怀。

党史学习的教材。2021年3月，国家文物局联合退役军人事务部印发《关于充分用好革命文物资源及烈士纪念设施服务党史学习教育的通知》，聚焦服务主题，提高服务水平，多措并举开展了一系列主题鲜明、形式多样的活动，取得了令人满意的效果。读好用好革命文物这一生动的党史教材，对开展党史学习教育、革命传统教育和爱国主义教育具有重要意义。北京大学在抓好自身党史学习教育的同时，注重深度挖掘革命资源的历史内涵和红色基因，讲好鲜活党史故事，使之成为党史学习教育的生动教材。依托北京大学红楼举办的"光辉伟业 红色序章——北大红楼与中国共产党早期北京革命活动主题展",围绕北京在党的创建过程中四个方面的独特贡献,全面、系统、生动展现中国共产党早期北京革命活动的光辉历史;依托李大钊旧居、原中法大学、京报馆旧址(邵飘萍故居)、京师大学堂建筑遗存,以及"播火者——李大钊革命思想与实践""马克思主义在中国早期传播""百年红色报刊""伟大开篇——中国共产党早期北京组织"等专题展,以特定角度聚焦历史专题,以中国共产党领导中国人民进行革命、建设和改革的 100 年奋斗历程为主线,集中展示了中国共产党北京革命历史波澜壮阔的发展历程,通过丰富的展陈手段,全面、系统地展现了中国共产党早期北京革命活动的光辉历史、独特贡献和时代价值,为党史学习教育扩充了教材。

思想政治教育的课堂。2021 年 7 月,教育部、国家文物局联合出台《关于充分运用革命文物资源加强新时代高校思想政治工作的意见》,明确提出"梳理革命文物资源蕴含的思想政治教育元素和所承载的思想政治教育功能,推进高校课程思政建设"。"组织研发'纪念馆里的思政课',支持高校师生、社团结合重大事件、重大活动、重要节日和主题党团日走进革命场馆,开展现场教学、主题活动、志愿服务、实习实践、研学旅行。"① 同年 9 月,来自江苏、北京、上海、重庆、河北、辽宁、黑龙江、山东、山西、福建、浙江、江西、湖南、贵州、陕西等 15 个省市的 37 座革命纪念馆,以及来自江苏、北京、上海、浙江、重庆、山东、安徽、黑龙江、陕西、贵州、海南等 11 个省市的 35 所高校马克思主义学院,联合成立革命文物资源融入新时代高校思想政治工作馆校合作联盟。2023 年国家文物局办公室、教育部办公厅印发《关于开展以革命文物为主题的"大思政课"优质资源建设推广工作的通知》,明确提出要全面推动革命文物资源融入高校思想政治工作体系。

---

① 《教育部 国家文物局关于充分运用革命文物资源加强新时代高校思想政治工作的意见》,教育部网站,2021 年 7 月 27 日,http://www.moe.gov.cn/jyb_ xxgk/moe_ 1777/moe_ 1779/202108/t20210816_ 551494. html。

二 革命文物展览展示创新面临的困难挑战

（一）传统展览展示受时空等方面客观条件限制

传统展览展示时间、空间以及文物保护等方面的局限性，使展览展示创新面临很多方面的困难。

在时间上，革命文物展览展示通常有较为固定的时间，观众只能在规定的时间前来观展或开展相关社教活动，这对远距离或与工作时间正好相冲突的观众来说就不方便，从而限制了观展的人数。

在空间上，革命纪念馆展览展示空间有限，无法容纳较大规模的或较全面的展览，甚至一些主题展览无法完整展示。特别是在革命旧址旧居的展览，只能是部分、简略地展览一些革命事件、人物主要经历，难以全面地展示历史背景、革命人物生平全貌等。

从革命文物保护角度看，等级较高的文物保护措施较为严密或需要特殊的保护环境，不便于公开展览或只能以特定的方式展览，导致观众无法近距离观看展品，无法全面了解展品的细节。

从展览的体验性角度看，传统的展览展示，观众只能较为被动地观看展品或文字、图片资料，通过文字、图片或音频的方式了解革命文物展品，无法与革命文物或展览本身进行互动、参与其中，不能身临其境体验，影响了对革命文物和展览展示的理解。

（二）革命文物展览展示形式较为单一

革命文物性质的特殊性、专业性，导致展览内容普遍偏向注重党史的严肃性、学术性，会使用大量的党史、近现代史等方面的专业术语和理论，追求史实和相关信息的准确性，在细节性、生动性等方面缺乏普及性和通俗性。观众可能会因为缺乏相关历史、社会等方面背景知识而感到陌生，从而难以读取、理解和接受展览展示的内容，很难与展品建立起联系，无法产生共情共鸣的情感联系。

革命文物展览展示形式普遍还较为传统，主要以展柜和展板为主，展览设计也缺乏互动性，观众只能被动地观看展品和资料，形式较为单一，特别是广大青少年群体，对展览展示形式感到单调乏味，难以激发他们的兴趣和好奇心。在依托网络运用数字化、虚拟化、三维全景等技术进行辅助展览方面还不足，大多数革命文物展览展示特别是革命旧址旧居类的展览展示，内容还基本停留在原物原貌状态，还没有利用现代科技进行更丰富和多样的展示。另外，在展览的宣传方面，手段也较为传统、单一，没有充分运用社交媒体和在线平台，将展览信息与热点关联，对展览信息进行及时更新。

（三）革命文物展览展示要素保障水平亟待提升

革命文物展览展示专业人员既要具备跨学科综合能力，懂得藏品保护、展陈设计管理、展览阐释解说等多学科领域的知识内容，又要懂得数字化设备操作等现代科技领域技能，还需要对党史有较全面的了解和研究。培育或引进综合型、全能型的展览人才存在较大的难度。革命纪念馆展览人才分工明确但协同不足，交流和合作机会不多，在一定程度上也制约了展览人才整体水平的提升。

各地革命纪念馆都在积极利用新媒体技术，采用新的科技手段创新展览展示，但引入新科技手段和多媒体展示都需要大量的资金和技术支持，革命纪念馆面临着资金紧缺、设备短缺或设备不能被充分利用的困境。

三　革命文物展览展示创新发展对策建议

（一）完善革命文物资源大数据管理

通过数字化过程将革命文物资源转化为数字文化资源，不断完善资源大数据管理，是革命文物展览展示创新发展的一项基础性工作。

一是加强革命文物资源数字化工作。革命文物资源数字化工作可以贯穿革命文物发掘、保护、管理、展览等全过程，核心内容就是将革命文物的信息全方位记录和保存下来，建立完整的数字化档案。数字化技术通过全方位、高质量、多维度提取文物的信息，永久保存文物的档案，为后续利用"互联网+"等数字化展览展示创造条件。

二是打破革命文物资源数据在互联互通和开放性上存在的壁垒。目前革命文物资源数字化还面临资源整合不到位、记录方式碎片化、数据标准不统一的问题，要提升数字化技术的通用性和可利用性，以适应不同类型、不同场景的文物数字化需求，实现互联互通，使文物数字化档案的交换、融合及管理更加便捷。

三是革命文物资源管理部门要加强协调革命纪念馆、科研院所、文博机构、行业协会等各方面力量，实现共建共享。鼓励开放数据，对文物的数字资源进行汇总，汇集全国各个革命纪念馆数据库所保存的文物数据，扩大革命文物数据资源库，从而最大限度提升策划云展览的效率。

（二）运用新媒体创新革命文物展览展示方式

以新型数字技术为支撑，聚焦新媒体，采用基于 5G 的大数据分析、AR、VR 以及沉浸式体验等科技手段创新数字化服务形式，推动革命文物展览展示跨界融合，积极拓展观展途径，构建利用多媒体、数字化等现代化展示手段，与展览内容相得益彰，线上线下相融合的"云展览"传播体系。根据新媒体的传播特点及观众在使用新媒体时的习惯进行变通，让革命文物展览展示在新媒体环境下健康传播，从而提高革命文物展览展示的关注度。

一是微信小程序导览。通过博物馆的微信小程序，实现网上观展，观众可以边听讲解语音，边查看文物的 3D 图片。

二是新媒体直播。革命纪念馆等革命文物展览可联合各大媒体平台直播，观众可以实时跟随直播中的讲解进行观展。如 2023 年 7 月 1 日中共一大纪念馆开展"弘扬伟大建党精神，赓续传承红色血脉——建党 102 周年'七一'大直播"活动，邀请观众"云游纪念馆，直播看一大"。直播在《人民日报》及视界客户端、中共一大纪念馆、文博头条、中国文物交流中心、《党史镜报》

等媒体同步开启，还吸引了新华社、央视新闻客户端及微博等新媒体全平台同步直播。直播共计吸引近 600 万网友线上观看，带领大家共同参加一场庄严的升旗仪式，聆听一声铿锵有力的誓言，参观一个承载着伟大精神的展览，体验一次从石库门到天安门的初心之旅，感悟一份红色的赤诚信仰，共庆党的生日。①

三是革命纪念馆 App 呈现。革命纪念馆 App 可以对革命文物进行搜索、高清观赏，还可提供线上革命文物云展览，让观众足不出户就可以看到展览。如"掌上军博"App，中国人民革命军事博物馆研发制作智慧导游，平台设有关于军博、资讯动态、展览陈列、参观服务、参与互动、馆藏文物、研究创作共 7 个一级栏目，走在场馆中有地图导览、展品推送讲解、展馆服务设施、参观指南等内容，真正做到将博物馆装进口袋。

（三）打造体验式、沉浸式展览展示场景

近年来，各地体验式、沉浸式文旅项目带给人们全新的游览体验，取得较好的效果。借鉴可观、可感、可参与、可互动的体验式、沉浸式文旅项目的做法，设计主题式、分众化、差异化、项目化的体验式、沉浸式展览展示现场，不仅可以使展览展示更加生动，调动大家参观展览的积极性，还能让不同年龄段的参观者愿意来、待得住、印象深、有收获，润物细无声地接受革命传统教育。比如，南昌八一起义纪念馆为了让大众了解八一故事，打造"情景体验式"、"实境亲历式"和"感触沉浸式"展览展示模式，让参观者变为参与者。该馆打造了《那年八一》沉浸式实景剧和"玉兰清明祭""永远的七一"等主题展览和教育活动，打破了红色文化传统边界，让"红色八一"可感、可触、可传播。上海龙华烈士纪念馆推出"龙之华，初之心"系列党性教育精品课程，包括一场庄严肃穆的祭扫仪式、一次英烈诗抄的诵读互动、一次敌我斗争的实景体验、一次穿越历史的党性洗礼、一次与长眠先驱的时空对话、一次"英雄壮歌"的沉浸式参观以及一堂"忠诚　奋

---

① 《庆七一｜中共一大纪念馆举办建党 102 周年庆祝活动》，中共一大纪念馆网站，2023 年 7月 1 日，https://www.zgyd1921.com/about/news/af4616f97717486aa01f936e6f2aa0da.html。

斗 牺牲"的党课等 7 个环节，将包括龙华烈士纪念馆、遗址区、纪念碑广场等在内的整个龙华烈士陵园物理空间打造成可参观、可体验、可互动的沉浸式大课堂，让参与者在庄严肃穆的环境中，接受红色文化的熏陶。①

（四）充分利用好国家文物局"博物馆网上展览平台""国云展"等全景展览平台

传统展览展示受到时空等条件制约，能传达出的有效信息通常不到 20%，其余 80%的信息在实体展览中无法释放。云观展消除了空间距离，让大家随时随地都可以参观到心仪的展览，正在成为人们亲近文化、感受历史的一种新时尚，极大地提高了展览信息的传播效率。国家文物局利用大数据、云计算、人工智能以及 5G、VR 等现代技术，搭建了"博物馆网上展览平台""国云展"等全景展览平台，平台汇集、展示大批全国博物馆优秀线上展览项目，通过云直播方式邀请文化名人携手馆内专家，对展览内容进行全方位解读，成为展览展示创新发展的有效路径和模式。革命纪念馆、各地不可移动革命文物可运用 3D 技术、VR 技术等多种数字技术手段将线下的展览移到"博物馆网上展览平台"上，构建一个云展览。同时，利用平台提供的"云展览+直播"等方式，使社会公众从单纯的受众变为革命文物展览的传播者，增强公众的参与感和体验感，提升革命文物展览展示的传播力、影响力。

（五）加强对革命文物展览展示专业人才的培养

一是培育革命文物展览展示策展人。革命文物展览展示的专业性、政治性要求其策展人具有崇高的使命感、宏大的历史观、正确的党史观，不仅是展览组织工作的专家，也是党史研究工作者。革命纪念馆要重视展览从业人员展览业务工作的学习培训，更要就展览专题邀请该领域内的党史专家面对

---

① 张熠：《从馆内走向公众，龙华烈士纪念馆"体验式"革命教育润物无声》，上观新闻网站，2018 年 5 月 13 日，https://www.jfdaily.com/news/detail? id = 89237。

面地讲解，帮助策展人员丰富党史知识。

二是提升革命文物展览展示从业人员数字化运用水平。数字化已经深入革命文物展览展示工作的各个方面，亟须从业人员在日常工作过程中了解、掌握数字化的相关技术手段，掌握运用现代科技手段和新媒体提升展览展示效率的工作方法，全面提高革命文物展览展示的工作成效。

三是改革展览展示从业人员工作机制。在革命文物展览展示工作中，要打破传统展览专人专事的工作模式，让文物收藏、保管、研究、技术人员共同参与策展和展览展示，让专业领域不同的人才在革命文物展览展示工作中相互学习、交流，共同提升。

革命文物融入"大思政课"教育报告

沈夏珠*

摘　要： 革命文物的有机融入，有助于实现"大思政课"教育教学目标、丰富"大思政课"教育教学内容、创新"大思政课"教育教学方法，发挥革命文物的育人功能与高质量建设"大思政课"之间具有高度的契合性。经过各方的共同努力，已经探明了"以物叙史""以物证理""以物传神"的基本路径。在实践的基础上，已经形成了关于革命文物融入"大思政课"的必要性、可行性、基本要求、典型案例等方面的初步研究成果。基于高质量建设"大思政课"和推动革命文物保护利用的需要，必须进一步全面提高认识、构建资源体系、汇聚人才队伍、加强研究支撑、推动平台建设、建立健全机制。

关键词： 革命文物　"大思政课"　以物叙史　以物证理　以物传神

党的十八大以来，习近平总书记站在党和国家事业发展全局高度，把思政课建设摆在更加突出的位置，出席全国高校思想政治工作会议、全国教育大会、学校思想政治理论课教师座谈会等重要会议，深入考察大中小学，围绕思政课建设发表一系列重要讲话。为深入贯彻落实习近平总书记关于"大思政课"的重要指示批示和在中国人民大学考察时的重要讲话精神，贯彻落实中共中央、国务院有关文件精神，坚持不懈用习近平新时代中国特色社会主义思想铸魂育人，2022 年 7 月 25 日，教育部、中宣部等十部门联合

---

　* 沈夏珠，政治学博士，江西师范大学苏区振兴研究院副研究员，江西省哲学社会科学重点研究基地新时代党的强军思想研究中心主任，主要研究方向为马克思主义中国化。

印发《全面推进"大思政课"建设的工作方案》（以下简称《方案》）。本报告围绕《方案》印发以来，各地方、各高校推动"大思政课"建设的基本事实和有关研究成果，探明革命文物融入"大思政课"的基本路径，为进一步高质量建设"大思政课"、进一步发挥革命文物的育人功能总结经验、厘清问题、提出建议。

一 革命文物融入"大思政课"的契合性

革命文物融入"大思政课"不是违背教育教学规律的"硬融入"，而是基于革命文物具有的育人功能和"大思政课"教育教学目标、内容、方式的内在契合性的"有机融入"。

（一）有助于实现"大思政课"教育教学目标

《方案》指出，全面推进"大思政课"建设，要坚持以习近平新时代中国特色社会主义思想为指导，聚焦立德树人根本任务，推动用党的创新理论铸魂育人，不断增强针对性、提高有效性，实现入脑入心。教育引导学生坚定"四个自信"，成为堪当民族复兴重任的时代新人。革命文物是中国共产党团结带领全国各族人民百余年奋斗的历史存证，是中国共产党人和中国人民鲜血和汗水的凝铸，标识了中国特色社会主义道路的探索历史，展现了中国特色社会主义理论的创立过程，反映了中国特色社会主义制度的实践发展，呈现了中国特色社会主义文化的形成逻辑，通过对革命文物的展示、讲解，通过组织同学们回到革命、建设、改革现场进行亲身体验，让大家真切感受到中国特色社会主义是实现中华民族伟大复兴的必由之路、中国特色社会主义理论是实现中华民族伟大复兴的行动指南、中国特色社会主义制度是实现中华民族伟大复兴的根本保障、中国特色社会主义文化是实现中华民族伟大复兴的精神力量，真正坚定"四个自信"，立志成为堪当民族复兴重任的时代新人。

（二）有助于丰富"大思政课"教育教学内容

党的十八大以来，有关部门先后出台了一系列革命文物保护管理条例，推动革命文物保护管理工作制度化、程序化、规范化发展。2018 年 7 月，中共中央办公厅、国务院办公厅印发《关于实施革命文物保护利用工程（2018—2022 年）的意见》（以下简称《意见》），这是党中央全面部署新时代革命文物工作的指导性文件。《意见》要求深化革命文物价值挖掘阐释传播，发挥革命文物服务大局、资政育人和推动发展的独特作用，以开展爱国主义教育、培育社会主义核心价值观为根本，以弘扬革命精神、继承革命文化为核心，统筹推进革命文物保护利用传承，推动革命传统教育进学校进教材进课堂，编纂出版系列革命文物知识读本，鼓励学校、党校（行政学院）到革命旧址、革命博物馆和纪念馆开展现场教学。革命文物凝结着中国共产党的光荣历史，展现了近代以来中国人民英勇奋斗的壮丽篇章，是革命文化的物质载体，是激发爱国热情、振奋民族精神的深厚滋养，是中国共产党团结带领中国人民不忘初心、继续前进的力量源泉，必然也是开好讲好"大思政课"的丰富内容来源。

（三）有助于创新"大思政课"教育教学方法

信息时代的大中小学生，获取知识和信息的渠道多种多样、方式迭代频繁，如何创新教育教学方法，采用适应大中小学生接受习惯的方法开展"大思政课"教育教学，是影响教育教学质量的关键因素。各教育实施主体要将革命文物有机融入"大思政课"，必然要求加强对学生思想、心理及学生关心的热点、难点问题的研究，制订针对性的教学方案，通过增强针对性来提高有效性，避免"硬融入"；必然要求注重发挥学生主体性作用，积极运用小组研学、情景展示、课题研讨、课堂辩论等方式组织课堂实践，真正"让革命文物说话"；必然要求组织开展丰富多彩的实践教学，在革命旧址、革命博物馆和纪念馆等场所开辟更多的社会大课堂；必然要求在课件制作、讲义编写、专题片制作上创新方式方法，通过图片、文字、视频、动画等多种形式将革命文物有机嵌入,为教师讲深、讲透、讲活"大思政课"提供资源支撑;必然要求立足新时代的伟大实践,充分挖掘地方红色文化、校史资源,将伟大建党精神和抗疫精神、科学家精神、载人航天精神等伟大精神与生动鲜活的实践成就,以及英雄模范的先进事迹等引入"大思政课",从而带来教育教学方法的变革。

总之,将革命文物融入"大思政课",是贯彻《意见》和《方案》的必然要求,也是革命文物的育人功能与"大思政课"教育教学目标、内容、方法高度契合的内在要求。

二 革命文物融入"大思政课"的基本路径

《方案》印发以来,我国各地方、各高校积极结合自身基础条件和资源禀赋特点,推动"大思政课"建设,探明了革命文物融入"大思政课"的三条基本路径。

(一)将革命文物融入党史教育,实现"以物叙史"

任何民族、任何国家、任何政党都十分珍视自己的历史、高度重视对共同体成员的历史教育,因为历史不仅是这些共同体形成和发展过程的记录,而且在当下仍然深刻存在于共同体的制度和文化之中,是发生于过去并深刻影响着共同体当下和未来的生命基因。没有历史的赓续,一个民族、国家、政党就无法存在,即便存在,也不再是历史上延续下来的存在。因此,一个不珍视自己的历史、不高度重视对共同体成员的历史教育的民族、国家、政党是不可维系的,是没有未来的。"大思政课"要推动大中小学生坚定"四个自信",要发挥培育堪当民族复兴重任的时代新人的应有作用,必须承担历史教育责任,借此推动大中小学生形成对中国特色社会主义道路、理论、制度、文化的认同和对中华民族的认同,因为这种认同必须建立在对道路、理论、制度、文化形成的历史逻辑和历史必然性的深刻认知基础上。只有教育引导大中小学生从理性和情感的双重维度上真正认识到中国特色社会主义是历史的选择、人民的选择，只有坚持和发展中国特色社会主义才能实现中华民族伟大复兴，才能真正坚定"四个自信"，才能增强实现中华民族伟大复兴的历史使命感。革命文物正是党史、新中国史、改革开放史、社会主义发展史的直接记录，运用革命文物进行历史叙事可亲、可感、可信，将极大增强历史教育的效果，正所谓百闻不如一"件"。比如，上海市各大中小学开展的"志愿军战士用炮弹壳制作的花瓶走进爱心暑托班""飞鱼牌机械式计算机走进多所学校课堂""1941 年至 1946 年新四军'N4A'臂章走进上海视觉艺术学院""志愿军战士用炮弹壳制作的花瓶走进上海外国语大学附属浦东外国语学校""五四运动的起因（漫画）走进上海市工业技术学校""《新青年》第三卷第二号走进瑞金一路幼儿园""陈广生著《毛主席的好战士——雷锋》走进闸北八中"等活动，将革命文物请进校园、请进课堂，让革命文物叙史，切实发挥了革命文物的育人功能。

（二）将革命文物融入理论教育，实现"以物证理"

中国共产党百余年的奋斗历史告诉人们，中国共产党能够由小变大、由弱变强、由局部执政发展到全国执政，成功经验有千万条，但是最根本的一条是中国共产党是一个拥有高度的理论创新自觉和强大的理论创新能力的党，中国共产党在革命、建设、改革各个历史时期都把马克思主义基本原理同中国具体实际相结合、同中华优秀传统文化相结合，推动马克思主义中国化时代化，用中国化时代化的马克思主义指导中国革命、建设、改革实践，从而不断地从胜利走向胜利。可以讲，没有马克思主义就没有中国共产党的诞生，没有马克思主义中国化时代化就没有中国共产党的生存、发展、壮大，这是中国共产党成长为全世界最大政党的理论逻辑，也是中华民族从积贫积弱到站起来、富起来、强起来的理论逻辑。这一根本经验已经被高度概括为这样的历史结论：中国共产党为什么能，中国特色社会主义为什么好，归根到底是马克思主义行，是中国化时代化的马克思主义行。"大思政课"要推动大中小学生坚定"四个自信"，要发挥培育堪当民族复兴重任的时代新人的应有作用，必须讲清楚中国共产党之所以能、马克思主义和中国化时代化的马克思主义之所以行、中国特色社会主义之所以好的道理、学理、哲理。革命文物不仅包含了实践历史的存证,也包含了理论历史的存证,积极发挥革命文物的"物证"作用,讲清楚马克思主义中国化时代化的历史和逻辑,就达到了"以物证理"的效果。比如,江西师范大学马克思主义学院的指导老师带领同学们参访井冈山的八角楼,观摩楼内陈列着的大砚台、竹筒铁盏清油灯等物品,对他们讲清楚在井冈山斗争时期,毛泽东同志在八角楼的清油灯下写下了《中国的红色政权为什么能够存在?》《井冈山的斗争》两篇光辉著作,深刻总结了井冈山革命根据地斗争经验,阐明了中国革命发展的规律、红色政权能够存在和发展的基本条件,提出了"工农武装割据"的光辉思想,找到了一条农村包围城市、武装夺取政权的正确革命道路,八角楼的灯光在茫茫黑夜里照亮了中国革命胜利的伟大征程。井冈山革命根据地是马克思主义中国化的"开篇之作",是中国革命的摇篮,对中国革命事业的理论与实践发展具有极其深远的影响。重返革命现场,置身革命场景,让革命文物说话,这样的理论教学是极为生动的、极为有效的。

(三)将革命文物融入实践教育,实现"以物传神"

人无精神不立,国无精神不强。习近平总书记在十三届全国人大一次会议上深刻指出,中国人民的特质、禀赋不仅铸就了绵延几千年发展至今的中华文明,而且深刻影响着当代中国发展进步,深刻影响着当代中国人的精神世界。中国人民在长期奋斗中培育、继承、发展起来的伟大民族精神,为中国发展和人类文明进步提供了强大精神动力。中国人民是具有伟大创造精神、伟大奋斗精神、伟大团结精神、伟大梦想精神的人民。有这样伟大的人民,有这样伟大的民族,有这样的伟大民族精神,是我们的骄傲,是我们坚定中国特色社会主义道路自信、理论自信、制度自信、文化自信的底气。近代以来,封建腐朽统治和错误的闭关锁国政策使中华民族走向封闭和没落,遭到帝国主义的欺凌,中国人民身陷水深火热之中。但是,中国人民并没有因此消沉下去,而是展开了不屈不挠的斗争,特别是中国共产党的诞生,使中国人民有了坚强可靠的主心骨,最终实现了救亡图存、民族独立和人民解放。中国共产党团结带领全国各族人民在百余年的卓绝奋斗历程中凝结而成的中国共产党人精神谱系是对伟大民族精神的继承和发展，并且赋予了民族精神新的内涵，是我们要一代代永远赓续下去的宝贵精神财富。"大思政课"要推动大中小学生坚定"四个自信"，要发挥培育堪当民族复兴重任的时代新人的应有作用，就必须在大中小学生心中播撒中国共产党人精神谱系的种子，厚培爱国心、强国志、报国情。革命文物不仅是实践历史和理论历史的存证，也是蕴含革命精神的信物。积极发挥革命文物的"物证"作用，讲清楚各种革命精神诞生背景、丰富内涵、时代价值，做到以情感人、直抵人心，就达到了"以物传神"的效果。比如，甘肃省委、省政府先后出台《甘肃省深化新时代学校思想政治理论课改革创新实施方案》《甘肃省全面推进"大思政课"建设工程实施方案》等政策文件，实施大中小学"红色基因传承行动"，充分利用区域红色资源，建立 53 个红色基因研究中心、477 个红色基因传承基地。另外，甘肃省在大中小学组织实施"红色基因传承行动"，建成省级红色基因传承示范校 40 所、陇原红色文化育人共同体 5 个。这些举措切实将革命文物融入"大思政课"，让同学们在与革命文物"面对面"的过程中实现与革命人物"心连心"，在穿越时空的共情中育成红色基因、赓续革命精神。

三 革命文物融入"大思政课"的研究现状

随着《方案》的印发以及各地方、各高校"大思政课"建设的全方位推进，以"大思政课"为主题的研究渐次丰富起来。在中国知网以"大思政课 革命文物"为主题，搜索得到 5 篇报刊评论（报道）和 5 篇学术论文，有关作者主要从如下几个方面对革命文物融入"大思政课"展开论述和研究。

（一）关于革命文物融入"大思政课"的必要性论述

《大思政课视域下红色资源育人探究》一文认为，中国共产党百年来革命、建设、改革的伟大实践是红色资源产生的历史根基,纪念馆、展览馆、博物馆等场馆是红色文化的重要载体,纪念馆、展览馆、博物馆等红色资源融入"大思政课"是赓续红色血脉的重大举措,奋斗、传承、发掘、育人,构成了党和国家红色基因库赓续红色血脉的历史逻辑。注重"校园小课堂"与"社会大课堂"紧密结合,充分发掘纪念馆、展览馆、博物馆等优质资源,将其全面融入"大思政课",既是推广"大思政课"优质资源育人的重要任务,也是当前思政课建设成效不彰难题的破解之道。将红色资源融入"大思政课"教学,有利于青年学子品味红色文化的思想魅力,感知红色文化的精神伟力,思考红色资源与当代现实的结合路径,更好契合新时代培育"有理想、敢担当、能吃苦、肯奋斗"时代新人的新要求。①

《"大思政课"视域下高校红色文化资源育人的路径研究》一文认为,包括革命文物在内的红色文化资源是历史与现实相统一的有机体、物质与精神相统一的有机体、文化与社会相统一的有机体,坚持历史视野与现实观照相结合、物质文明与精神文明相协调、文化自信与社会实践相融合,有利于增强"大思政课"的吸引力、感染力,从而提升"大思政课"的实效性。发挥包括革命文物在内的红色文化资源育人功能是实现红色文化资源价值的重要方式,是全面推进"大思政课"建设的重要手段,是落实立德树人根本任务的重要途径。②

《革命历史类博物馆融入"大思政课"建设的逻辑理路与实践进路——以重庆红岩革命历史博物馆为例》一文认为,革命历史类博物馆融入"大思政课"建设有着更深层次的内在逻辑和时代价值,是传承红色基因、整合"大思政课"育人资源、培养时代新人等多重必要性综合发力的结果。③

《红色资源融入大思政课的价值、问题与建设》一文认为,红色资源融

---

① 骆郁廷、余焰琳:《大思政课视域下红色资源育人探究》,《思想政治教育研究》2023 年第 3 期。

② 卢凯、彭慧洁、江峰:《"大思政课"视域下高校红色文化资源育人的路径研究》,《黑龙江教师发展学院学报》2024 年第 1 期。

③ 崔建西、周庆庆:《革命历史类博物馆融入"大思政课"建设的逻辑理路与实践进路——以重庆红岩革命历史博物馆为例》,《山西高等学校社会科学学报》2024 年第 1 期。

入"大思政课"，是赓续红色血脉、培养时代新人的必然要求，是传承中国文化、中国精神的历史呼唤，是思政课活起来、火起来的根本遵循。[1]

（二）关于革命文物融入"大思政课"的可行性论述

一方面，契合性创造可行性。《革命历史类博物馆融入"大思政课"建设的逻辑理路与实践进路——以重庆红岩革命历史博物馆为例》一文深入阐述了革命历史类博物馆与"大思政课"的契合性，文章认为：革命历史类博物馆拥有的社会资源与"大课堂"的社会化建设要求相契合。一方面，革命历史类博物馆的文化资源可以转化为思政课的课程内容，突破博物馆的"围墙"；另一方面，革命历史类博物馆的实践资源可以延伸课堂教学，实现思政课的"出校"。革命历史类博物馆聚合的丰富业态与"大平台"的融通性建设要求相契合。其一，革命历史类博物馆作为资源共享高地，可以打造思政课教学资源库平台；其二，革命历史类博物馆作为科研要地，可以打造新型思政课教研平台；其三，革命历史类博物馆作为全媒体传播阵地，可以助力打造思政课教学云平台。革命历史类博物馆储备的多样人才与"大师资"的复合型建设要求相契合。其一，可以壮大专兼结合的师资队伍，参与思政课教学，优化思政课师资队伍构成；其二，可以创建联学联研的机构平台，提升思政课教师队伍的教研能力；其三，可以借助馆校联培遴选后备师资，为思政课教师队伍注入可持续发展的源头活水。[2]

另一方面，政策制度保障可行性。《红色资源融入大思政课的价值、问题与建设》一文指出，政府不断加大对红色资源融入"大思政课"实践的政策力度。为了更好地铭记历史，传承以伟大建党精神为源头的中国共产党精神谱系，发挥红色文化资源在思想政治教育方面的作用，党的十八大以

---

① 孙绍、张泽一：《红色资源融入大思政课的价值、问题与建设》，《沧州师范学院学报》2023 年第 4 期。
② 崔建西、周庆庆：《革命历史类博物馆融入"大思政课"建设的逻辑理路与实践进路——以重庆红岩革命历史博物馆为例》，《山西高等学校社会科学学报》2024 年第 1 期。

来，政府高度重视红色资源的高质量应用与开发，不断加大对红色资源融入"大思政课"实践的政策支持力度，用立法强化红色资源的保护与传承。一是国家层面的立法保护。如2017年国家发改委同国土资源部等8部门联合印发了《"十三五"时期文化旅游提升工程实施方案》；2018年中共中央办公厅、国务院办公厅发布了《关于实施革命文物保护利用工程（2018—2022年）的意见》；2019年11月，经中央编委批准，中央编办批复国家文物局设立革命文物司；2021年4月，国务院印发了《关于新时代支持革命老区振兴发展的意见》。二是地方性立法保护。如2021年北京市发布的《北京市烈士纪念设施修缮管理维护暂行办法》；2021年7月1日施行的河北省人大常委会制定的《河北省人民代表大会常务委员会关于加强革命文物保护利用的决定》；2021年7月1日施行的南京人大常委会制定的《南京市红色文化资源保护利用条例》；2021年10月1日施行的湖南省人大常委会制定的《湖南省红色资源保护和利用条例》；2022年7月1日施行的《重庆市红色资源保护传承规定》。除此之外，《安徽省红色资源保护和传承条例》《江西省革命文物保护条例》《〈四川省红色资源保护传承条例〉实施办法》《广东省革命遗址保护条例》等地方性法律法规也接连发布。

（三）关于革命文物融入"大思政课"的基本要求阐述

《大思政课视域下红色资源育人探究》一文认为，运用"大思政课"推进红色资源育人，要加强红色资源的科学保护，深化红色资源的系统研究，打造红色资源的精品展陈，拓展红色资源的实践活动，创新红色资源融入"大思政课"的教学方法，不断提高红色资源的育人实效。

《革命历史类博物馆融入"大思政课"建设的逻辑理路与实践进路——以重庆红岩革命历史博物馆为例》一文认为，革命历史类博物馆融入"大思政课"建设，关键在于各项措施能否落细、落小、落实，具体来看，可以通过健全融合机制、搭建教育场域、开辟智能途径等方式，建设大而不散、大而不乱、大而求精、大而求实的思政课。一要深层次推动机制化建设。"大思政课"仍然属于思政课的范畴，具备思政课的本质属性和目标指向，只是实践导向下其"协同共生"的耦合色彩较为鲜明。因此，革命历史类博物馆融入"大思政课"建设仍需在牢牢遵循社会运行规律、思想政治工作规律、学生成长成才规律的基础上，从顶层设计、协同机制、工作机制等方面建构起一套成熟完善的新机制，为具体实施和行动提供决策依据。二要全方位开展场域化建设。红色文化空间是对承载红色文化的遗址、遗迹、活动等场所的总称，是革命历史类博物馆融入"大思政课"建设的首要场域，旨在以红色文化为底色，结合制度文化、行为文化等形态，寓情于景、寓教于物，充分发挥其以文化人、以文育人的重要功能。可以从学校、场馆、网络三大青年学习和生活的主要空间发力，加强红色文化空间建设，全方位优化"大思政课"建设的场域空间。三要多维度加强智能化建设。当前，推进文物展陈、文物保护、文化传播等各项工作智能化是革命历史类博物馆建设的大方向。在推进革命历史类博物馆融入"大思政课"建设的进程中，可以充分利用这一智能化发展趋势，在保护好、管理好、运用好红色资源中多维度点燃"大思政课"智能化建设的"技术引擎"。

《红色资源融入大思政课的价值、问题与建设》一文指出，只有打破红色资源融入"大思政课"的传统方式壁垒，从融入主体、融入方式、融入渠道、融入机制等方面进行转化，才能够真正搞好"大思政课"，坚定广大青年学生的信仰、信念和信心。一是红色资源融入"大思政课"，要充分调动学生的积极性、主动性，防止教师"一头热"地将红色资源融入"大思政课"，需要在融入主体上进行转化。二是红色资源融入"大思政课"，要采取灵活多样的实践方式，防止"扎堆式实践""走马观花式实践"，红色资源融入"大思政课"需要在融入的方式方法上进行转化。三是红色资源融入"大思政课"，要善于使用现代信息技术。随着科技的快速发展，现代信息技术与多个领域的结合成就了大批促进社会发展的时代产物，形成了极其丰富的信息融合产品，现代信息技术对思想政治教育正在产生深远持久的影响。四是红色资源融入"大思政课"，要坚持系统思维，建设常态化、长期化体制机制。红色资源融入"大思政课"是一个庞大的系统工程，涵盖育人主体、育人目标、育人方式、育人资源、反馈评估等多方面要素，需要在宏观整合与贯通的基础上形成整个协同机制来保障施行。

（四）关于革命文物融入"大思政课"的典型案例介绍

《红色资源融入大思政课的价值、问题与建设》一文介绍，近年来，北京全力打造红色精神文化高地，坚持以首善标准做好革命文物保护利用工作，以重大历史节点为坐标，推动构建点、线、带、片相贯通的连片整体保护利用格局，在1.6万平方公里的京华大地上，总体上形成了三大红色文化主题片区：一是以北大红楼为代表的中国共产党早期革命活动旧址主题片区，包含31处遗址遗迹；二是以中国人民抗日战争纪念馆为中心的抗日战争主题片区，包含160多处遗址遗迹；三是以香山革命活动纪念馆、双清别墅为代表的反映建立新中国的主题片区，生动记录着中国共产党人践行初心使命的伟大实践。在如此系统完善的红色资源基础设施的支撑下，北京红色资源融入"大思政课"实践活动产出了大量育人成果。如中国共产党早期北京革命活动纪念馆与首都中小学以及高校积极联动，将首都学校优势与红色旧址资源优势深度融合，为不同学段的青年学子提供分类别"定制化"服务，让每位学子在有形、有神、有趣的沉浸式学习中筑牢红色记忆，自觉传承红色基因；东城区借助新媒体传播技术，创新研发"党史e起学"微信小程序，将域内的革命活动旧址、爱国主义教育基地搬上云端，打造了多条党史游学定制线路，以"线下"游学、"线上"打卡的方式，为青年学生开启了直接触摸历史的"云窗"。

《"百物进百校，百讲证百年"百件文物藏品进课堂活动》一文介绍，中共一大纪念馆将可供活动选用的文物清单进行公布，全市幼儿园、中小学、高校通过纪念馆官方网站和微信公众号"文物进校园"入口进行报名登记。纪念馆根据时间安排，把珍贵的革命文物带进校园、带入课堂，进行现场展示，并向师生介绍文物的流转、收藏、保护过程，讲述其背后的红色故事，结合幼儿园常识课、小学道法课、初高中历史课、大学思政课，深化拓展革命文物教育功能，着力推进革命文物资源创造性转化、创新性发展。

"此项目以四个'一百'总体模式运作：100家学校、100件文物藏品、100个红色故事、100节思政课内容。"形成革命文物与"大思政课"深度融合的上海持续实践范式。①

《革命历史类博物馆融入"大思政课"建设的逻辑理路与实践进路——以重庆红岩革命历史博物馆为例》一文介绍，重庆红岩革命历史博物馆深入发挥资源优势，积极弘扬红岩精神、传承红色基因，开创性地组织了"传承红色基因，争做时代新人"红岩革命故事展演活动，自2020年9月首演至2021年底，先后走进武汉大学、四川大学、南开中学、巴蜀中学等全国多地的高校和中小学校，共演出415场次，现场观看师生达41万人次，在生动活泼的讲、诵、唱、展、演中，用红岩精神的力量感召师生，赢得观演师生一致好评。在革命文物的活化利用中将红岩精神立起来，使红色基因传下去，切实延展了学校的思政课堂，达到了显著的育人效果。据调查统计，截至2022年7月，重庆市87%的大中小学幼儿园都将红岩精神传承纳入学校教育教学计划，89%的学校图书馆均配有红岩系列图书，70%的学校在校史陈列馆中再现了红岩革命英烈的英雄事迹。②

四 革命文物融入"大思政课"存在的问题与对策建议

从革命文物融入"大思政课"基本路径看，虽然从革命文物融入"大思政课"的初步实践中可归纳出前述的三种基本路径，但是在具体实施过程中，仍然存在"家底"不清、方式不明、机制缺失、保障不力的情况，革命文物融入"大思政课"仍然处于起步阶段。从革命文物融入"大思政课"研究现状看，虽然有一定的成果产出，但是这些成果无论从数量上还是从质量上讲，离为推动革命文物融入"大思政课"总结实践经验、提供

---

① 中共一大纪念馆：《"百物进百校，百讲证百年"百件文物藏品进课堂活动》，《中国文物报》2024年1月23日，第3版。

② 崔建西、周庆庆：《革命历史类博物馆融入"大思政课"建设的逻辑理路与实践进路——以重庆红岩革命历史博物馆为例》，《山西高等学校社会科学学报》2024年第1期。

理论指导有较大差距。更为显见的是，地方教育行政管理部门对"大思政课"认识不够、重视不足，将使"大思政课"高质量建设缺乏必要的制度和资源保障。对某直辖市教委官网的调查显示，该官网 2022 年 7 月 25 日至 2024 年 2 月 9 日"教育新闻"共计发布 87 条教育新闻，没有一条是关于思政课或"大思政课"建设的。虽然一些通知强调"全面推进'大思政课'建设""构建大思政课体系"，但是并无实际举措落实，更无专门实施方案、保障制度。即便出台了《家校社共育咨询室管理办法》，开展了戏曲进校园系列活动，也没有将家庭和社会资源用于"大思政课"建设的意识。总体上讲，"大思政课"建设在该市教育行政管理部门公开的工作议程中并没有得到凸显。

基于上述问题，基于高质量建设"大思政课"和推动革命文物保护利用的需要，本报告提出如下对策建议。

一是全面提高认识。观念是行动的先导，没有正确的认识就没有有力的行动。地方各级党委和政府，要站在培养社会主义建设者和接班人、让党和人民的事业后继有人、确保红色江山永不变色的政治高度来重视"大思政课"建设，要认识到把革命文物融入"大思政课"是提升"大思政课"教育教学质量、做好革命文物保护利用工作、赓续红色基因的关键手段，要深刻理解习近平总书记有关重要论述的精神，结合地方资源禀赋特点，调集各方力量资源，把《方案》和《意见》落实好。教育行政管理部门要提高政治站位，自觉承担推动革命文物融入"大思政课"的管理职能，联合当地文物行政管理部门、革命文物管理单位发挥指导职能，推动当地可利用革命文物资源体系向教材体系、教学体系转化，真正将当地的革命文物资源转化为教育教学和科研资源，创新出富有特色、自成体系的革命文物融入"大思政课"课程体系。各级各类学校是推动革命文物融入"大思政课"的具体实施主体，是打通"大思政课"最后一公里的重要力量，要坚决摒弃"考什么，重视什么"的应试教育理念，从落实立德树人根本任务出发，坚决按照《方案》和《意见》的要求，制订校本实施方案，配齐师资、建设课程、务求实效。

二是构建资源体系。全面构建革命文物融入"大思政课"的实物资源、数字资源、案例资源体系，是革命文物融入"大思政课"的基础性工程。各地文物行政管理部门要积极协调沟通教育行政管理部门和各级各类学校，实现供需双方的全面无缝对接，盘点当地可及的、适于融入"大思政课"的革命文物实物资源，建立清单，并在此基础上，从育人目标出发，对各件革命文物进行内涵挖掘和内容规范，实现从革命文物到"教学用具""教学内容"的转化，做好革命文物融入"大思政课"的后台支撑工作。各地文物行政管理部门要协同教育行政管理部门，联合推动革命文物融入"大思政课"数字资源开发开放工作，逐步将进入清单的全部革命文物数字化呈现，提升资源利用的效率和针对性，为思政课程、课程思政和"大思政课"提供丰富的数字资源。教育行政管理部门、文物行政管理部门、各级各类学校要联合建设革命文物融入"大思政课"案例资源体系，国家和地方社科基金管理部门要予以专项经费支持，努力做到"一物一案"，鼓励引导更多的大中小学教师投身案例资源体系建设上来，吸引社会力量和市场资源，采用灵活规范运用购买服务的方式更好利用先进技术力量，将各地可及的、适于融入"大思政课"的革命文物实物资源和数字资源真正转化为教学资源。

三是汇聚人才队伍。我国的革命文物资源极其丰富，但是将其有效融入"大思政课"的开发利用工作存在不平衡、不充分现象，大量革命文物资源仍然沉睡在革命旧址、革命纪念馆、革命博物馆中，与此同时，思政课程、课程思政和"大思政课"对革命文物资源的潜在需求巨大，这种结构性失衡要得以解决，需要各级党委和政府着力推动，需要教育行政管理部门、文物行政管理部门、各级各类学校协同推进，而这个问题最终能否得到解决的关键在于人才。一要汇聚一大批既懂信息技术、影像技术，又懂教育教学规律，同时具备一定的党史和党的科学理论素养的专门技术人才，投身于革命文物数字化转化、革命文物数字资源教学转化的工作。二要汇聚一大批善于把革命文物资源融入"大思政课"的讲授人才，他们既要有深厚的党的历史和理论学养，又要有扎实的教师基本功，尤其要善于运用各类革命文物实物资源和数字资源，真正有效做到"以物叙史""以物证理""以物传神"。

三要汇聚一大批善于推动革命文物融入"大思政课"的管理人才，各级党委和政府有关部门要有意识地培养好、使用好这方面人才，各级各类学校要组建专门队伍推动"大思政课"建设，服务保障好革命文物融入"大思政课"。

四是加强研究支撑。《方案》和《意见》的文件精神是要让革命文物"说话"，但是革命文物不会自动说话，无论是对革命文物内涵的阐释，还是对其物质形态的精神转化，依靠的都是学者的智慧和教师的技能，如果对革命文物的内涵不能进行体系化研究、学理化阐释、通俗化表达，再好的革命文物也会"失语"。要把对革命文物内涵的体系化研究同中共党史研究、习近平新时代中国特色社会主义思想研究结合起来，把一件件革命文物串联在中共党史的一个个重大事件、一个个重要人物、一种种革命精神上，把一件件革命文物串联在马克思主义和中国化时代化的马克思主义的一个个基本原理、一个个理论观点、一个个重要论断上，绘制不可移动革命文物的历史地图、绘制可移动革命文物的历史长卷。要把对革命文物内涵的学理化阐释同上好"大思政课"的内容要求结合起来，用科研来服务和支撑教育教学，将《习近平新时代中国特色社会主义思想概论》《毛泽东思想和中国特色社会主义理论体系概论》《马克思主义基本原理》《近现代史纲要》《思想道德与法治》等课程进行革命文物融入的内容分解，建立起可利用文物与课程内容之间的联系清单。要把对革命文物内涵的通俗化表达同新时代大中小学生的接受习惯结合起来，充分考虑受众的思想水平、思维特点、心理特征，编制适教易学的革命文物融入"大思政课"教材、教辅、讲义。

五是推动平台建设。平台建设是推动革命文物融入"大思政课"的重要抓手，要把国家革命文物协同研究中心建设成为推动革命文物融入"大思政课"的主平台，切实发挥革命文物协同研究中心的汇聚人才、整合资源、项目驱动作用，更好实现资政育人的建设目的。第一，平台要以《方案》和《意见》文件精神为指导，在革命文物融入"大思政课"建设上挺膺担当，特别是依托高校建立的平台，更要把这一工作作为主责主业，所有的科研和资政工作要围绕立德树人的根本任务展开。第二，平台要紧紧依靠教育行政管理部门、文物行政管理部门，紧紧依托革命文物管理单位，将自身的人才优势、科研力量同其他相关实体的优势资源、先进技术、丰富经验结合起来，实现优势互补、协同推进，项目化推进革命文物融入"大思政课"。第三，平台要紧密围绕马克思主义理论、中共党史党建学科建设，紧密围绕马克思主义学院建设，紧密围绕高校思想政治工作，在构建"三全育人"格局、推动"大思政课"建设中把自己摆进去，特别要通过推动革命文物融入"大思政课"，在学科、学院、学校建设中发挥独特的作用。第四，平台积极发挥在高校、教育行政管理部门、文物行政管理部门、革命文物管理单位和社会各界中的协调作用，推动体制机制创新，大胆规范引入社会力量和市场资源，努力把自身建设成革命文物融入"大思政课"的"中央厨房"。

六是建立健全机制。在《方案》和《意见》印发之前，从国家到地方都已经具备了把革命文物融入思政课教育教学的法律制度基础，在《方案》和《意见》印发之后，地方各级党委和政府、各相关部门却很少就革命文物融入"大思政课"出台专门的实施方案，即便在"大思政课"建设的实施方案中，也只是一般性、原则性的指导和要求，这就使《方案》和《意见》在各地的落实情况、各地方制订的实施方案的落实情况都存在不平衡的状况，全面推进革命文物融入"大思政课"的机制尚在完善和细化的过程中。各地方、各部门、各级各类学校在制定相关制度的时候，不能只提要求不投资源，不能只做工作布置不考虑工作绩效，不能只是一般指导和倡导而没有鲜明的奖惩措施，必须通过切实的措施使制度能够运转起来、必须运转起来。从可及的、适于融入"大思政课"的革命文物资源盘点、拉清单到推进其数字化、制作"大思政课"教育教学案例，进行全过程制度保障、资源投入、绩效考核、奖惩评价，对教育行政管理部门、文物行政管理部门、各级各类学校和相关责任人进行全覆盖考评，建立动态考评制度，形成相关部门、相关单位、相关主体积极推动革命文物融入"大思政课"的工作氛围。

革命文物赋能文旅融合
和革命老区振兴报告

汪忠华　龚泽懿　刘婷　刘想*

摘　要：　革命老区拥有丰富的革命文物资源，具有资源类型齐全、分布相对集中、文化底蕴厚重、发展空间广阔等特点，是红色文旅融合发展的主阵地。梳理革命文物赋能文旅融合和老区振兴的基础与条件、发展现状发现：革命文物具有在政治上夯实组织堡垒、思想上激发历史主动、经济上拓展发展业态、文化上涵养文化品质、社会上拓宽旅游空间、生态上扮靓城乡颜值的多维功能。同时还发现革命文物保护利用专项法律法规有待完善、模式有待丰富等问题。建议未来持续强化顶层设计、做好"革命文物资源+"文章、加强人才建设、推进资源整合，积极探索革命文物赋能文旅融合和革命老区振兴的有效路径。

关键词：　革命文物　文旅融合　革命老区振兴

推动文化和旅游融合发展，实现革命老区振兴是以习近平同志为核心的党中央做出的重要决策。革命老区或老区的全称是中国革命老根据地，是指

---

* 汪忠华，博士，硕士生导师，井冈山革命博物馆-江西师范大学国家革命文物协同研究中心研究员，江西师范大学苏区振兴研究院副教授，主要研究方向为革命文物保护利用、革命老区振兴发展；龚泽懿，江西师范大学苏区振兴研究院/马克思主义学院硕士研究生，主要研究方向为马克思主义与当代中国经济社会发展；刘婷，江西师范大学苏区振兴研究院/马克思主义学院硕士研究生，主要研究方向为马克思主义与当代中国经济社会发展；刘想，江西师范大学苏区振兴研究院/马克思主义学院硕士研究生，主要研究方向为马克思主义与当代中国经济社会发展。

土地革命战争时期和抗日战争时期，在中国共产党领导下创建的革命根据地。中国革命走的是农村包围城市、武装夺取政权的道路，在革命战争年代，中国共产党在广大的农村建立了众多革命根据地（即革命老区或老区），因此革命文物大部分分布在革命老区。作为红色文化的载体，数量庞大的革命文物是革命老区不可再生的具有明显比较优势的红色资源，是革命老区发展红色旅游产业进而实现共同富裕的重要物质基础。革命老区是党和人民军队的根，涵盖全国90%的省份、80%的县级行政区、50%以上的人口，占33%的国土总面积，很多仍属于欠发达地区。习近平总书记2023年在江西考察时指出："无论脱贫攻坚、全面小康，还是建设现代化、推进共同富裕，老区人民都是我们最牵挂的。"① 并多次强调"红色资源是我们党艰辛而辉煌奋斗历程的见证，是最宝贵的精神财富"。② "要坚持以文塑旅、以旅彰文，推动文化和旅游融合发展"，③ 用心用情用力保护好、管理好、运用好红色资源。

一　革命文物赋能文旅融合和革命老区振兴的基础与条件

（一）革命文物赋能老区振兴的法律法规

1. 国家层面

法治是国家治理和促进文化保护与传承的最基本、最稳定、最可靠的保障，用好法治方式保护传承革命文物，赋能老区振兴，既是贯彻习近平法治思想的重要举措，又是弘扬革命传统、传承革命精神、涵养社会主义核心价

① 《谋长远之势、行长久之策、建久安之基——习近平总书记赴江西考察并主持召开进一步推动长江经济带高质量发展座谈会纪实》，《江西日报》2023年10月15日，第1版。
② 马吉芬：《用心用情用力　保护好管理好运用好红色资源》，《人民日报》2022年3月30日，第9版。
③ 《推动文旅融合　陶冶心灵之美——习近平总书记在教育文化卫生体育领域专家代表座谈会上的重要讲话引发热烈反响》，《中国旅游报》2020年9月24日，第1版。

值观的法治路径，有助于革命文物在新时代背景下更好地绽放光芒。

革命文物的有效保护利用离不开法治的有力保障。我国坚持在法治轨道上推进革命文物治理体系和治理能力现代化建设，陆续出台了一些涉及革命文物赋能老区振兴的具体性、针对性的法律法规。1950年，《关于征集革命文物的命令》最早提出"革命文物"这一概念。1960年，《文物保护管理暂行条例》出台，对革命文物保护做出了明确指导。此后，《中华人民共和国文物保护法》《中华人民共和国文物保护法实施条例》《长城保护条例》《历史文化名城名镇名村保护条例》等一系列法律法规陆续出台，我国革命文物保护法律框架体系不断完善。

2. 地方层面

近年来，各地深入学习贯彻习近平法治思想和习近平文化思想，不断加强革命文物保护利用、红色资源保护传承和革命老区振兴立法，深挖红色资源内涵，树立创新融合的理念，通过丰富革命文物展示形式、推动文旅融合发展等途径，讲好红色故事，让革命文物融入旅游、融入百姓生活，打造革命老区振兴发展新引擎。江西是革命老区比较集中的省份，中共中央《关于建国以来党的若干历史问题的决议》中确定的全国12个著名革命老区根据地，涉及江西省的有江西中央革命根据地、闽浙赣、湘鄂赣和湘赣等4个。[①] 2021年11月19日，江西省第十三届人民代表大会常务委员会第三十四次会议通过《江西省革命文物保护条例》，规定县级以上人民政府及其有关部门、研究机构应当运用革命文物组织开展井冈山精神、苏区精神、长征精神、老区精神、安源精神、八一精神、方志敏精神等孕育在江西红土地上的革命精神理论研究，挖掘革命文物的思想内涵、精神内核和时代价值，提升革命文化影响力；鼓励运用革命文物开展红色教育培训、红色研学实践、红色旅游、文化创意产品开发等活动，拓展革命文物运用途径，促进革命老区振兴发展；依托革命文物资源，与当地其他文物史迹、自然景观和非物质文化遗产等资源有效整合，打造具有本省特色的红色旅游品牌和红色旅游线

---

① 邹水清：《把老区扶贫纳入法制轨道》，《老区建设》2001年第11期。

路。2023 年 5 月 26 日，江西省第十四届人民代表大会常务委员会第二次会议通过了《江西省促进革命老区振兴发展条例》，规定县级以上人民政府应当加大对革命历史类纪念设施、遗址的保护修缮力度，推进长征国家文化公园（江西段）建设，实施革命文物保护利用工程，因地制宜建设革命文物保护利用片区，创建革命文物保护利用示范县；优先支持革命老区所在地符合条件的革命历史类纪念设施、遗址申报全国爱国主义教育示范基地、全省爱国主义教育基地、全国重点文物保护单位、省级文物保护单位、国家级或省级烈士纪念设施；支持革命老区加强红色资源整合与开发利用，完善红色旅游配套设施，开发红色旅游精品线路，宣传推广红色旅游产品。2019 年 9 月 27 日，山西省第十三届人民代表大会常务委员会第十三次会议通过了《山西省红色文化遗址保护利用条例》，规定县级以上人民政府应当将红色文化遗址的利用纳入本行政区域旅游发展规划，加强基础设施和生态建设，发展红色旅游。2020 年 3 月 25 日，陕西省第十三届人民代表大会常务委员会第十六次会议修订通过了《陕西省延安革命旧址保护条例》，规定延安市、县（市、区）人民政府应当将延安革命旧址的利用纳入区域旅游发展规划，加强基础设施和生态建设，发展红色旅游；鼓励将延安革命旧址与其他文物史迹、自然景观和非物质文化遗产等文化和自然资源进行整合，拓展展示路线和内容，形成联合展示体系。2020 年 11 月 27 日，山东省第十三届人民代表大会常务委员会第二十四次会议通过了《山东省红色文化保护传承条例》，对已经确定为文物、烈士纪念设施的红色文化遗存，直接纳入红色文化遗存保护名录建议名单，报本级人民政府核定公布；县级以上人民政府应当因地制宜发展红色旅游，打造具有地方特色的红色旅游品牌；鼓励和支持社会力量参与红色旅游开发，整合红色旅游资源，创新红色旅游发展模式，培育红色旅游景区，打造红色旅游线路，研发红色文化创意产品，完善红色旅游产品体系。2021 年 6 月 25 日，四川省第十三届人民代表大会常务委员会第二十八次会议通过了《四川省红色资源保护传承条例》，规定省人民政府应当完善扶持政策，支持革命老区、民族地区加强红色资源保护传承工作，利用红色资源发展红色旅游等产业。2023 年 9 月 1 日，黑龙江省第十四届人民代表大会常务委员会第六次会议表决通过了《黑龙江省革命老区振兴发展促进条例》，确保黑龙江省革命老区振兴发展工作在法治化、规范化轨道上行稳致远；规定县级以上人民政府应当支持建设、改造革命博物馆、革命纪念馆等场馆，支持革命遗址遗迹、旧址、纪念设施的修缮养护和现存革命文物保护修复，支持革命文物征集和捐献；应当支持革命老区立足红色资源和绿色生态资源，建设红色旅游经典景区和线路，完善配套设施，指导旅游企业开发推广旅游线路、产品以及服务；应当选择红色文化鲜明、旅游基础较好的乡村，打造红色文化旅游乡村，推动革命老区乡村振兴。具体如表 1 所示。

表 1   部分关于革命文物赋能老区振兴的地方法律法规

序号	立法文本	文本性质	实施日期
1	《河南省革命文物保护条例》	省法规	2024 年 1 月 1 日
2	《内蒙古自治区革命文物保护利用条例》	省法规	2023 年 1 月 1 日
3	《陕西省革命文物保护利用条例》	省法规	2023 年 1 月 1 日
4	《江西省革命文物保护条例》	省法规	2022 年 1 月 1 日
5	《河北省人民代表大会常务委员会关于加强革命文物保护利用的决定》	省规章	2021 年 7 月 1 日
6	《广东省革命遗址保护条例》	省法规	2022 年 3 月 1 日
7	《陕西省延安革命旧址保护条例（2020 年修订）》	省法规	2020 年 5 月 1 日
8	《山东省红色文化保护传承条例》	省法规	2021 年 1 月 1 日
9	《山西省红色文化遗址保护利用条例》	省法规	2019 年 10 月 1 日
10	《安徽省红色资源保护和传承条例》	省法规	2022 年 1 月 1 日
11	《湖南省红色资源保护和利用条例》	省法规	2021 年 10 月 1 日
12	《四川省红色资源保护传承条例》	省法规	2021 年 7 月 1 日
13	《黑龙江省革命老区振兴发展促进条例》	省法规	2023 年 10 月 1 日
14	《江西省促进革命老区振兴发展条例》	省法规	2023 年 7 月 1 日
15	《河南省革命老区振兴发展促进条例》	省法规	2021 年 10 月 1 日
16	《河南省革命老区振兴发展促进条例》	省法规	2021 年 10 月 1 日
17	《福建省促进革命老区发展条例》	省法规	2020 年 1 月 9 日
18	《广东省促进革命老区发展条例》	省法规	2019 年 11 月 29 日
19	《湖南省扶持革命老区发展条例》	省法规	2019 年 1 月 1 日

序号	立法文本	文本性质	实施日期
20	《湖北省促进革命老区发展条例》	省法规	2013 年 5 月 23 日
21	《云浮市革命遗址保护条例》	市法规	2023 年 6 月 1 日
22	《六安市革命遗址遗迹保护条例》	市法规	2023 年 1 月 1 日
23	《铜川市陕甘边根据地照金革命旧址保护条例》	市法规	2021 年 10 月 14 日
24	《丽水市革命遗址保护条例》	市法规	2021 年 10 月 1 日
25	《河源市革命旧址保护条例》	市法规	2021 年 3 月 1 日
26	《广元市红色革命遗址遗迹保护条例》	市法规	2021 年 1 月 1 日
27	《玉溪市革命遗址保护条例》	市法规	2021 年 1 月 1 日
28	《延安市实施〈陕西省延安革命旧址保护条例〉办法》	市规章	2020 年 10 月 1 日
29	《南平市革命旧址保护利用条例》	市法规	2020 年 3 月 1 日
30	《赣州市革命遗址保护条例》	市法规	2019 年 6 月 1 日
31	《盐城市革命遗址和纪念设施保护条例》	市法规	2018 年 12 月 1 日
32	《滨州市渤海老区革命遗址遗迹保护条例》	市法规	2018 年 1 月 1 日
33	《黄冈市革命遗址遗迹保护条例》	市法规	2018 年 2 月 1 日
34	《武汉市促进革命老区发展办法》	市规章	2017 年 6 月 1 日
35	《潮州市红色文化资源保护利用条例》	市法规	2022 年 1 月 1 日
36	《阳泉市红色文化资源保护传承条例》	市法规	2022 年 1 月 1 日
37	《达州市红色文化遗存保护利用条例》	市法规	2021 年 11 月 1 日
38	《山南市红色文化资源保护利用条例》	市法规	2021 年 8 月 18 日
39	《南京市红色文化资源保护利用条例》	市法规	2021 年 7 月 1 日
40	《潍坊市红色文化资源保护条例》	市法规	2021 年 7 月 1 日
41	《牡丹江市红色文化遗存保护利用条例》	市法规	2021 年 3 月 1 日
42	《荆州市湘鄂西苏区革命遗存保护条例》	市法规	2021 年 4 月 1 日
43	《吉安市红色文化遗存保护条例》	市法规	2020 年 10 月 1 日
44	《临沂市红色文化保护与传承条例》	市法规	2020 年 7 月 1 日
45	《宁德市红色文化遗存保护条例》	市法规	2020 年 9 月 1 日
46	《长治市红色文化遗址保护利用条例》	市法规	2020 年 10 月 1 日
47	《固原市红色文化遗址保护条例》	市法规	2020 年 1 月 1 日
48	《吴忠市红色文化遗址保护条例》	市法规	2018 年 1 月 1 日
49	《龙岩市红色文化遗存保护条例》	市法规	2018 年 3 月 1 日
50	《赤峰市红山文化遗址群保护条例》	市法规	2017 年 1 月 1 日
51	《天津市红色资源保护与传承条例》	市法规	2021 年 11 月 29 日
52	《上海市红色资源传承弘扬和保护利用条例》	市法规	2021 年 7 月 1 日
53	《定西市红色资源保护传承条例》	市法规	2021 年 10 月 1 日

序号	立法文本	文本性质	实施日期
54	《信阳市红色资源保护条例》	市法规	2021 年 10 月 1 日
55	《揭阳市红色资源保护传承条例》	市法规	2021 年 10 月 1 日
56	《梅州市红色资源保护条例》	市法规	2021 年 1 月 1 日
57	《汕尾市革命老区红色资源保护条例(2020 年修正)》	市法规	2020 年 8 月 19 日
58	《贵阳市红色文化遗址保护管理办法(2021 年修改)》	市规章	2021 年 7 月 23 日
59	《三明市红色文化遗址保护管理办法》	市规章	2017 年 3 月 1 日
60	《重庆市红岩革命旧址保护区管理办法》	市规章	2021 年 3 月 1 日
61	《宁波市革命遗址保护利用规定》	市规章	2014 年 12 月 1 日
62	《吉安市红色文化遗存保护条例》	市法规	2020 年 10 月 1 日
63	《重庆市抗日战争遗址保护利用办法》	市规章	2019 年 10 月 1 日

资料来源:国家法律法规数据库,https://flk.npc.gov.cn/fl.html。

(二)革命文物赋能老区振兴的政策

1. 国家层面

革命文物承载党和人民英勇奋斗的光荣历史,记载中国革命的伟大历程和感人事迹,是党和国家的宝贵财富。党的十八大以来,在以习近平同志为核心的党中央坚强领导下,各地区、各部门和社会各界共同推动全国革命文物工作取得较大进展。"十四五"时期是我国开启全面建设社会主义现代化国家新征程、向第二个百年奋斗目标进军的第一个五年,也是全面建设文化强国、文物保护利用强国的关键时期。新时代革命文物工作正处于乘势而上、大有可为的重要战略机遇期,其高质量发展具有多方面的优势和条件。从政策角度来看,我国革命文物保护利用工作最早可追溯到 20 世纪二三十年代。这一时期,我国的革命文物保护工作以收集、征集革命文物为主,这为后续厘清革命文物资源奠定坚实基础。"革命文物"概念在新中国成立之初被明确提出,先后出台了多项政策文件,持续投入专项资金支持革命文物保护利用。尤其是新时代以来,党中央高度重视革命文物保护利用,密集出台相关政策文件,让红色旅游市场得到快速发展,革命文物产品供给体系不断完善、规范化程度持续提高。比如，《关于实施革命文物保护利用工程（2018—2022年）的意见》《国家文物保护专项资金管理办法》《关于加强文物保护利用改革的若干意见》《国家文物事业发展"十三五"规划》《革命文物保护利用片区工作规划编制要求》《关于新时代支持革命老区振兴发展的意见》《革命文物保护利用"十四五"专项规划》《"十四五"文物保护和科技创新规划》《推动革命老区红色旅游高质量发展有关方案》《"十四五"支持革命老区巩固拓展脱贫攻坚成果衔接推进乡村振兴实施方案》等一系列政策文件陆续出台，分别涉及革命老区振兴发展、革命文物保护利用、红色文化弘扬传承、红色研学线路开发、红色旅游高质量发展等多个方面，对全国革命文物的保护利用工作进行了全面部署，指明了发展方向；明确发展目标为进一步摸清革命文物资源家底，全面提升保护水平，系统研究，更加深入应用科技元素，健全符合新时代要求的革命文物保护管理运用体系，全面增强保护管理传承能力；结合长征国家文化公园、革命文物保护利用片区建设和延安革命文物国家文物保护利用示范区创建，促进革命文物保护利用与文化建设、旅游提质相结合，与乡村振兴、老区发展相结合，激发新时代革命文物工作的动力和活力，带动老区人民增收致富，打造革命老区振兴发展新动能。

2. 地方层面

各省份积极响应党中央号召，出台相关政策推动革命文物保护利用。如云南省、湖南省、江西省等在其"十四五"文化和旅游发展规划中，均对红色文化传播、红色研学教育、红色旅游融合发展等做出了规划与部署。尤其是为落实《关于新时代支持革命老区振兴发展的实施意见》，充分挖掘并利用地方红色资源、革命文物，助推革命老区高质量发展，各地方政府积极作为，陆续出台相关政策文件，具体如表2所示。

与国家层面的政策相比，关于革命文物赋能老区振兴的地方政策更加侧重区域性，针对性强，在革命文物保护、红色旅游等方面提出了相关的工作重点。同时有些地方政策明确了相关责任部门，实施性强，例如，安徽省人民政府办公厅《关于新时代支持大别山革命老区振兴发展的实施意见》中明确指出弘扬红色文化需要由省委宣传部、省文化和旅游厅牵头，省委组织部、省委党史研究院、省发展改革委、省教育厅、省民政厅、省退役军人厅、省广电局、省文物局配合。

表2 关于革命文物赋能老区振兴的政策（部分）

序号	政策文本	相关内容	出台日期	出台部门
1	《关于新时代进一步推动江西革命老区振兴发展的实施意见》	实施革命文物保护利用工程，推进连片保护与整体展示；加快推进长征国家文化公园江西段建设，加快红色旅游高质量发展，支持建设红色旅游融合发展示范区	2021年4月	中共江西省委 江西省人民政府
2	《关于新时代支持革命老区振兴发展的实施意见》	积极衔接陕西、宁夏等兄弟省区共同编制陕甘片区、陕甘宁片区革命文物保护利用总体规划，加快编制分县区实施方案；建设红色旅游融合发展示范区，推动红色旅游高质量发展	2021年7月	甘肃省人民政府
3	《关于新时代支持重点革命老区振兴发展的实施意见》	实施革命文物保护利用工程，完成各级革命文物保护单位"四有"工作（有保护范围、有保护标志、有记录档案、有保管机构），推动重要革命文物申报更高等级文物保护单位	2021年3月	河北省人民政府
4	《关于新时代支持浙西南等革命老区振兴发展的实施意见》	加强革命文物保护利用，建设和提升一批红色文化公园、党史馆、革命纪念馆等项目；加强革命史实研究和革命文物价值挖掘；高水平打造国家级和省级红色旅游景点	2021年7月	浙江省人民政府
5	《关于新时代支持革命老区振兴发展的实施意见》	促进红色文化和旅游融合发展，集中连片和跨区域打造红色文化旅游精品线路和经典景区。推动红色资源保护传承立法	2021年8月	四川省人民政府
6	《关于印发新时代支持革命老区振兴发展若干措施的通知》	加快推进延安革命文物国家文物保护利用示范区建设，加强革命文物价值研究和展示利用、烈士纪念设施修缮管理保护，完善设施设备，优化陈列布展，推动红色旅游高质量发展	2021年8月	陕西省人民政府
7	《延边州贯彻落实〈国务院关于新时代支持革命老区振兴发展的意见〉的实施方案》	利用好全国红色机场联盟资源，促进民航业与红色旅游深度融合创新发展。依法保护开发红色资源，推进红色文化教育融合发展，打造"1138"红色文化旅游精品线路，注重打造红色文化智慧化链条	2021年8月	中共延边州委办公室 延边州人民政府办公室

序号	政策文本	相关内容	出台日期	出台部门
8	《关于新时代支持大别山革命老区振兴发展的实施意见》	支持老区实施革命文物保护利用工程,支持加快发展红色旅游、乡村旅游、生态旅游等特色旅游,打造长三角高品质红色旅游示范基地	2021 年 8 月	安徽省人民政府办公厅
9	《关于新时代支持琼崖革命老区振兴发展的实施意见》	出台《海南省红色文化保护传承的意见》。打造红色旅游精品景区和线路。持续开展革命文物调查、认定工作,分批公布党的重要机构旧址、重要党史人物故居、重要党史事件遗址等各类红色地名、革命文物名录,建立红色资源数据库	2021 年 9 月	海南省人民政府
10	《关于新时代支持沂蒙革命老区振兴发展的实施方案》	支持沂蒙革命老区革命旧址、纪念地和烈士纪念设施申报全国爱国主义教育示范基地、全国重点文物保护单位、国家级英雄烈士纪念设施和国家级抗战纪念设施、遗址,整合孟良崮、沂蒙红嫂等红色资源,打造国家红色旅游融合发展示范区	2021 年 10 月	山东省人民政府
11	《关于新时代支持革命老区振兴发展的实施意见》	加强红色基因库建设,编制大别山革命文物集中连片区域保护利用专项规划,打造红色旅游品牌。重点支持黄麻起义和鄂豫皖苏区纪念园创建 5A 级旅游景区	2021 年 10 月	湖北省人民政府
12	《关于新时代推动革命老区振兴发展的实施意见》	制订红色文化资源重点区域集中保护方案。加大"红色基因"挖掘力度,规划建设红三军司令部旧址、长征国家文化公园(重庆段)等	2021 年 11 月	重庆市人民政府
13	《关于新时代支持山西太行革命老区振兴发展的实施意见》	深入实施革命文物片区保护利用重点工程,实施革命文物研究、挖掘和阐释工程。做优做强太行旅游板块。打造红色旅游融合发展示范区,打响"康养山西、夏养山西"品牌	2021 年 11 月	山西省人民政府

序号	政策文本	相关内容	出台日期	出台部门
14	《关于新时代支持革命老区振兴发展的实施意见》	推进长征国家文化公园（宁夏段）建设。实施革命文物保护利用工程，支持革命历史类纪念设施、遗址积极申报全国爱国主义教育示范基地、全国重点文物保护单位、国家级英雄烈士纪念设施和国家级抗战纪念设施、遗址	2021年11月	宁夏回族自治区人民政府
15	《关于新时代支持左右江革命老区振兴发展的实施意见》	实施革命文物保护利用工程和红色边疆工程，打造以富宁县滇黔桂革命根据地、麻栗坡县"老山精神"、西畴县"西畴精神"为核心的红色精品旅游线路，联合广西、贵州共同打造左右江革命老区红色旅游圈	2021年12月	云南省人民政府
16	《新时代支持促进革命老区振兴发展的若干措施（2021-2025年）》	推动红色旅游发展在革命老区重点打造一批乡村旅游重点村、镇和精品线路。开展红色文献、资料、遗迹和文艺作品等资源的全面排查，形成自治区、盟市、旗县三级革命文物数据库	2021年12月	内蒙古自治区发改委 农牧厅 乡村振兴局
17	《新时代大别山革命老区协同推进高质量发展实施方案》	深入实施革命文物保护利用工程，支持黄冈、信阳、六安等城市合作共建大别山生态文化旅游发展带，加强跨省生态保护和文化旅游合作	2024年1月	国家发展改革委

资料来源：老区政策，http://www.zhongguolaoqu.com/index.php? m = content&c = index&a = lists&catid = 11。

二　革命文物赋能文旅融合和老区振兴的现状

（一）革命文物赋能文旅融合和老区振兴的主要成效

新时代以来，以习近平同志为核心的党中央高度珍视革命历史，大力弘扬革命文化，统筹推进革命文物保护利用工作，各部门、各地区加强协作、积极作为。革命文物焕发新生，成为传承红色基因、汲取奋进力量、助力乡村振兴、促进文旅融合和老区振兴发展的活力源泉。

1. 在政治上夯实组织堡垒，老区基层党组织建设不断完善

革命文物凝结着中国共产党的光荣历史，展现了近代以来中国人民英勇奋斗的壮丽篇章，是革命文化的物质载体，是激发爱国热情、振奋民族精神的深厚滋养，是中国共产党团结带领中国人民不忘初心、继续前进的力量源泉。中国共产党人在推进思想建设、组织建设、动员群众、反腐倡廉、政府治理和法治建设等方面积累了宝贵的历史经验。在新时代老区振兴发展进程中，革命文物资源为老区治理体系和治理能力现代化、提升基层党组织的能力提供了思想政治保障和强大精神激励，是新时代基层党组织建设的重要思想引领。一方面，做好党员的教育和管理工作，不仅要进行思想教育，还应结合老区发展成果、经验及党员文化水平，培养其经济建设本领和才干，不断更新党员的知识和技能，以适应新时代老区发展的需要。另一方面，积极探索"党建+自治+法治+德治"的基层治理体系，坚持以人民为中心，与人民站在一起，倾听人民的意见，推进民主决策，调动人民的积极性，并主动与人民共享发展的成果，切实将老区发展的红利与人民共享，为其争取切实的利益。

革命文物作为革命文化和革命精神的重要物质载体，是革命历史、革命故事的直观再现，蕴含着丰富的治理智慧。老区以革命文物为底蕴优势，以其活化利用为手段，吸引一批热爱红色文化的有志青年投入老区建设中来，追随革命的足迹，扎根基层，为基层治理发挥战斗堡垒作用注入了新活力。同时，通过系统性的党史学习教育，地方基层党组织借鉴革命文物中蕴含的基层治理经验，创新治理机制，形成各革命老区独特的红色治理体系，努力把革命文物活化利用与红色旅游相融合，将红色名村与乡村振兴相结合，奋力激活老区高质量发展新动能。

2. 在思想上激发历史主动，老区人民理想信念愈发坚定

近年来，国家文物局、各地革命场馆和新闻媒体在革命文物的活化利用上做了大量的工作，为开展红色基因教育、振奋人民精神提供了许多现成的资源，如国家广播电视总局、国家文物局联合出品的百集网络视听节目

《红色文物100》，以革命文物为载体，由百位革命文物公益讲述人讲述党的故事、革命的故事、英雄的故事，以小切口表现大主题、小故事折射大时代，展示国家力量、弘扬民族精神、唱响时代主旋律。[①] 在中央广播电视总台央广中国之声播出的《红色印记——百件革命文物的声音档案》节目上，百位讲述人以"最美声音"讲述党史，通过极富感染力的真切表达，辅以珍贵的历史原声等声音元素，重温中国共产党波澜壮阔的奋斗历程，生动传递文物所承载的革命精神，献礼中国共产党成立100周年。[②] 此外，学习强国平台播出的《红色烙印——革命文物的故事》《革命文物青年说》，喜马拉雅平台联合各地文物局、革命场馆共同推出的《革命文物背后的故事》《革命文物回忆录》，以及全国各地革命场馆的新媒体宣传平台都使红色理想信念深入人心。

革命文物承载着中国革命的深厚历史，凝聚着宝贵的革命文化和精神。当人们前往老区旅游时，革命文物能够发挥精神文化塑造的功能，使游客更加深入地了解我国革命的历史，学习革命战士艰苦奋斗、顽强拼搏的作风，更好地传承和弘扬革命精神和中华民族优秀文化。新时代赋予新使命，新作为开启新征程。革命文物绽放的老区精神光芒必将激励老区人民从历史荣光中汲取奋进力量，沿着革命前辈的足迹继续前行，立足特色资源，深耕红色资源，走出一条文旅融合和老区振兴发展的金色康庄大道。

3. 在经济上拓展发展业态，老区经济水平发展显著提升

对革命文物资源的科学合理运用，可以增强革命文物的生命力、可持续发展力，既实现传承文化、彰显价值的目的，又起到促进经济社会发展的作用。[③] 革命文物不能仅仅作为"馆藏"存放起来，关键还要融入时代与现实需求，发挥其资源所具有的文化效应，与旅游产业深度融合，在服务老区经济发展中焕发生机，为老区走向"全民共富"贡献力量。

老区积极探索将革命文物保护利用与美丽乡村建设、乡村振兴战略、红

---

① 金银琴：《用革命文物构建高校红色基因育人体系的实践探索》，《学园》2023年第34期。
② 金银琴：《用革命文物构建高校红色基因育人体系的实践探索》，《学园》2023年第34期。
③ 杨明：《贵阳市不可移动革命文物保护研究》，硕士学位论文，贵州民族大学，2022。

色旅游研学等相结合的有效途径，形成特色产业，赋能革命老区振兴发展，具体体现在三个方面。一是打造了一批红色平台，助力老区振兴。2023 中国红色旅游博览会在江西于都举行，收集来自全国各地的新文创 120 个、新线路 80 条、新场景 34 个、新业态 41 个。截至 2023 年 3 月，江西省共有 3 个 AAAAA 级、21 个 AAAA 级红色旅游景区和 11 个全国红色旅游系列经典景区；[①] 红色旅游接待总人数和总收入约占全省总量的 25%，年游客接待量超过百万人次的红色旅游景区 7 个、超过 500 万人次的 4 个；2021 年，5 条红色旅游线路入选"建党百年红色旅游百条精品线路"。福建省红色旅游经典景区共有 9 家 40 余处，其中 AAAAA 级旅游景区 1 家，AAAA 级旅游景区 7 家。以龙岩市为例，目前龙岩市共有 A 级红色旅游景区 14 家，占福建省红色旅游 A 级旅游景区总量的 39.5%。

二是多业态释放经济价值，积蓄乡村振兴新动能。江西省文物部门整体规划、连片保护，实施赣南等原中央苏区革命旧址保护工程，助力 54 个县脱贫攻坚。[②] 同时，江西各地不断加大革命文物保护创新力度，培育形成了革命文物保护利用与红色精品景区建设相结合的瑞金、井冈山模式，革命文物保护利用与特色小镇建设相结合的宁都模式，革命文物保护利用与田园风光相结合的金溪模式，革命文物保护利用与传统村落保护相结合的青原模式，等等，具有江西特色的文物保护利用模式，已成为全国革命文物保护利用的样板。[③] 江西省宜春市万载县仙源村积极探索盘活农村闲置资源，采取"村集体+合作社+民宿主"的经营模式，发展红色民宿经济；通过"党支部+合作社+贫困户"模式，流转土地，种植有机稻米和优质稻米，专门邀请南昌大学养殖专家到仙源村开展养殖教学活动，实现红色资源与农业发展相结合；借助水的资源优势，做好"豆腐"文章，发展豆制品加工，从毛

---

① 董超：《江西文旅与时代同频共振 唱响江西风景独好品牌》，《中国旅游报》2023 年 3 月 9 日，第 4 版。

② 《中共中央办公厅 国务院办公厅印发〈关于实施革命文物保护利用工程（2018—2022 年）的意见〉》，《中华人民共和国国务院公报》2018 年第 22 期。

③ 惠梦、廖乐葵、章凯：《打造革命文物保护利用的"江西样板"》，《中国财经报》2021 年 7 月 1 日，第 5 版。

豆种植到豆腐产出，实现产销一条龙，打响"仙源豆腐"品牌。2021年底，仙源村开发茄子种植基地200亩，带动6户脱贫户、12户其他村民就业，每户年增收1万余元。村民自发经营商店、餐馆、土特产售卖、民宿和农家乐，全村常态化经营民宿8家、"农家乐"9家，带动村民增收近20万元。

三是革命文物资源赋能招商引资，把文化价值转为经济价值。革命文物资源是老区的独特资源。老区坚持以保护革命文物、传承红色基因为发展主线，深挖革命文物资源，推动招商引资提质增效，举办系列红色旅游节活动，加快形成革命老区红色文化产业形态，增强特色产业的辐射带动作用，吸纳劳动力就业，提高革命文物资源利用的经济效益和附加值。2022年3月，总投资300亿元的动力电池项目成功签约。截至2024年1月，庆阳市委、市政府组织开展文旅招商推介12场次，签约项目54个，共84.09亿元。①

4. 在文化上涵养文化品质，老区文化产业实现多样化发展

革命文物所蕴含的精神内涵代表着党在不同历史时期孕育、形成并流传下来的精神谱系，是一代代革命者在艰苦奋斗中形成的智慧结晶，既体现着爱国主义精神，还展现出中华民族独特的价值追求与深厚的文化软实力。革命老区在保护利用革命文物的过程中，始终以人为本，避免过度商业化，牢牢把握中共中央的意识形态，注重中国红色革命文化的内核，在尊重党史发展的基础上，不断挖掘中国共产党的发展史，积极传承优秀的革命文化。革命纪念馆重视对文化市场需求结构的深入研究，通过对文化市场、公众文化产品消费偏好等深度调研，主动与相关文化企业联合，策划开发出既能彰显老区红色文化基因又能满足消费者个性化偏好的多元化文创产品，下大力气开展全域文化供给侧改革，创新文化产业发展机制，逐步培育出有特色的革命文化产业链，助推革命文化遗产可持续活化利用。恩施州以老区红色文化为核心，成立湖北省湘鄂西老区文化发展中心，有效整合该州老区红色文化旅游资源，打造引领红色文化旅游产业发展的龙头企业，做大做强红色文化

---

① 安志鹏：《文旅繁花竞芬芳 融合发展出新彩》，《陇东报》2024年1月3日，第1版。

旅游产业，探索一条立足民族底色、彰显红色特色、展现老区振兴的城乡融合发展新路子。

5. 在社会上拓宽旅游空间，老区社会事业稳步发展

革命文物所蕴含的智慧为创新老区社会治理奠定了坚实基础。革命文物有效提升了群众自治水平，因为革命文物产生的地理环境与精神内涵能更贴近老区人民的内心，所以能更好地被老区群众所认同，从而增强了群众自治意识，提高了村民参与民主管理的主动性，减少村内开展工作的阻力，进而推动乡村善治。

立足新发展阶段、贯彻新发展理念、构建新发展格局，以推动文物事业高质量发展为主题，以深化文物保护利用改革为主线，全面加强文物保护研究利用，推进文物治理体系和治理能力现代化。赣州市以市域社会治理现代化试点为契机，传承红色基因、赓续红色血脉，加强红色文化资源的挖掘、运用和宣传，探索"红色文化+社会治理"机制，积极打造赣南红色社会治理"金名片"，让红色成为市域社会治理现代化的鲜明底色；注重"以点带面"，以优秀实践经验带动全市推进红色治理，打造"法治小院"、"客家矛盾客家调"、"双进双促"、"政法轻骑队"、"访调诉"一站式服务中心等基层社会治理品牌。同时，赣州市发扬苏区优良传统，组织烈士后代、退役军人、"五老人员"，组建"老兵服务队""话事人""打铁佬""老班长""老师傅""章贡大妈""三老表"等富有地域特色的调解队，形成"一县一特色、一地一品牌"效应，丰富了社会治理方式，夯实了基层治理底座。近年来，福建省龙岩市以全国市域社会治理现代化首批试点为契机，发挥红色文化、客家文化和生态文明建设资源优势，全方位高质量推进"15511"系统工程（即完善一项治理体制、防范五大领域风险、发挥"五治"融合作用、严守一条安全底线、打造一批市域品牌），筑牢治理根基，探索出一条独具老区特色的市域社会治理现代化之路。闽西把"支部建在连上"的党建原则运用到社会治理中，实现基层党组织引领社会治理全覆盖。

6. 在生态上扮靓城乡颜值，老区绿色发展成效显著

革命文物资源承载着革命记忆，经久不衰、历久弥新，既是特殊的文

化资源、区域文化软实力的重要组成部分，也是加快发展、促进共富的宝贵财富。各地积极践行"绿水青山就是金山银山"发展理念，加快发展特色生态产业，大力挖掘老区革命文物资源，着力拓宽生态产品价值实现途径，提升老区内生发展动力。开发利用革命文物资源，传承红色基因，有利于推动革命老区人民积极主动作为，打造"红绿"融合发展"红色老区模式"，改善生态、生产、生活环境。红色文化产业能够带动革命老区交通、住房、通信、水电、网络等基础设施建设提质增效，改善当地生活环境和生产条件，双向美化生态、生产、生活环境，既为革命老区人民提供"天蓝、地绿、水净"的自然生态环境，又提供"安居、乐业、增收"的生产生活环境，实现老区"生态、生产、生活"和谐绿色健康发展。丽水市围绕打造"红色浙西南、绿色新丽水"，将红色文物资源保护利用与生态文明建设、高质量发展摆在同等重要位置。发展"红色+文旅"，结合中央红色美丽村庄建设试点，修缮保护和恢复开放红军主会场、红军桥、挺进师机关和浙西南特委旧址等20多处红色文物与红色景点，建起红军商店、红军影院、休闲书吧，成为全国红色旅游经典景点；发展"红色+农业"，谋划建设红色扶贫生态农业基地，丰富红军餐、红军茶、红军药文化内涵；发展"红色+康养"，依托红绿融合党建联盟，带动全乡特色村落资源共享、优势互补、共同发展，促进了"红色革命文化精神底本+绿色良好生态底本+古色传统村落活态利用"与康养产业融合发展。桑植县精准定位旅游品牌、功能、产业，完善道路交通、设施配套、信息系统三大服务体系，推动红色旅游蓬勃兴起，带动当地配套设施和生活环境的改善。湖北省随县王店、双利两村坚持党建引领，依托红色文化、历史文化资源和区位优势，抢抓新农村建设历史机遇，盘活土地，促进农民增收，赓续红色血脉，汇聚发展力量，走出一条"红色+特色+绿色+本色"的发展之路，促进乡村振兴。[①] 抚州市资溪县马头山镇整合革命文物

---

① 李珍珍、张辛欣：《红色文化资源赋能乡村振兴的多维价值与实现路径——基于湖南地区的调查研究》，《湖南社会科学》2023年第3期。

资源，全面加固修缮红色旧址，以红映绿、以红兴游，让游客在接受红色教育的同时，在这里体验游森林、采野茶、摇蜂蜜等乡村生活，走出一条红色文化与生态旅游资源相融合的绿色发展之路。

（二）革命文物赋能文旅融合和老区振兴的现实困境

1.革命文物保护利用专项法律法规有待完善

革命文物保护需要健全的法律法规作为行动准则和制度保障，但是当前革命文物保护利用的制度体系尚不完善，必须建立革命文物专项法律法规。首先，现有的法律法规尚未明确革命文物的定义和类型，导致革命文物清点工作难以高效开展，保护缺乏针对性。其次，革命文物利用标准缺乏制度规范，对群众相关违法行为的惩戒措施细则仍需进一步细化完善，保护机制和工作的权责机制需要明确的政策指导。

2.革命文物保护利用模式有待丰富

革命文物在传承红色基因、弘扬革命精神等方面发挥了重要作用。但当前革命文物保护利用还存在模式单一、形式陈旧等问题。首先，国内革命文物保护利用模式仍停留在以简单的展陈展览为主的阶段，虽然能够使革命文物得到有效保护，但其缺乏吸引力和趣味性。其次，博物馆、纪念馆等讲解人员讲解方式不够生动，革命文物保护与红色旅游发展没有实现深度融合，游客的互动性和参与感不足，难以产生对革命文物知识及历史故事的兴趣。最后，新时代发展背景对革命文物管理利用模式也提出了新的要求，当前革命文物保护与现代科技没有做到有效深入融合，难以吸引到更有活力的年轻一代的关注。

3.革命文物产品宣传形式有待创新

当前，大部分革命文物资源以保护性开发和宣传为主，多以红色文化景区、革命纪念馆和博物馆、历史馆、特色主题小镇、红色文化教育培训基地、革命旧址遗址等形式展现，开发模式和参观形式单一化、趋同化、简单化、程式化等缺点尤为突出。目前大部分地区也尚未形成契合当地地方特色的开发利用模式，缺乏具有乡村特色、亮点的红色文化资源产品，更未形成产、售、连续供销的一体化出路。与片区以外的商业化、经济化开发利用模式相比，老区红色文化资源开发利用的产业化水平较低，红色文化资源优势尚未转化成产品和品牌优势，不利于地方红色产业链的建立拓展。比如，当前党政机关、企事业单位工作人员仍是革命遗址遗迹和革命文物的参观主体，社会大众前来参观的人数不够多，不易形成规模扩张效应，而且大部分红色旅游景区具有可参观性的景点多为纪念馆、文化馆、遗物馆、纪念碑、烈士墓等单一旅游产品，产品多采用平面图片或简单的橱窗进行陈列展示，展示方式单一陈旧，观赏性、体验性、互动性较差，游客沉浸式的体验感较弱、参与度较低，参观停留时间过短，未能最大限度、最快速度发挥革命老区红色文化资源的经济效益和价值引导作用。很多老区没有建立大数据网络信息服务平台，革命文物传播途径传统单一，与大众需求不匹配，红色文化资源与革命老区产业融合性及结合度不高。老区红色文创产品结构相对单一，往往留不住游客。由于纪念馆开放时间有限，加上馆内展示方式和手段比较单一，对革命文物的介绍也不够直观、生动和详尽，很多对历史事件了解不太全面的游客来到纪念馆后便很容易产生"丈二和尚——摸不着头脑"的懵懂感，这就在一定程度上削弱了革命文物本身的教育价值。①

4.革命文物赋能老区振兴整体布局有待优化

老区革命文物资源布局较为分散，相距较远，目前虽已在中央层面出台支持革命老区振兴发展的总体方案，但各革命老区革命文物资源开发利用尚缺少系统、科学、有效的整体规划，革命文物资源所蕴含的内涵价值未被充分挖掘，多地未能充分利用当地资源和产业优势，开发利用碎片化、短视化问题突出，革命文物资源与红色产品缺乏有效整合，红色文化产业链无法延伸。各省、市、县之间全局意识淡薄，较少通盘考虑跨区域合作，革命文物资源开发呈各自为政的趋势，缺乏整体设计包装，加之部分老区红色旅游资源开发者欠缺与时俱进、顾全大局、长远发展的意识和观念，往往以经济效益最大化、快速化为追求目标，产生片区红色文化资

---

① 刘磊胡：《纪念馆革命文物保护与利用探析》，《文物鉴定与鉴赏》2023年第16期。

源开发碎片化、项目开发形式千篇一律、产品内容设计单一雷同等系列问题，同质化竞争明显，红色文化对外输出乏力。比如，矮寨奇观景区与附近的十八洞村、乾州古城、凤凰古城等旅游景点，缺乏跨区域合作的全局观，在红色产品开发设计上没有做到协商沟通、统筹协调、综合开发，导致红色旅游线路安排、软硬件基础设施建设等层面关联度较低，没有构建连线成片、连片成面、优势互补的开发格局，革命文物资源开发对当地乡村产业发展的带动力和贡献力较弱。①

5. 革命文物赋能老区振兴全产业链条未有效衔接

红色旅游是一类经济活动，在关注政治效益、社会效益的同时，兼顾经济效益，全力推动经济社会高质量发展。要着眼于"+旅游、+新业态、+区域合作"，延长乡村红色旅游产业链条，发挥革命文物时代价值在乡村精神文明建设中的重要作用，进一步推动老区振兴。同时，红色旅游涉及部门多，组织、宣传、纪检部门批基地，文旅部门抓管理，财政部门管经费，党史部门搞研究，文物部门搞申报，这种"九龙治水"的局面，特别需要一个强有力的牵头部门。虽然革命老区自然资源和物产资源丰富，乡村生态环境优美，但部分革命老区没有立足当地实际来拓展红色产业链条，未将生态资源与人文资源、历史资源进行有效整合、有序开发，农林牧副渔产业、手工艺品制造业及红色旅游产业彼此间分割独立、融合不够、不成体系，加之招商引资渠道单一、力度不够，产品宣传手段陈旧老套，低层次产业品牌充斥市场，老区产业资源整合缺乏整体性，绿色产业与红色文化资源割裂。

6. 革命文物赋能老区振兴专业人才队伍力量薄弱

因为革命文物数量众多且分布广泛，所以工作人员的管理方式、经验、技术能力和知识储备都需要根据纪念馆内的实际情况进行适时的调整和改善。然而，老区前期对革命文物保护利用重视程度不够，加上纪念馆资金短缺等问题，严重影响了纪念馆的整体运作，也削弱了革命纪念馆文物保护队

---

① 陈阳、黄诗惠、黄静等：《红色资源与革命老区乡村振兴的耦合发展及优化路径——以长株潭地区为例》，《北京城市学院学报》2021年第6期。

伍的建设力量。纪念馆内工作人员的能力有限，很多人无法在岗位上发挥作用，综合素质有待进一步提升。同时，大多数老区红色旅游景点编制紧缺，除讲解、安保人员外，工作人员较少，且工作人员多为当地村民，专业人才匮乏，缺少新鲜血液流入，知识结构和技能水平有待提升。大部分老区革命文物资源研究整体偏弱，并呈不均衡态势，一些经济社会发展水平较低的地级市人才队伍建设不足，缺乏对革命文物资源的深入挖掘、系统研究和宣传阐释，特别是在对具有地方特色的革命文物资源挖掘深耕、红色革命精神的领悟传承等方面研究不足，高质量的革命文物资源研究成果较少，有碍革命文物赋能老区振兴。

三 革命文物赋能文旅融合和老区振兴的有效路径

（一）强化顶层设计，定好文旅融合和老区振兴方向标

1.科学规划引领，明确新时代老区振兴发展目标

立足当前和考虑长远相结合，坚持保护和利用革命文物资源并重，以《关于新时代支持革命老区振兴发展的意见》《"十四五"特殊类型地区振兴发展规划》《推动革命老区红色旅游高质量发展有关方案》为指导，加强对革命文物保护利用工作的组织领导和统筹协调，结合乡村振兴战略和城乡整体规划，不断完善革命文物资源赋能文旅融合和老区振兴的相关规划，明确文旅融合和老区振兴发展的目标和方向。

2.加强基础设施建设，打造新时代老区振兴发展引擎

统筹考虑老区文旅融合发展现状，聚焦旅游设施提升，完善红色旅游配套设施，改善通达条件，支持老区将当地革命文物资源融入长征国家文化公园沿线城市建设，打造一批具有全国影响力的红色旅游精品线路，配备基本的活动设施设备，串联沿线重点红色经典景点、红色村落、红色文旅项目等资源，不断完善老区革命文物赋能文旅融合供给体系，促进老区振兴。

3. 增加专项资金投入，提供新时代老区振兴发展保障

加大对老区革命文物资源文旅融合发展扶助力度，建立老区革命文物资源重大项目储备库，在加大专项资金投入力度的同时，积极调动社会资本参与，充分发挥有效市场和有为政府同频共振的作用。同时，中央和国家机关及有关单位要在规划编制、资金项目、人才派遣等方面不断创新举措，进一步健全对口支援和定点帮扶机制，不断巩固帮扶成效，为促进老区革命文物资源与区域协调发展提供重要支持，为老区高质量发展提供重要保障。

（二）做好"革命文物资源+"文章，找准文旅融合和老区振兴契合点

1. 加快文旅产业融合，激发老区革命文物的带动力

以革命文物高质量融合发展为基本遵循，依托革命文物，助力文旅产业振兴。立足优势，促进革命文物与乡村旅游、生态旅游、研学旅游、文化旅游融合，拓展革命文物赋能文旅融合和老区振兴的新路径。同时，也要补齐短板，深入挖掘真正有潜力、有活力的革命文物资源，学习借鉴"大别红营""湘赣红"等知名红色品牌和鄂豫皖革命纪念馆、列宁小学等主要景点精品路线的相关经验，让游客从心动变行动、潜客变真客，让革命文物从出圈到出彩。

2. 加快数字技术赋能，激发老区革命文物的创新力

积极运用 3D、3R、AI 等先进技术，打造一流的红色文化旅游精品，探索沉浸式、代入式体验场景和文化演艺，创新并丰富革命文物赋能项目的产品形式和符合类型，依循数字技术，培育、延伸红色文旅产业链，重现红色故事、红色遗迹、英雄人物。同时，要积极主动与主流数字平台交流合作，开发形式多样的数字化革命文物产品，加快革命文物资源数字化转化，使革命文物从"躲在深山人不知"变为"天下谁人不识君"，推动老区文旅融合创新发展，促进革命老区产业振兴，助力实现共同富裕。

3. 聚焦革命文物资源引擎优势，激发老区革命文物的区域发展力

老区蕴含丰富的革命文物资源，且呈现分布广、区位偏、要素杂的特征。各老区要学习借鉴瑞金市等地相关做法、经验，发挥老区革命文物资源优势，使红色资源与自然风光、乡土乡情、民俗文化、休闲康养等资源深度

融合，助力打造红色旅游融合发展示范区，推动革命老区红色旅游发展与实施乡村振兴战略相融合，进一步巩固拓展脱贫攻坚成果，为当地居民增收、产业增效、农村富裕提供新动能。要将革命文物资源优势转化为旅游产业优势，使革命文物资源成为老区经济的新增长点，彰显革命文物资源的区域发展力，成为红色文旅的兴奋点和引爆点。

（三）加强人才建设，激发文旅融合和老区振兴动力源

1. 立足时代需求，加强人才引进培育

强化老区红色旅游人才队伍建设，完善革命文物资源赋能文旅融合和老区振兴的人才队伍培养体系，制订革命文物资源赋能文旅融合和老区振兴人才培训计划。推动老区强化红色旅游职业教育，支持全国红色旅游经典景区与职业院校深度合作，鼓励旅游院校开设红色旅游相关专业课程。深入实施全国红色旅游五好讲解员培养提升项目，支持老区优秀讲解员参加相关活动。推动老区因地制宜制定红色旅游专业人才引进优惠政策，积极引进旅游景区规划设计、展陈管理、线路开发、导游讲解等相关专业人才到老区红色景区就业创业。支持老区举办红色文化艺术节、高峰论坛、旅游博览会等活动，开展红色文化学术研讨，促进全国各地红色旅游专业人才交流成长。

2. 立足红色基因传承，创新多元化人才培养模式

充分发挥文物系统、教育系统在资源、人才、研究等方面的优势，推动革命场馆与高校共同开展革命文物研究，实现人才互通，为革命文物保护利用注入新鲜血液。推动企业家、专家学者、乡贤能人等指导参与红色文旅规划与建设，通过嵌入式精英带动，不断丰富老区经济业态，激励青年劳动力返乡创业、闲置劳动力村内再就业。建立文化和旅游专家智库，为老区文旅融合和振兴发展提供治理支撑。充分整合校、地、企多方优质资源，鼓励高等院校和职业院校进行旅游教育合作，培育一批红色旅游景区规划与管理、旅行社经营与饭店会展管理、红色文化推广与讲解等领域专业人才，探索性构建"创意—创新—创业"完整链条，建立产学研合作人才培养新模式，共同驱动老区高质量发展。

（四）推进资源整合，筑牢文旅融合和老区振兴基础点

1. 盘点红色家底，深度挖掘革命文物的历史元素

革命老区底蕴深厚、红色文化遗产量多类杂，要以县（市、区）为单位开展革命文物资源专项调查和定期排查，全面摸清革命老区革命文物资源家底和保护需求，将革命文物资源资产使用和管理情况纳入国有资产报告，加强革命老区重大纪念设施项目建设管理。支持革命老区连片挖掘红色文化，完善"建党百年红色旅游百条精品线路"，全方位展示革命老区的红色历史文化底蕴。积极推进井冈山、延安、瑞金、古田、百色、大别山等干部学院、党性教育基地密切合作，将一批红色旅游景区列为现场教学点，不断增强红色教育的感染力。支持革命历史类纪念设施、遗址积极申报全国爱国主义教育示范基地、全国重点文物保护单位、国家级英雄烈士纪念设施和国家级抗战纪念设施、遗址。

2. 盘活红色资源，加大老区文旅资源的开发力度

按照"红色+古色""红色+绿色"等融合发展理念，提升红色旅游规范发展水平，推动红色旅游与乡村振兴融合，促进老区城乡区域协调发展，推进红色旅游适度多元发展，串联"红色历史""国之重器""乡村振兴"三大主题，跨区域合作发展红色旅游，合理开发特色国防军事旅游产品，积极打造精品红色旅游演艺作品等，加大对红色旅游产品的孵化力度，鼓励革命老区举办红色文创设计赛事活动，大力发展红色动漫、红色音乐、红色影视、红色线上课堂等新业态，支持革命老区建设以红色文化为核心元素的国家级文化产业示范园区，做大做强红色旅游产业，激发革命老区乡村振兴新动力。通过技术融合、业态融合、主体融合等方面创新，充分释放老区发展潜力，激发老区发展活力，扎实推动革命老区红色旅游高质量发展，助力革命老区走新时代振兴发展新道路。

案 例 篇

革命文物科学保护案例

刘善庆　刘欢　王绍龙　谭凯淋　熊微　李归宁*

摘　要：　革命文物资源在国家文物资源体系中占有重要地位，是激发爱国热情、振奋民族精神的深厚滋养，是弘扬革命传统、传承中华文化的重要载体，也是革命博物馆、纪念馆开展各项业务活动的基础。对革命文物进行科学管理和保护，充分发挥革命文物的作用，是文物事业高质量发展的基本要求。新时代以来，各地积极探索革命文物保护新路径，涌现了许多典型案例，本报告精选的 5 个案例就是其中的代表。

---

* 刘善庆，博士，研究员，博士生导师，井冈山革命博物馆-江西师范大学国家革命文物协同研究中心常务副主任，江西师范大学苏区振兴研究院院长，主要研究方向为革命文物保护利用、区域发展管理；刘欢，江西师范大学马克思主义学院/苏区振兴研究院硕士研究生，主要研究方向为马克思主义与当代中国经济社会发展；王绍龙，江西师范大学商学院硕士研究生，主要研究方向为红色资源开发利用、工商管理；谭凯淋，江西师范大学商学院硕士研究生，主要研究方向为红色资源开发利用、工商管理；熊微，江西师范大学商学院硕士研究生，主要研究方向为红色资源开发利用、工商管理；李归宁，博物馆馆员，井冈山革命博物馆编辑研究科科长，主要研究方向为革命文物保护利用。其中，刘善庆、刘欢负责第一部分内容的撰写，刘善庆、王绍龙负责第二部分内容的撰写，刘善庆、谭凯淋负责第三部分内容的撰写，刘善庆、熊微负责第四部分内容的撰写，李归宁负责第五部分内容的撰写。

关键词： 北京香山革命纪念地 北京大学红楼 赣南等原中央苏区革命遗址 延安革命文物 东北老航校旧址

加强革命文物保护利用，首先需要强化对革命文物的科学保护。革命文物科学保护内涵丰富，既包括对文物进行修复、复制，也包括数智化保护。革命文物不仅具有很强的政治属性、文化属性、社会属性，还具有一定的经济属性，这就决定了其保护是一个政府主导、社会参与的全民工程。党的十八大以来，国家文物局贯彻落实习近平文化思想，部署实施了许多重要的革命文物保护工程，各级文物部门在革命文物保护方面进行积极探索，积累了丰富的经验，涌现了许多典型案例。

一 中共中央北京香山革命纪念地

（一）简介

中共中央北京香山革命纪念地是中共中央在北京香山的革命旧址，由修缮恢复后的革命旧址与新建的香山革命纪念馆组成。其中，香山革命旧址位于香山公园内，由双清别墅、来青轩等中共中央在香山的 8 处革命旧址组成，双清别墅、来青轩为全国重点文物保护单位。位于香山脚下的香山革命纪念馆建筑面积达 1.8 万平方米。馆内的《为新中国奠基——中共中央在香山》主题展览，面积 6000 平方米，以全面丰富的展陈内容及多样的展陈方式，展现在香山期间中国共产党领导中国人民夺取全国胜利和党中央筹建中华人民共和国的光辉历史。展览以珍贵翔实的历史照片、历史文物、档案及视频为主要内容，共展出图片约 800 张，各类文物 1200 件（套），其中包括开国大典上悬挂过的两盏大红灯笼、使用过的 10 门礼炮。① 该馆是全

---

① 《北京开放香山革命纪念地》，新华网，2019 年 9 月 13 日，www.xinhuanet.com/politics/2019-09/13/c_1124994363.htm。

国爱国主义教育示范基地，获中国建设工程鲁班奖。

1949 年 3 月 25 日，毛泽东率中共中央机关和中国人民解放军总部进驻北京香山。中共中央在北京香山虽然只有半年时间，但在这里，毛泽东、朱德同志发布向全国进军的命令，吹响了"打过长江去，解放全中国"的伟大号角，中国人民解放军以摧枯拉朽之势向全国各地胜利大进军，彻底结束了国民党在大陆的统治。毛泽东同志发表了《论人民民主专政》，为新中国的建立奠定理论基础和政策基础。中共中央同各民主党派、各界人士共同筹备中国人民政治协商会议，制定通过了起到临时宪法作用的《中国人民政治协商会议共同纲领》，确定了新中国的国体和政体，制定了一系列基本政策，描绘了建立建设新中国的宏伟蓝图。因此，北京香山是党领导解放战争走向全国胜利、新民主主义革命取得伟大胜利的总指挥部，是中国革命重心从农村转向城市的重要标志，是新中国诞生的"产床"，是中国共产党人"进京'赶考'"的首站，也是新民主主义革命收官、社会主义建设开局之地，在中国共产党历史、中华人民共和国历史上具有非常重要的地位。①

（二）修缮恢复建筑、陈设

香山是一座拥有近 900 年历史的古老园林，原为清代静宜园内松坞云庄的双清别墅、来青轩等 8 处革命旧址由于年代久远，有的需要修缮恢复，有的需要原址复建。为庆祝新中国成立 70 周年，更好地再现中共中央在香山时期的革命历史，2018 年 4 月，中共中央决定开展中共中央北京香山革命纪念地保护传承利用工作，修缮革命旧址，新建香山革命纪念馆，北京市承担了香山革命纪念地的筹建工作。

修复过程中最难的是缺少建筑的详细图纸，老工匠、专家和工作人员在动工前半年就开始搜集资料，走访了亲历者和党史专家。从 4.9 万字采访实录、20 余万字文字资料、100 多张老照片中，房屋形制、门窗布置、院落植

---

① 共青团北京市委组织部：《中共中央北京香山革命纪念地》，中青在线，2022 年 8 月 16 日，https://news.cyol.com/gb/articles/2022-08/16/content_ x0JLMsVxO.html。

物等细节逐渐被挖掘清晰，历史现场得以在修缮中还原。

为了全面准确地恢复历史原貌，香山革命纪念馆按照"坚持1949年中共中央在香山时期的建筑原状""最少干预""历史可读性原则、修复手段可识别性"的修缮原则，从修缮材料的选用、修缮工艺的选择等多方面采取措施，对建筑及部分室内陈设做1∶1修缮恢复，科学实施革命旧址的修缮工程，并将周边环境综合改造一并结合开展。

在施工过程中全程应用传统工艺、传统材料、传统技艺。纪念馆按照修缮文物建筑的"原结构、原形制、原材料、原工艺"要求，选购原文物建筑的部分原材料，并在修缮手法上运用小停泥淌白墙砌筑、丝缝做法等传统工艺，力求达到建筑修缮后"修旧如旧"、恢复原貌的效果，体现建筑庄重、古朴、沧桑的历史风貌，最大限度地还原1949年中共中央在香山时的建筑原貌，最大限度地传承和保护香山历史文化。

香山革命纪念馆严格控制造价，全部采用国产材料，但在做法和效果上做到了精工细琢。例如，对柱子的整体效果、纹样处理、石材分缝和分段、柱础的高度和纹样等进行了多方案的比较和研究，在外装饰构件上采用铝板仿铜和不锈钢仿铜结合的方式，实现斗拱、凿井、窗楣等传统中式元素的现代演绎，呈现建筑"中而新、新而中"的整体完成效果。

纪念馆注重保护生态环境，充分尊重场地原有环境地貌，保留了原址95%以上的树木，让建筑透过树木隐约呈现，景观以自然主义的形式体现，在环境综合改造过程中提升了周边景观的生态"颜值"和文化品质。

纪念馆对旧址8处建筑、院落进行了"修旧如旧"的修缮还原，其中，修缮建筑达3600平方米，修缮院落达1.8万多平方米，建筑修缮项目荣获中国建设工程鲁班奖。

除对建筑的修缮恢复外，室内展陈部分也通过修缮、购置、复原等方式进行了重新布置。8处革命旧址共陈列家具、办公用品、生活用品等各类展品9495件，都是通过多方渠道征集、购置和复原的。为了最大限度还原历史，展品在展陈上均按照原来样式进行恢复，大到毛泽东的办公桌、沙发和警卫处的吉普车，小到铅笔、橡皮的品牌和火柴盒上印制的文字等内容都是反复论证后复制的。此外，观众可以看到一些珍贵的文物，如陈毅送给朱德使用的金属桌椅、朱德使用过的方砚，以及周恩来使用的书架、收信机、书稿、报纸、地图等。

在香山脚下新建香山革命纪念馆。纪念馆建筑高度 22.5 米，建筑面积 1.8 万平方米。为庆祝新中国成立 70 周年，纪念馆在设计上独具巧思，如在纪念馆南门设置了 28 根廊柱，象征中国共产党从建党到新中国成立 28 年的奋斗历程；在用于举办重大纪念活动和党员教育活动的南广场上，专门设置了国旗及旗台，高度为 19.49 米。馆内面积 6000 平方米的《为新中国奠基——中共中央在香山》主题展览，以全面丰富的展陈内容及多样的展陈方式，全景式生动呈现了以毛泽东为核心的中共中央在香山停驻期间为新中国诞生奋斗的光辉历史。展览按历史发展脉络，由"进京'赶考'""进驻香山""继续指挥解放全中国""新中国筹建""不忘初心　牢记使命　永远奋斗"5 部分 15 个单元构成，以珍贵翔实的历史照片、历史文物、档案及视频为主要内容，共展出图片约 800 张，各类文物 1200 件（套）。展览精心提炼了 10 个主要驻足点，重点展示北平和平解放、进京"赶考"、西苑阅兵、渡江战役、政治协商会议、开国大典等重要内容。

（三）文化新地标

在举国庆祝新中国成立 70 周年前夕的 2019 年 9 月 12 日，中共中央总书记、国家主席、中央军委主席习近平专程前往中共中央北京香山革命纪念地，瞻仰双清别墅、来青轩等革命旧址，参观香山革命纪念馆，观看《为新中国奠基——中共中央在香山》主题展览，回顾中国共产党领导中国人民夺取全国胜利和党中央筹建中华人民共和国的光辉历史，缅怀毛泽东同志等老一辈革命家的丰功伟绩。习近平发表重要讲话强调，全党全国各族人民要紧密团结起来，不忘初心、牢记使命，锐意进取、开拓创新，沿着中国特色社会主义道路，满怀信心继续把新中国巩固好、发展好，为实现"两个一百年"奋斗目标、实现中华民族伟大复兴中国梦而不懈奋斗！①

---

① 《习近平视察北京香山革命纪念地》，中国政府网，2019 年 9 月 14 日，https：//www.gov. cn/xinwen/2019-09/12/content_ 5429540. htm。

2019 年 9 月 13 日，北京香山革命纪念地正式对外开放，迅速成为文化新地标、红色旅游胜地。2020 年，中共中央北京香山革命纪念地文物保护修缮项目获评第二届"全国革命文物保护利用十佳案例"。2021 年，香山革命纪念馆布展的"红色电波中的领袖风范——毛泽东同志香山时期发布电报手稿专题展览"被列为中央宣传部、国家文物局向社会公开推介的"庆祝中国共产党成立 100 周年精品展览"。2022 年，该案例在国家文物局编制的《全国革命文物保护利用案例集（2022）》中被收录为国家文物局推介的 18 个革命文物保护利用优秀案例之一。

二 北京大学红楼保护展示工程

（一）简介

北京大学红楼（简称北大红楼）始建于 1916 年，建成于 1918 年，因通体以红砖砌成而得名，曾是北京大学校部机关、第一院（文科）校舍和图书馆等部门所在地，1961 年被列为第一批全国重点文物保护单位。

作为一座有着上百年历史的红色地标，北大红楼曾孕育中国新思想和新理论，是马克思主义思想传播的重要活动地、新文化运动的重要营垒、五四运动的策源地和中国共产党的重要发祥地，中国共产党早期的一些重要活动曾在这里举行。北大红楼珍藏的五四运动史料和文物，清晰展现了早期马克思主义者的坚定信念和不懈追求，生动诠释了中国共产党人为中国人民谋幸福、为中华民族谋复兴的初心和使命，在党的历史上具有标志性意义。

（二）精心组织

北大红楼保护修缮项目是百年党史文物保护展示工程的重点项目。在保护修缮过程中坚持保护第一、传承优先，注重深化研究，突出"修旧如旧"，强化持续监测，统筹保护展示，切实把这处中国共产党早期北京革命活动旧址保护好，以实际行动庆祝建党百年华诞。①

一是高度重视。认真贯彻落实习近平总书记关于"加强对五四运动史料和文物收集、整理、保护"的重要指示精神，将革命旧址保护传承利用作为一项重要政治任务，统筹调度，全力推进北大红楼提升改造工程，扩大开放面积，提高展示水平，深化价值挖掘，提升教育效果，努力把北大红楼打造成马克思主义早期传播基地、中国共产党早期活动展示基地和党员干部教育基地，更好发挥北大红楼在发扬革命传统、传承革命文化中的独特作用。2014 年 6 月，国家文物局出具《关于北京大学红楼保护规划编制立项的批复》，同意北大红楼保护规划编制立项。国家文物局与北京市委、市政府密切配合，指导推动北大红楼与中国共产党早期北京革命活动旧址的整体保护、展示提升、环境整治和连片打造工作，红楼周边环境设施明显改善。

二是坚持系统研究，夯实保护基础。注重将深化研究始终贯穿于北大红楼保护修缮的方案制订和工程实施全过程。加强文献研究，在方案设计阶段查阅了大量的北大红楼历史照片、图纸和档案，分析并调研了北大红楼原建造公司——中法实业公司和仪品公司设计建筑的手法，考察了北京周边同时期同类型历史建筑的特点，让维修工作有史可查。系统梳理历次修缮工程的重点、措施和做法，特别是对参与过 1961~1962 年修缮工程的文物专家进行了回访，细致考证北大红楼的原形制、原工艺和历史原貌，大到街区环境，小到墙缝修补，让维修工作有据可依。加强价值研究，深入挖掘北大红楼承载的光荣历史、蕴含的革命精神、彰显的时代价值，不断增强对旧址保护重要性的认识和把握。

三是坚持最小干预，精心组织实施。遵循"呈现原状、真实可信"的原则，尽可能恢复其原来布局、面貌与特征，力求生动再现革命历史时期的室内陈设场景，最大限度地保持旧址在革命历史时期的陈设状态，尽量实现旧址本体、内部陈设和周围历史环境的紧密结合，注重突出历史感、场所

---

① 国家文物局机关服务中心 中国共产党早期北京革命活动纪念馆：《第三届（2021）全国革命文物保护利用十佳案例——北京大学红楼展示工程》，国家文物局官网，2022 年 4 月 28 日，http://www.ncha.gov.cn/art/2022/4/28/art_ 722_ 174002. html。

感。加强勘察评估，对北大红楼进行了一次全面系统的健康"体检"，对地基、墙体、木屋架的稳定性和安全性开展了专项检测，尽可能摸清旧址建筑的保存现状和安全隐患。加强科学保护，坚持现状整修、局部加固的总体思路，对修缮部位在反复论证、对比试验的基础上遵循原工艺、原做法有序施工，尽可能保留历史信息。比如对开裂、损朽等存在安全隐患的木构架进行替换或加固；对表面酥碱微风化、弱风化的墙体不替补不更换，对墙面酥碱处进行封护，延缓病害发展，留存岁月痕迹；对瓦面有微残损、小残损但不影响使用的红瓦不更换。

四是坚持持续监测，确保文物安全。加强技术指导，规范现场管理，统筹保护展示，在施工过程中特别强调设计单位和文物专家的全程参与、全程指导，确保施工进度和工程质量。北大红楼综合提升改造工程历时一年多完成，为红楼的展示利用奠定了基础。

（三）打造精品

革命旧址是革命事件发生地、革命人物生活工作地，承载着厚重的革命历史文化，见证革命史实与革命精神，有着独特的优势，因而是最重要的文物展品和展示空间。孕育了中国共产党的北大红楼，在国家文物局、北京市委宣传部的统筹领导下，在国家文物局机关服务中心、中国共产党早期北京革命活动纪念馆的精心组织下，在中国人民抗日战争纪念馆、新文化运动纪念馆等单位的大力支持下，完成了文物本体保护修缮任务，并以新展览吸引了大批观众来追寻历史足迹，重温觉醒年代的力量。

2019 年 9 月 4 日，北大红楼二层旧址复原陈列展览开幕，北大红楼二层旧址复原陈列展览主要包括蔡元培、陈独秀、胡适专题展览，校长办公室等旧址复原展示，"五四现场"和"光辉起点"专题展览。"五四现场"展览再现了自 1919 年 5 月 4 日学生游行至 1919 年 6 月 28 日中国代表拒签对德和约的全过程，让观众回顾当时的情景，感悟五四运动所孕育的"爱国、进步、民主、科学"精神。"光辉起点"专题展览运用图片、文物复制件、雕塑、油画、音视频等形式，集中展示了从鸦片战争到大革命时期发生在北京乃至北方地区的重大革命历史事件，重点展现了革命先辈在这一历史时期为中国共产党早期组织的创建所做的思想准备、组织准备和干部准备。

2021年6月25日，中共中央政治局就用好红色资源、赓续红色血脉进行第三十一次集体学习。习近平总书记带领中央政治局同志来到北大红楼，参观"光辉伟业　红色序章——北大红楼与中国共产党早期北京革命活动主题展"（以下简称主题展），重温李大钊、陈独秀等开展革命活动、推动马克思主义在中国早期传播、酝酿和筹建中国共产党等革命历史。6月29日，北大红楼整体对外开放，国家文物局、北京市依托北大红楼旧址共同策划打造的主题展同时正式面向公众开放。①

主题展坚持以习近平总书记关于革命文物保护重要讲话精神为根本遵循，围绕李大钊、陈独秀、毛泽东等早期建党人物，生动展现中国共产党创建时期北京革命活动的光辉历史，着力展现北京作为新文化运动的中心、五四运动的策源地、马克思主义在中国早期传播的主阵地、中国共产党的主要孕育地之一，在中国共产党创建史上所具有的独特地位、独特贡献、独特价值。

主题展依托北大红楼文物本体和现有60多个房间的结构布局，将楼内6处历史场景复原（图书馆主任室、文科学长室、第二阅览室、五四游行筹备室、登录室、大教室），并纳入展览流线，让展览与旧址有机融合、相得益彰，展览亮点频出，成为充分利用革命旧址举办大型主题展的典范。展览分为6个部分19个单元，② 共计67个展室，展出珍贵历史图片958张、珍

---

① 经过近一年的筹备和完善后，主题展线上展于2022年发布。该展览依托中国共产党早期北京革命活动纪念馆陈列，采取数字化技术，以全景式展现、沉浸式体验的方式，从云端讲述红色历史。线上展览通过实景探测、720度扫描以及三维建模工具，对北大红楼楼体外立面、楼体外景、楼内空间以及全部展厅进行了实景扫描和数字复刻，对重点文物展品进行单独数据采集，配以专业主持人的讲解，通过虚拟现实等科技手段的运用，增强了展览的互动性和观众的体验感。

② 即"经历近代以来救亡图存探索的失败，工人阶级登上历史舞台""唤起民族觉醒，构筑新文化运动的中心""高举爱国旗帜，形成五四运动的策源地""播撒革命火种，打造马克思主义早期传播的主阵地""酝酿和筹建中国共产党，铸就党的主要孕育地之一""不忘初心，牢记使命"6个部分。

贵文物史料 1357 件（套）、艺术品 40 件（套）、珍贵音像材料 13 个、场景再现 25 组。主题展有以下六个鲜明特点。

一是突出政治性，将历史叙述与红色基因传承结合起来。在对党的北京早期革命活动进行深入细致研究梳理的基础上，广泛征集珍贵文物资料，还原历史真相、重建历史现场，使展览主题具有坚实的史实支撑，确保展览内容成为信史、正史。同时，坚持党的意识形态阵地属性，从百年党史的源头着手，回望共产党人精神家园的发轫地，探寻党的初心使命的孕育背景和脉络，生动再现党在北京早期革命活动的光辉历程。树立正确的党史观，旗帜鲜明地反对和抵制历史虚无主义，准确把握党的历史的主题主线、主流本质，从而引导人民群众坚定不移听党话、跟党走。

二是深化思想性，将呈现历史事实与反映历史规律结合起来。透过中国共产党在北京早期革命活动，研究提炼北大红楼革命精神，深挖这一精神背后深刻的思想文化渊源和社会历史条件，同时，组织出版"北大红楼与中国共产党创建历史丛书"，深度挖掘红色资源的历史内涵和红色基因。这些研究成果，不仅客观地还原了历史事实，而且深刻揭示了近代以后中国社会和中国革命的发展规律，具有丰富的思想内涵，为展览提供了扎实的学术和思想支撑，从而取得以事明理、以理驭事的显著效果。

三是凸显教育性，将反映党的早期历史与服务党史学习教育结合起来。紧紧围绕党史学习教育要求和需求，聚焦李大钊、陈独秀、毛泽东等重点人物和重大历史事件，精选展出李大钊《狱中自述》、毛泽东和蔡和森建党通信等重点文物数十件（套），展出了李大钊最早系统传播马克思主义、在高校讲授马克思主义课程以及壮烈牺牲等珍贵文物资料，围绕青年毛泽东两次来京，展示了他确立马克思主义信仰的思想轨迹，展出全部 63 期《新青年》杂志、多版本《共产党宣言》、全套《共产党》月刊等重要文物史料。这些珍贵资料，丰富多样、真实感人，使参观者能从中切身感悟革命先辈振兴中华、造福人民的爱国情怀，坚定信仰、追求真理的科学态度，动员人民、组织群众的实践精神，勇于牺牲、义无反顾的崇高品格，从而激励广大党员干部更加自觉践行初心使命。

四是注重系统性，将宏观表达与微观呈现结合起来。采取全景式立体化展览方式，既展示"树木"，又展现"森林"。在纵向上，坚持大历史观，把党在北京早期革命活动置于中华民族五千多年文明史、党的百年奋斗史中来认识它的历史必然性；在横向上，提炼关键词，围绕新文化运动、五四运动、马克思主义早期传播和中国共产党孕育等四个方面重点展开，从整体上表现其重大历史贡献。同时，打造"故事盒"，注重细节打磨和微观呈现。如对李大钊、陈独秀、毛泽东分别工作过的图书馆主任室、文科学长室、第二阅览室等6处旧址进行精心复原，让参观者身临其境地感悟先辈的革命足迹，从而更加坚定理想信念、勇于担当使命。此外，安排两个展厅以沙盘和图板形式对1915~1923年北京地区与中国共产党创建活动有关的重要会议场所、重大历史事件发生地、重要党史人物故居以及重要纪念设施等31处旧址整体情况进行集中展示，使之成为一个有机整体。

五是兼顾艺术性，将传统展示方法与创新展陈方式结合起来。紧密结合北大红楼空间结构和历史文化的特殊性，精心制订工作方案，个性化设计展陈形式，做到"一室一专题、一室一方案"。巧设"驻足点"，重点再现重大历史事件；精心设计展陈方式，既保护房间原貌，又巧妙展现文物内容；采用创新技术，设置20组触摸屏，展现1700余张图片，从而使参观者可在丰富的数字化知识体系中学习党的历史、感悟党的初心。

六是增强便民性，将做好接待服务和满足多样性需求结合起来。在有限的空间内，精心设置参观流线图、指示标识，开发明信片、首日封等纪念产品，开设书店和文创服务区，尽力满足观众多方面的需求。同时，在分时段安排专业讲解基础上，在一些展室开发二维码，观众可以通过扫描二维码，了解相关背景知识及其他旧址情况，从而尽可能实现把展览带回家的心愿，并根据个人情况多时间了解这段历史。

主题展被中宣部、国家文物局列为"庆祝中国共产党成立100周年精品展览"之一。2021年12月，北大红楼入选"2021北京网红打卡地推荐榜单"。

利用历史建筑作为博物馆、纪念馆的展厅，是全球博物馆界常见的选择。早在 1956 年，北京鲁迅博物馆（北京新文化运动纪念馆）就依托北大红楼而建立，是全国唯一一家全面展示五四新文化运动历史的专题性博物馆，先后入选全国爱国主义教育示范基地、北京市爱国主义教育基地示范单位、北京市廉政教育基地、全国百家红色旅游经典景区之一。2021 年 10 月 3 日，中国共产党早期北京革命活动纪念馆揭牌仪式在北大红楼举行。纪念馆主要承担北大红楼等中国共产党早期北京革命活动旧址保护、文物管理、展览陈列、宣传教育、学术研究等工作。纪念馆聚焦与北大红楼密切相关的革命史实进行展览策划，立足自身特点、展陈条件，结合时代需求、重要节点，对其内部空间开展合理、适度的展示利用，让文物说话，让场域发声，将展示的内容、形式与革命旧址价值内涵和形态结构有机结合。以政治建设为统领，以"学术立馆、文保强馆、社教兴馆、科学治馆"为工作路径，充分用好主题展，构建开放的学术研究平台，积极利用先进科技手段，做好文物保护、活化利用，强化纪念馆的社会教育功能，为纪念馆的发展提供动力，力争把中国共产党早期北京革命活动纪念馆建设成具有重大影响力的革命纪念馆。同日，由北京市文联、中国共产党早期北京革命活动纪念馆主办，北京市美术家协会、北京市书法家协会承办的"庆祝中国共产党成立 100 周年'红心向党'北京书画名家邀请展暨书法作品捐赠仪式"在北大红楼举行，此次展览是庆祝中国共产党成立 100 周年的系列文艺活动之一。本次展览展出的 60 余幅书画作品紧扣时代脉搏，讴歌中国共产党 100 年艰苦卓绝、奋力开拓取得的丰功伟绩。

三　赣南等原中央苏区革命遗址保护利用工程

（一）政治工程

中央苏区即中央革命根据地，是第二次国内革命战争时期全国最大的革命根据地，是全国苏维埃运动的中心区域，是中华苏维埃共和国党、政、军首脑机关所在地，由以瑞金为中心的赣南、闽西两块苏维埃区域组成。

土地革命战争时期，赣南等原中央苏区人民为中国革命做出重大贡献和巨大牺牲，留下了众多的革命遗址。江西省第三次全国文物普查统计数据显示，赣南等原中央苏区所在的8个设区市、54个县（市、区）登记在册的革命遗址达2096处，馆藏文物数十万件（套）。由于革命遗址点多面广、财力有限，赣南革命文物保护重心集中在全国重点文物保护单位，不少保护级别较低的遗址损毁严重，有的甚至面临消失的危机。

党中央、国务院高度重视赣南等原中央苏区振兴发展工作，在习近平总书记的亲自推动下，2012年6月，《国务院关于支持赣南等原中央苏区振兴发展的若干意见》（以下简称《若干意见》）出台实施。《若干意见》支持"编制赣南等原中央苏区革命遗址保护规划，加大对革命旧居旧址保护和修缮力度，发挥革命旧居旧址在爱国主义教育中的重要作用"，建设"红色文化传承创新区"。

根据国务院振兴赣南等原中央苏区任务分工，赣南等原中央苏区革命遗址保护维修由国家文物局、财政部等部门负责。根据《中华人民共和国文物保护法》和《若干意见》，为加大对赣南等原中央苏区革命遗址的保护、维修和利用力度，2012年7月，由江西省文化厅、省文物局牵头，组织编制了《赣南等原中央苏区革命遗址保护规划》。2013年10月，国家文物局原则上同意该项保护规划。根据国家文物局2014年批复的赣南等原中央苏区革命遗址立项报告的要求，江西省文物部门分年度编制了革命遗址维修方案。结合实际，江西省明确把实施赣南等原中央苏区革命遗址保护利用工程定位为政治工程、文保工程和惠民工程，先后制定了120多个有关赣南等原中央苏区革命遗址保护的规范性文件。

为积极推进赣南等原中央苏区革命遗址保护工程，江西省文物部门于2014年10月建立了全省文物重点工作督导机制，成立督导组和专家组，负责工程项目的组织指导工作。通过建立例会制度、报告制度、督办制度、专报制度、通报制度、责任制度，督促指导全省苏区项目实施和文物合理利用等工作。各级文化文物行政部门和有关单位对工程项目严格把好"准入关"。各地上报苏区项目必须有当地文化、党史部门共同出具的革命文物价值评估意见，必须有当地文物部门出具的纳入所在地文物保护范畴的意见，确保入选项目符合"必须是革命遗址、必须有重大价值、必须确需维修、维修后必须能够利用"的要求。

坚持革命遗址保护与爱国主义教育基地建设相结合，充分发挥革命遗址在进行爱国主义、革命传统教育中的作用。通过对革命遗址的保护，广大青少年在接受爱国主义教育时，能够以物知史、以物见人，使教育方式更加多样、体验更加直接，增加了爱国主义教育场所数量，提升了爱国主义教育水平。如新余罗坊会议纪念馆与新余市委宣传部、市教育局、团市委、市直工委等有关部门和驻市厂矿企业、学校共建爱国主义教育基地，建立长期稳固联系制度，每年有上万名新生分期分批到纪念馆接受革命传统教育，极大地提高了广大学生的思想道德水平。兴国县官田中央兵工厂旧址群被国防科工局批准公布为"全国军工文化教育基地"。

坚持革命遗址保护与纪念场馆建设相结合，充分发挥革命纪念场馆的红色阵地作用。江西省抓住赣南等原中央苏区振兴发展上升为国家战略的有利时机，大力加强对全省革命博物馆、纪念馆的维修和保护工作。如井冈山革命博物馆结合井冈山干部学院教学点工作，对茨坪毛泽东同志旧居等9处基本教学点和行洲红军标语群遗址等9处备选教学点，努力贯彻中央和省委"教学点要提高档次和品位"的要求，开展了全面维修保护和环境整治工作，使各教学点以崭新的姿态、良好的风貌展现在游客和学员面前。宁都县选择最有影响和最具特色的中央苏区反"围剿"和宁都起义两个重要历史事件，高起点规划、高标准建设，投资近1亿元建成中央苏区反"围剿"战争纪念馆，并对外开放，成为全国唯一全面反映中央苏区反"围剿"战争历史的纪念馆。

（二）文物保护工程

由于气候潮湿、遗址多为土木结构、均超过其使用寿命等因素，赣南等原中央苏区革命遗址都到了必须进行抢救性维修的地步。根据这种情况，江西省因地制宜，探索全面推进革命文物保护利用道路，对革命文物提出

"整体保护"概念,《赣南等原中央苏区革命遗址保护规划》涵盖江西8个设区市、54个县(市、区)的1000多个项目,实施"赣南等原中央苏区革命遗址保护利用工程",构建以国家重点文物保护单位为龙头,以革命遗址的内在联系为主线的革命文物保护格局。2014年以来,中央财政安排16亿元支持赣南等原中央苏区革命遗址保护利用工程,通过整体规划、连片保护,革命遗址的保护状况得到极大改善。

严抓项目质量。各级文化文物行政部门严格落实文物保护工程管理制度,规范程序,严格质量管理和过程监管,严抓项目质量,确保文物保护项目真正做成"廉洁工程"和"放心工程"。所有项目均根据批准的维修方案,按照不改变文物原状原则和原工艺、原材料、原做法等要求进行施工;业主单位、设计单位、施工单位、监理单位各尽其职,严格履责、严格监管;施工单位项目负责人和监理单位监理人员长驻工地,现场监理人员认真负责,对隐蔽工程、施工工艺、施工材料等严格监理;业主单位、施工单位、监理单位加强现场施工管理、监理人员业务培训和思想教育,确保工程质量。鼓励有资质、信誉良好的相关企业来赣参与文保工程方案设计、施工、监理工作,不断增强文保专业队伍力量。

严格督促实施进度。2015年8月开始建立项目实施进度月报制度,各地对2014年以来"赣南等原中央苏区革命遗址保护利用工程"所涉及的项目实施进度"一月一报",江西省文化厅、省文物局对实施进度缓慢的县(市、区)采取重点督导、召开协调会、下达督办函、书面通报等方式进行督办,切实督促各级文化文物部门加快项目进度。各级文化文物部门安排专职人员具体负责工程建设管理,明确时间节点,倒排工期、上下联动、协调配合,建立沟通顺畅、运转高效的工作机制,形成工程建设的强大合力,确保项目有序推进。江西省文化厅、省文物局领导先后在革命遗址数量较多、资金量较大的横峰县、瑞金市、青原区、于都县、兴国县等地召开有当地党委、政府主要领导参加的调度会,协调解决问题。同时,江西省文物局先后向设区市、省直管县(市)和县(市、区)发出督办函68件,有力督促了项目实施进度。项目招投标、施工、竣工验收等环节均按计划稳步推进,项目开工率、完工率、竣工率等指标均符合计划和预期。

严格资金监管，抓好日常管理。各级文化文物部门配合财政部门加强对项目资金的管理，严格做到专款专用、规范使用，防止截留、挤占和挪用。项目竣工验收后，当地文化文物部门及时健全各项管理制度，落实管理单位和管理责任人责任，加强日常管理，做好对外开放、卫生保洁、灭杀白蚁、捡漏除草等日常保护管理工作，尤其是防止火灾、盗窃等事故发生，确保文物安全。

（三）惠民工程

在项目推进过程中，江西始终坚持革命遗址保护与公共服务设施建设相结合，与改善民生相结合，充分发挥革命遗址惠及民生的作用。有关市县级文化文物行政部门根据实际条件和所承载的革命史实，积极采取在修缮好的旧居旧址内设立图书馆、非遗展示馆、非遗传习所、红色历史展示馆、村级文化活动室、农家书屋、文化信息资源共享村级服务点、文体活动室等不同方式进行展示利用，既丰富了百姓的休闲娱乐活动，提升当地百姓生活幸福指数，又实现了革命文物"在保护中利用、在利用中保护"的目的。如于都县工农兵革命委员会旧址，既有专题陈列展览，又布置了电子阅览室、图书室和老年人活动室等多个场所，解决了贡江镇社区文化活动场地问题。

坚持革命遗址保护与促进红色旅游发展相结合，充分发挥革命遗址在推进旅游产业发展中的作用。依托丰富的革命文物史迹，通过整合旅游资源、设计旅游线路，大力发展红色旅游产业，江西建成了瑞金云石山红色生态旅游度假区、乌石垅苏区军事博览园、吉安东固红色文物旅游景区等一批旅游景点，为打造"江西风景独好"名片、发展江西旅游产业增力。如横峰县依托闽浙皖赣革命根据地旧址群，大力实施"旅游旺县"战略，积极推进旅游、生态和文化资源的整合，做好"红、绿、古"旅游三篇文章，精心实施了旧址群红色旅游景区基础设施建设项目，着力引进有实力的大公司、大集团参与文化旅游项目开发，推进葛佬公司增资扩建尚城国际购物中心、游客服务中心等项目，加强对横峰传统文化、红色文化、葛文化的深度挖掘，基本形成红色旅游快速发展、核心产业优势明显、相关产业协调发展的旅游产业体系，旅游产业综合实力显著增强，闽浙皖赣革命根据地旧址群景区成功创建国家 AAA 级旅游景区，并纳入"全国红色旅游经典景区"。

坚持革命遗址与周边环境治理相结合，建设特色乡镇。在维修革命文物的同时，对周边环境、自然景观进行整体打造，通过使用传统材料铺装周边地面、种植树木、清沟疏渠、结合周边山水地形、统筹农作物和果树种植等方式，营造清新舒适的整体环境。鉴于革命文物本身的分布特点，宁都县将革命文物保护利用与特色乡镇建设联系起来，推动革命遗址"保护修缮、展示利用、环境整治"工作与爱国主义教育基地建设、红色旅游、学术研究、精准扶贫工作相结合，有效提升文物保护利用水平。2017 年，宁都的做法被评为中国文物保护基金会第九届"薪火相传——文物活化利用十大优秀项目"。如今，宁都县革命遗址集中的小布镇被评为"中国特色小镇"，宁都会议革命旧址所在的小源村被评为"全国乡村旅游点建设村"，革命遗址集中的黄陂镇也成为"江西省百强中心镇"。

坚持革命遗址保护与乡村振兴相结合。革命文物保护利用与基础设施建设同步进行，做到路通、水通、电通、地下管网通，充分发挥革命文物带动地方经济社会发展的作用。如吉安市青原区革命遗存丰富，其中国家重点文物保护单位 6 处，古村落 50 多个，传统村落与革命旧址旧居交错分布。青原区因地制宜，坚持革命文物与传统村落保护利用整体规划一盘棋，将乡村发展综合规划、传统村落建设保护规划、革命文物保护利用规划和乡村旅游规划等全部纳入总体规划编制中，将文物保护维修与古村落保护、红色旅游、美丽乡村建设、小城镇开发等有机融合，整合交通、水利、农业、扶贫等专项资金，全面规划、整体推进，集中打包、综合改造，全面提升村庄基础设施建设水平，通过不断实践，青原区总结出革命文物与传统村落保护利用相结合的"青原模式"，革命文物保护利用成为乡村振兴的引擎。

坚持革命遗址保护与休闲农业旅游相结合。金溪将革命遗址的维修与周边环境、自然景观结合，通过使用传统材料铺装周边地面、种植树木、清沟疏渠、结合周边山水地形、统筹农作物和果树种植等方式，将革命遗址及其周边打造成独具特色的休闲旅游目的地。

（四）示范工程

在项目实施过程中，江西努力探索形成具有自身特色的文物保护模式，积累了宝贵经验，一大批革命文物保护和利用状况得到大幅改善，周边环境状况也得到了提升，革命老区受益地涉及 8 市 54 县，革命文物得到充分利用，独特优势得到充分发挥，革命文物保护在理想信念教育、发展红色旅游、振兴乡村、惠及民生等方面发挥了积极作用。

第一，整体规划与连片保护。在编制《赣南等原中央苏区革命遗址保护规划》过程中，江西确定了七条编制原则：一是坚持轻重缓急原则；二是坚持完整性原则；三是坚持真实性原则；四是坚持有效保护与合理利用相结合的原则；五是坚持行政主管部门牵头指导、属地管理、分级负责和分步实施的原则；六是坚持把社会效益放在首位的原则；七是坚持依法保护、科学实施的原则。保护规划及其原则在一定程度上推动形成了"集中连片、突出重点、国家统筹、区划完整"的革命文物保护利用原则，体现了革命文物保护利用体制机制的创新。

第二，严把关口、示范引领。在工程实施过程中，江西创造性提出严把六个"关"，即准入关、进度关、质量关、验收关、管理关、利用关。在工程实施过程中，因地制宜，形成了四种模式，并在全省推广。这四种模式就是瑞金、井冈山革命遗址与红色景区建设相结合的模式、宁都革命遗址与特色乡镇建设相结合的模式、金溪革命遗址与休闲农业旅游相结合的模式、青原区革命遗址与传统村落保护相结合的模式。

第三，分类管理、统筹展示。赣南等原中央苏区革命遗址保护项目涉及的遗址大体可以分成两类：一是建筑类项目，共计 745 项；二是遗址类项目，共计 5 项。其中建筑类项目均为明清至民国时期所建，且都为砖木或土木结构，大部分为市县级以下文物保护单位或未定级保护项目，二者合计占总数的 59%。从产权看，集体产权、个人产权占绝大多数，二者合计占比高达 89.3%；从管理单位看，文化文物部门管理的有 507 项，占项目总数的 67.6%，非文化文物部门管理的有 243 处，占比为 32.4%。针对这种情况，江西省采取分类管理方式进行管理。对数量较多且较集中的革命遗址，设立专门管理机构管理；对零星分散的革命遗址，以聘请当地村民为文保员的方式进行管理，文物部门每年给文保员一定的经费补助。为防止保护维修后出现利用不规范，展览内容、手段单一，千馆一面等现象，江西省在制定规划时，就坚持保护与利用相结合、社会效益与经济效益双丰收的原则，并明确既要让文物活起来，又要安全利用、健康利用、可持续利用的目标。考虑到革命遗址的政治性，江西省规定在革命遗址内进行陈展的，其陈展方案必须报经宣传部门审批同意。因此，绝大多数革命文物在维修后都结合革命史实进行了相关展览陈列，成为红色教学点、各级爱国主义教育基地和党性教育基地。同时，因地制宜，将维修后的革命文物开辟为农家书屋、群众文化活动室、村史馆、老年人活动室、农民剧团、农村留守儿童中心、农村医疗室等，做到维修一处利用一处，成为赣南等原中央苏区农村公共文化活动阵地，真正实践了"在保护中利用、在利用中保护"的理念。

2016 年 7 月，国家文物局组织对赣南等原中央苏区革命遗址保护工程进行专项检查，高度赞扬江西省革命遗址保护利用的做法，赣南等原中央苏区革命遗址修缮工程成为全国样板。2018 年，"推广赣南等原中央苏区革命旧址整体保护经验"写入《国家文物事业发展"十三五"规划》，7 月 30 日，在国务院新闻办举行的《关于实施革命文物保护利用工程（2018—2022 年）的意见》新闻发布会上，时任国家文物局局长刘玉珠高度评价了赣南等原中央苏区革命文物整体保护利用的做法，高度评价江西革命文物保护利用的四种模式。11 月 30 日，国家文物局文化遗产公开课"革命旧址的保护利用——以赣南等原中央苏区革命旧址为例"在江西吉安开讲。2019 年，国家文物局主编出版《创新与启示：赣南等原中央苏区革命文物保护利用实践》，入选 2019 年度全国文化遗产十佳图书。

四　延安开展革命文物连片保护新探索

（一）加强组织领导，高位谋划实施

2020年9月，延安被国家文物局列入首批国家文物保护利用示范区创建名单，延安是唯一一处革命文物专题类国家文物保护利用示范区。

延安是中华民族的圣地、中国革命的圣地、新中国的摇篮。宝塔山是中国革命的精神标识，毛主席等老一辈革命家在这里战斗生活了十三个春秋，培育了光照千秋的延安精神，留下了大量弥足珍贵的红色资源。全市现有革命旧址445处，其中全国重点文物保护单位23处、省级文物保护单位146处；革命纪念馆19座，馆库藏革命文物43673件（套），其中一级文物231件（套）；全国爱国主义教育示范基地13处，国家级抗战纪念设施、遗址6处。

为切实做好国家文物保护利用示范区创建工作，延安市设立副厅级建制的革命纪念地管理局，成立市长任组长，市委、市政府分管领导，延安革命纪念地管理局党政主要负责人任副组长，市委组织部、市委宣传部等36个相关部门主要负责人为成员的"延安市创建国家文物保护利用示范区建设领导小组"，负责创建工作的总体协调推进和重大问题研究部署，形成市委、市政府领导负总责、亲自抓，各级各部门具体抓的良好工作局面。编制完成《延安革命文物国家文物保护利用示范区建设实施方案》，经国家文物局审核同意后，延安市人民政府于2021年3月26日正式对外公布，5月20日召开示范区创建动员大会，标志着创建工作全面启动。①

强力落实创建主体责任。坚持目标导向、问题导向、结果导向，落实落细《延安革命文物国家文物保护利用示范区建设实施方案》和创建工

---

① 说明：本案例素材来自《中国文物报》2022年4月1日第2版《延安加快推进革命文物国家文物保护利用示范区创建工作》等资料。

作任务清单。强力推进体制机制创新，扎实推动项目策划，在制度保障、政策供给上实现突破。继续深化党委领导、政府主导、部门协作、社会参与的革命文物工作格局，建立协同实施机制，有效推动革命旧址保护管理运用。夯实工作责任，切实把示范区创建工作纳入各级政府重要工作议程，迅速把创建目标年度化、清单化，把战略任务工程化、项目化，把创建责任明细化、具体化，科学排出每月、每季、每年任务，全力快速推进。

（二）推动革命文物立法保护与多规合一

坚持把革命文物安全放在首位，2020 年 3 月 25 日，《陕西省延安革命旧址保护条例》正式通过陕西省十三届人大常委会第十六次会议审议修订，于 5 月 1 日起施行。《延安市实施〈陕西省延安革命旧址保护条例〉办法》于 2020 年 10 月 1 日起正式实施，使延安革命文物保护利用工作纳入规范化、法治化发展轨道。

在加快立法的同时，按照"整体规划，连片保护，综合实施，全面展示"的总体思路，结合城建、环保、交通、文旅等各项规划，高起点推进示范区建设。制定实施《延安革命旧址群保护利用规划》《延安革命文物保护利用工程（2018—2022 年）实施方案》《延安革命旧址群安全监管平台建设规划》《延安市关于推进文物保护利用改革的实施方案》等政策文件，将革命文物保护规划与国民经济和社会发展规划、城乡规划、土地利用规划、生态环境保护规划、乡村振兴规划等多个规划深度融合，着力解决各类规划组成体系中内容缺乏衔接等问题。推进实现一张蓝图、一体实施，凝聚了全市一盘棋、全域化的革命文物保护合力。

（三）旧址环境整治带动城市风貌改善

推动全面保护、系统性保护，创新革命文物集中连片保护利用机制，实施革命旧址保护维修、环境整治以及馆藏革命文物保护修复工作。实施鲁艺、西北局、南泥湾等片区集中连片保护项目，有序推动革命文物连片保护、整体展示。累计投入 13.55 亿元，全面改善宝塔山、延安革命纪念馆、杨家岭、枣园等旧址软硬件基础设施，维修保护 107 处市级以上文物保护单位，革命文物历史真实性、风貌完整性和文化延续性得到有效呈现；主要革命旧址实现免费 Wi-Fi、IP 广播音乐系统和二维码讲解服务全覆盖，革命旧址管理水平显著提高。

全面推进新区建设，拓展革命文物保护发展空间，实施"居民下山"、老城改造、旧址周边环境整治等工程。完成了宝塔山、杨家岭、枣园、抗大、四八烈士陵园、鲁艺等旧址周边环境改造提升工程及抗大、南泥湾、四八烈士陵园、陕甘宁边区政府交际处、马列学院等旧址周边拆迁工作，搬迁居民、单位，为革命旧址保护利用腾出了更大空间；共征收建筑 263.6 万平方米，向 2.5 万多户产权户征收，搬迁居民（单位）7.6 万户（家），动迁人口 28.9 万人，兑付征收补偿资金 103.9 亿元，为革命文物保护利用腾出更大的发展空间，革命旧址周边环境面貌得到较大改善。

夯实市、县、乡、村四级保护责任，完成 23 处全国重点文物保护单位和 146 处省级文物保护单位的"四有"档案著录工作，先后为全市各级文物保护单位配备文保员 995 名，确保革命旧址管理无空档。

（四）开创共建共享的革命文物保护模式

开展国家部委、机关单位、医院高校、厂矿企业"寻根工程"和"对口援建工程"，与外交部、中国人民银行、中国人民大学、黑龙江大学、西安儿童医院、中国移动和电信企业等建立对口援助关系，维修保护利用陕甘宁边区政府交际处、陕甘宁边区银行、陕北公学、俄文学校、中央医院、中央军委三局等革命旧址，合力守护中国革命圣地。例如，2021 年外交部拨付 600 万元用于陕甘宁边区政府交际处旧址修缮保护利用，黑龙江大学、北京外国语大学对口援助中央军委俄文学校旧址并捐赠 66 件（套）文物资料，中央党校在小沟坪中央党校旧址（校本部）、女子大学旧址（二部）、马列学院旧址（三部）的维修保护、陈列布展及文物资料的提供复制等方面给予大力支持，新疆维吾尔自治区安萨尔·斯买热同志将个人收藏的 115

件（套）革命文物无偿捐赠给西北局纪念馆、北京知青博物馆和梁家河村史馆。[①] 加快维修后革命旧址对外开放，强化革命文物内涵挖掘研究，严格展陈和讲解词内容审查，创新革命场馆宣教工作方式方法，加大对革命场馆展陈提升支持力度，全域覆盖、主题鲜明、主体多元、层次分明的中国革命博物馆城基本形成。

（五）积极探索文物活化利用新途径

统筹实施革命文物与历史文化遗产整体保护、有效利用工作，把革命文物保护利用与党性教育、文化旅游、乡村振兴和历史文化遗产保护传承有机融合，助推革命老区振兴发展。延安围绕示范区创建目标，按照文旅融合发展的"文化+""+文化"理念要求，谋划推动一批首创性、先行性重点项目，形成示范区建设中具有彰显度的示范点。加强旅游配套服务及设施建设，开展延安市革命旧址综合利用项目，丰富旧址活化利用方式，使革命文物内涵价值和空间特质融入现代生活，让革命旧址的内涵活起来，增强革命旧址的生命力和影响力。以"延安精神""党中央在延安的13年"为主线，依托不同级别革命文物资源，打造"圣地河谷·金延安""万达红街""南泥湾红色小镇"等红色文化主题街区，街区内建有钱币馆、年画馆、陶瓷馆等，还有沉浸式情景体验剧《再回延安》，依托"延安""南泥湾"等品牌优势，推进农业红色品牌建设，形成"中华魂·圣地延安""中国根·寻根祭祖""黄河梦·逐梦黄河""黄土情·寄情黄土"等旅游品牌，红色旅游对苹果、畜牧等产业发展带动效应显现，培育出"延安苹果""峁疙瘩"等一批农产品品牌，助力了区域经济发展及乡村振兴。发展革命文物主题文化创意产业，推出20类数百款文创产品，建成"红色筑梦"众创空间、创新科技产业园和南泥湾359创业基地。五年来累计接待游客2.5亿人次，实现旅游综合收入1600亿元。

---

① 陕文：《延安加快推进革命文物国家文物保护利用示范区创建工作》，《中国文物报》2022年4月1日，第2版。

探索服务党史学习教育的新方式、新途径。发展红色研学，活化利用桥儿沟、清凉山、西北局、边区政府、宝塔山等旧址600余个孔窑洞，建设特色体验式现场教学基地，为干部培训学院、研学机构及企业开展革命文物社科普及和红色文化宣传活动提供平台，已被中央文化和旅游管理干部学院、中国文联文艺研修院、国家广播电视总局、中华全国新闻工作者协会等单位、企业授予"教学基地"称号。延安革命纪念馆以数字科技点亮红色记忆，推出云端数字展览馆。打造了6个数字化全景展览馆，包括伟大历程、红色百年等展览，以图文音画的方式进行线上展览，观众通过网络足不出户就能参观游览，浏览量达4800万次。从3.6万件（套）馆藏革命文物中遴选出一批珍贵文物，深入挖掘阐释革命文物背后的故事和精神，拍摄制作100集《延安·延安》红色故事短视频，打造13节数字化青少年党史学习教育课程，让革命文物"发声"，让历史资料"说话"。《延安·延安》红色故事短视频采用"人员讲述+场馆实拍+历史影像资料"的方式录制，由延安革命纪念馆的管理者、研究人员、宣讲人员和"小小讲解员"讲述，从政治、军事、经济、文化方面带领观众走近革命文物、感悟延安精神。13节青少年党史学习教育课程以"中共中央在延安十三年"为主线，结合青少年认知特点，融合原创手绘、动态漫画、图文视频、音乐动效、热点交互形式，拉近青少年与革命历史之间的距离，全网点击量过亿次。

2022年10月27日，党的二十大闭幕不到一周，中共中央总书记、国家主席、中央军委主席习近平带领中共中央政治局常委李强、赵乐际、王沪宁、蔡奇、丁薛祥、李希，专程从北京前往陕西延安，瞻仰延安革命纪念地，重温革命战争时期党中央在延安的峥嵘岁月，缅怀老一辈革命家的丰功伟绩，宣示新一届中央领导集体赓续红色血脉、传承奋斗精神，在新的赶考之路上向历史和人民交出新的优异答卷的坚定信念。习近平强调，要弘扬伟大建党精神，弘扬延安精神，坚定历史自信，增强历史主动，发扬斗争精神，为实现党的二十大提出的目标任务而团结奋斗。

陕西延安革命文物国家文物保护利用示范区建设以来，涉及的13个市县区、445处革命旧址范围内，56项重点任务全部完成，4项战略目标初步实现，形成了串点连线、连片打造、整体展示的革命文物工作新态势，革命文物与城市建设、乡村振兴、历史文化遗产保护深度融合，革命文物管理机构提级，革命旧址历史风貌得到有效维护，文物安全防范能力显著提升，展示利用水平得到有效提升，探索形成了"六项机制抓保护""六个融合促发展"的"延安模式"，① 努力将延安建成守护中国共产党人精神家园的示范城市、传承弘扬延安精神的革命圣地、彰显红色文化的中国革命博物馆城和助推革命老区振兴发展的重要典范。

2024 年 1 月 5 日至 6 日，全国文物局长会议在北京召开。会议为延安等第一批 6 处国家文物保护利用示范区授牌，标志着延安建成全国唯一革命文物国家文物保护利用示范区。

五 人民空军东北老航校旧址保护展示工程

（一）简介

东北民主联军航空学校（东北老航校）是我党我军独立创建的第一所航空学校，旧址位于黑龙江省牡丹江市西安区。该校于 1946 年 3 月成立后，当年 7 月 21 日在牡丹江实现首飞。学校历时 3 年 9 个月，辗转四地，但是在牡丹江时间最长、条件最苦。为建设人民空军、发展新中国航空事业培养了大批骨干，形成了"团结奋斗、艰苦创业、勇于献身、开拓新路"的革命精神，创造了人推火车、马拉飞机、酒精代替航油、直上高教机等世界航空史上的奇迹，成为中国人民航空事业的摇篮。2019 年 10 月，人民空军东北老航校旧址成功获批为全国第八批重点保护文物（重点文物保护单位），

---

① "六项机制抓保护"：延安建立立法规划保障机制，创新管理体制机制，完善安全长效机制，坚持整体保护机制，实施共建共享机制，构建全面立体展示机制，革命文物历史真实性、风貌完整性和文化延续性得到有效呈现。"六大融合促发展"：延安把革命文物保护利用与党性教育、文化旅游、乡村振兴、城市建设、社会事业发展和历史文化遗产保护传承有机融合，推进革命文物创造性转化、创新性发展。参见《赓续红色血脉 守好精神家园》，《延安日报》2024 年 1 月 10 日，第 2 版。

成为首个国家保护的老航校旧址和首个"人民空军"属性的"国保级"文物。

东北老航校旧址在中国人民解放军 93066 部队营区内。2020 年，中国人民解放军 93066 部队党委深入贯彻落实习近平总书记"铭记光荣历史，把东北老航校精神发扬光大"重要指示精神，扎实推进东北老航校旧址保护展示工程。

（二）统筹保护与展示工作

2021 年春，人民空军东北老航校旧址保护展示工程正式启动，6 月，建设项目圆满完成。该旧址保护工作包括修缮老航校塔台、跑道、机堡，安装文物保护围栏，复原三合土跑道，利用老机库建成展厅，等等。

中国人民解放军 93066 部队注重资料搜集工作，组建专班跨越 11 省 13 市，行程 13800 余公里，拜访或邀请老航校、七航校前辈及后代 43 人次参与口述史、文物史料搜集和老航校旧址考察，走访中国人民革命军事博物馆、中国航空博物馆等单位，收录老航校档案 22 卷 30 余万字，先后 6 次与牡丹江市领导深入交流、对接情况，①搜集文物复制品和大量音视频，为展陈中心建设提供翔实的历史资料支撑。

该部统筹保护与展示工作，修缮老航校塔台、跑道、机堡，安装 1400 米文物保护围栏，复原修建休息草棚，复制摆放 5 架等比例飞机模型，复原 126 延长米三合土跑道，安装老航校十六字精神艺术字及五号机堡钢结构参观走廊。

在老航校旧址上新建启航广场、展陈中心。新建的启航广场，名称源于战机编队起飞的形态和动势，4 个机库象征 4 架战机，广场树木象征战机尾焰，整体构图顺应"起飞"方向，寓意老航校传人秉承优良传统，在新时代奋飞新航程。广场中央采用"东北老航校机徽"设计，构筑启航广场红色文化氛围。在启航广场的中间，是一座"党的光辉映蓝天"主题雕塑。

---

① 《全军不可移动文物保护工作稳步推进》，《解放军报》，2022 年 4 月 4 日，第 1 版。

雕塑主体由高高飘扬的党旗、老航校校门和飞行员雕塑组成，整体寓意"人民空军党缔造，人民空军忠于党"。雕塑高 7.21 米，纪念 1946 年 7 月 21 日老航校学员直上九九高教，右侧以直上九九高教浮雕定格这一重要历史时刻。校门门拱高 3.1 米，纪念老航校 1946 年 3 月 1 日成立，5 个飞行员雕塑分别象征老航校、抗美援朝、国土防空、跨越发展和奋飞新时代 5 个发展阶段，寓指人民空军初创、发展、壮大的光辉历程。[①] 人民空军东北老航校旧址展陈中心由北侧两个机库布展改建而成，分为"战鹰从这里起飞"和"建功在万里长空"两个展厅，全面展现了人民空军艰苦卓绝、辉煌卓著的奋斗历程，留下人民空军起飞地和中国航空事业开端的历史印记。为响应社会教育需求，该部主动敞开旧址大门，预约接待军地人员参观研学。如今，现存的跑道东侧，停着当年用于飞行训练的九九高级教练机、P-51 改装教练机等模型，总结老航校精神的十六个大字在阳光下熠熠生辉。

（三）网红打卡地

2021 年 6 月 18 日，空军党委班子赴人民空军东北老航校旧址组织主题党日活动。空军党委主题党日活动前后，关于人民空军东北老航校旧址题材的新闻、视频，在互联网、《解放军报》、《人民日报》、中央电视台等军内外媒体广泛报道，引起强烈反响。为响应社会教育需求，93066 部队主动敞开旧址大门，预约接待军地人员参观研学，这里的跑道、塔台，成为"网红打卡地"。旧址成为牡丹江市爱国主义教育基地、牡丹江市国防教育基地、中共牡丹江市委党校现场教学基地、牡丹江市党史教育基地。

2021 年，由人民空军东北老航校旧址展陈中心布展的"人民空军东北老航校历史展览"被中央宣传部、国家文物局推介为"庆祝中国共产党成立 100 周年精品展览"，人民空军东北老航校旧址保护展示工程被评为第三届"全国革命文物保护利用十佳案例"。

---

① 李昕：《人民空军东北老航校旧址红色教育基地——赓续红色文化　把东北老航校精神发扬光大》，澎湃新闻，2021 年 7 月 19 日，https://m.thepaper.cn/baijiahao_ 13660861。

革命文物展览展示案例

黎志辉　蒋玉芳　刘　春*

摘　要：　展示好革命文物，是大力弘扬革命文化，广泛开展革命传统教育，用党领导人民进行革命斗争的光荣历史和伟大功绩感召人，用革命先烈的英勇事迹和崇高精神激励人，引导人们坚定理想信念、继承革命事业，在新时代新征程上始终保持艰苦奋斗、顽强奋斗、永远奋斗的精神状态的重要方式。本报告精选了7个典型案例，简要分析了各个革命文物纪念场馆如何结合基本陈列中革命文物的展览展示，在主题立意、文物阐释、陈列语言、技术手段等方面进行创新。

关键词：　历史展览　抗战文物展　主题展　基本陈列　文物图片展

为向观众诠释、传递革命文物背后的革命故事、革命精神，在革命文物的展示陈列中应坚持创造性转化和创新性发展的理念，利用各种手段诠释文物背后的故事。这就需要从革命文物的内涵、特点及价值出发，针对革命文物展览展示的特点，从主题立意、文物阐释、陈列语言、技术手段等方面分析如何用好革命文物，打造有学术支撑、生动感人的革命文物陈列展览，呈现革命文物承载的党和人民英勇奋斗的光荣历史、中国革命的

---

* 黎志辉，博士，副研究员，硕士生导师，井冈山革命博物馆-江西师范大学国家革命文物协同研究中心副主任，江西师范大学苏区振兴研究院副院长，主要研究方向为中共党史、苏区史与江西近现代史；蒋玉芳，博物馆馆员，井冈山革命博物馆文物保护科科长，主要研究方向为革命文物保护利用；刘春，博物馆馆员，井冈山革命博物馆旧居旧址办主任，主要研究方向为革命文物保护利用。其中，黎志辉负责第一至第五部分内容的撰写，蒋玉芳负责第六部分内容的撰写，刘春负责第七部分内容的撰写。

伟大历程和感人事迹，发挥革命文物见证革命历史、弘扬革命精神的作用。

一　不忘初心　牢记使命——中国共产党历史展览

"不忘初心　牢记使命"是中国共产党历史展览馆的基本陈列。中国共产党历史展览馆是以习近平同志为核心的党中央决策建设、以中国共产党党史为主线全景式展示中国共产党矢志不渝奋斗之路的永久性国家级展馆，2021年6月18日正式开馆。

"不忘初心　牢记使命——中国共产党历史展览"以习近平总书记关于党的历史的重要论述，特别是总书记关于组织好百年党史主题展的重要指示为遵循，坚持辩证唯物主义和历史唯物主义立场、观点、方法，坚持解放思想、实事求是、与时俱进，紧扣"不忘初心、牢记使命"主题，突出党的不懈奋斗历史主线，展现中国共产党波澜壮阔的百年历程。展览在大纲起草、展陈布展、文物实物征集中，全程邀请党史领域专家参加，反复征求有关部门和单位的意见，做到了权威、客观、科学、严谨呈现，得到了各方面的充分肯定。在各文物实物收藏单位的大力支持下，马克思《布鲁塞尔笔记》第四笔记本、第一个中译本的《共产党宣言》、"李大钊绞刑架"、毛泽东同志调查研究的系列文物、毛泽东同志在开国大典时穿的呢衣呢裤以及使用的话筒、月球土壤等一大批珍贵的文物实物移交中国共产党历史展览馆，为实现党史展览展出效果和丰富党史馆馆藏奠定了良好基础。这次展览精心设计了"建立中国共产党　夺取新民主主义革命伟大胜利""成立中华人民共和国　进行社会主义革命和建设""实行改革开放　开创和发展中国特色社会主义""推进中国特色社会主义进入新时代　全面建成小康社会　开启全面建设社会主义现代化国家新征程"4个部分，通过2600余幅图片、3500多件（套）文物实物，第一次全方位、全过程、全景式、史诗般展现中国共产党波澜壮阔的百年历程，浓墨重彩地反映党的不懈奋斗史、不怕牺牲史、理论探索史、为民造福史、自身建设史。这次展览把运用好现有成果与党史国史学术研究的新进展新材料相结合、把时间与空间相结合、把呈现与再现相结合、把技术与艺术相结合，使党史展览成为精品工程。

2021年6月18日，在庆祝中国共产党成立100周年前夕，习近平总书记等党和国家领导同志来到新落成的中国共产党历史展览馆，参观"不忘初心 牢记使命——中国共产党历史展览"。开展之后，广大干部群众踊跃参观，一批又一批青年学生前来学习瞻仰，许多党员在这里举拳宣誓。"不忘初心 牢记使命——中国共产党历史展览"入选中央宣传部、国家文物局向社会公开推介的"庆祝中国共产党成立100周年精品展览"。

二 伟大的开端——中国共产党创建历史陈列

"伟大的开端——中国共产党创建历史陈列"是中国共产党第一次全国代表大会纪念馆为迎接中国共产党成立100周年而重新布展的基本陈列。该馆是国家一级博物馆、全国爱国主义教育示范基地、全国廉政教育基地、国家国防教育示范基地，简称中共一大纪念馆。

2021年6月3日，中国共产党百年华诞前夕，中共一大纪念馆新馆建成开馆，"伟大的开端——中国共产党创建历史陈列"主题展览同日开幕。展览以初心使命贯穿全篇，以编年体为主线，呈现重大历史事件，通过"历史选择 伟大起点""前仆后继 救亡图存""民众觉醒 主义抉择""早期组织 星火初燃""开天辟地 日出东方""砥砺前行 光辉历程""不忘初心 牢记使命 永远奋斗"等七个板块，生动讲述党的创建历史，凸显伟大建党精神。展陈面积3700平方米，展线长度1000米，展厅最高处达7.6米，基础展示层高4.7米。展览以中共一大纪念馆馆藏12万件（套）文物为基础，充分利用近年从俄、美、日、英、法等国和国内新征集的档案资料，精心遴选出612件（套）实物展品、珍贵历史图片近500幅，其中包括馆藏原件364件（套），等级文物223件（套），首次展出文物74件

（套），是 1952 年建馆以来单次展览展出文物数量最多的一次，实现了建党文物史无前例的大集结。展览亮点纷呈，尤其表现为建党文物集中展示，新文化运动、五四运动、马克思主义早期传播、共产党早期组织的成立、中共一大以及中共二大、第一次工人运动高潮等建党前后的珍贵文献、照片、实物等悉数亮相。例如，20 世纪 30 年代出版的《独秀文存》、李大钊使用过的打字机、《共产党》月刊创刊号等。馆藏镇馆之宝《共产党宣言》72 种全部展出，与背景三折 LED 屏幕结合，形成互为呼应又相互独立的故事场景。这次展览还注重综合采用图片图表、动态视频、油画雕塑、实景还原等多种展示手段，突出红色主基调，做到"步步有景，步步有故事"。展览开幕后将近一年，已接待中央及各省市重要政务团、31 国驻华使节及国内外观众 140 余万人。

"伟大的开端——中国共产党创建历史陈列"入选中央宣传部、国家文物局向社会公开推介的"庆祝中国共产党成立 100 周年精品展览"，并荣获第十九届（2021 年度）"全国博物馆十大陈列展览精品"特别奖。

三 中流砥柱——中国共产党抗战文物展

"中流砥柱——中国共产党抗战文物展"是中国人民抗日战争纪念馆为纪念全民族抗战爆发 84 周年而联合沈阳"九·一八"历史博物馆、侵华日军南京大屠杀遇难同胞纪念馆等国内 60 家相关主题纪念（博物）馆共同推出的一场专题展览，2021 年 7 月 7 日起向公众开放。中国人民抗日战争纪念馆是国家一级博物馆、全国优秀爱国主义教育示范基地、国家国防教育示范基地、全国廉政教育基地、全国百家红色旅游经典景区，是全国唯一一座全面反映中国人民抗日战争历史的大型综合性专题纪念馆。

这场专题展览突出庆祝建党百年主题主线，紧扣讴歌中国共产党在抗日战争中的中流砥柱作用，精选抗战文物 500 余件（套）、珍贵历史图片 80 余幅，辅以相关文字、地图、图表、景观以及多媒体展示手段，分为"勇

担历史重任　誓为民族先锋”“秉持民族大义　坚持团结抗战”“制定胜敌方略　引领抗战方向”“开辟敌后战场　开展人民战争”“推进伟大工程　夺取抗战胜利”五个部分，通过以物证史，把抗战文物史料背后蕴藏的动人故事和承载的伟大精神，传递给人民大众，引领人们从历史中汲取信仰、智慧和前行的力量。展览中的重要抗战文物大部分为抗战馆藏，且为首次展出。例如，1942 年由赴美留学生刘良模与著名黑人歌唱家保罗·罗伯逊共同灌制的《义勇军进行曲》唱片，1942 年由著名版画家李少言创作的反映敌后抗日根据地军民重建家园、坚持抗战的木刻版画《重建》及其使用的木刻工具，加拿大共产党员、外科医生白求恩在晋察冀边区制作医疗工具使用的推刨，“英雄母亲”邓玉芬为八路军战士缝补衣物时所使用的蜡扦子，等等。

“中流砥柱——中国共产党抗战文物展”入选中央宣传部、国家文物局向社会公开推介的“庆祝中国共产党成立 100 周年精品展览”，曾在武汉、上海、西安、南京、广州、澳门等地多次巡展。

四　向海图强——人民海军历史基本陈列

“向海图强——人民海军历史基本陈列”是中国人民解放军海军博物馆常设展览。位于山东省青岛市的中国人民解放军海军博物馆，是全国唯一一座反映中国海军发展的军事博物馆，是人民海军的历史高地、精神高地、文化高地，先后被评为国家国防教育示范基地、全国爱国主义教育示范基地等。2021 年 6 月，在庆祝中国共产党成立 100 周年前夕，海军博物馆完成改扩建，以崭新的面貌对外开放，全景式展现在中国共产党的坚强领导下人民海军 70 多年的光辉历程。

“向海图强——人民海军历史基本陈列”以人民海军发展沿革为主轴，以海军历史上著名战役和战斗、重要事件、重大发展成就、武器装备和英模人物为重点，围绕“人民海军党缔造、胜利航程党指引”主题，通过 4000余件（套）文物、1200 余幅图片，近百组内涵厚重的雕塑、浮雕、场景、油画以及 40 多个视频等，全方位、全过程、全景式展现了人民海军在中国共产党的坚强领导下，从无到有、从小到大、从弱到强，一路劈波斩浪，纵横万里海疆，勇闯远海大洋，取得举世瞩目伟大成就的创业史、奋斗史、发展史。展览按照社会主义革命和建设时期、改革开放和社会主义现代化建设新时期、中国特色社会主义进入新时代三个历史阶段，分为艰苦创业扬帆启航、改革开放乘风破浪、强国强军挺进深蓝三个部分。艰苦创业扬帆启航（第一展厅）主要包括人民海军经典海战、白马庙场景还原、海军早期大型装备实物展陈；改革开放乘风破浪（第二展厅）主要包括第一、二代高脚屋场景还原；强国强军挺进深蓝（第三、第四展厅）主要包括新式主战装备模型、核潜艇内部沉浸体验、新质作战力量集中展示、《伟大新航城》环幕影院。作为国内目前规模最大、内容最全面、体系最完备的海军主题展览，"向海图强——人民海军历史基本陈列"设计精巧、内涵丰富，内容设计以物述史、以情动人，形式设计提炼运用舰艇、舵轮、铁锚、螺旋桨等海军特有元素，体现军事美学和视觉张力，生动诠释展览内涵、讲好海军故事。同时，舰炮、导弹、水雷等武器装备裸展陈列，鱼雷、弹药箱等特色装备化身服务设施，护卫舰、驱逐舰、潜艇等大型装备可供登临参观，实现零距离、全感官观展的沉浸式体验。

"向海图强——人民海军历史基本陈列"入选中央宣传部、国家文物局向社会公开推介的"庆祝中国共产党成立 100 周年精品展览"，获评第十九届（2021 年度）"全国博物馆十大陈列展览精品"。

五　人民共和国从这里走来——中华苏维埃共和国史基本陈列

"人民共和国从这里走来——中华苏维埃共和国史基本陈列"是瑞金中央革命根据地纪念馆为庆祝中国共产党成立 100 周年、纪念中华苏维埃共和国诞生 90 周年而精心策划的主题展览。位于江西瑞金的瑞金中央革命根据地历史博物馆是为纪念土地革命战争时期中国共产党和毛泽东等老一辈无产阶级革命家领导创建中央革命根据地、缔造中华苏维埃共和国的历史而建立的专业性纪念馆，是国家一级博物馆。

瑞金中央革命根据地纪念馆坚持开放策展、思想立展、创新活展、服务延展、节俭办展，运用叙史、共情、观物、交互四位一体的展示手法，通过十年思考、三年筹划、一年改陈打造出这个精品展览，全景式展现了在中国共产党领导下人民共和国雏形的形成过程和辉煌成就。展览围绕习近平总书记"要从瑞金开始追根溯源"的重要讲话精神，聚焦人民江山、寻根溯源，汲取党史研究的最新成果和最新论述，以"人民共和国从这里走来"为主题，以中国共产党治国理政为视角，分"开展武装斗争建立苏维埃区域""中华苏维埃共和国的诞生""中华苏维埃共和国在曲折中巩固发展""中国共产党治国理政的伟大实践""中华苏维埃共和国的战略转移"五大部分，再现了"瑞金建政"的艰辛历程、"治国理政"的伟大实践、"人民江山"的初心恒心，回答了为什么要从瑞金开始追根溯源的历史之问，为什么说中央苏区是中国共产党最重要的治国理政试验田的党史之问，为什么说江山就是人民、人民就是江山的时代之问。这场展览陈列内容丰富，实现了该馆有史以来对馆藏文物资源最大限度的挖掘整理，共展出革命文物 558 件（套），其中珍贵文物 306 件（套），较原陈列增加了一倍多，首次对外展出文物达 112 件（套），充分体现了以物证史、让文物说话的陈展理念。展览通过雕塑、油画等艺术品，辅助模拟实景、互动投影等科技手段，利用现代与传统相结合的表现方法进行展示，共展出照片 1368 张、场景 9 处、雕塑 12 件、油画 16 幅，多媒体投影、电动地图、互动桌面、互动投影、触摸屏、音视频、透明屏等 20 余处。整个展览注重内容和形式的统一，以重大历史节点划分层次，围绕重大历史事件、重要历史人物、重点历史文物打造展览核心亮点，呈现了庄重大气的艺术风格，营造了良好的观展氛围。

"人民共和国从这里走来——中华苏维埃共和国史基本陈列"入选中央宣传部、国家文物局向社会公开推介的"庆祝中国共产党成立 100 周年精品展览"，荣获第十九届（2021 年度）"全国博物馆十大陈列展览精品"特别奖。

六　初心映江淮——庆祝中国共产党
成立100周年主题展

2021年7月1日下午，由安徽省文化和旅游厅、中共安徽省委党史研究院共同主办，安徽博物院承办的"初心映江淮——庆祝中国共产党成立100周年主题展"在安徽博物院老馆隆重开幕。①

展览以时间发展为线，以重大历史事件为切入点，撷取安徽人民在中国共产党的领导下进行革命、建设、改革和进入新时代的历史章节，分"缔造新世界""建设新家园""奋进新时期""阔步新时代"四个部分，用安徽视角、安徽故事、安徽成就来证明中国共产党为什么"能"、马克思主义为什么"行"、中国特色社会主义为什么"好"。展览共展出习近平总书记考察安徽等珍贵图片260多幅、《新青年》杂志等实物文物216件（套），设置"人民支前""十八个红手印""淠史杭灌区模型""托卡马克装置模型"等复原场景及互动项目，生动呈现了一百年来在中国共产党领导下，江淮大地发生的沧桑巨变和取得的辉煌成就，展现一百年来江淮儿女持之以恒的奋斗精神。

第一部分，"缔造新世界"。安徽是马克思主义传播较早的地区。1923年冬，中共安庆支部和中共寿县小甸集特别支部成立。从此，在中国共产党的领导下，安徽人民策应北伐战争，掀起大革命的高潮；发动武装起义，掀起土地革命的风暴；投入全民族抗日战争，同日本侵略者奋战到底；投身人民解放战争，迎来安徽全境解放。

第二部分，"建设新家园"。新中国成立后，在党的坚强领导下，安徽人民投入如火如荼的新家园建设中，迅速医治战争创伤，巩固新生政权，贯彻过渡时期总路线，实施国民经济"一五"计划，完成社会主义改造，全省实现了生产资料所有制的深刻变革，在江淮大地上建立了崭新的社会主义制度。党的八大以后，安徽社会主义建设在探索中前进，为下一时期经济社

---

① 资料主要来自《"初心映江淮"开展　庆祝党的百年华诞》，搜狐网，2021年7月2日，https://www.sohu.com/a/475141055_120006290。

会的发展奠定了基础。

第三部分，"奋进新时期"。党的十一届三中全会开启了改革开放和社会主义现代化建设新时期。安徽省委、省政府团结带领全省人民"敢为天下先"，在全国率先掀起农村改革，全面推进市场经济体制改革，不断扩大对外开放，大力实施科教兴皖战略，着力加强社会建设，实现经济社会持续健康发展，书写了中国特色社会主义安徽篇章。

第四部分，"阔步新时代"。新时代开启新征程，新思想引领新发展。党的十八大以来，安徽省委、省政府团结带领全省人民以习近平新时代中国特色社会主义思想为指导，全面贯彻习近平总书记考察安徽重要讲话指示精神，统筹推进"五位一体"总体布局，协调推进"四个全面"战略布局，落实创新、协调、绿色、开放、共享发展理念，全面实施五大发展行动计划，坚决打好三大攻坚战，各项事业取得历史性成就、发生历史性变革。

2021 年 8 月，该展览的数字展上线，入选中央宣传部、国家文物局"庆祝中国共产党成立 100 周年精品展览"。

七 红旗漫卷壮乡——中国共产党在广西革命历程文物图片展

2021 年 4 月 27 日上午，习近平总书记来到广西民族博物馆，参观壮族文化展，观看三月三"歌圩节"壮族对歌等民族文化活动展示，了解促进民族团结进步和民族文化保护传承等情况。6 月 28 日，由广西壮族自治区文化和旅游厅主办，广西壮族自治区博物馆、广西民族博物馆承办的"红旗漫卷壮乡——中国共产党在广西革命历程文物图片展"在广西民族博物馆开幕，并入选中央宣传部、国家文物局推介的"庆祝中国共产党成立 100 周年精品展览"。①

---

① 桂文：《中国共产党在广西革命历程文物图片展开幕》，国家文物局官网，2021 年 7 月 5 日，http://www.ncha.gov.cn/art/2021/7/5/art_ 723_ 169783.html；刘洋：《"红旗漫卷壮乡——中国共产党在广西革命历程文物图片展"开幕》，广西新闻网，2021 年 6 月 28 日，http://news.gxnews.com.cn/staticpages/20210628/newgx60d99834-20329828.shtml。

　　本次展览以时间为纲，以中国共产党在全国的革命历程为背景，以革命文物为点，用丰富的文物展品、文献史料和图片视频，通过回顾中国共产党在广西的革命历程，总结和提炼了中国共产党领导的广西革命的历史经验和精神财富。展览共展出广西革命文物 105 件（套），结合丰富的图文资料，根据历史脉络分为"革命播火""土地革命""抗日救亡""赢取解放"四个板块进行展示，全方位回顾了广西这片红色热土在百年党史中留下的弥足珍贵的革命印记，彰显广西人民永远跟党走的坚定信念。

　　展现形式的创新是开幕式上一大亮点。通过在展览讲解中穿插壮剧《苍梧之约》《百色起义》片段、红色歌曲《问湘江》的精彩演绎，打造沉浸式场景，再现文物背后尘封的红色记忆。

　　展览采取线下与线上相结合的"双线展览"模式。线上展示立足主题，对许多线下展览无法充分呈现的内容进行深挖、拓展、整合，用"看·红色印记""听·革命先烈说""寻·革命足迹""悟·红色思想""传·红色文化"五大板块，以动画、视频、直播、H5 专题、主题海报制作等创意手法，在广西 IPTV、微信公众号等多个网络平台上进行展示，将广西的革命文物与红色文创、红色感悟等内容全面、生动、立体地展现在公众面前，使广大观众能更生动、全面、立体地观展。配合展览，主办方还将推出丰富多彩的青少年教育活动，包括流动展览进校园、红色主题课进百校、红色故事小讲解员选拔、红色故事朗诵短视频征集、红色研学游等。比如，广西壮族自治区博物馆一是和志愿者设计"文物背后的红色故事"主题课，通过故事讲述、知识问答、手工体验、歌曲传唱等丰富形式，带领学生去追寻八桂红色记忆，缅怀革命先辈，传承红色基因。除现场授课外，课程内容还将制作成视频微课，在线上与大家见面。二是选拔、培养红色故事小讲解员，在流动展览中进行讲解。让少年儿童用自己的小声音传播大能量，汲取红色营养、凝聚红色力量，用实际行动传承红色基因。三是面向全区中小学生开展红色故事朗诵短视频征集活动，优秀作品同步在移动客户端、微信等新媒体平台呈现。

　　2021 年 8 月起，在广西壮族自治区博物馆的统筹下，展览到桂林和玉林等城市进行展出。展览展出的第一站为广西民族博物馆，第二站为玉林市博物馆，第三站为桂林博物馆。"红旗漫卷壮乡——中国共产党在广西革命历程文物图片展"原在广西民族博物馆展出的文物实物虽转至玉林、桂林展出，但展览以文物立牌及图片展的形式持续展出至2021年底。展览自6月28日在广西民族博物馆开幕以来，吸引了众多观众前往参观学习，迎来一个又一个参观热潮。展览线上展示相继推出系列专题视频、革命遗址打卡小程序、革命遗址直播、革命文物讲述音频、革命文物盲盒H5等精彩内容，截至2021年8月27日，线上观看量、收听量、阅读量超过1500万人次。

革命文物社会教育案例

刘善庆　陈佳慧　周源　钱佳成　莫莉　郭朝律*

摘　要：　爱国主义教育是社会教育最重要的教育内容，革命文物是对全体国民进行社会教育最好的载体之一。党的十八大以来，全国上下深入学习贯彻落实习近平文化思想，积极创新革命文物社会教育机制，整合革命文物资源，发挥好革命文物在党史学习教育、革命传统教育、爱国主义教育等方面的重要作用，激发全民爱国热情、振奋民族精神，推动形成革命文物社会教育蓬勃发展的新格局。本报告精选的 5 个案例就是其中的典型。

关键词：　文物藏品进课堂　思政课　革命文物办展实践

　　社会教育包括学校教育、家庭教育以及博物馆、纪念馆等社会机构、社会团体的教育。社会教育的对象是全体国民，本质上是一种终身教育，具有开放性、普遍性等特点。社会教育影响人们身心健康发展，爱国主义教育是

---

*　刘善庆，博士，研究员，博士生导师，井冈山革命博物馆－江西师范大学国家革命文物协同研究中心常务副主任，江西师范大学苏区振兴研究院院长，主要研究方向为革命文物保护利用、区域发展管理；陈佳慧，江西师范大学马克思主义学院/苏区振兴研究院硕士研究生，主要研究方向为马克思主义与当代中国经济社会发展；周源，江西师范大学马克思主义学院/苏区振兴研究院硕士研究生，主要研究方向为马克思主义与当代中国经济社会发展；钱佳成，江西师范大学商学院硕士研究生，主要研究方向为红色资源开发利用、工商管理；莫莉，江西师范大学马克思主义学院/苏区振兴研究院硕士研究生，主要研究方向为马克思主义与当代中国经济社会发展；郭朝律，江西师范大学马克思主义学院/苏区振兴研究院硕士研究生，主要研究方向为马克思主义与当代中国经济社会发展。其中，刘善庆、陈佳慧负责第一部分内容的撰写，刘善庆、周源负责第二部分内容的撰写，刘善庆、钱佳成负责第三部分内容的撰写，刘善庆、莫莉负责第四部分内容的撰写，刘善庆、郭朝律负责第五部分内容的撰写。

社会教育最重要的教育内容。作为爱国主义教育的生动教材和鲜活载体，每件革命文物都十分珍贵、引人深思，革命文物由此成为对全体国民进行社会教育最好的载体之一。党的十八大以来，各级各地创新革命文物社会教育机制，整合革命文物资源，努力将革命文物保护好、管理好、运用好，发挥好革命文物在党史学习教育、革命传统教育、爱国主义教育等方面的重要作用，激发全民爱国热情、振奋民族精神，推动形成革命文物社会教育蓬勃发展的新格局。

一 "百物进百校，百讲证百年"——中共一大纪念馆百件文物藏品进课堂活动

（一）简介

为庆祝中国共产党成立 100 周年，发挥好革命文物在党史学习教育、革命传统教育、爱国主义教育等方面的重要作用，扎实推进党史学习教育走向深入，中共一大纪念馆策划了"百闻不如一'件'"——"百物进百校，百讲证百年"百件革命文物进课堂活动。活动跨越三载，成功举办了 100 场，从 2021 年 10 月 25 日开始，到 2023 年 10 月 19 日结束，促进了馆校合作的高质量发展，讲好新时代大思政课。[①]

（二）统筹谋划 多方协同

百件文物藏品进课堂活动是在青少年群体中开展党史学习教育的一个重要创新举措，也是上海依托校外活动联席会议机制，用好用活红色文物，推进馆校合作的现场教学活动，还是第四届"全国中小学电影周"开幕式的重要环节之一。为办好这个活动，上海市举全市之力，统筹谋划，精心组织，通力合作，由中共上海市委宣传部、中共上海市教育卫生工作委员会、

---

① 资料主要引自《蒙以养正 润心笃行——记中共一大纪念馆百场"百物进百校 百讲证百年"活动》，2023 年 11 月 1 日，澎湃新闻，https：//www.thepaper.cn/newsDetail_forward_25096633。

上海市教育委员会、上海市精神文明建设委员会办公室、上海市文物局指导，中共一大纪念馆、上海市青少年学生校外活动联席会议办公室主办。活动还得到上海市各区委领导大力支持，得到《新民晚报》等诸多媒体精彩报道以及活动参与学校师生精心策划、全力配合。可以说，100 所学校、100 件（套）文物藏品、100 个红色故事、100 节思政课内容的背后，是886 公里的活动总路程，是 33280 字的文物讲稿，是近 40 人的工作团队砥砺深耕、行稳致远的工作长征。

（三）革命文物走出"玻璃柜"进课堂

中共一大纪念馆首次尝试"文物进校园"，在确保革命文物安全的前提下，馆藏珍贵文物走出一大会址，来到学生课堂，让广大学生与文物"零距离接触"。首讲特别定在 10 月 25 日抗美援朝纪念日，由中共一大纪念馆党委书记、馆长薛峰为文物开箱，纪念馆的工作人员围绕馆藏革命文物，为学生们介绍文物的流转、收藏、保护过程，并讲述文物本身的传奇故事，还特别邀请"百老讲师团"老兵讲述抗美援朝亲身经历。纪念馆工作人员不断创新工作思路，通过多媒体、沉浸式、馆校合作的模式将馆藏藏品带进校园和课堂。珍贵文物走出"玻璃柜"进入课堂，把革命文物资源创造性转化为学校思想政治教育的优质资源，推动党史学习教育向青少年拓展延伸，推动党的创新理论和革命传统进校园、进课堂，推进知校、爱校、荣校与知史、爱党、爱国、爱社会主义相统一。

（四）创新馆校合作模式

针对全媒体时代全新的信息传播环境，中共一大纪念馆在策展过程中，站在学生角度充分考虑其兴趣度、接受度，围绕中国共产党成立 100 周年这一主题，从全馆 12.8 万件（套）文物中细致筛选，精选百件送进学校。在这些文物中，有反映近代以来中国历史舞台上发生的重大历史事件的珍贵文献（陈独秀创办的《青年杂志》），有为实现中华民族伟大复兴而英勇献身的英雄人物的历史遗物（梁仁达烈士被暴徒踩碎的眼镜、秦鸿钧烈士的相机），有中国共产党领导中国人民进行革命、建设和改革的历史见证（志愿军战士用炮弹壳制作的花瓶、上海工人第三次武装起义——三角刀），有广大人民群众在迈向小康征途中留下的学习、工作和生活的美好记忆（全国劳动模范杨怀远使用的小扁担、拍摄第一代身份证的照相机），等等。将这些文物以"菜单式"的方式提供给学校，由学校遴选匹配，扩大学校的选择权，进一步凸显学校对活动的主导力。宣教专员和部分讲解志愿者将红色故事连同文物一起带进校园、带入课堂，故事真实可靠、感人至深。他们用心、用情、用史、用理搭建了一座桥梁，打通"旧时代"与"新时代"的通路，将革命年代与美好生活相互连接，让更多的学生感受革命者们奋斗的足迹，跨越时空去感受革命精神的力量。活动采取学校自愿报名的方式，活动报名通道持续开放，吸引了百余所学校参与报名，从而打破了常规单一馆校合作模式，将中共一大纪念馆优质的红色资源引入校园，结合幼儿园常识课、小学道法课、初高中历史课、大学思政课，深化拓展革命文物教育功能，着力推进革命文物资源创造性转化、创新性发展，对全国馆校合作模式具有实践性。

（五）确保活动热度

从馆藏藏品中精心挑选的100件（套）文物藏品，全部首次公开亮相，不仅采取有计划的方式推出，而且高度重视文物结构。首批文物藏品全部来自原有的馆藏藏品，主要是反映新民主主义革命时期的，大部分是党在创建活动、大革命洪流、抗日战争和解放战争时期的革命和斗争的重要历史见证物和烈士遗留物。2022年2月17日，新学期开学第一天，该活动第二批50件（套）藏品发布会在上海中心大厦举行，宣布"百物进百校，百讲证百年"活动进入新阶段。与第一批不同，第二批发布的文物藏品有一半以上是新征集的，主要是反映社会主义建设、改革开放和新时代的，两批共100件（套）文物藏品串联起中国共产党百年奋斗历程，是中国共产党百年奋斗历程的重要实物见证。中共一大纪念馆还在其官方微博开辟了微博话题"百闻不如一'件'"，该话题累计阅读次数达数百万次。

活动圆满收官，取得累累硕果。一座革命纪念馆就是一个红色基因库，一件红色文物就是一本历史教科书，善用红色资源，是"传承红色基因、赓续红色血脉"的要求，也是推动思政小课堂与社会大课堂有效结合、增强思政课铸魂育人效果、讲好新时代"大思政课"的重要路径。"百物进百校，百讲证百年"系列活动得到媒体的大力支持和广泛报道，相关活动视频、文物宣传视频播放量累计破千万，触及人次过亿。不仅有央视新闻、《人民日报》、新华社、《光明日报》、中新社、《中国青年报》等全国性媒体报道，也得到了上海广播电视台、《解放日报》、《文汇报》、《新民晚报》、东方网、澎湃新闻等市级媒体报道，同时吸引了教育行业媒体如上海教育台、上海教育、第一教育等，以及纪念馆行业媒体如《中国文物报》、纪念馆快讯参与。其中，2022 年 1 月 7 日，"百物进百校"活动作为上海市贯彻落实教育"双减"政策、利用校内外资源提升教学水平的典型优质案例被央视《新闻联播》报道，并入选第二届全国文博社教十佳案例、2021～2022 年度上海市爱国主义教育基地品牌项目、2022 年度上海市基层理论宣讲先进集体。

二 革命文物映初心 红船起航高校行
——行走的思政课

（一）简介

依托革命文物资源优化内容供给，使思政小课堂与社会大课堂结合起来，是用好红色资源、开好"大思政课"的重要方式方法。"革命文物映初心 红船起航高校行——行走的思政课"是南湖革命纪念馆充分发挥全国"大思政课"实践教学基地作用，联合浙江大学，依托共建的"革命文物协同研究中心"推出的创新型教育实践项目。

浙江嘉兴南湖是中国共产党诞生地、中国革命红船起航地。南湖革命纪念馆成立于 1959 年 10 月，馆址设在南湖湖心岛。南湖革命纪念馆基本陈列"红船起航"主题展览以中国革命红船起航为主题，以党的初心和使命为主线，以党的发展历程为脉络，聚焦中国共产党创建，特别是一大南湖会议，全面阐释一个大党与一条小船的关系，全面展现一百年来，中国共产党在初心使命的砥砺下，带领全国人民取得革命、建设和改革伟大胜利的光辉历史，特别是中国特色社会主义进入新时代取得的根本性变革和历史性成就。基本陈列由"救亡图存""开天辟地""光辉历程""走向复兴"等4个部分21个单元组成，并设"中共一大代表人生轨迹""中国共产党党章发展历程"两个专题。展陈面积共5600平方米，展线全长921米，设置文物资料1134件、场景26处、雕塑6组、绘画作品8幅、多媒体作品（音视频）41个、图表（地图）41张、图片676幅。南湖革命纪念馆是全国文明单位、全国爱国主义教育示范基地、全国青少年教育基地、全国廉政教育基地、全国社科普及优秀教育基地、全国关心下一代党史国史教育基地、全国民族团结进步教育基地，是国家一级博物馆。[①]

（二）打造宣教队伍

南湖革命纪念馆作为全国首批"大思政课"实践教学基地，从弘扬中华文化和中国精神的高度，聚焦立德树人根本任务，充分运用革命文物资源蕴含的精神力量铸魂育人，依托"红船宣讲小分队"特色宣教队伍，通过微党课、情景剧、红色故事等形式，把馆藏革命文物蕴含的精神内涵送到广大学子身边，引导广大学生走出"小教室"，进入"大课堂"，把道理蕴于故事中，把有意义的事讲得有意思，以物证史、以事感人、托物言志，在"行走"与"感悟"中增长知识、接受熏陶，不断增强"大思政课"的感染力，开创"大思政课"工作新局面。[②] 2022年9月5日上午，南湖革命纪

① 南湖革命纪念馆：《南湖革命纪念馆简介》，南湖革命纪念馆官网，https：//www.nanhujng.com/gkgs/bgjj.html。
② 南湖革命纪念馆：《南湖革命纪念馆"革命文物映初心 红船起航高校行——行走的思政课"项目获评国家级示范》，搜狐网，2023年11月28日，https：//www.sohu.com/a/739783497_121107011；南湖革命纪念馆：《革命文物映初心 红船领航高校行——南湖革命纪念馆"行走的思政课"启动仪式走进浙江理工大学》，南湖革命纪念馆官网，2022年9月6日，https：//www.nanhujng.com/dtjx/xwjs/202209/t20220906_1038531.shtml；慎金阳：《"行走的思政课——革命文物大思政课"在浙大启动》，浙江大学官网，2023年11月23日，https：//www.zju.edu.cn/2023/1123/c32862a2830129/page.htm。

念馆"革命文物映初心　红船领航高校行——行走的思政课"启动仪式走进浙江理工大学，首次发布主题宣传片，采用手绘动漫形式，打造极具辨识度的南湖革命纪念馆"红船宣讲小分队"卡通人物形象。红船宣讲小分队结合浙江理工大学新生始业教育，以新媒体年轻化、场景化展示，因事而化、因时而进、因事而新，力求以青年视角、用青年语言讲好百年党史，将深邃的理论转化成有血有肉的故事，通过演绎沉浸式情景剧、宣讲红色故事和微党课、唱响音乐党课等形式，线上与线下联动，为7700多名2022级浙江理工大学新生带去了新学期第一堂别开生面的思政课，助力提升"行走的思政课"传播力和影响力。

（三）构建馆校合作机制

通过馆校合作，深化"大思政课"实践教学基地结对共建，与浙江大学共建革命文物协同研究中心，不断畅通学校师生到纪念馆场景教学渠道，支持高校对馆藏文物资源研究阐释和活化利用，致力革命文物理论研究和实践发展工作，积极探索发挥革命文物的思政育人作用，制订了"革命文物大思政课"工作方案，用好红色文化资源，打造宣教品牌。建立纪念馆专家、讲解员参与学校思政课教学活动的长效机制，在深化"馆校协同、双向互动、优势互补"中推动"大思政课"建设走深走实。2023年11月23日上午，"行走的思政课——革命文物大思政课"在浙江大学紫金港校区启动，浙江大学马克思主义学院和南湖革命纪念馆签署"大思政课"结对共建协议。"行走的思政课——革命文物大思政课"启动仪式标志着浙江大学-南湖革命纪念馆革命文物协同研究中心举办的"革命文物大思政课"正式启动，浙江大学和南湖革命纪念馆将进一步深化合作，以浙江大学-南湖革命纪念馆革命文物协同研究中心为载体，协同推进"革命文物大思政课"建设，推动革命文物走进高校、走进社会、走进社区，发挥革命文物铸魂育人、涵养精神的文化传承和思想教育功能。

2022年至今，已累计开展"行走中的思政课"宣教活动100余场次，受众超 10 万人次，获得《中国日报》、《人民日报》、《光明日报》、新华网客户端、学习强国、中国网、中国青年网等媒体多次报道。

三 韶山下的思政课

（一）简介

韶山是毛泽东同志的故乡，这片红色热土为新中国成立牺牲了 1579 位革命先烈。韶山毛泽东同志纪念馆始建于 1964 年，对外开放部分包括旧址群、生平展区和专题展区，生平展区于 2013 年即毛泽东同志诞辰 120 周年之际完成改造，正式对外开放，是第一批全国中小学生研学实践教育基地。毛泽东同志纪念馆包括毛泽东故居、毛泽东少年时代读书的南岸私塾旧址、毛泽东父母墓、毛氏宗祠、毛震公祠、毛鉴公祠等历史遗址和纪念性建筑，同时对有关反映毛泽东生平和思想的文物、资料进行征集、研究、陈列和宣传。馆藏文物、资料达 6 万多件（套），名人字画 1000 多幅，是毛泽东生平和毛泽东思想研究的重要基地。纪念馆主要有生平展区和专题展区两处，用于举办《中国出了个毛泽东》生平展览和《毛泽东同志遗物展》《毛泽东同志的革命家庭》等专题陈列以及有关临时展览，集中反映了毛泽东从立志救国、探求真理到改造中国与世界的辉煌人生历程，全面、系统地展示了世纪伟人毛泽东的丰功伟绩和毛泽东思想的科学体系。

"韶山下的思政课"是湖南省韶山管理局、韶山毛泽东同志纪念馆联合北京大学等单位，深入学习贯彻习近平总书记关于党史学习教育重要指示精神，探索思政教育与党史研学融合新路径，共同打造的"思政大课堂"新模式。"韶山下的思政课"的研学季活动以韶山红色资源为依托，充分结合"我的韶山行"全省中小学生红色研学活动，创新博士生领队、青少年组队参与、青春导师观察团观察点评的形式，通过制作并推出思政金课视频，教育引导广大青年筑牢理想信念之基，培育堪当民族复兴重任的时代新人。

（二）多方协同

在湖南省韶山管理局统筹谋划下，"韶山下的思政课"由韶山毛泽东同志纪念馆、中央党史和文献研究院第二研究部、北京大学等多方联合打造，活动持续开展。2021 年，成功举办"韶山下的思政课"第一季研学活动；2022 年，湖南省韶山管理局继续与中央党史和文献研究院第二研究部共同举办了"韶山下的思政课"第二季研学活动，短视频在学习强国平台上线后，时刻新闻也陆续推出；2023 年 7 月 16 日，"韶山下的思政课"第三季研学活动在韶山正式启动。

2021 年 7 月 16 日，"韶山下的思政课"首季研学活动诚邀北大、清华、人大、中央党校等全国知名高校院所 28 名博士，举办博士研学活动，以研究研学与社会实践相结合的方式，研究毛泽东实事求是思想的当代价值。同步拍摄的 20 集《韶华》微纪录片在学习强国、时刻新闻等媒体播出，累计点击播放量近 1 亿次。

"韶山下的思政课"第二季研学活动以"喜迎二十大，建功新时代"为主题，分"敢于有梦""勇于追梦""勤于圆梦"三个篇章，邀请北京大学、湖南大学学子围绕 20 个党史思政课题，用好韶山红色资源，切中青年青春之问，推出一批兼具思想性、针对性、创新性的思政金课。该活动全程记录主题课件研究、打磨、提升过程，拍摄每集 6 分钟的 20 个红色党史短视频，在互联网平台宣推，进一步教育引导广大青年深刻领悟"两个确立"的决定性意义，为坚定做到"两个维护"提供"韶山之答"，充分发挥红色圣地资政育人作用。

"韶山下的思政课"第三季研学活动以"青春向党　复兴有我"为主题，继续立足韶山资源禀赋，创新韶山红色资源的实践路径，推进大中小学思政课一体化建设，生动阐释习近平新时代中国特色社会主义思想的精神实质与时代内涵，引导广大青少年树立正确世界观、人生观、价值观，在激扬青春、开拓人生、奉献社会的新征程中，书写无愧于新时代的新篇章。"韶山下的思政课"第三季研学活动创新博士生领队、青少年组队参与、青春导师观察团观察点评等形式，以"实践育人"为抓手，设计发布 20 个研学课题，邀请北京大学、清华大学、中国人民大学、军事科学院等高校院所共20 名博士研究生，带领 20 位湖南优秀的中小学生代表，以湖南省韶山管理局红色研学的相关课题资料为基础，在 15 天时间内集中探讨青少年关注的强国建设、民族复兴、理想信仰等主题，从各阶段青少年认知规律出发，进行课题研究和共创，旨在展现新时代青少年的风貌，激励广大青少年自觉担当民族复兴的重任。

（三）创新融合

"韶山下的思政课"转变传统听课模式，邀请北京大学、清华大学、复旦大学等国内知名高校专家及博士研究生、硕士研究生到韶山，重走毛泽东少年求学路、游学路、社会调查路，听专家授课，举行青春辩论会，深入了解毛泽东同志生平和毛泽东思想的内涵。同时，高校师生与韶山当地研究者共同设计课程，围绕毛泽东同志生平业绩、光辉思想以及中国共产党百余年发展历程中的重大历史事件，结合当代青少年关注的话题，打造了 40 集微纪录片，分《韶华》《青春向党》两季推出。微纪录片在学习强国客户端、新湖南客户端、哔哩哔哩等平台播出，点击量近 1.5 亿次，在青少年中引发了强烈反响。

为办好"韶山下的思政课"第三季研学活动，湖南省韶山管理局领导带队在 2023 年 4 月来到北京大学，与共青团北京大学委员会、北京大学马克思主义学院联合举办"大手牵小手——'韶山下的思政课'推动大中小学思政教育一体化"研讨会，深入探讨如何用好北京大学等知名高校资源，通过大手牵小手，面向大中小学生开展"韶山下的思政课"第三季研学活动。在研讨会上，管理局领导表示将继续与北京大学合作，邀请北京大学等高校学子的同时，也邀请中小学生前往韶山共同参加"韶山下的思政课"第三季研学活动，探索推进大中小学思政教育一体化建设新路径。

自 2021 年至今，"韶山下的思政课"已成功举办三季研学活动，其政治站位高、创新力度大、社会反响强烈，现已成为现象级党史思政教育新品牌。2023 年 11 月，"韶山下的思政课"入选国家文物局、教育部共同发布的以革命文物为主题的"大思政课"优质资源示范项目。

四 北京中轴线上的大思政课

（一）简介

北京中轴线已经历了 870 多年，既是一条建筑之轴，也是一条文化之轴、一条历史之轴、一条面向现实和未来的发展之轴。[①] 北京中轴线是中华民族在城市规划建设上的伟大杰作，中轴线展现了中华优秀文化的血脉，展现了民族复兴的脊梁，展现了强国建设的光明前景，是社会主义核心价值观在历史和现实中的精彩呈现，是大思政课开发的优质资源。

中国人民大学牵头组织了大中小学携手上好"北京中轴线上的大思政课"活动。活动面向全国大中小学生，依托拥有约 870 年建都史、汇聚5000 多年优秀传统文化精髓的首都文化资源，提炼思政课的内涵，提升思政课的品位，提高思政课的感染力，旨在将以中轴线为代表的古都文化融入大中小学的思政课教育教学体系，助力全国大中小学思政教育一体化建设，引领学生读懂北京中轴线所承载的中华优秀传统文化与伟大民族精神，坚定文化自信，从而激励一代代学子用脚步丈量祖国大地，用眼睛发现中国精神，用耳朵倾听人民呼声，用内心感应时代脉搏，努力成长为堪当民族复兴重任的时代新人。截至 2024 年 1 月，项目活动已覆盖 260 万人次。

[①] 樊未晨、张渺：《中轴线上的大思政课探索》，中青在线，2023 年 6 月 19 日，http://news. cyol. com/gb/articles/2023-06/19/content_ AjK4W9tzLw. html；刘晓阳：《在中轴线上探寻"大思政课"的密码》，《光明日报》2024 年 1 月 25 日，第 2 版；中国人民大学党委宣传部新媒体中心：《人大牵头！全国大中小学携手上好"北京中轴线上的大思政课"！》，中国人民大学官网，2023 年 3 月 18 日，http：//xsc. ruc. cn/info/1022/5080. htm；李祺瑶：《42 所中小学参与北京中轴线上的大思政课》，北京日报客户端，2023 年 11 月 27 日，https：//xinwen. bjd. com. cn/content/s65646de5e4b0ec2b81cfcefd. html。

（二）央地合力，高位推进

北京以大中小学思政课一体化建设为抓手，探索一条适合"首善之区"的思政课改革之路，在教学模式、备课方式、科研形式等方面进行全面探索和改革创新。中国人民大学积极开展中小学思政课共建工作，一体化打造高水平的示范金课体系、高标准的师资培训体系、全覆盖的网络资源供给体系、全方位的实践育人共建体系，并获批教育部大中小学思政课一体化共同体建设北京市牵头高校，把"北京中轴线上的大思政课"作为推进大中小学思政教育一体化高质量发展的"始发站"，联动各级各类学校，打造一批创新性研究型工作平台、示范金课、高水平研究成果等，为深入推动大中小学思政课一体化建设，进行理论研究和实践探索。

2023年3月18日上午，由教育部、国家文物局指导，北京市委教育工委、北京市文物局、中国人民大学联合打造的大中小学思政课一体化共同体建设暨"北京中轴线上的大思政课"在北京孔庙和国子监博物馆正式启动。中央广播电视总台等多家媒体对本次项目启动仪式进行了报道。

在启动仪式上，文化和旅游部党组成员、副部长，国家文物局党组书记、局长李群，北京市委常委、市委教育工委书记游钧，中国人民大学党委书记张东刚，中国人民大学校长、党委副书记林尚立与大中小学生代表共同展开中轴线主题文化卷轴。教育部社科司司长徐青森，北京市委教育工委分管日常工作的副书记张革，国家文物局办公室主任张俊峰，国家文物局文物古迹司司长邓超，北京市文物局党组书记、局长陈名杰，北京市委教育工委副书记沈千帆为北京市大中小学思政课一体化共同体建设单位授牌。中国人民大学副校长王易，北京市学校思想政治工作研究中心主任寇红江，海淀区委教育工委书记王方，中国传媒大学马克思主义学院院长刘东建，北京工业大学马克思主义学院院长丁云，首都师范大学马克思主义学院党委书记方敏，中关村三小党委书记石磊，海淀民族小学党委书记、校长丁凤良，北京一零一中学副校长刘子森，八一学校党委书记牛震云，北京学校党委书记刘锦震等代表领牌。

启动仪式后，在北京孔庙和国子监博物馆，北京市大中小学思政课一体化建设共同体建设单位教师代表，来自中国人民大学、北京市八一学校和北京市海淀区民族小学的老师分别带来三节以"北京中轴线"为主题的思政课，让大中小学的学生们通过图片讲解和互动问答等形式，了解中轴线的悠久历史和文化内涵，引导学生从北京中轴线看厚重多彩、生生不息的中华文明。与会师生参观"国子文脉"等主题展览，用心体悟孔孟之道的儒学传承，侧耳聆听临雍讲学的文明回响。北京市文物局党组书记、局长，北京中轴线申遗保护工作办公室主任陈名杰主讲"北京中轴线文化遗产大讲堂进校园"第一课。

（三）打破学段壁垒

大学、中学、小学教师共同研讨，打破学段壁垒。不少地方和学校存在思政课教师对大中小学思政课程体系缺乏整体把握的现象。一些中小学思政课教师反映"只熟悉自己的一亩三分地"，再加上"自身的理论基础也不够厚实"，所以不少教师存在着"往浅讲没意思、往深讲没底气"的困惑。2021 年北京市出台《大中小幼一体化德育体系建设指导纲要》，这是全国省级教育部门中第一份关于大中小幼一体化德育体系建设的文件，同时成立了北京市大中小学思政课一体化建设领导小组和专家组，以及市学校思政课工作中心。"大中小学思政课教师同备一堂思政课""大中小学思政课教师同上一堂思政课""思政大讲堂"等举措陆续在北京市全市展开。朝阳、海淀等地还成立了大中小学思政课一体化共同体，教师们在这个平台上一起研讨、共同实践、相互了解、真正了解、同向同行、形成合力，打破原来各自为政的格局，实现开放、共享和共赢。

为了实现更大范围的共享共赢，北京开始探索建立全国大中小学思政课一体化的实践研究共同体。2021 年 4 月，北京教育科学研究院德育研究中心牵头，东城区教育工委区教委、北京工业大学、中国高等教育杂志社、首都师范大学、北京市第十一中学共同推进，成立全国首个大中小学思政课一体化实践研究共同体，全国 200 多所大学、中学、小学加入。2023 年 4 月

22日，第三届全国大中小学思政课一体化实践研究论坛在北京市第十一中学举行，75节思政微课同步在线上推出，10多万人参与了线上线下的交流。全国各地加强学科之间的纵向衔接和资源之间的共享互通，产生1+1>2的效果。

"北京中轴线上的大思政课"打破学段壁垒，面向全国青少年开展古建筑参访、口述史访谈、通识性讲座、学术性赛事、文艺性展演、国际性论坛等系列品牌活动。比如，走进中轴线——"古都新青年·最美中轴线"博物馆参访活动、对话中轴线——"北京中轴线文化遗产大讲堂进校园"对话活动、记录中轴线——"中轴线与中国式现代化"口述史访谈活动、创新中轴线——"中轴线与高质量发展"案例研究学术活动、数字中轴线——"IP BEIJING"中轴线数字形象征集活动、活力中轴线——"申遗助力行"北京大中小学生文化骑行活动、魅力中轴线——"中轴线之夜"北京大中小学生文艺展演活动、开放中轴线——"文物遗产保护与文明互鉴"国际青年论坛活动，充满北京特色、文化魅力，充分发挥大中小学学段特点和学科优势，引领"平视一代"读懂北京中轴线所承载的中华优秀传统文化与伟大民族精神，启智润心的文化理论课与生动鲜活的社会实践课深度融合，系统讲授、专题教学与实践教学协同联动，系列活动由浅入深、以小见大，既灵活适应了大中小学不同学段的学习特点，又充分发挥了相关学科的独特优势，既增强了课程的思想性、理论性，又提升了亲和力、针对性。

（四）打通课堂通道

"大思政课"耕耘的是思想的田野，讲授的是心灵的学问，回答的是时代的课题。为落实教育部等十部门印发的《全面推进"大思政课"建设的工作方案》，北京市委教育工委、北京市教委启动多项推进大中小学思政课一体化活动，推出了大中小学思政大讲堂、科技小院挂牌"大思政课"实践教学基地、"京彩文化，青春绽放"行动计划。

为讲深、讲透、讲活"大思政课"，"北京中轴线上的大思政课"打破学校围墙，打通课堂通道，充分利用社会资源，以历史田野和时代现场为"第二课堂"，不断打破课本与现实、理论与实践的壁垒，实现学校的"小课堂"与社会的"大课堂"有机融合。北京市文物局、中轴线申遗办依托中轴线文化遗产开展系列教育实践活动，构建"立德为先、尊重历史、社会实践"三位一体的大思政课体系。2023年，北京中轴线文化遗产传承与创新大赛等一系列活动在中小学落地。其中，中轴线文创大赛专设"北京中轴线文化传播小使者"选拔活动，自6月启动至11月中旬，共吸引5万余名中小学生参加，学生们通过绘画、话剧表演、乐器演奏、缠花技艺等方式展示对中轴线文化的理解，讲述自己与中轴线的故事。42所中小学开展了"北京中轴线校园大讲堂"系列活动。文博专家登上讲台，为学生们带来"中轴线上的清明上河图""中轴线的声音""中轴线上的市井民风"等主题课程。"中轴线的光影世界主题展"进校园，以老照片、宫廷绘画、平面插图等配合翔实的文字信息，再现北京城的发展变迁以及中轴线的"前世今生"。学生们不仅可以学习中轴线的历史知识，还可以动手参与制作中轴线沙盘模型。还有学校自发成立了中轴线社团，开展走访中轴线的实践活动，将中轴线文化融入语文、历史、地理等多个学科教学，组建学生志愿讲解队，助力中轴线文化遗产保护和传承。从故宫、天安门等历史文化地标到中国历史研究院、中国共产党历史展览馆等革命文化展厅，再到中关村科技园等弄潮时代浪尖的一批高新科技企业，各地大中小学师生在沿"中轴线"的行走中触摸历史、对话未来，近距离、沉浸式感受中华文脉的源远流长与蓬勃生机。这种把历史和现实、文明和文化、民族的奋斗和国家的前景融合在一起的思政课，将课堂从教室内搬到了现场，授课内容比较丰富，授课形式比较灵活，将课程要求、实景实物、历史文化等用故事化的形式表现出来，全方位展现了中轴线所蕴含的中华优秀传统文化的思想内涵与时代价值，给人以耳目一新的感觉，是让思政课走进师生心灵的最好途径，有利于挖掘其中富集的历史文化资源，引导广大青年投身于中华优秀传统文化创造性转化、创新性发展的生动实践之中，是最适宜面向大中小学生开展文化体验活动、增强文化自信的"大课堂"。

五 "社会+"革命文物办展实践项目

（一）简介

2017 年 8 月 1 日，习近平总书记在庆祝中国人民解放军建军 90 周年大会上指出："南昌城头的枪声，像划破夜空的一道闪电，使中国人民在黑暗中看到了革命的希望，在逆境中看到了奋起的力量。南昌起义连同秋收起义、广州起义以及其他许多地区的武装起义，标志着中国共产党独立领导革命战争、创建人民军队的开端，开启了中国革命新纪元。"①

南昌八一起义是中国共产党为反击国民党反动派屠杀共产党人和工农群众、挽救革命，于 1927 年 8 月 1 日在江西省城南昌发动的武装起义。1933 年 7 月 1 日，中华苏维埃共和国临时中央政府决定，自是年起，每年 8 月 1 日为中国工农红军成立纪念日。1949 年 6 月 16 日，中国人民革命军事委员会发布命令：以"八一"两字作为中国人民解放军军旗和军徽的主要标志。中华人民共和国成立后，将此纪念日改称中国人民解放军建军节。

南昌八一起义纪念馆是为纪念南昌起义而设立的专题纪念馆，位于江西省南昌市中山路 380 号，占地面积 5903 平方米。1956 年成立，1959 年正式对外开放，1961 年被国务院公布为全国首批重点文物保护单位（所辖五处革命旧址——总指挥部旧址、贺龙指挥部旧址、叶挺指挥部旧址、朱德军官教育团旧址和朱德旧居）。作为"中国军史第一馆"，周恩来、朱德、陈毅等老一辈无产阶级革命家及江泽民、胡锦涛、习近平等党和国家领导人先后莅临参观指导。②

---

① 习近平：《在庆祝中国人民解放军建军 90 周年大会上的讲话》，人民出版社，2017，第 2~3 页。
② 资料主要来自南昌八一起义纪念馆官网；南昌八一起义纪念馆：《第三届（2021）全国革命文物保护利用十佳案例——南昌八一起义纪念馆"社会+"革命文物办展实践项目》，国家文物局官网，2022 年 4 月 13 日，http://www.ncha.gov.cn/art/2022/4/13/art_722_173769.html；江西省文化和旅游厅：《江西两项入选！第四届全国革命文物保护利用十佳案例宣传推介活动初评结果揭晓》，江西省人民政府官网，2023 年 11 月 27 日，http://www.jiangxi.gov.cn/art/2023/11/27/art_5296_4694553.html。

2007 年 7 月，纪念馆改扩建工程全面竣工并正式对外开放，占地面积由原来的 4207 平方米扩展为 10155 平方米，陈列面积由原来的 2250 平方米增至 5875 平方米。在新建纪念馆的大楼前，周恩来、朱德、贺龙、叶挺、刘伯承五位主要起义领导者的雕像刚毅坚定、栩栩如生。展厅的标志性雕塑是一只巨手紧握一支步枪从乱石中举出，背景是一面鲜艳的"八一军旗"，彰显南昌八一起义石破天惊第一枪的雄伟气势。

2008 年 1 月 30 日，南昌八一起义纪念馆率先向全社会免费开放，并提出"免费不免票，服务不打折"的理念，年均接待量保持在 200 余万人次，实现了"以史育人、以物感人、以景诱人"的目标，先后获得了全国文明单位、国家一级博物馆、国家 AAAA 级旅游景区、全国红色旅游工作先进集体、中国十大经典红色景区（点）、全国爱国主义教育示范基地和国家国防教育示范基地等一系列荣誉。

南昌八一起义纪念馆紧紧围绕纪念馆收藏、陈列、教育三大职能，充分发挥红色革命景区的资源优势，积极开展爱国主义教育和革命传统教育，致力于成为培育和践行社会主义核心价值观的重要阵地。

以展览为主体，丰富文物表现形式。2007 年改扩建后的南昌八一起义纪念馆基本陈列陈展各类图片、图表 509 幅，文物展品 407 件（套），艺术品 51 件（套），大型景观及多媒体展示 8 组。陈展内容主要有：新馆大楼南昌起义、人民军队光辉历程以及旧址复原陈列等。2014 年，再次进行基本陈列提升，新增了第八单元《强军之梦》，主要展示党的十八大以来习近平总书记对国防和军队建设的重要论述和成果等内容，并对各处旧址相应进行了陈展更新。推出《伟大的开端——南昌起义流动展》《从南昌起义走出的共和国将帅展》等原创展览，在全国巡展，获得广泛好评。

以活动为载体，拓宽宣教服务广度。南昌八一起义纪念馆积极开展了道德讲堂、勤俭节约、微笑服务月、好人好事榜等活动，设立党员模范先锋岗，推进诚信建设制度，积极组织开展"我奉献、我快乐"文明交通志愿服务，深入社区关爱空巢老人、留守儿童、困难职工等学雷锋志愿服务活动，在纪念馆园区积极倡导文明游活动，在春节、清明、端午、中秋期间开展"我们的节日"主题活动。

以青少年为重点，创新宣教形式。开展了"送展进学堂、讲述先辈故事、教唱革命歌曲、争做小小讲解员"等活动。与学校合作开展了"关爱小小红军娃""敬礼！共和国的军旗""红色大舞台　校际 PK 行""花儿在阳光下绽放""缅怀革命先烈　永远跟党走""小小声音传军魂"等主题教育活动 80 余次，开设多期"小小讲解员"培训班，培养了小小志愿者讲解员 200 余人。

以史实为依据，深化文物价值阐释。馆内多幅珍贵的图片，真实反映了南昌起义酝酿、准备、爆发的情景。大量的文献资料、照片、图表、绘画和实物，以及声、光、电、沙盘模型等现代科技手段的展示，使历史的硝烟扑面而来、呼啸的战斗擦肩而过，生动再现了革命前辈浴血奋战的场景。为了提高纪念馆社会效益，实现精神文明传播最大化，南昌八一起义纪念馆挖掘、整合和盘活纪念馆红色文化资源，先后出版《八一记忆——文物背后的故事》《南昌起义》《人民军队的摇篮》《军旗升起的地方——八一史画》《南昌起义深镜头》等几十种图书、画册，打造革命旧址沉浸式实景剧《那年八一》，在展厅内搭建了长达 400 多延长米的历史时间长廊，使用大量的背景图像烘托南昌起义革命历史事件与八一背后的故事。

以创新为动力，自主研发文创产品。充分发掘纪念馆红色文化资源，设计绘制陶瓷类快客杯、纪念币、水晶类产品、军旅复古怀表、DIY 武器拼图、PVC 材质钥匙扣行李牌等六大类 35 件图纸小样。引进纪念币自动售卖机，设计金币和银币各两款，以南昌八一起义纪念馆文化元素为原型，配合宣传短片，凸显"八一"起义的精神，得到游客普遍好评。

以互联网思维为契机，建设数字化纪念馆。打造 App 自助平台，以卡通导游、中英文配音自助导览的形式，展示南昌八一起义纪念馆最新信息、文物精品、展览内容、主题活动等，生动形象地呈现革命历史文化资源；引进电子触摸留言台，观众可以通过自主拍照、触摸手写留言的方式写下参观感受。留言台投入使用后迅速得到了参观游客的热捧，在短短三个月内，观众留言两万余条；2015 年 5 月开启"双微"平台，向观众实时呈现本馆最新信息，并通过网络"微互动"，赢得了观众点赞790余个；同时，积极尝试传统画册的升级，在图书静态化的基础上，结合有声读物，搜集、整理解说词、背景音乐，全力打造视听相结合的点读画册，使游客在阅读的同时身临其境，更好地感受"八一"文化。

（二）"社会+"文物征集

聚焦建党百年主题，南昌八一起义纪念馆策划推出"百年回望　红心向党——庆祝中国共产党成立100周年主题展"，于2021年6月29日上午在南昌八一起义纪念馆陈列大楼三楼临展厅隆重开展，展览免费向社会公众开放。展览分为"永恒信仰""永葆先进""永守初心"三大内容，共展出珍贵历史照片约350张、南昌八一起义纪念馆等馆藏珍贵文物约300件（套）。其中"1927年共青团江西省委机关刊物《红灯》1~15期合订本""1933年谭冠三的中国共产党党证"等珍贵文物均为首次对外展出。

展览从"建党、党建、党员"三个维度入手，回顾中国共产党光辉的建党历史，讲述一代代共产党员感人肺腑的故事，生动诠释中国共产党人对理想信念的执着追求和无畏奋斗、无私奉献的精神风范。

为破解革命纪念馆长期存在的馆藏文物匮乏、策展人员短缺、传播力度有限等困境，南昌八一起义纪念馆创新探索"社会+"革命文物办展模式，采取"社会+"文物征集、"社会+"合作策展、"社会+"宣教传播相结合的方式，广泛动员社会力量全程参与展览。

南昌八一起义纪念馆在展览筹备阶段，就通过多种渠道广泛征集文物展品。一是线上发布建党百年文物资料征集令。征集令一经发布，就得到了革命后代、企事业机关、党员同志等群体的广泛关注，纷纷通过捐赠、借展等形式提供文物展品237件（套），占展出文物总数的56.3%。其中一位65年党龄的老共产党员捐赠党费证9件。二是争取民间红色收藏家支持。比如，红色收藏家傅嵘桦捐赠了不同时期党章、党费证、入党志愿书、党员登记表等文物37件（套），红色收藏家胡志杰捐赠1956年版中共八大党章、印有党徽图案的红军手雷等文物。三是借助博物馆联盟馆藏资源。通过文物借展、文物复制等方式，借展"苏区时期的《党员训练大纲》""钟步全在南昌起义时的党证"等省内外博物馆的珍贵馆藏文物。

（三）"社会+"合作策展

在策展过程中，南昌八一起义纪念馆打破"闭门办展"的传统模式，广泛向全社会征集策展建议，以观众需求为导向，力求打造观众喜闻乐见的展览。一是邀请党史专家参与策展。邀请省内外党史专家多次对展览大纲、版式设计出谋划策、反复论证、精雕细琢。二是邀请社会独立策展人参与策展。南昌八一起义纪念馆策展团队多次与社会独立策展人开展"头脑风暴"，碰撞出展览创意和设计灵感，给观众提供更具层次感的观赏体验。三是发起"邀你来策展"活动。通过线上和线下发布调查问卷、召开座谈会等方式，搜集展览内容、互动展项、教育项目、文创产品等方面的观众建议。为办好本次主题展，南昌八一起义纪念馆共邀请 30 多名独立策展人和专家学者参与展览策划，收集展览建议 300 余条。

（四）"社会+"宣教传播

为扩大展览影响力，南昌八一起义纪念馆努力让更多观众成为展览的"传播者"、红色故事的"宣讲者"。一是组建"百人志愿者宣讲团"。面向社会公开招募 100 名红色文化志愿者，年龄跨度从 7 岁至 70 岁，包括学生、部队官兵、企业高管、党史专家、讲解员、大学教师、蓝天救援队员、离退休干部等各类人员，分别组成少年团、青年团和芳华团，讲述展览中的红色故事。二是面向社会招募 500 多人作为"展览推荐官""展览体验官"。招募各行业具有影响力的网络达人、大 V 博主作为"展览推荐官"，在微博、微信、抖音等平台助力推荐展览；面向社会招募"展览体验官"，开展"红心向党　爱的告白""红心向党　铮铮誓言""红心向党　青年担当"等宣传推介活动。三是借助新闻媒体传播力量。举办媒体见面会，利用新闻媒体全网宣传矩阵优势，开展线上宣传和线下推广相结合的全方位立体传播。2021 年 6 月 29 日开展当天，中央广播电视总台予以报道，并陆续被《人民日报》、《江西日报》、《南昌日报》、江西广播电视台、人民网、大江网等各类媒体平台宣传报道。

展览从策划到展出的全过程，都引起了社会各界的高度关注和积极参与，取得了良好的社会成效，不仅入选中宣部、国家文物局联合推介的"庆祝中国共产党成立100周年精品展览"，还被推广到西藏、广东、山东等地多个城市进行巡展。展出3个月，参观观众20多万人次，线上点击量500多万。

革命文物科技应用案例

刘善庆　王　煜　周　琪　宋锦华　江　玲　宋咨融*

摘　要： 利用科技手段支撑、引领文物保护利用，是国际社会的普遍做法和策略。党的十八大以来，革命文物纪念场馆与高校、科研机构以及企业等各方主体开展科技协作，以行业科技创新能力建设为驱动力，加快了革命文物保护利用的科技进步，促进了革命文物的活化利用，有力提升了展示传播效果，带动革命文物保护利用事业高质量发展。本报告精选 5 个案例，从多个角度揭示了革命文物科技应用的最新进展。

关键词： "互联网+长征"　飞夺泸定桥 VR·思政课虚拟仿真体验"红色之旅"线上课程　陕西革命旧址云传播

科学技术在人类社会发展中具有举足轻重的地位，文物承载着人类文明的发展，社会的发展也是科学技术的发展。科学技术从开始的文物保护材料和工艺研究，到目前已经发展到全程介入文物的出土、保护、保存、展示、传

* 刘善庆，博士，研究员，博士生导师，井冈山革命博物馆-江西师范大学国家革命文物协同研究中心常务副主任，江西师范大学苏区振兴研究院院长，主要研究方向为革命文物保护利用、区域发展管理；王煜，江西师范大学马克思主义学院/苏区振兴研究院硕士研究生，主要研究方向为马克思主义与当代中国经济社会发展；周琪，中国地质大学（武汉）马克思主义学院博士研究生，主要研究方向为马克思主义中国化；宋锦华，博物馆馆员，井冈山革命博物馆展厅服务中心主任，主要研究方向为革命文物展览展示；江玲，浙江工商大学马克思主义学院博士研究生，主要研究方向为马克思主义中国化；宋咨融，江西师范大学马克思主义学院/苏区振兴研究院硕士研究生，主要研究方向为马克思主义与当代中国经济社会发展。其中，刘善庆、王煜负责第一部分内容的撰写，周琪负责第二部分内容的撰写，宋锦华负责第三部分内容的撰写，江玲负责第四部分内容的撰写，宋咨融负责第五部分内容的撰写。

播等工作，可以说，科学技术对文物保护利用起着决定性作用，文物保护利用的历史也是科学技术发展的历史。科技在革命文物价值认知、传承利用等方面的应用能够有力提升革命文物的"气质"。党的十八大以来，革命文物纪念场馆与高校、科研机构以及企业等各方主体开展科技协作，以行业科技创新能力建设为驱动力，加快了革命文物保护利用的科技进步，促进了革命文物的活化利用，有力提升了展示传播效果，带动革命文物保护利用事业高质量发展。

一 "互联网+长征"数字化展示与传播项目

（一）简介

红军长征这一惊天动地的革命壮举，是中国共产党和红军谱写的壮丽史诗，是中华民族伟大复兴历史进程中的巍峨丰碑，在我们党、国家、军队发展史上具有十分重大的意义，对中华民族历史进程具有十分深远的影响，也是"中国近现代史纲要"课的教学重点之一。中国工农红军强渡大渡河纪念馆位于四川省雅安市石棉县安顺场镇安顺村。馆藏珍贵的历史文物 228 件（套），其中实物类 73 件（套）、图片类 155 幅。纪念馆陈列有序、布局巧妙，采用声、光、电等多种艺术效果，真实再现了当年红军强渡大渡河的宏伟场面，① 是全国重点文物保护单位、全国爱国主义教育示范基地、全国民族团结进步示范基地、全国优秀人文社会科学普及基地、四川省廉洁文化普及基地、四川省党性教育基地、四川省研学教育基地等，拥有国家级和省级荣誉称号 17 个，是对全民进行爱国主义教育、集体主义教育、革命传统教育的重要场所。②

---

① 中共雅安市委党史研究室：《中国工农红军强渡大渡河纪念馆》，《雅安日报》2021 年 9 月 6 日，第 2 版。
② 中国工农红军强渡大渡河纪念馆：《第三届（2021）全国革命文物保护利用十佳案例——中国工农红军强渡大渡河纪念馆"互联网+长征"数字化展示与传播项目》，搜狐网，2022 年 4 月 14 日，https://www.sohu.com/a/537939806_121107000；付心怡：《中国联通助力"互联网+长征"示范项目上线》，C114 通信网，2021 年 8 月 4 日，https://www.c114.com.cn/news/119/a1169942.html；《国家文物局"互联网+长征"示范项目正式上线，清华同衡联合中国联通等单位共同承担》，澎湃网，2021 年 8 月 2 日，https://www.thepaper.cn/newsDetail_forward_13857817。

（二）科技赋能，加强文物保护

国家文物局持续加强长征文物的保护利用工作，多方面探索革命文物展示和红色文化传播的创新方式。2021 年 8 月 1 日，"互联网+长征"示范项目正式上线。项目由国家文物局组织，中国工农红军强渡大渡河纪念馆具体实施，北京清华同衡规划设计研究院遗产保护与城乡发展中心负责总体策划和设计，中国联通承建，并联合北京电影学院、中国地图出版社协同实施。项目第一次将全国长征文物地图线上应用、"强渡天险"场景体验、红色研学课程开发等应用纳入顶层设计，为广大参观者提供了别开生面的参观体验。项目以扎实的数据积累和严谨的党史研究为基础，出色地完成了全国长征文物资源数字化展示，并通过 5G 技术结合 AR 空间云和 3D 数字内容，降低了公众参与长征文物保护门槛，以易于社会公众，特别是青少年接受的形式，对长征文化线路的历史及其蕴含的长征精神进行展示，实现游客沉浸式学习长征故事和感受革命精神。

了解长征：以长征文物地图形式充分展示文物资源。针对目前长征文物保护公众参与度低、文物展示吸引力弱的问题，"互联网+长征"数字化展示与传播项目通过注重互动式参与，将 5G、AR 空间云、大数据和 4K 直播等新技术融入长征文物保护和展示工作，开发"长征文物地图"小程序，"长征文物地图"属于一款动态专题地图形式的线上应用，全面呈现了长征主要行进线路、文物分布情况、重要博物馆和纪念馆等相关信息及各阶段重要历史事件，记录了红军长征所经历的 600 余次战役战斗、跨越的近百条江河、攀越的 40 余座高山险峰。只需点开小程序，公众便可以清楚地了解分布在全国 15 个省（区、市）的 1693 条文物信息，实现了全国长征文物地理位置信息可视化展示，便捷化分类搜索、查询和定位，同时把长征文物与长征重大事件相关联，让使用者在"时空地图"中更清晰全面地了解长征故事、学习长征历史；设置"文物信息上报"等用户互动功能和长征文物保护科普专栏，引导公众参与长征文物保护，增强公众对长征文物保护和利用的参与感和获得感，用科技赋能革命文物展示，加强革命文化传播。

感受长征：5G+AR 空间云使沉浸式学习红色历史成为可能。针对游客在现场体验感不够的问题，开发"强渡天险"App，"强渡天险"场景体验应用以 5G 技术结合 AR 空间云和 3D 数字内容，实现了强渡大渡河遗址现场与虚拟历史场景的一体化历史重现，观众仅需使用手机对准遗址，即可 360 度观看与现实场景叠加的 3D 虚拟影像，在不复建、不扰动革命遗址的前提下，提升强渡大渡河遗址展示的直观性和吸引力，听文物"发声"、历史"说话"，让强渡大渡河的历史故事更加生动立体，同时游客也能更直观、清晰地了解这段峥嵘岁月。作为"全景式"AR 与革命遗址展示相结合的一次先锋性尝试，该项目为如何在不复建、不扰动文物本体的前提下提升遗址展示直观性和吸引力提供了一种新的解决思路，有利于实现革命文化广泛传播，对保护革命文物、传承红色基因、培育家国情怀具有重要的意义。此外，App 还包含了基于 AR 技术的"寻宝打卡""拍照合影""景点讲解"等可交互内容，进一步增强了参观的参与感、沉浸感和趣味性。项目充分发挥了 5G 技术优势，在获得较优质画面和流畅效果的同时，大大减轻了 App 的体量和手机端的运算量，增强了 App 的传播性。

项目综合采用多种创新科技，在互联网+革命遗址展示、红色文化传播等方面积累经验、引领方向，为科技赋能红色资源保护利用和党史学习教育起到了积极的示范作用。

（三）依托特色，传播红色文化

学习长征：结合长征文化线路建设开发研学课程。在"互联网+长征"数字化展示与传播项目中，为配合线上内容做好线下传播，以强渡大渡河历史事件为核心，开发了面向中小学生的研学课程。课程设计充分考虑了青少年的认知特点，着眼情感共鸣，兼顾多学科知识整合，精心组织了"重走长征路""小小指挥官""学习神炮手""河畔寄哀思""新时代长征"等深入浅出、生动有趣的教学内容，结合 AR 体验点设置了互动环节，采用现场教学、边游边讲等方式，让学生们在行走中了解强渡大渡河的英勇历史、体验行军艰苦、感悟长征精神，同时学习军事和文物保护知识。

注重融媒体推广，依托安顺场丰富的红色旅游资源和四川长征干部学院的品牌优势，邀请全国50余家主流媒体到安顺场采访，加大对石棉县红色特色资源和校区建设情况的宣传。拍摄5部纪录片，编印出版9部教育读本。同时依托"互联网+长征"数字化展示与传播项目成果，联合新浪开展了"不能忘却的记忆"宣传活动，微博话题阅读过亿次。红色研学课程等活动，也在爱奇艺、虎牙、斗鱼、沃视频等平台同步放送，利用各媒体平台提高中国工农红军强渡大渡河纪念馆曝光度，从而助推革命文化的广泛传播。

自"互联网+长征"数字化展示与传播项目完成以来，中国工农红军强渡大渡河纪念馆接待国内外游客20余万人次，其中党员干部11.5万余人次，党团组织2500余个，宣传讲解1000余场次。该项目中的重走长征路线路已成为广大党员干部和群众重温激情岁月、感怀时代变迁的"体验地"，成为聆听红色故事、致敬英烈的"打卡地"。2021年，该项目在工信部第四届"绽放杯"5G应用大赛"智慧党建专题赛"荣获二等奖。同时，中国联通以"互联网+长征"数字化展示与传播项目为基础，联合新浪新闻打造建党100周年特别策划"不能忘却的记忆"，通过新浪新闻、新浪微博以及联通自媒体矩阵进行宣传，向广大网友生动讲述长征历史。2021年，该项目获2021年科睿创新奖营销创新·金奖。2023年1月16日，由中宣部指导、中央广播电视总台制作的六集大型电视专题片《长征之歌》在央视一套综合频道晚8点黄金档正式播出。在首集专题片中，中国工农红军强渡大渡河纪念馆"互联网+长征"数字化展示与传播项目、遵义会议纪念馆数字化保护工程等长征数字科技运用全新的视听语言和叙事手法展示长征文物和文化资源。

二 建设军垦精神红色基因库——中华民族文化基因库红色基因库新疆兵团军垦博物馆首批试点项目

（一）简介

2022年7月13日，习近平总书记来到新疆生产建设兵团八师石河子市，考察新疆生产建设兵团军垦博物馆（简称新疆兵团军垦博物馆）时强调指出："新疆生产建设兵团为推动新疆发展、增进民族团结、维护社会稳定、巩固国家边防做出了不可磨灭的贡献。兵团人铸就的热爱祖国、无私奉献、艰苦创业、开拓进取的兵团精神，是中国共产党人精神谱系的重要组成部分，要用好这些宝贵财富。"[①]

新疆兵团军垦博物馆位于新疆石河子市北三路 59 号，是了解新疆、了解兵团的窗口。新疆兵团军垦博物馆的前身为石河子军垦博物馆，于 1988 年筹建，1995 年正式对外开放。2004 年，在新疆生产建设兵团成立 50 周年之际，石河子军垦博物馆更名为"新疆生产建设兵团军垦博物馆"，其中馆藏文物 18621 件（套），包括一级文物 33 件（套），二级文物 2 件（套），三级文物 20 件（套）。作为全国唯一一座以新中国屯垦戍边革命历史为主要研究及陈列内容的国家二级博物馆，2020 年 6 月 30 日，该馆成为中宣部确定的中华民族文化基因库（一期）红色基因库首批 15 个试点单位之一。

（二）让革命文物"活起来"

加强革命文物保护利用和红色文化遗产保护传承。推进新疆兵团军垦博物馆中华民族文化基因库红色基因库建设，对馆藏文物进行数字化采集。深挖红色资源，开展文物征集活动，优化馆藏结构，更好地展示兵团历史文化，留存兵团记忆。近几年，新疆兵团军垦博物馆征集大量文物，仅 2021 年就征集文物 1200 件（套），很多珍贵文物填补了兵团史料的空白。

尊重历史，放眼未来，高起点规划、大手笔建设兵团博物馆。2021 年，为庆祝中国共产党成立 100 周年，新疆兵团军垦博物馆花费 1 年多时间，开拓创新、改造升级，大力开发红色资源，将新技术新理念融入博物馆的建设中，对基本陈列"新疆生产建设兵团屯垦戍边历史展"进行了全面改造提

[①] 徐秀丽：《新疆兵团军垦博物馆：把兵团精神融入立足当代、面向未来的奋斗中》，搜狐网，2022 年 8 月 9 日，https://www.sohu.com/a/575350947_121107000；马雪娇：《新疆兵团军垦博物馆：打造红色阵地 建设精神家园》，《兵团日报》2023 年 4 月 22 日，第 3 版。

升。展览按照历史编年体与专题相辅相成的陈列体系，精心设计了序厅、"安边固疆、继往开来"、"艰苦奋斗、开创基业"、"改革开放、开拓进取"、"走进新时代、踏上新征程"、"弘扬兵团精神、书写时代华章"等六个部分，突出了兵团创业的艰辛及党中央几代领导集体对兵团事业的支持与关心，充分展示了在半个多世纪的奋斗中，兵团儿女用自己的青春、热血和生命凝成的"热爱祖国，艰苦奋斗，无私奉献，开拓奋进"的兵团精神和新时期兵团各项事业所取得的辉煌成就。

（三）让红色故事"动起来"

提高文物研究阐释和展示传播水平。与媒体合作，打造了"王震将军与军垦新城""沙海老兵""一件军大衣""陶峙岳党费证"等视频故事。选取代表性文物，设计了"一粒红色的种子""传承红色基因 弘扬奋斗精神""信念铸忠魂""在希望的田野上"等红色教育课程。把发挥博物馆宣传教育作用作为立馆之要。根据人流量合理设计参观线路，优化流程，使宣传教育活动既凸显主题，又具有教育的针对性和实效性；坚持以研带学，积极开展针对青少年的研学旅行活动；围绕重要时间节点，针对不同群体需求，灵活安排讲解内容，开展形式多样的宣传教育。如清明节期间，针对不同群体开展了不同的主题活动：中小学生团队参观博物馆，以"缅怀革命先烈 感恩幸福生活"为主题，开展了献一束鲜花、唱一首红歌、朗诵一首红色诗、听一段红色故事、写一篇心得的"五个一"活动；党政机关、企事业单位以及社会团体参观博物馆则以"缅怀先烈 牢记使命 忠诚爱国"为主题，开展了重温一次入党（团）誓词、听一段红色故事、写一段心得体会的"三个一"活动。

以高水平的讲解和高质量的服务激励人、感化人。近年来，博物馆在提升软实力上加大投入力度，不断提升讲解员专业素养和讲解服务水平，组织讲解员赴井冈山革命博物馆、延安革命纪念馆等地考察学习。仅 2022 年上半年，新疆兵团军垦博物馆就接待各地观众总计 58550 人，讲解 483 场，其中重大接待 8 场。

借助科技力量，全方位、全过程、全景式展现兵团屯垦戍边历史，讲述好兵团故事。把展览作为生动教材，丰富展陈内容，展出 1500 余幅图片、1400 多件（套）文物实物。创新形式，做好展示和体验交互系统研发，设置多媒体显示屏 23 块、触摸互动屏 6 块、场景 17 个、油画 10 余幅，利用声、光、电等特效手法与多媒体、油画、微缩场景、雕塑、硅胶人物相结合的形式，听文物"发声"、历史"说话"。游客可以沉浸式参观体验兵团艰难与辉煌的发展历程，全方位、多角度地了解一代又一代兵团人为推动新疆发展、增进民族团结、维护社会稳定、巩固国家边防做出的突出贡献。创新宣教形式，充分利用抖音、微信公众号等网络平台，扩大宣传范围，提高影响力。不断扩大兵团精神和胡杨精神、老兵精神传播覆盖面，让爱国主义教育"走出去"。2021 年 6 月，新疆兵团军垦博物馆和中国丝绸博物馆联合主办的"兵团岁月——新疆生产建设兵团革命文物展"在杭州中国丝绸博物馆开展，展期三个月，展览共展出照片 100 余张、83 件（套）革命文物，其中有王震将军穿过的衣帽，20 世纪 60 年代的军便服、军大衣、列宁装及各类锦旗奖章等 55 件（套）革命文物。观展人次达 8 万多，社会反响良好，让更多的人了解兵团、认识兵团。上线新疆兵团军垦博物馆的数字博物馆。数字博物馆具有实景浏览、展览查看、文物查看等多种功能，可以准确还原馆内空间场景。整个场景内共分布 300 余处热点链接，内容包括图片、音频、视频、文字等，可供观众点击了解，使观众获得良好体验。

新疆兵团军垦博物馆发挥红色资源优势，不断挖掘革命文物资源，着力打造党史学习教育现场教学基地和红色文化传播高地，努力让红色文化浸润人心、红色基因代代相传。自 2004 年至今，新疆兵团军垦博物馆已累计接待海内外游客 600 多万人次，已成为新疆生产建设兵团对外宣传红色文化的一张亮丽名片，在兵团爱国主义教育、革命传统教育、党性教育及研学教育等方面发挥了示范性作用。先后荣获全国爱国主义教育示范基地、全国廉政教育基地、全国 100 个红色旅游经典景区之一、全国文明单位、中华民族文化基因库（一期）红色基因库试点单位等荣誉称号。

三 飞夺泸定桥 VR·思政课虚拟仿真体验教学项目

（一）简介

红军飞夺泸定桥是中国工农红军长征路上最为精彩的经典战役之一，发生于 1935 年 5 月 29 日。中央红军部队在四川省中西部强渡大渡河成功，沿大渡河东岸北上，主力由安顺场沿大渡河右岸北上，红四团官兵在下大雨的情况下，在崎岖陡峭的山路上跑步前进，一昼夜奔袭竟达 120 公里，终于在5 月 29 日凌晨 6 时许按时到达泸定桥西岸。第 2 连连长和 22 名突击队员沿着枪林弹雨和火墙密布的铁索，踩着铁链夺下桥头，并与东岸部队合围占领了泸定桥。[①]

毛泽东在《七律·长征》中"大渡桥横铁索寒"的生动描写，让红军飞夺泸定桥的壮举变得家喻户晓、世人皆知，这一经典史实，见证并支撑着人民共和国诞生的豪迈征程，成为思政课实现立德树人目标的重要德育素材。

（二）以虚拟仿真技术助推思政课教学提质增效

采用现代教育技术是高校教学改革的突破口，基于计算机技术、仿真技术和人工智能技术的虚拟现实（VR）技术是现阶段教育技术发展的制高点。虚拟仿真在增强互动性、复原历史情景、降低社会实践成本、升华实践教学内容等方面独具优势。虚拟仿真实验教学通过提供高仿真、可视化的教学内容，创设具有临场感、沉浸感和交互性的实训教学情境，能够提升受教育者的学习行为意愿，进而提升学习效果。2014 年起，西

[①] 《红军长征之飞夺泸定桥虚拟仿真实验》，西南财经大学官网，2022 年 8 月 24 日，https：//vlab. swufe. edu. cn/cms/a_ 60. html；《全国百个"大思政课"优质资源项目公布，西财上榜！》，"数字思政研习社"百家号，2024 年 1 月 4 日，https：//baijiahao. baidu. com/s？ id＝1787141496591318205。

南财经大学党委下大力气推动信息技术深度融入思政课教学，依托现代信息技术的虚拟实践，在破解思政课教学瓶颈问题上独辟蹊径，推动思想政治工作传统优势同现代信息技术高度融合。西南财经大学马克思主义学院立足思政课教学创新教育部重点课题和四川省立项的综合虚拟仿真实验教学平台，依托川渝地区红色教育资源，积极探索思政课虚拟仿真体验教学，成功研发"四渡赤水""飞夺泸定桥""彝海结盟""两弹一星"等系列项目并投入应用，推动理论与实践互促、虚拟与现实互融、技术与价值互济、教师与学生互动，在极具震撼力、高保真呈现的史实场景中，促进学生在理论认同、情感认同和行动转化中培根铸魂，铸牢马克思主义信仰。

2018年以来，学校获批教育部首批全国高校思政课虚拟仿真体验教学中心、四川省思政课虚拟仿真实验教学中心，相关成果被立为教育部高校思想政治理论课教师研究专项重大课题攻关项目，课程资源入选国家虚拟仿真实验教学课程共享平台、国家智慧教育公共服务平台和四川省"一流课程""精品在线开放课程"。

飞夺泸定桥 VR·思政课虚拟仿真体验教学项目由西南财经大学马克思主义学院和成都智云鸿道信息技术有限公司联合打造。该项目遵循历史唯物主义基本立场，针对传统思政教育"教学模式单一、课堂气氛沉闷、师生互动较少、考核过于形式主义"的问题，深入挖掘红军飞夺泸定桥历史细节，通过3D场景建模、虚拟仿真等技术手段，全面真实地把红军飞夺泸定桥这段波澜壮阔的革命历史展示在当代青年面前。学生通过插入式交互任务，如扮演狙击手、长途奔袭、挑选22勇士、排兵布阵、浴血夺桥等，体验参与战争的过程，从而使教学资源更丰富、教学呈现更生动、学习主体更主动，有效解决传统思政课教学中内容呆板、学生参与有限、理论入脑入心难等难题。

"三个代入"让课堂活起来。思政课虚拟仿真体验教学以"三个代入"为核心内容，其中"理论代入"旨在强化教学思想性和学理性，"实践代入"重在强化感官体验和情感认同，"主体代入"则瞄准学生的学习主体性和互动性集中发力。对于每位体验者而言，最直观的感受首先是虚拟场景对历史情境的高度还原，以及扑面而来的强烈"实践代入"感。直观、生动、形象、逼真，打破了以往体验红色历史的时空限制，使学生足不出户便能穿越时空，零距离感受。一批批青年学子体验后产生了强烈的情感共鸣。

倾尽心力搭建真实场景，最大限度还原历史。从虚拟现实场景的主题确定、脚本撰写、交互任务设置到技术呈现、操作体验，甚至历史人物的形象声线、场景的搭建陈设、画面的色调色温，所有环节都经历了数年的反复论证与调试。在聚焦"实践代入"、促进思政课"做活实践"的基础上，瞄准"主体代入"，着力激活主体。"红军长征之飞夺泸定桥"虚拟仿真实验教学项目借助现代信息技术，创设具有临场感、沉浸感和交互性的教学情境，让学生在由直观、生动、形象、逼真的图形、动画、三维场景构造的虚拟环境中通过插入交互任务的方式体验当时的历史场景，在"任务驱动"模式下，运用所学理论和知识，根据所提供的史料，对历史现象和事件进行分析判断，形成正确选择，让学生全方位认识和了解"红军飞夺泸定桥"历史事件，增强历史认同感。学生得以"亲身参与"历史事件，调动理论储备，对路径、方法、手段做出自主决策，完成任务闯关，在不断试错中思考为什么、明白是什么、决定做什么。学生不再是历史的旁观者，而是历史的"剧中人"，参与历史进程，体悟"剧作者"的主体力量。"实践代入"和"主体代入"所激发的感性认识和情感共鸣，在教师们的引导下继而升华为理性认识，最终实现"理论代入"。

项目基于由计算机技术、仿真技术和人工智能技术构成的虚拟现实技术，通过提供高仿真、可视化的教学内容，创设具有临场感、沉浸感和交互性的实训教学情境，学生能够在由直观、生动、形象、逼真的图形、动画、三维场景构造的虚拟环境中，通过虚拟仿真技术和交互操作对历史发生时的情景进行决策选择，通过插入式交互任务的方式体验当时的历史场景，依托所学的理论和知识对所提供的历史资料进行实事求是的科学分析和理性判断，做出正确选择，从而全方位地深刻了解和认识历史，增强历史认同感，有力抨击历史虚无主义。

对传统教学进行了针对性完善。让教学资源不再是静态的图文的传统教材和视频的简单堆砌，教学过程不再是"教师讲、学生听"，教学评价不再是主观评价，而是升级为"图、文、音、像、动画交互"为一体，从而使教学资源更丰富、教学呈现更生动、学习主体更主动，可以有效解决传统教学中教学内容比较枯燥、教学参与和互动比较有限的难题，进一步丰富教学形式，拓展教学效果评估的维度，从而开阔学生视野、完善知识结构，有效提升学生理论联系实际、解决问题的能力。该项目将理论知识学习、教材阅读和课堂教学内容体验、复习巩固、教学互动、测验、评估融为一体，实现教学实践的突破和教学效果的提升。

（三）形成独具特色的思政课虚拟仿真体验教学模式

西南财经大学思政课教学改革的核心思路是以现代信息技术助推思政课堂活起来，促进思政课讲活理论、做活实践、激活主体，从而切实增强学生的"四个认同"。以虚拟仿真技术助推思政课教学提质增效，聚焦"理论代入""实践代入""主体代入"，切实推动思政课讲活理论、做活实践、激活主体，让学生在史实场景的沉浸式、互动式学习中再塑三观，实现从"指尖"体验到"心尖"感悟再到"脚尖"力行。目前，学校在"红军长征在四川"和"新中国建设"系列的基础上拓展完善，已形成从"建党伟业"到"乡村振兴"、覆盖中国共产党百年光辉历程的全程思政课虚拟仿真教学场景，形成独具特色的思政课虚拟仿真体验教学模式。在积极探索的同时，还积极推动川渝高校思政课虚拟仿真教学共同体建设，在建立校企联合实验室的基础上，全面开启与川渝地区6所高校的合作，加大资源共建共享力度，带动西南、辐射全国，在校内外收获了良好反馈。其理念、思路和资源被应用于成渝地区双城经济圈教育文化建设，在国防科技大学、北京青年政治学院、西南政法大学等百余所高校推广应用，并广泛应用于全国大中小学思政课教学，受益师生和人群超过350万人次。成果还通过"红课送老区"活动，让西南老区和贫困地区数十所中小学受益，被四川省委纳入 2020 年"校—地"合作推广应用项目，并受邀参加中国文物交流中心、国家大剧院、中国人民革命军事博物馆联合主办的主题展，以及教育部"网上重走长征路"暨推动"四史"学习教育全国启动仪式和丝路国际合作高峰论坛等。

四 "阅读湖湘 红色之旅"线上课程

（一）精心准备

湖南博物院与国防科技大学附属中学联合申报的"好好学习"文博系列课程之"阅读湖湘 红色之旅"线上课程获评以革命文物为主题的"大思政课"优质资源精品项目。

"好好学习"文博系列课程之"阅读湖湘 红色之旅"线上课程聚焦党史学习教育、爱国主义教育和革命传统教育，通过"重创新、深挖掘、强引导"的教育手段全面彰显博物馆思政教育力量，课程由先导片和五个思政线上课程组成，时长约 120 分钟。①

前期，项目团队专程赴湖南省 14 个地级市州包括汝城、永顺、桑植、宜章、醴陵、衡山、株洲、浏阳、平江等地的博物馆、纪念馆进行实地调研与深度访谈，同时搜集湖南各地红色事迹，整合博物馆、纪念馆文物与教育

---

① 《"好好学习"文博系列课程之"阅读湖湘 红色之旅"线上课程获评国家级"大思政课"优质资源精品项目》，湖南博物院官网，2023 年 12 月 19 日，https://www.hnmuseum.com/zh-hans/huodong_ zhuanti/%E2%80%9C%E5%A5%BD%E5%A5%BD%E5%AD%A6%E4%B9%A0%E2%80%9D%E6%96%87%E5%8D%9A%E7%B3%BB%E5%88%97%E8%AF%BE%E7%A8%8B%E4%B9%8B%E2%80%9C%E9%98%85%E8%AF%BB%E6%B9%96%E6%B9%98-%E7%BA%A2%E8%89%B2%E4%B9%8B%E6%97%85%E2%80%9D%E7%BA%BF%E4%B8%8A%E8%AF%BE%E7%A8%8B%E8%8E%B7%E8%AF%84%E5%9B%BD%E5%AE%B6%E7%BA%A7%E2%80%9C%E5%A4%A7%E6%80%9D%E6%94%BF%E8%AF%BE%E2%80%9D%E4%BC%98%E8%B4%A8%E8%B5%84%E6%BA%90%E7%B2%BE%E5%93%81%E9%A1%B9%E7%9B%AE。

资源，翻阅大量图书、论文资料，开展策划筹备工作。依托展陈文物，研发具有博物馆特色的五个主题课程，将全省红色遗址和红色印迹串珠成链，打造"好好学习"文博系列课程之"阅读湖湘 红色之旅"线上课程，将博物馆教育与思想政治教育、党史宣传与研究相结合，引领青少年探寻遗址、拥抱历史，读万卷书，行万里路。

（二）打造思政教学新模式

创新思政教育形式，梳理全省红色资源，积极拓展馆校合作，与长沙市教科院积极沟通，邀请长沙市初中、高中、大学等百余名代表作为体验官参与课程录制，打造"红色基因+云端课程+线上游学"教学新模式，通过线上移动"资源库"，用新媒体的叙事方式和制作技巧，融入多种创作元素和表现手法，面向全年龄段观众，以生动鲜活的形式开展党史学习教育，为党史故事的宣传和讲述打开新思路。

为了进一步探索文物诠释方法与网络传播价值，湖南博物院研发"好好学习"文博系列课程之"阅读湖湘 红色之旅"线上课程，通过影像化的展示、精良的制作，契合网络及新媒体平台的特点，在新时代、新语境下，开辟"红色基因+云端课程+线上游学"新视角，引导全年龄段观众在红色文物里追寻百年风华，在党史故事中汲取信仰力量！"好好学习"文博系列课程之"阅读湖湘 红色之旅"线上课程不仅入选学习强国 App 长沙学习平台，同时在湖南博物院微信公众号和官方微博、哔哩哔哩网站以及芒果 TV 快乐看分别进行推送，进一步扩大了宣传范围。

（三）引领"思政课堂"融入"社会大课堂"

"好好学习"文博系列课程之"阅读湖湘 红色之旅"线上课程充分发挥博物馆教育功能，湖南博物院把"思政课堂"融入"社会大课堂"，让青年学子走出校门、走进社会、深入生活、关注现实，以社会生活为"课堂"，以体验实践为德育"素材"，体现"大思政课"的亲和力、吸引力、感染力。湖南博物院院长领衔教育员、学生体验官，"听、读、走、看、思、研、悟"情境线上教育视频、动人的红色故事、专业的课程内容、独特的人文风情、奇绝的自然山水，拓宽感知维度，在红色文物里追寻百年风华，在党史故事中汲取信仰力量！

（四）构建全域文旅教育新格局

优质的内容是提高"大思政课"自身影响力的重要法宝，"好好学习"文博系列课程之"阅读湖湘 红色之旅"线上课程以百年党史为主线，紧密结合湖湘红色文化，提取湘东、湘南、湘中、湘西、湘北各区域的红色文化资源优势，通过湖南老一辈革命家的生平事迹以及重要的红色历史事件，为观众提供教育的实证。针对受众的兴趣点，设计不同主题与类型的教学用具，包括手册、手账、教育材料包5套，通过"主题导赏、角色体验、手工创作、实景解谜、定向越野"等不同环节，以"听、读、走、写、演、调、研"等方式形成多元化、矩阵化的博物馆特色课程，为博物馆红色教育注入新的活力。创新教学融合互动模式，以油印报、年画制作、情景剧、战棋游戏、实景解谜等形式，为青少年带来更强的沉浸感与体验感，在探索和互动体验中寻文化之根、信仰之源。读红色绘本，通过主题人物成长故事、手绘图片以及打卡攻略，育核心素养、悟湖湘精神。

五　陕西革命旧址云传播项目

（一）简介

陕西革命旧址云传播项目即"红旗漫卷——陕西革命旧址云上展"，由中共陕西省委党史研究室、陕西省文物局联合打造。[①] 陕西是中国革命的摇篮、延安精神的发祥地、毛泽东思想的形成地，以中国革命标识——延安宝

---

① 任杰：《"陕西革命旧址云传播项目"入选全国革命文物保护利用十佳案例》，陕西党史网，2022年3月29日，http：//sxdsw.org.cn/ywdt/bsyx/YBZJna.htm。

塔为代表的丰富革命文物遗存是传承红色基因的重要载体，革命遗址遗迹遍布三秦大地。2021 年 2 月，由陕西省文物局与陕西省委党史研究室组织开展、陕西新昆信息科技有限公司具体实施的陕西革命旧址云传播项目正式启动。① 项目遴选陕西省 100 个革命旧址，运用 5G、VR、视频云等技术手段，对革命旧址进行全景式、立体式、延伸式展示，并建立云上展线下体验中心，增强游客的沉浸感、代入感、体验感。

（二）科技手段展示革命旧址

精心遴选项目。充分发挥陕西革命文物资源数量众多且价值重大的优势，依托陕西首创的"互联网+革命文物"教育平台，在全省范围内遴选出 100 个具有重要影响的革命旧址，邀请党史专家反复讨论，提出展示选题及方案，并对革命旧址介绍文字、图片和视频资料进行梳理校正，做到真实准确讲述革命故事、英雄故事，增强传播内容的规范性、传播性。

着力创新革命文物展示方式，将革命文物资源与新媒体传播手段有机结合，生动鲜活地讲好革命文物背后的故事。除常规的文字、图片和短视频展示外，项目还运用 5G、VR、视频云等技术手段，对其进行 720 度全景式、立体式、延伸式展示，让观众足不出户便可"云"游革命旧址，聆听讲解，身临其境感知革命文物所承载的党史故事，重温革命历史。经过一年的拍摄、制作后，一个全国规模最大、内容最丰富的革命文物云上展示、学习、教育空间面世。

该项目还与"长安通"公司合作，推出了全国首套革命文物数字公交卡，并采用全景 VR 和数字影像技术，将革命文物和延安精神融入公交卡的创意设计中。只要用户通过手机扫描卡面的二维码，就可以立刻进入革命旧址的场馆当中，突破空间局限，720 度"实地"云游革命旧址，学习党史知识。

① 柏桦：《科技赋"活"革命文物》，陕西省人民政府官网，2023 年 6 月 20 日，http://www.shaanxi.gov.cn/xw/sxyw/202306/t20230620_ 2290740.html。

（三）建立云上展线下体验中心

陕西革命旧址云传播项目上线后，学习强国学习平台和陕西学习平台、陕西省文物局官网等平台特别设置专栏进行推介，迅速得到了社会各界的关注，阅读量超过1600万人次。该项目不仅与党政机关、企事业单位、城乡社区、新华书店建立合作机制，通过线上资源共享的方式为干部群众提供丰富的党史学习教育资源，还在陕西新华出版传媒集团、延安红色书店、西安沣东新城管委会"红色会客厅"等建立了线下体验中心，让更多人通过全新的方式感知红色历史，增强革命文物保护传承的自觉性。

可视化、互动化、沉浸式的陕西革命旧址云传播项目，作为陕西发挥革命文物作用、服务党史学习教育的创新尝试，被《人民日报》、新华社、学习强国、光明网、央广网、国家文物局官网等40多家主流媒体宣传报道，还亮相第十九届深圳文博会，先后获第三届（2021）全国革命文物保护利用十佳案例、2021年度陕西省宣传思想文化工作创新竞赛一等奖、2021年度中华文物全媒体传播精品（新媒体）入围项目等荣誉。

革命文物与文创旅游案例

周琪 祁娟 王艳乔 杨文婧 江玲*

摘 要： 新征程上，让革命文物焕发绚丽光彩，需要积极创新展陈形式、传播方式，精心设计红色文创产品、红色旅游线路、学习体验线路，推动革命文物服务红色文创旅游融合发展，不断增强革命文物的生命力和影响力。本报告精选 5 个案例，总结其典型经验做法。

关键词： 中央红色交通线旧址 湘江战役旧址 八路军总司令部王家峪村旧址 "红色三岩" "大别有礼"系列文创产品

革命文物作为红色文化与红色旅游融合发展的"桥"与"船"，不仅承载着厚重的历史记忆，而且连接过去与未来、理论与实践。新征程上，让革命文物焕发绚丽光彩，需要积极创新展陈形式、传播方式，精心设计红色文创产品、红色旅游线路、学习体验线路，推动革命文物服务红色文创旅游融合发展，将革命文物资源优势转化成文创旅游产业发展优势，推动区域经济社会发展，产生较好的政治效益、社会效益、文化效益、经济效益，从而不断增强革命文物的生命力和影响力。

---

* 周琪，中国地质大学（武汉）马克思主义学院博士研究生，主要研究方向为马克思主义中国化；祁娟，硕士，江西机电职业技术学院马克思主义学院教师，主要研究方向为思想政治教育；王艳乔，硕士，吉安职业技术学院井冈山应用科技学校教师，主要研究方向为思想政治教育；杨文婧，江西师范大学马克思主义学院/苏区振兴研究院硕士研究生，主要研究方向为马克思主义与当代中国经济社会发展；江玲，浙江工商大学马克思主义学院博士研究生，主要研究方向为马克思主义中国化。其中，周琪负责第一部分内容的撰写，祁娟负责第二部分内容的撰写，王艳乔负责第三部分内容的撰写，杨文婧负责第四部分内容的撰写，江玲负责第五部分内容的撰写。

一　中央红色交通线旧址

（一）简介

中央红色交通线旧址（汕头站）位于汕头市金平区海平路 97 号，与海平路 99 号、101 号相连，为三层砖混结构近代骑楼建筑，建筑面积约 500 平方米，原为华富电料公司。

1930 年 9 月，党的六届三中全会后，为打破国民党反动派对中央苏区的军事围剿及经济封锁，1930 年 11 月成立直属中央政治局领导的中央交通局，局下设南方线，主要任务是开辟中共中央与中央苏区的沪港粤闽赣秘密交通线，后来被称为"中央红色交通线"。1931 年初，汕头建立交通线中站，按照交通安全、保密纪律和交通站点"商业化"的原则，选取海平路 97 号华富电料公司作为汕头中站备用点。

1931 年 1 月 31 日，中央政治局常务委员会会议宣布上海—香港—汕头—大埔—永定—中央苏区的秘密交通线建成。第四次反"围剿"之后，该线路成为中央苏区对外联络的生命线。到 1934 年 10 月，设在华富电料公司的汕头中站完成转移中共中央临时政治局、上海党中央、党中央直属机关等中央机构组织人员的转移任务，先后护送了周恩来、刘少奇、邓小平、陈云等 200 多名领导干部进入中央苏区，保证了党中央组织的安全，保证了中央对全国苏区的统一领导；经线上站点购买或转运，如同蚂蚁搬家一样，向中央苏区输送的食盐、布匹、药物以及电信、印刷、军械器材等军需或民用重要物资，计有 300 余吨。[①] 可以说，这条交通线为保障上海党中央与中央苏区的联络畅通、巩固发展中央苏区做出了重大贡献。中央红色交通线旧址见证了共产党领导人民革命的奋斗创业史，是宝贵的红色资源，对研究和展示中国共产党早期隐秘斗争战线历史具有重要价值。

---

① 《【红色热土】红色遗址知多少：从中央红色交通线说起》，广东省博物馆微博，2021 年 11 月 4 日，https://weibo.com/ttarticle/p/show? id=2309404699851941347943。

（二）建馆保护

中央红色交通线汕头中站始建于 1931 年，是土地革命战争时期中共中央交通局在汕头建立的直属绝密交通站。同一时期建立的绝密地下交通线共四条，前三条均被破坏，只有第四条线（上海—香港—汕头—潮安—大埔—闽西—瑞金）以历时最长（1931 年 5 月至 1934 年 10 月红军长征前）、始终保持安全畅通、出色完成任务而成为中共在白区工作的成功范例。汕头水路交通便利，是当时华南的重要商埠港口，也是连接粤东、闽西南、赣东南的交通枢纽、进出港口和商品集散地。考虑到汕头地理位置的重要性，1931 年 1 月，中共中央派陈彭年、顾玉良、罗贵昆等人到汕头以"华富电料行"为掩护建立汕头交通站。①

按照"修旧如旧"原则，最大限度地保留革命遗址的历史原貌和历史价值，做好红色资源的修缮保护。汕头红色交通站是绝密运作，没有留下直接的档案资料，但通过当事人的回忆、领导干部的答询信以及专家学者数十年来的研究，这段历史逐步得到还原和公开，其在中国革命历史关头的重要贡献也得到了认可。2015 年 12 月，旧址被公布为广东省第八批文物保护单位。修缮保护和布展工作从 2017 年启动，其修缮列入当年政府重点督办事项和十大民生实事之一。汕头市文化广电新闻出版局委托广东省文物考古研究所、广州筑源设计公司对旧址进行勘察设计。结合小公园开埠区保育活化工作，启动了位于海平路 97 号的红色交通站旧址的修缮保护工作，建成中共中央至中央苏区秘密交通线汕头交通中站旧址陈列馆。旧址修缮活化项目吸引政府、社会、公众多方参与，本地乡贤也为旧址修缮匿名捐赠资金。众多民间收藏爱好者、市民纷纷自发捐赠历史物件、丰富文物陈列。对华富电

---

① 《【百年风华】中央红色交通线汕头中站旧址陈列馆：藏身繁荣商埠中的秘密交通站》，中央红色交通线旧址（汕头站）官网，https://hsjtz.swatow.org.cn/article/212；《中央红色交通线旧址（汕头站）：让动人的革命故事代代相传》，2022 年 10 月 20 日，《南方日报》网络版，转引自广东省人民政府官网，https://www.gd.gov.cn/gdywdt/zwzt/fjxzc/bgry/content/post_ 4032290.html。

料公司旧址的精心修缮还原了当时华富电料公司店面、站长办公室、交通员开展秘密工作等场景；接待室里面的布置，从家私到摆设细节，都尽可能还原20世纪30年代的样貌。

2019年1月，中央红色交通线汕头中站旧址陈列馆建成并向公众免费开放，陈列布展了中央红色交通线旧址主要历史，以中央交通线历史为主线，系统介绍了汕头交通中站的建立和运作，展现了隐蔽战线儿女为保卫党、保卫革命胜利所做的突出贡献，对研究和展示中国共产党早期隐秘斗争战线历史具有重要价值。同年10月，旧址被国务院列为第八批全国重点文物保护单位。先后获全国国家安全教育基地、广东省国家安全教育基地、广东省党员教育基地、广东省保密教育示范基地、汕头市爱国主义教育基地等荣誉称号；该旧址的活化利用项目被评为全国革命文物保护利用十佳案例、广东省文物古迹活化利用典型案例。

（三）活化利用

中央红色交通线旧址活化为陈列馆后，为让红色资源动起来、活起来，陈列馆通过图文介绍、实物展示、情景再现和光影展播等多种形式，全方位、多角度地展现了汕头中站旧址的建立和运作，以及革命时期的历史事件和人物故事，充分再现历史"原味"。优化升级陈列馆的数字平台，丰富展览内容和线上展示形式，让陈列馆的红色资源宣传面更广、活化效果更明显。

让精品展览下沉到社区基层，通过巡展让其他城市的观众有机会走近文物，也使更多青少年从中感受革命先辈的峥嵘岁月。2022年9月，由广州农讲所纪念馆、广东省流动博物馆主办，大埔县博物馆、中央红色交通线旧址（汕头站）协办的"隐秘而伟大——中央红色交通线历史展"在广州展出。旧址多件文物也将随之开启全省巡展，引发广泛关注。

不断充实展览内容，积极发挥红色阵地优势，举办系列专题读书分享会、红色歌册吟唱会等活动，同时还主动送展入社区，让群众在家门口就可以了解到汕头的红色革命故事。成立了一支20多人的"小小讲解员"志愿讲解队，教育引导广大青少年当好红色基因的传承者、实践者，为弘扬革命文化注入新鲜力量。推动与各单位建立红色文化教育基地，促进陈列馆发展。

围绕中央红色交通线旧址（汕头站）的故事题材展开创作，通过话剧、诗朗诵、情景剧等更多基层群众喜闻乐见的文艺形式，弘扬革命文化。以歌册、潮剧、小说等各种形式讲述和传播中央红色交通线旧址（汕头站）的故事。2015 年，纪实小说《秘密交通站》首次将这段历史写进文学作品，5 年后改编自该小说的同名潮剧登上了广东省艺术节的舞台，并获得多项大奖。以创新、参与、互动等形式为切入口，利用抖音、快手、B 站等平台，实施红色主播培育计划、红色微视频传播计划，以群众喜闻乐见的方式传播红色文化。

打造主题游径。2020 年 5 月，广东省第一批历史文化游径出炉。中共中央至中央苏区秘密交通线汕头交通中站旧址陈列馆入选汕头老城开埠历史文化游径，推动了汕头革命文物旧址保育活化氛围的营造和红色文化品牌的打造。

二 湘江战役旧址与红色旅游融合发展的创新探索

（一）简介

湘江战役是中央红军长征途中最悲壮的一战，关乎中央红军的生死存亡。战后，桂北地区遍布红军战士的遗骸，当地百姓冒着危险将他们掩埋，经过几十年雨水冲刷，全州两河镇、枧塘镇等地相继发现待确认的红军遗骸。全州县委、县政府高度重视，当地群众积极配合，对发现的遗骸进行了就地掩埋、登记、标识，并在全县开展红军烈士遗骸的寻找、收殓、保护工作。2018 年 11 月，习近平总书记对做好湘江战役红军遗骸收殓保护工作做出重要批示，要求做好红军遗骸收殓工作和本着简朴节约、不大兴土木的原则，建设好纪念设施，作为新中国成立 70 周年的献礼。红军长征湘江战役纪念园项目于 2019 年 9 月竣工。2019 年 12 月，中共中央宣传部将红军长征湘江战役纪念园扩充命名为"红军长征湘江战役纪念设施"，并纳入全国爱国主义教育示范基地。

红军长征湘江战役纪念设施位于桂林市全州县才湾镇境内，是湘江战役三大阻击战之一的脚山铺阻击战旧址所在地，纪念设施包括纪念林区和纪念馆区两大部分。其中，纪念馆主体建筑占地面积2220平方米，总建筑面积7479平方米，纪念馆展陈面积4545平方米。纪念馆分三层，展陈内容分七个部分，通过大量珍贵的图片和实物，全景式展现了红军在中国共产党领导下艰苦卓绝的光辉历程，生动表现了伟大的长征精神。其中"血战湘江突重围"，采用现代声光电技术、3D数码技术、场景复原，结合历史图片、文物实物、艺术品、工艺品等，动静结合，以湘江战役为主线，再现湘江战役的历程，突出湘江战役的悲壮。

2021年4月25日，习近平总书记来到湘江战役纪念设施，结合开展中央党史学习教育活动，缅怀革命先烈，赓续共产党人精神血脉，对湘江战役文化保护传承工作及湘江战役纪念设施建设给予高度肯定。

（二）创新红军遗骸收殓保护工作机制

健全市、县、乡、村四级联动机制。桂林市委、市政府和桂北六县（全州、兴安、灌阳、资源、龙胜、灵川）党委、政府成立湘江战役红军遗骸收殓保护工作领导小组，组建综合协调、收殓保护、规划建设、宣传教育和桂北六县五个工作组，建立联席会议制度，编制桂北长征文化资源保护与开发利用工作方案、湘江战役红军烈士遗骸收敛保护总体工作方案和专项工作方案，组织50个乡镇2300余名干部群众和志愿者队伍，全面铺开文物史料征集、建设项目管理、遗骸收敛保护等相关工作，形成市、县、乡、村四级联动挖掘保护湘江战役红色文化资源大格局。2019年5月31日，全面完成湘江战役红军烈士遗骸挖掘收殓任务，共完成214处421个点的红军遗骸挖掘工作，收殓相对完整红军遗骸82具、零散遗骸（遗骨）7465块。[1] 8月28日，在桂北五县（含灵川县）遗骸集中安放点同时举行湘江战役红军

---

[1] 《桂北湘江战役红色文化资源挖掘保护与创新发展》，"广西改革"微信公众号，2022年4月22日，https：//mp.weixin.qq.com/s/X1CqVOscFQfXrsypi2fBrA。

烈士遗骸安葬仪式；9 月 12 日，在位于全州县的红军长征湘江战役纪念设施举行国家级规格的湘江战役红军烈士遗骸集中安葬仪式。至此，挖掘收殓的遗骸安葬在 14 个遗址遗存散葬点、26 处红军墓，全部得到妥善安葬保护和永久纪念。

健全湘江战役纪念设施体系。统筹规划建设湘江战役纪念设施，建成红军长征湘江战役纪念设施、红军长征突破湘江纪念馆、新圩阻击战史实陈列馆等中央规划项目 68 个，形成完备的湘江战役纪念设施体系，为弘扬桂北长征红色文化提供支撑平台。

健全红军遗属帮扶工作机制。全面调查摸清桂北六县红军遗属，建立常态化帮扶机制，制定《湘江战役红军遗属帮扶实施方案》，对 214 名湘江战役红军烈士遗属精准帮扶，全面落实红军遗属优抚政策和帮扶措施，让党和国家的关怀温暖到每一位红军遗属，得到中央党史学习教育第七巡回指导组高度肯定。

（三）创新湘江战役文化资源保护机制

统筹规划建设长征国家文化公园（广西段）。利用桂林是中央红军长征过广西唯一途经地的基础条件，挖掘桂北六县湘江战役红色资源，争取纳入国家文化公园试点，编制《长征国家文化公园（广西段）建设保护规划》，长征国家文化公园（广西段）建设 9 个项目成功列入国家发改委"十四五"期间文化保护传承利用工程项目储备库，建党百年"七一"献礼项目——长征国家文化公园广西段红军长征文化遗产廊道（一期）和兴安县湘江战役中央纵队界首渡江遗址公园（"一廊一园"）如期建成，成为广西长征红色文化资源传承保护的标志性成果。

创新湘江战役文化保护传承模式。在全国率先设立红军长征湘江战役文化保护传承工作机构——桂林红军长征湘江战役文化保护传承中心（正处级事业单位，落实人员编制 25 名），负责全面推动湘江战役红色文化保护传承和开发利用，全面提升红军长征湘江战役红色文化资源保护传承水平。"桂林以纪念馆建设为载体传承红色基因——湘江战役旧址保护利用实践探索"荣获 2020 年度全国革命文物保护利用十佳案例。

创新湘江战役遗址保护法规制度。全面开展桂林市湘江战役遗址保护立法相关工作，制定形成《桂林市红军长征湘江战役遗址遗存保护条例》，填补了桂林红色资源保护领域的立法空白，湘江战役遗址保护工作步入法治轨道。

（四）创新长征红色文化弘扬传承机制

创新全国红色文化教育基地。利用湘江战役纪念设施，推动红色教育的思路理念、渠道载体和方法手段守正创新。红军长征湘江战役纪念设施被中宣部命名为全国爱国主义教育示范基地，开发干部教育现场教学湘江战役党性教育精品课程 5 门；兴安县红军长征湘江战役烈士纪念碑园 2020 年被评为全国中小学生研学实践教育基地；全州县红军长征湘江战役纪念设施 2020 年被评为广西中小学生研学实践教育基地，2021 年被广西壮族自治区唯一推荐为全国中小学生研学实践教育基地。

创新湘江战役红色文化精品。创建"湘江战役"文化品牌，创作红色文学类作品 17 部（首）、展览演出类作品 7 种、音乐类作品 23 首。其中，纪实文学《湘江，为你守候》被列为 2021 年中宣部主题出版重点出版物和广西庆祝中国共产党成立 100 周年主题出版项目，长篇小说《失散》、报告文学《征服老山界》、儿童文学《红细伢》均入选广西当代艺术创作工程三年规划扶持项目、广西壮族自治区党委宣传部宣传纪念长征湘江战役 85 周年主题出版项目和新中国成立 70 周年好书展。《失散》获第十届广西壮族自治区文艺创作铜鼓奖、《党员干部湘江战役学习读本》公开出版发行、原创歌剧《血色湘江》作为广西优秀舞台艺术剧目晋京展演、纪念湘江战役 85 周年的原创歌曲《为你》在庆祝新中国成立 70 周年原创歌曲征集评选中荣获金奖。桂林市演讲作品"一颗子弹 四代信仰"由自治区选送参加中宣部组织的"我与祖国共成长"演讲大赛，荣获全国赛银奖，获奖作品视频被学习强国推荐于首页。

创新红色资源区域合作机制。红军长征纵横十余省，长驱二万五千里。

建立区域间合作机制可以更好地促进红色资源共享开发，加强区域联动，传播湘江战役历史文化。2021 年，桂林与江西赣州、贵州遵义、陕西延安、浙江丽水、四川阿坝、福建龙岩六市（州）联合举办第四届"红军长征论坛"，与赣州、遵义、延安、龙岩四市联合发起成立"干部党性教育培训联盟"，开发党史教育、党性教育课程 80 多门，8 类现场教育基地 30 个，在 500 多个班次和近 4 万名学员中使用。

（五）创新红色文化与旅游融合发展机制

创建国家红色旅游 AAAAA 级景区。挖掘保护桂北湘江战役红色文化资源，统筹整合兴安、全州、灌阳等县湘江战役纪念设施，推动以长征国家文化公园（广西段）为核心的湘江战役红色文化旅游景区创建国家 AAAAA 级景区。

创新红色旅游产品体系。推动红色文化、红色教育、红色旅游融合发展，策划推出 9 条红色旅游研学精品线路，其中"血战湘江·突破包围"精品线路入选全国"建党百年红色旅游百条旅游精品线路"。2021 年共接待红色旅游参观人员 6 万余批次、650 万人次。

创建红色旅游城市联盟。加强了长征沿线红色旅游城市联盟合作，成功举办长征沿线红色旅游城市联盟第三届年会，长征沿线 14 个省和 42 个县（市、区）红色城市参加，促进红色研学、红色旅游和红色文创产业高质量发展。

三 八路军总司令部王家峪村旧址

（一）简介

八路军总司令部旧址位于山西省武乡县的砖壁村和王家峪村，抗日战争时期曾是八路军总司令部所在地。朱德、彭德怀、左权、邓小平等老一辈革命家曾在这里长期生活、战斗，指挥华北各抗日根据地的游击战争和政治斗争。1961

年，被国务院公布为第一批全国重点文物保护单位。1964 年正式对外开放。如今，这里已成为爱国主义教育、国防教育和传统教育基地。砖壁村总部旧址由村东玉皇庙、佛爷庙、娘娘庙和李家祠堂等建筑组成，建筑群内有朱德、彭德怀、左权住室和总部参谋处、秘书处、会议室和中共北方局九月高干会议旧址等。八路军总司令部王家峪村旧址由 4 个院落构成，纪念馆展厅分为创建敌后根据地、军民团结筑长城、统一战线赢人心、文化凝聚民族魂、艰苦奋斗渡难关、无私奉献树丰碑六部分。当年的王家峪，是华北各抗日根据地的"心脏"，是敌后政治、军事、经济、文化的中心，被称作漳河畔的"小延安"。① 2021 年 11月，八路军总司令部旧址入选山西省第一批省级红色文化遗址名录。

（二）加强革命旧址保护

武乡县结合全县革命文物现状，从 2015 年开始，县财政每年纳入预算并划拨 100 万元文物保护专项资金，用于文物修缮保护。全县 70 处文保单位划定了保护范围和建设控制地带。创新保护思路，提出"一线两区"的发展思路，以王家峪为中心的武东革命旧址保护利用核心区是其中重要一环，为此，编制了《武乡县红色革命文物保护利用规划》，明确打造以王家峪为中心的革命旧址核心展示区，按照革命文物重要性分类排队，历史意义重大的先修、濒临危险的先修、列入各级保护的先修，并在此基础上确定了 48 处重点保护文物。

构建管护网络。为了切实加强保护，成立了以县委书记任组长的革命文物保护工作领导组，建立了文物保护联席会议制度。县里每年与乡镇政府签订文物保护工作目标责任书，文保单位档案资料翔实，每处保护单位均落实了 1 名看护员，形成了县、乡、村三级文物管护网络。

（三）发展红色旅游

立足于红色文化资源的创造性转化、创新性发展，为让革命文物更好地

---

① 《八路军总部旧址山西王家峪：红色旅游带来产业兴旺》，新浪网，2019 年 6 月 19 日，https：//k. sina. com. cn/article_ 1686546714_ 6486a91a02000pd3n. html。

融入现代生活，利用数字展厅系统展示，精心制作"学党史、守初心、传承红色基因"实地研学课程、编排红色歌曲等，开发设计了"红星杨"等红色"微党课"。结合党史学习教育，及时更新党史学习教育讲解词，定期为讲解员开展培训教育，并根据受众的不同，使用不同的讲解方式，把党史、党性教育结合起来，精准对接受众，充分做到"因人施讲"，确保党史宣传教育的实效。开展各类主题教育活动，在广播、电视及微信平台及时进行宣传报道，用小故事讲述大道理、用小角度阐释大观点、用小疑惑回答大问题，让受众喜闻乐见，让红色情怀激发爱国情怀，使太行精神永放光芒。

将红色旅游融入大规划。近年来，山西打造"长城""黄河""太行"三大旅游板块，王家峪地处"太行"之中，板山风光绝冠"太行"，适时提出了"红""古""绿"结合的旅游口号，形成系列旅游产品。结合山西"文明守望工程"思路，撬动社会资金 8000 万元，完成了八路军总部砖壁旧址、八路军总部王家峪旧址等红色旅游景区的改扩建、配套建设和周边环境整治工作，为全县红色旅游的发展奠定了基础。

推进革命文物+美丽乡村建设。从 2019 年开始，武乡县启动了王家峪"1+4"片区建设，即以八路军总部王家峪旧址为核心，整合周边下合村、上北漳村、下北漳村、石圪垤村 4 个村落的革命文物资源，建成主题鲜明、体系完整的革命文物保护利用核心片区。王家峪村 110 多户村民生活污水处理实现全覆盖，从根本上解决了村民生活用水问题和村内环境污染问题；建设了八路军大食堂、老式榨油坊、游客集散中心、主题客栈、生态文化园、军旅生活园以及宾馆等，对"红星杨"广场、王家峪入口景观路及两侧风貌进行提升改造。依托红色旅游产业发展，村里开办了 11 家农家乐，建设了八路军总部王家峪旧址工艺品展销中心，手工制作的粗布千层鞋底儿老布鞋、棉布老虎、八路军娃娃、"红星杨"挂坠以及各色小杂粮，琳琅满目，成了特色农产品和手工艺品展销、红色文化宣传与交流的重要窗口。

红色旅游融入现代元素。为进一步提升游客体验度，纪念馆在公众号上开设了数字展示区，点击进入之后，通过数字虚拟展厅系统和切换 VR 展示，跟随讲解员的讲解和展示的一幅幅现场图片，观看者有一种身临其境的感觉，对纪念馆有了更直观的了解。变传统的版面式、游览式展示为融入式、体验式展示，让更多红色元素可触摸、能感知。制作《太行山》实景剧，建设"CS"体验基地，通过机械、声光电等模拟的"游击战"，让游客深度体验"小米加步枪"的真实场景。

红色旅游的开展，鼓起了老百姓的钱袋子，增加了村集体经济收入。2018年，王家峪和砖壁旧址接待游客 45 万人，为周边产业带来巨大客流。其中，每年接待游客近 20 万人次，村集体经济收入达 20 余万元。2021 年，武乡县"旅游+乡村振兴+乡村农家乐+土特产销售"的旅游新业态共带动 2105 户 6489 人就业增收；"小米加步枪、好米在武乡"的名气越来越大，近年来，谷子年种植规模稳定在 10 万亩，年产量达 4000 多万斤，带动 3 万多农户增收。

四 "红色三岩"革命文物保护利用项目

（一）简介

"红色三岩"，是指以红岩嘴（1945 年改为"红岩村"，中共中央南方局暨八路军驻重庆办事处旧址）、曾家岩（曾家岩 50 号周公馆、桂园、特园）、虎头岩（《新华日报》总馆旧址）为主的革命遗址群，三处地名都有一个"岩"字，因此得名。[①] "红色三岩"是红岩革命文物的重要组成，共有 28 处革命遗址群，见证了毛泽东、周恩来、董必武等老一辈无产阶级革命家在渝为抗日战争和反法西斯战争胜利以及新中国成立进行艰苦卓绝斗争的光辉历史。

2019 年以来，重庆市委、市政府实施"红色三岩"连点成片集中保护

---

① 《"红色三岩"入选全国革命文物保护利用十佳案例》，重庆市人民政府网站，2022 年 3 月 26 日，https：//www.cq.gov.cn/ywdt/jrcq/202203/t20220326_ 10553560.html；重庆红岩联线文化发展管理中心（重庆红岩革命历史博物馆）：《第三届（2021）全国革命文物保护利用十佳案例——"红色三岩"革命文物保护利用项目》，国家文物局官网，2022 年 4 月 13 日，http：//www.ncha.gov.cn/art/2022/4/13/art_ 722_ 173767.html。

利用项目，打响"红色三岩"特色品牌，建设红岩文化公园，传承弘扬红岩精神，努力探索新时代革命文物保护利用创新之路。

（二）用心保护"红色三岩"——让革命文物"好"起来

重庆统筹推进红岩村、曾家岩、虎头岩"红色三岩"保护提升工作，完成中共中央南方局暨八路军驻重庆办事处旧址等 31 处红岩革命文物保护展示工作并对外开放。坚持科学保护，划定革命文物保护利用"红线"，按照不同层级，科学编制国家重点文物保护规划 4 个，省级文物保护规划 1 个。2 处国家重点文物保护单位被纳入"十三五"国家文化和自然遗产保护利用设施建设规划。编制《藏品搜集规划》和《珍贵文物修复规划》。修订颁布重庆市人民政府《重庆市红岩革命旧址保护区管理办法》（渝府令〔2021〕341 号），完善内部管理制度及应急预案 20 项，推动了文物保护的规范化管理。

"原结构+原材料+原工艺"，最大限度保存历史真实风貌。针对南方特殊气候条件和易破损的文物建筑结构，开展"城市化城镇化进程中的重庆近现代砖木文物建筑营造技术与保护"等 27 个专题研究。运用 3D 建模技术，按照受损严重程度，分轻重缓急，突出重点，修缮文物遗址 31 处，推动革命旧址连片保护，确保革命文物的历史真实性、风貌完整性。着力改善文物周边环境，实施环境整治项目和基础设施项目约 260 个，建成红梅、荷花等 5 个主题花园，逐步完善公共厕所、游步道、集散场所等服务设施。

强化属地管理，人防、技防、物防三结合，加大文物联合巡查力度。探索文物数字化保护，实施文物数字化保护工程 4 期。用数字为馆藏文物建档，对平面类文物进行高精度扫描，对实物类文物实行 360 度环拍，建立藏品信息管理系统和文物保护专项档案库。用数字为文物本体"复原"，运用无人机航拍、三维激光扫描、高清纹理拍摄等技术，实现文物遗址全景漫游。将革命文物保护纳入"互联网+中华文明"行动计划，打造"中国红村网云平台"，建设中国红色资源公共数据库。

（三）用情研究阐释"红色三岩"——让革命文物"活"起来

深入开展中共中央南方局历史、大后方抗战统战史、川东地下党革命斗争史、渣滓洞和白公馆狱中斗争史等历史研究。实施"八路军重庆办事处研究"等省部级以上课题研究 14 个；出版《馆藏文物目录大全》《民众抗日救亡》《红岩精神与群众路线教育故事读本》《最后的 58 天》等图书 23 部；主办、参加国内外学术交流会 12 次，深入开展文物背后的历史研究，挖掘革命文物的时代价值。

加强基础性研究，深入挖掘革命文物背后的故事，出版《精品文物集萃》等图书 6 部。将文物遗址搬上荧幕和舞台，策划拍摄制作电视剧《重庆谈判》、电影《最后的 58 天》，排演京剧《张露萍》、话剧《幸存者》，打造《红岩魂》实景剧，制作革命遗址纪录片《渣滓洞》和革命人物故事片《郭德贤》等，以多种形式推进革命文物研究成果创造性转化，让"红色三岩"展现永久魅力。

创新展示手段，注重线上线下展示相结合，改陈"千秋红岩"基本陈列，全面提升红岩革命遗址复原陈列及辅助陈列 6 个；推出"中国共产党重庆 100 年光辉历程展"等专题展 53 个；发挥红岩革命文物的带动力，联动推出"重庆革命遗址掠影展"；联合全国 24 家革命纪念馆，共同推出"不忘初心，牢记使命——中国革命精神联展（1921—1949）"；制作出国（境）对外交流展览 3 个；制作数字展览 47 个，建设网上数字展馆；自主研发 7 种语言的语音导览系统，利用双曲面裸眼 3D 技术和全息投影技术，打造"红岩记忆"数字体验厅，让革命文物真正"活"起来、"动"起来。

依托红岩革命文物中蕴含的宝贵历史文化教育资源，红岩故事宣讲团开展全国巡展演讲，近年来宣讲团累计宣讲 180000 场次，被评为 2021 年感动重庆十大人物特别奖。在讲好红岩故事方面，每年开展"六进"、巡讲巡展等特色宣教活动 100 余场，其中，扎实开展"让烈士回家""让小萝卜头进校园"活动，赴上海、四川、江苏、陕西等地开展"让烈士回家"系列活动 20 余站，"让小萝卜头进校园"活动获评全国"红色旅游进校园"优秀案例；创新开展"寻找红岩发声人"活动 10 余期，打造红岩故事厅，让红色基因代代相传，让红岩精神永放光芒。

（四）用力开发"红色三岩"——把革命文物"用"起来

打造"红色三岩"研学线路，自主研发专题课程。在推动"文物+教育"融合发展方面，努力打造全国知名红岩特色教育基地，建成红岩党性教育基地（红岩干部学院），打造党员干部党性教育和政德培育的生动课堂。基地入选中组部干部培训机构备案目录和中央国家机关党校党性教育基地名录，与全国组织干部学院、全国宣传干部学院、复旦大学、中山大学等 10 家单位和高校建立基地共建联盟。在网络上展播"红岩故事 100 讲"微视频，举办"寻找红岩发声人"系列活动，开展"红岩革命故事展演"活动。2015 年 9 月开班以来，专题培训来自全国各地的党员干部 7.72 万人次。

在推动"文物+旅游"融合发展方面，努力建设全国一流红色旅游目的地。以旅游彰显文物价值，2019 年接待观众 1150 万人次，观众数量居全国博物馆第二位。依托红岩研学旅游示范基地，牵头组建重庆研学旅游协会，探索建立重庆革命文物保护利用暨红色旅游发展联盟；有效利用开放的文物遗址区，研发"行走红岩"等六大特色课程，打造中小学生研学旅游实践基地，专题培训学生近 2 万人次。

在推动"文物+产业"融合发展方面，努力建设全国文创产品开发基地，大力发展文化旅游、文化演艺、展览展示、影视制作、教育培训、文化产品生产销售等六大产业。开发 AR 系列 T 恤和明信片，研发荷花系列、红梅系列等文创产品 100 余种；开展版权保护工作，智慧笔记本等产品获国家专利。在遗址区设置文创销售点 12 个，建成文创实体店和微店，参加国内外博览会、文博会 34 个。打造全国中小学生研学旅游实践基地，专题培训学生近 2 万人次，经验、做法获教育部肯定，并在全国性培训会上交流。2019~2021 年的三年间，"红色三岩"革命遗址群接待观众 2300 万人次。

五 "大别有礼"系列文创产品开发展示传播项目

（一）简介

大别山革命老区又称鄂豫皖革命根据地，是土地革命战争时期中国共产党创建的规模较大的革命根据地之一。以大别山区为中心，首府在地处大别山腹地的河南信阳新县，横跨鄂豫皖三省边界地区，东接江淮平原，西扼平汉铁路，南靠长江，北邻淮河，与湘鄂西、湘鄂赣革命根据地互为犄角，同中央革命根据地南北呼应，战略地位十分重要。从 1921 年中国共产党诞生到 1949 年新中国成立，大别山军民在党的领导下，革命斗争不断，革命火种不灭，创造了"二十八年红旗不倒"的奇迹，为中国革命做出了重要的历史贡献。

鄂豫皖革命纪念馆是信阳市委、市政府为缅怀先烈丰功伟绩、弘扬大别山革命精神而主持兴建的。该馆位于河南省信阳市北京路与 107 国道交会处，占地 30000 平方米，陈展面积 8300 平方米，于 2007 年 4 月 28 日建成开馆。纪念馆基本陈列按时代顺序，以数千幅图片和实物对应的方式，全面展示了大别山"二十八年红旗不倒"的光辉历史，着重介绍了从大革命时期到解放战争时期各个历史阶段发生在鄂豫皖大地上的重大历史事件。

鄂豫皖革命纪念馆是国家二级博物馆，目前，已获得全国爱国主义教育示范基地、国家国防教育示范基地、全国关心下一代党史国史教育基地、国家 AAA 级旅游景区、全国三八红旗集体、河南省廉政教育基地、河南省中共党史教育基地、河南省青少年思想教育基地、河南省文明单位等 20 多项荣誉称号。

（二）持续研发新品

2022 年以来，鄂豫皖革命纪念馆紧扣"美好生活看信阳"城市品牌，深入发掘馆藏文化资源，在红色文化赋能文创开发上持续发力，努力提高文化文物单位服务社会能力，不断为纪念馆发展注入活力。

成立文创发展专班，持续研发新品。广泛收集资料和论证研究，通过对大别山二十八年革命历史的深入挖掘，将纪念馆红色资源与市场需要相结合，与信阳茶、信阳特产、信阳故事充分结合，实施推出一批精品、打造一个品牌、形成一个体系的"三步走"战略，着力打造"大别有礼"文创品牌，推出"列宁号"、"豫见大别"、"二十八年红旗不倒"、大别山专题展览四个系列30多种产品。2023年，推出新品大别山茶饮——桂花毛尖茶、"向阳而生"红色植物罐头、纪念馆盖章护照及特色入场券等系列产品。桂花是信阳红色文化的重要载体，毛尖是信阳绿色发展的典型象征，通过大胆创新、红绿相融，着力塑造"美好生活看信阳"城市品牌，合二为一的新型毛尖茶就此诞生，向国内外的宾客展示信阳的光辉历史和新时代的活力气息。

（三）打造红色文创品牌

积极参展、参赛，推动文创产品出彩。用红色文创讲好红色故事，"大别有礼"文创产品推出以来，先后在第十九届深圳博览会和第九届、第十届（中原）文化产业博览会上亮相，在"以茶之名 香满苏州"信阳城市推介会上吸粉无数，"列宁号"、国潮风、极简风三个系列产品集中展示，不仅彰显大别山革命老区厚重的红色文化底蕴，也彰显新时代革命老区红色文化传承人的无限创意。潮玩手办，毛绒玩偶，以鄂豫皖革命纪念馆风景为主题设计的环保帆布袋、皮纹浮雕手机壳、文艺纸雕灯，大别山精神T恤，智慧文物有声笔记本等30多种文创产品，深受现场观众欢迎。在"5·18"国际博物馆日河南省主会场活动上，"大别有礼"系列文创产品受到各级领导好评。在信阳市第二届文化创意设计大赛中，"大别有礼"品牌文创产品获得实物作品类一等奖，"红色IP形象小宁"获得标识设计类一等奖；在2023年1月举行的第二届全国文化创意产品推介活动中，鄂豫皖革命纪念馆凭借"大别有礼"文创产品入选全国文博百强文创产品单位。"大别有礼"文创品牌逐渐成为拿得出、叫得响的知名品牌。

革命文物与乡村振兴案例

黄小红　贺静　王绍龙　黄斐　陈莉莉*

摘　要：　革命文物保护利用与乡村振兴关系密切、相互促进。各地在推进乡村振兴工作中，加大革命文物保护利用力度，坚持在保护中利用、在利用中保护，在协同推进上凝心聚力，在系统研究上严实着力，在保护展示上精准发力，在融合发展上持续用力，努力将革命文物保护利用与传承弘扬革命文化融入乡村振兴，积极拓宽渠道、加大投入，加强公共基础设施的建设，将红色元素嵌入村庄建设，促进"红色韵"与"乡村味"融合发展，让革命文物与山水风光、田园风情、周边环境相得益彰，让革命文物资源在深化革命文化传播、赋能乡村振兴上发挥优势、释放潜力。

关键词：　瑞金革命文物　古田会议旧址群　新四军苏浙军区旧址　"半条被子"故事　红嫂故事

　　革命文物不仅是历史的见证，更是红色文化的载体，对于乡村振兴具有重要的意义和实践价值。通过保护和利用革命文物，可以有效推动乡村文化

---

* 黄小红，中南大学公共管理学院博士研究生，主要研究方向为区域发展管理；贺静，博物馆馆员，井冈山革命博物馆文物保护科副科长，主要研究方向为革命文物保护利用；王绍龙，江西师范大学商学院硕士研究生，主要研究方向为红色资源开发利用、工商管理；黄斐，博物馆馆员，井冈山革命博物馆展厅服务中心讲解员，主要研究方向为革命文物研究与阐释；陈莉莉，硕士，江西师范大学科学技术学院讲师，主要研究方向为区域发展、红色资源开发利用。其中，黄小红负责第一部分内容的撰写，贺静负责第二部分内容的撰写，王绍龙负责第三部分内容的撰写，黄斐负责第四部分内容的撰写，陈莉莉负责第五部分内容的撰写。

振兴、产业振兴、人才振兴等多个方面的综合发展。中国特色社会主义进入新时代以来，各地坚持在保护中利用、在利用中保护，找准革命文物保护利用"小切口"，将革命文物保护利用与传承弘扬革命文化融入乡村振兴，促进"红色韵"与"乡村味"融合发展，以红色底色绘就一幅乡村振兴的新时代画卷。

一　瑞金革命文物保护利用探索实践

（一）简介

瑞金是著名的红色故都、共和国摇篮，现有革命旧址 127 处，主要包括叶坪革命旧址群、沙洲坝革命旧址群、云石山革命旧址群、中央革命军事委员会旧址等，其中国家重点文物保护单位 4 处 37 个点，是江西省国家重点文物保护单位最多的县（市），有可移动革命文物 1.1 万余件（套），占江西省总量的 1/4，另有红色标语 160 多条。[①]

瑞金中央革命根据地纪念馆又名中央革命根据地历史博物馆，原名瑞金革命纪念馆，位于江西省瑞金市象湖镇，是一所为纪念土地革命战争时期中国共产党及其领袖毛泽东、朱德等直接领导创建中央革命根据地和中华苏维埃共和国而建立的纪念性博物馆。1953 年，组建瑞金革命纪念馆筹备处；1958 年，瑞金革命纪念馆开馆；1995 年，经批准改为瑞金中央革命根据地纪念馆；2007 年，瑞金中央革命根据地纪念馆新馆竣工。馆藏文物 1 万多件（套），其中一级文物 148 件（套）、二级文物 365 件（套）、三级文物 621 件（套），管辖瑞金革命旧居旧址 126 处，其中全国重点文物保护单位 36 处、省级文物保护单位 22 处、县（市）级文物保护单位 25 处，是全国爱国主义教育示范基地、国家一级博物馆、全国中小学生研学

---

① 《十佳案例｜瑞金革命文物保护利用探索实践》，三亚市博物馆官网，2024 年 1 月 9 日，http：//www.sanyamuseum.com/a/chenliexuanjiao/2024/0109/5135.html。

实践教育基地、全国关心下一代党史国史教育基地、全国红色旅游经典景区、江西高校红色育人实践基地等。2015 年 7 月，"共和国摇篮旅游区"被评为国家 AAAAA 级景区，2018 年被国家文物局评为"全国文物系统先进集体"。

瑞金中央革命根据地纪念馆以创建江西省首批革命文物保护利用示范县为契机，坚持深入贯彻落实习近平总书记关于革命文物工作系列重要论述和重要指示批示精神，积极推进革命文物保护利用工作，在保护管理、传承传播、融合发展等方面探索了一批务实管用的新机制、新举措、新办法，逐步形成革命文物保护利用的"瑞金模式"。

（二）探索保护利用"瑞金经验"

实施全域化保护，推进"多规合一"。深入贯彻《江西省革命文物保护利用工程（2018—2022 年）实施方案》《关于推进红色文化资源保护与开发利用工作的意见》《关于进一步加强革命旧址和纪念设施管理工作的通知》等文件，以及《赣州市革命遗址保护条例》《瑞金市红色遗址保护利用规划》等地方性规定，坚持"多规合一"，将革命文物保护规划与国民经济和社会发展规划、城乡规划、土地利用规划、生态环境保护规划等多个规划深度融合，着力解决现有各类规划自成体系、内容冲突、缺乏衔接等问题，推进实现"一本规划、一张蓝图、一体实施"，凝聚了全市"一盘棋""全域化"的革命文物保护合力。

实施法治化保护，推进"多方联动"。出台《瑞金革命文物保护管理规定》《关于加强革命文物保护意见》等法规性文件，在城乡建设中探索建立革命文物保护前置制度，项目上马必须先行征询文物部门意见，推动文物稽查执法与城乡综合执法队伍联合、信息联通、工作联动、文物联护。

构建革命文物分类管护新体系。在国有革命旧址管护上，出台《瑞金市文化旅游发展管理体制机制改革实施方案》，统筹革命文物保护利用，实行公益性和经营性事项统分式双线管理运营，委托瑞金中央革命根据地纪念馆对瑞金市文旅集团公司进行管理，纪念馆负责统筹协调并具体承担革命旧址本体保护利用职责，市文旅集团公司全权负责经营性事项，有效解决革命文物保护与商业开发矛盾对立等问题。在非国有革命旧址管护上，出台《瑞金市革命文物守护人制度实施方案》，设置市、乡、村三级革命文物守护人和保护管理责任人61人、边远革命旧址保护管理责任人86人，实现每处革命旧址有人管护，有效解决非国有旧址管护难度大、主体责任不实等问题。

实施社会化保护，推进"多力共建"。高质量推进红色遗址"苏区振兴项目"和"长征国家公园项目"，打造了红色遗址整体性、全域化保护的全国示范样板。探索社会化保护新路，建立社会力量参与保护利用机制，切实提高保护利用的可持续性，倡导开展"追根溯源"活动，已有54个中央机关和国家部门在瑞金找到"前身"，争取54个中央机关和国家部门前来共建基地，修复了与之相对应的革命旧址，举办了旧址原状陈列和辅助陈列，建立了革命传统和爱国主义教育基地。倡导开展"认护文物"活动，已有1.5万名中小学生、100多所全国高校、1.2万名市民、67个单位登记"认护"革命旧址文物。倡导开展"旧址代管"活动，采取适当补贴等方式，鼓励社会群众或社会团体，对非国有革命旧址进行日常保洁、巡查和监管，已发展30多位旧址代管员，代管边远非国有革命旧址60多处。

实施系统化保护，开创革命旧址巡查监测新局面。建立革命旧址保护现代化安防监控系统，对36处国保、22处省保等革命旧居旧址，实现一张网、全天候、零盲区监控。建立馆藏文物保护数字化系统，依托第三次全国文物普查和第一次全国可移动文物普查成果，完善了革命文物资源目录和专题数据库，编制了可移动文物预防性保护方案，形成了文物保护管理、协调、监测、分析、处理、预案等一系列风险预控机制。建立了革命文物保护利用项目库，坚持程序化立项、标准化实施、档案化管理，确保高质量完成革命文物"苏区振兴项目"和"长征国家公园项目"。加快建设中华苏维埃共和国红色基因库，进一步摸清红色家底、保护红色根脉、赓续红色基因。投入专项资金实施安防、消防等基础设施建设，实现国家重点文物保护单位和纪念馆区域智慧安防系统全覆盖、省保单位消防设施全覆盖；聘请专业公司进行白蚁防治、安全保卫，实现二十多年文物安全零事故。

（三）用心用情讲好"瑞金故事"

提升陈展水平，让红色故事"动"起来。整合资金推进实施瑞金中央革命根据地纪念馆基本陈列改陈、中华苏维埃共和国法制建设纪念馆、中央红军长征决策和出发地陈列馆等项目建设，举办15个原创展览，引进23个临时展览，灵活应用现代科技、数字化等展示手段，革命文物的互动性和体验感明显增强。"人民共和国从这里走来——中华苏维埃共和国史"基本陈列获第十九届（2021年度）全国博物馆十大陈列展览精品特别奖。

让文物说话，打造展陈新平台。坚持历史真实性、风貌完整性和文化延续性。突出"原"字活陈列。在全省率先推出实施旧址原状陈列活化提升工程，根据每一个革命旧址机构职能等特点，征集丰富苏区生活物品，并通过引入仿真人、电子油灯等大力还原苏区工作场景和生活场景，切实增强了红色历史的真实感和融入感。突出"新"字活展览。融入声、光、电、媒等现代技术，完善40多个部门旧址的陈列展览，推出"刘少奇在中央苏区""陈云在中央苏区""中共中央宣传部在瑞金"等20多个辅助陈展，切实提升了旧址展览的吸引力和感染力。突出"特"字活景观。以"星星之火，可以燎原"为主题，建设了"一苏大"展览馆、"提灯晚会"雕塑群、红军码头等红色新景观；以"勤政爱民中华苏维埃中央政府"为主题，建设了群众路线文化广场和老一辈无产阶级革命家关心群众生活小故事的雕塑群，切实增强了红色景区的亲和力和渗透力。

让历史说话，打造宣讲新亮点。大力挖掘、整理、规范、提升苏区历史故事、苏区人物故事、苏区作风故事等三类100多个红色故事。同时，创新讲述形式，走进旧址"情景讲"，在特殊革命旧址现场讲述《大柏地战斗》《烈字碑》《红井情深》等特殊红色故事，增强真实感和融入感；创排节目"形象讲"，推出《红姑》《八子参军》等红色节目，增强吸引力和渗透力；丰富形式"生动讲"，设计制作PPT、微视频等，增强画面感和新鲜感；融合媒体"在线讲"，在智慧党建、网站、微信公众号等推出红色故事微视频，增强了红色传播的时代感，扩大了红色宣讲的覆盖面。

做强红培研学，让红色历史"热"起来。围绕红培研学、主题教育等工作需求，该馆与南开大学等32所大中小学校建立协同研究发展机制，策划实施教育项目23个，推出"苏区精神永放光芒"等体验课程，打造"一生守望"等现场教学；培育红色培训、研学机构39家，开发研学精品线路14条，获评全国"大思政课"实践教学基地、全国中小学生研学教育实践基地、全国爱国主义教育示范基地，仅2023年前三季度就接待红培研学人员2985批、23.1万人次。

推出特色文创，让红色文化"火"起来。不断丰富革命文物活化利用形式，大型历史文献纪录片《从瑞金出发》在央视热播，原创音乐剧《瑞金往事》等深受观众好评，连环画《长征第一山》、歌曲《沁园春·瑞金》入脑入心，编印《红都瑞金典藏》等一批红色图书，开发红色文创产品43种，其中初心茶具荣获"中国特色旅游商品"大赛金奖。打造表达新形式。推进"情景"表达。因地制宜在景区推出"选举""打草鞋"等一批情景再现项目，策划推出"缅怀"、学唱"送郎调"等现场情景互动节目，"重温"红色经典，"再现"苏区岁月，切实增强了红色文化旅游的互动性和参与性。推进"文艺"表达。组织编印《红色故都——瑞金》《伟大的预演：中央机关在瑞金》《从瑞金走出的共和国元勋》《苏区知识一百问》《红都精神代代传》等红色图书，创排推出《红姑》《八子参军》《杜鹃花开》等一批红色节目，制作推出《画说中华苏维埃共和国》少儿连环画、大型动画片《红游记》等，切实增强了红色文化的吸引力和渗透力。推进"数字"表达。开发推出"红色+数字"

体验活动。积极应用现代化高科技手段，引入 AR 导览系统、"穿越苏维埃" 540 度沉浸式裸眼 3D 体验馆、"VR 畅游瑞金" 超级滑板、智能讲解员、"一苏大" 代表登记处交互体验项目、《保卫瑞金》桌面互动游戏、"冲出重围" VR 双人过关游戏等，进一步增强了红色文化体验，激发了红色文化魅力。

（四）打造融合发展"瑞金样板"

激发革命文物的旅游带动力，推进 "革命文物+经典景区" 建设。把革命文物集中连片大保护与建设红色旅游大景区结合起来，依托 "一苏大" 革命旧址群、"红井" 革命旧址群、"二苏大" 会议旧址群等革命旧址文物，整合打造 "共和国摇篮" 经典景区（总面积 4550 亩），并成功跻身 AAAAA 级旅游景区。以 "共和国摇篮" AAAAA 级景区为龙头，武阳、大柏地、云石山等景区为重点的红色旅游经典景区已经成为红都瑞金的旗帜，红都之旅入选全国十大红色旅游经典景区和全国建党百年红色旅游百条精品线路，红都之旅的品牌影响力和经济带动力不断增强。

推行 "革命文物+乡村振兴" 模式。以革命文物保护利用传承项目为支撑，大力建设美丽新村、红色名村，推动党的建设、乡村振兴和红色基因传承深度融合。推广 "支部要过硬、红色要突出、服务要优质、村庄要秀美、乡风要文明" 的 "六有" 红色名村建设模式，推动瑞金按照 "一村一主题" 思路推开红色名村建设，打造 "共和之根" 叶坪村、"饮水思源" 沙洲坝村、"荣誉之战" 大柏地村、"春耕模范" 武阳村、"八子参军" 洁源村、"十七勇士" 华屋村、"长征第一村" 丰垅村、"长征第一站" 麻地村等红色名村 51 个，走出一条红都瑞金乡村振兴发展新路子。如瑞金叶坪镇朱坊村实施革命旧址赋能乡村振兴示范项目，依托中央红色医院等革命旧址，整合旧址保护利用、乡村振兴等资金成功打造 "红色康养村"，2023 年上半年接待游客 10.5 万人次，实现 "保护一片旧址、带旺一个村镇" 的显著成效，探索形成连片保护、有效利用、融合发展、示范带动等多方面可复制的

"朱坊经验"①，彰显革命旧址的历史、社会、经济和时代价值。人民网、新华每日电讯等多家媒体进行了宣传报道。

推行"革命文物+文化阵地"模式。以高质量推进建设国家长征文化公园为龙头，加快建成长征决策和出发陈列馆、中央苏区水利史陈列馆等项目，进一步做精做深红色文化教育阵地。以推进党史学习教育常态化、长效化为抓手，将革命旧址与红色研学、思政教育等相结合，着力打造一批生动感人的特色精品课堂，擦亮首批全国爱国主义教育示范基地、全国中小学生研学实践教育基地、全国青少年教育基地等品牌。如贺龙入党旧址地处瑞金四中校园内，修复后成为学校齐上"开学第一课"、组建"红色小导游"志愿服务队、共建思政教育实践课、开展主题党日和团日活动的重要阵地；中国工农红军学校地处中心城区，修复后成为书法美术培训交流展示场所。

---

① "朱坊经验"的主要做法有四方面。①实现连片保护展示，彰显革命旧址历史价值。瑞金中央革命根据地纪念馆深挖文物内涵，围绕"红色健康村"的主题，整合旧址维修、和美乡村、红色名村项目资金2000余万元，对旧址保护、基础设施、环境整治进行统筹规划、同步实施，推进中央红色医院等4处革命旧址保护利用与村镇基础设施建设，旧址本体和周边环境得到全面修缮和整治。在旧址内举办专题陈列展览，还原历史工作和生活场景，有效提升旧址保护展示水平，探索形成乡村旧址连片保护展示、整合各类资金破解旧址保护利用资金不足等新经验。②实现持续有效利用，彰显革命旧址社会价值。挖掘旧址"红色健康"内涵，通过场景复原、景观小品等进行游线设计，将四处旧址串联成线，形成"红色健康"主题游，开发红色课程，讲好朱坊故事，打造爱国主义和革命传统教育阵地，开设"红色信仰""走进健康村溯源健康梦"等现场教学课，建成中央苏区中草药史料陈列馆、中医中草药体验馆、村史馆、红色影院、红色书院等红色教育平台，开展"六红"等教育活动，成为瑞金知名的红色研学和培训基地，年内接待游客130余批、5万余人次。③实现资源变成资产，彰显革命旧址经济价值。推动红色资源优势转化成发展优势，实行"红色文化+乡村旅游"模式，种植大棚蔬菜、中草药、油桃、草莓等3000余亩，培育发展现代农业；整合村闲置民房建设民宿240余间，打造"朱坊印象"，成为网红打卡地，举办各种活动，拉动休闲养生产业发展，年内增加就业岗位100余个，实现人均增收2.5万元。④实现示范带动效应，彰显革命旧址时代价值。朱坊村通过实施革命旧址保护项目综合施治项目，成为"红色健康村"，带动叶坪镇以此为核心，整合周边村庄资源打造"康养小镇"，而且在实践中，创造了在瑞金各乡镇推广的"支部要过硬、红色要突出、服务要优质、村庄要秀美、乡风要文明"的"五有"红色名村建设模式，推动瑞金按照"一村一主题"思路推开红色名村建设，全市建成红色名村51个，走出一条红都瑞金乡村振兴发展新路子。江西省文化和旅游厅：《江西两项入选！第四届全国革命文物保护利用十佳案例宣传推介活动初评结果揭晓》，江西省人民政府官网，2023年11月27日，http://www.jiangxi.gov.cn/art/2023/11/27/art_5296_4694553.html。

推行"革命文物+工业旅游"模式。推进"革命文物+主题小镇"建设，以红井旧址、中革军委旧址、中央政治局旧址、"二苏大"旧址等革命旧址群为依托，以初心和思源为主题，以沙洲坝镇为示范点，全域建设红色思源小镇，大大提高了沙洲坝镇的区域发展力、辐射力和影响力。大力推进革命文物与工业旅游的跨界融合发展，通过点线面串联，构建全域工业文旅融合体系，推出多条主题线路，打造集沉浸式旅游、场景式研学、立体化传承于一体的工业文旅新体验。瑞金依托中革军委总供给部等革命旧址，将红色文化元素、工业旅游和积木潮玩相融合，通过线上线下平台功能，以"五大中心+五大基地"模式为主，即将打造成瑞金市数字经济及红色文创产业园——乐高小镇。"红色故都、多彩苏区"的红色旅游影响力和美誉度显著提升，入选全国建党百年红色旅游百条精品线路。2019 年接待游客1831.2 万人次，旅游总收入 101.7 亿元，同比增长 35.5%和 45.2%。2021年接待游客 1814.1 万人次，旅游收入达 94.1 亿元。

二　古田会议旧址群保护利用

（一）简介

古田会议旧址群位于福建省上杭县和连城县。古田会议旧址群内除主会场上杭县古回镇原廖氏宗祠的古田会议会址外，还有八申街原耕心堂的红四军前委机关政治部旧址、赖坊协成店的毛泽东《星星之火，可以燎原》写作旧址、中共闽西一大旧址文昌阁、闽西特委机关旧址苏家坡树槐堂及红四军司令部旧址和毛泽东、朱德、陈毅旧居等。附近建有古田会议纪念馆，陈列革命文物 7400 多件（套）。古田会议旧址位于上杭县古田镇，是一座清朝宗祠建筑，过去是廖氏宗祠，又称万源祠。1929 年 12 月 28 日，古田会议——中国共产党红军第四军第九次代表大会在此召开。古田会议的召开，确立了"思想建党、政治建军"的原则，为党和军队注入了灵魂信念，开启了党的建设规范化、制度化、科学化和政治化的新历程，同时古田会议也开启了政治建军、党指挥枪的新的历程，开启了实事求是、群众路线的新的历程。

古田会议纪念馆管辖着古田会议旧址等21处革命旧址（其中国家重点文物保护单位5处，省级保护单位8处，县级保护单位8处）。1961年3月，国务院将古田会议旧址列为第一批全国重点文物保护单位。1962年，对会址进行全面维修，复原了当年会场原貌。上杭县古田镇是习近平总书记十分熟悉和牵挂的地方：在福建工作期间，他先后7次来到这里，亲自擘画发展蓝图；2014年，他亲自决策和领导，在古田召开全军政治工作会议，引领人民军队重整行装再出发。

（二）古田会议旧址的保护维修

因位置偏远、人员缺乏、经费不足等因素，古田会议会址及其周边其他旧址一度落寞凋敝、芳草萋萋，像红四军司令部旧址等具有重要历史价值的不可移动革命文物甚至濒临倒塌、养猪圈牛、满目疮痍。2004年，龙岩市委、市政府启动古田会议旧址群维修保护工程，前后历经7年多的时间，先后开展了四期的古田会议旧址群维修保护工程。市政府专门成立了古田会议旧址群维修保护工程的协调领导小组，组织相关部门科学规划、认真实施，特别是严格按照《中华人民共和国文物保护法》的有关规定，遵循"保护为主、抢救第一、合理利用、加强管理"的文物工作方针，高起点、高标准地对古田会议会址、红四军前委和政治部旧址——松荫堂、红四军司令部旧址——中兴堂、《星星之火，可以燎原》写作旧址——协成店、中共闽西特委旧址——树槐堂、中共闽西一大会址——文昌阁等革命旧址进行维修保护，并对周边环境和道路进行了规划、整治和建设，按既定目标把旧址群维修保护工程"做成精品、不留遗憾"。古田会议旧址群的维修保护工作，在没有国家计划拨款的情况下，靠闽西老区人民自力更生、自筹资金，特别是在刚开始的2004年筹集1300万元用于文物的维修保护。得到维修保护之后的古田会议旧址群重现了历史的原貌，旧址周边环境整洁、道路宽敞，旧址内增加了相应的辅助陈列展览和原状复原陈列，参观内容丰富。随着古田会议旧址群维修保护工程的完成，古田会议旧址群在全国第六批重点文物保护单位申报中成功入选，成为国家重点文物保护单位。

新时代，古田会议纪念馆按照"保护为主、抢救第一、合理利用、加强管理"的文物保护方针，扎实推进革命旧址维修保护工作，完成了14处革命旧址修缮，其中2019年完成了苎园乡苏维埃政府旧址的修缮。由于风雨侵蚀，苎园乡苏维埃政府旧址主体部分破损严重，许多木构件已腐朽，存在较大安全隐患，并存在随时倒塌的风险，对其进行保护性修缮已迫在眉睫。古田会议纪念馆于2018年下半年聘请革命旧址设计经验丰富的公司进行了方案设计，设计方案主要是实施揭瓦整修，对木构架进行整体加固，恢复坍塌、损毁部分，修复残损构件，更换个别严重残损构件，更换屋面破损瓦件，重新铺设瓦面，整修残损建筑，尽可能保存与延续其历史风貌，更好地展示其独特的价值。设计方案完成并通过省文物局组织的专家组验收后，古田会议纪念馆着手推进工程施工工作。根据古田范围内2~5月份雨水多的特点，该馆安排在2019年1月至5月完成项目预算、预算审核、挂网招标等前期工作，并于2019年5月17日顺利开工。该项目的立项申报、资金争取、招标代理确定、预算编制、预算审核、结算审核、项目验收等一系列流程都安排得紧凑、合理、有序。

项目在修缮过程中，始终坚持"修旧如旧，精益求精"的原则，认真抓好工程质量。一方面，总结之前修缮13处旧址的施工经验，继续从省专家库中聘请一位有经验的专家每月到施工现场进行指导，及时发现施工过程中存在的问题。另一方面，聘请当地木工、泥水工老师傅，每周对工程质量进行监督，在监督中，老师傅对盖瓦等方面提出了建议，施工方及时进行改进。在用材方面，严格把关，在施工中有部分土墙倒塌，需要重新修复，在修复过程中施工方到连城四堡乡聘请了三位夯土墙师傅到现场进行操作，师傅从泥土选择、如何夯实等方面进行了精心施工，保证了夯土墙的质量；要求施工方需要更换的木件都必须用天然林材料，不能使用人工林材料。

在施工过程中，始终把安全工作作为工程的头等大事，从预案制订到现场管理的每个环节都认真抓好落实。坚持每个工地早上开工时召开早会制度，做到安全时时讲、天天抓，常态化管控施工安全。做好项目安全隐患排查，项目开工后，古田会议纪念馆旧址保护科成立了安全排查巡查组，坚持每周组织干部对工地进行巡查不少于 3 次。从工人佩戴安全帽、是否带打火机等进入施工现场、工人接打手机、脚手架是否稳定、用电是否安全到施工材料搬运等各个环节都进行了全方位的排查，发现隐患及时整改到位。同时，制订了重大接待应急预案、重大活动期间安全生产预案。经过 6 个月奋力施工，顺利完成此次修缮任务，没有出现任何安全事故。

倾听百姓呼声，统筹推进革命旧址周边环境提升工作。在项目实施中，项目设计方案仅有旧址本体修缮项目，没有周边环境方面的内容，但在实施过程中，当地百姓建议将周边环境一并整治好。古田会议纪念馆领导高度重视百姓意见，经调研，认为将周边环境整治好非常有必要，并挤出资金，与旧址修缮一并施工完成。项目得到实施，既完成了旧址修缮，又把周边环境整治干净、整洁。

（三）将革命文物资源优势转化为发展优势

依托革命旧址，推进红色培训、红色旅游、红色研学"三红"产业发展。在福建上杭、古田等地，红色培训行业兴起，并走进田间地头。红色培训投资者以本地人为主，有的是返乡大学生、有的是本地企业家进行的多元化投资，主要采取"农业+红色培训+红色旅游"模式，融入红色文化资源与绿色生态养殖，赋能脱贫致富、乡村振兴。

古田积极探索"红色旅游"发展路径。为丰富古田红色旅游产品、高效推动乡村振兴，2019 年 11 月，龙岩市委决定设立古田梅花山文旅康养试验区。试验区范围近期包括上杭县的古田镇、步云乡，总面积 428 平方公里，中期包含新罗区的大池、小池、江山，远期包含连城县环梅花山相关区域，培育古田梅花山文旅康养大 IP，打造成红色传承模范区、乡村振兴示范区和全域旅游会客厅等。红古田片区涉及古田镇古田大道沿线 13 个村约 1.5 万人，总规划面积为 87.69 平方公里，古田会议旧址、主席园等主要景点都在片区内。当地立足片区内"村在景区中，景点在村中"实际，构建

"处处是景观、村村是景点"的全域旅游发展格局，通过建成一批高标准、高规格的精品村、示范村，探索革命老区推动乡村振兴的方法和路径，将红古田片区打造为全省乃至全国乡村振兴示范区。

为推进红古田片区建设，当地进一步加大了环境整治力度，完成裸房整治 736 栋 13 万平方米，镇村形象显著提升，在此基础上，围绕进一步做大做强红色培训、红色旅游、红色研学产业，策划实施 37 个项目，总投资 4.39 亿元。古田已经初步建成"千亩花田景—红色核心区—福村新五龙—研学趣竹岭"连片风景线，有三星级以上标准酒店 3 家，中档舒适型快捷酒店 13 家，特色红军客栈、农家乐民宿 33 家，总床位约 2000 张，还有各类餐饮店 100 余家，可同时容纳 12000 人就餐。

把"红帽子"变为"金饭碗"，不断完善和丰富红色旅游产品，立足"村在景区中，景点在村中"的实际，形成"处处是景观、村村是景点"的全域旅游发展格局，推动"红""绿"融合发展，策划实施了军事主题小镇等一批文旅康养项目，产业布局、旅游业态全面升级。比如，距古田会议会址仅一公里多的竹岭村，大力开发农业观光、餐饮住宿等项目，创办红古田精准扶贫农产品展销中心及电商平台，建成 1000 多亩无公害蔬菜基地，生产竹文化旅游纪念品，培育 4 家乡村特色民宿。2020 年，竹岭村 4 个自然村共 332 户 1130 人，人均收入达 1.8 万元，比 3 年前增加了近 6000 元，全村建档立卡贫困户 13 户 18 人全部摘帽，并获省级乡村振兴示范村、美丽乡村建设示范村等荣誉。

推动集体经济发展。如吴地村在古田华润希望小镇的基础上，依托红色培训党性教育实践基地和乡村生态旅游景区，创办 AAA 级旅游景区吴地红军小镇，盘活了 151 户农户的闲置资产，30 多名村民入职旅游公司，村级集体经济收入增加了 20 余万元，人均年收入达 1.7 万元，12 户建档立卡贫困户于 2017 年全面脱贫。同样，作为老区贫困畲族村的苏家坡村，依托"毛泽东在苏家坡休养"等红色资源开发研学产业和乡村旅游，创建了国家 AA 级旅游景区，村里办企业、开农家乐，全村人均年纯收入超过 2 万元，被评为全国民族团结进步示范村。

古田镇"处处是景观、村村是景点",持续发展的红色旅游让当地群众在家门口吃上"旅游饭",人民群众的幸福感、获得感显著提升。古田镇周边的溪背、八甲、五龙、赖坊等村有上百家饭店和民宿,古田餐饮协会已有45家会员单位。此外,得益于古田红色文化的保护传承和开发利用,目前,在古田会议纪念馆、古田干部学院、古田圣地旅游投资开发建设有限公司等单位工作的当地人就有1000人左右,从事旅游相关工作的村民有近万人。2020年10月,"古田旅游区红色旅游发展典型案例"被评为"全国红色旅游发展典型案例"。

将古田特色的红色文化资源优势有效转化为发展优势,是解锁古田振兴的密钥。古田人见证了这片红土地百年来的荣光和新时代的古田故事,掌握了从思想建党、政治建军的历史征程到乡村振兴的红色密码。拥有两万多老区人民的红色古田发生了翻天覆地的变化,实现从贫困老区到福建首个AAAAA级红色旅游景区、全国乡村治理示范镇、福建乡村振兴重点特色镇、国家级森林康养基地的华丽转身。

三 讲好"半条被子"故事 助力沙洲乡村振兴

(一)三个女红军与"半条被子"的故事

2016年10月21日,习近平总书记在纪念红军长征胜利80周年大会上饱含深情地讲述了1934年11月发生在湖南汝城县沙洲村的"半条被子"的故事。"什么是共产党?共产党就是自己有一条被子,也要剪下半条给老百姓的人"的经典问答,深刻诠释了中国共产党人的初心和使命。

据史料记载,1934年8月12日至14日、10月29日至11月13日,红六军团、中央红军长征先后经过汝城,得到了汝城人民的大力支持。中央红军取得了濠头圩、苏仙岭、泰来圩、青石寨等战斗的胜利,成功地突破了国民党军的第二道封锁线,并在汝城县文明司(今文明瑶族乡)进行了长征以来首次较长时间的休整。1934年11月6日,中央红军先头部队抵达湖南省汝城县文明司，红军卫生部干部团驻沙洲村。红军来到沙洲村时，由于国民党的反动宣传，许多人都上山躲起来了。徐解秀由于生孩子坐月子，又是小脚，就留下来带着婴儿在家。有三名女红军来到她家，跟她拉家常，宣传红军是穷人的队伍，叫她不要害怕。

晚上，三名女红军借宿徐解秀家中。她们看到徐解秀的床上只有一块烂棉絮和一件破蓑衣，就打开她们的被包，拿出被子，与徐解秀母子挤在一张床上睡。三天后，她们临走时要将被子留给徐解秀。徐解秀不忍心，也不敢要，推来推去，争执不下。这时，一名女红军找来一把剪刀，把被子剪成两半，留下半条给徐解秀，并对徐解秀说：等革命成功以后，一定要送你一条完整的新棉被。此后的几十年，徐解秀经常坐在村前的滁水河边，凝望红军远去的方向。她常常给儿孙们讲："一定要跟共产党走，因为共产党就是自己只有一条被子，也要剪下一半给我们老百姓的人。"

1984 年 11 月 7 日，《经济日报》记者罗开富重走长征路时，听徐解秀讲了"半条被子"的故事，满怀激情地写下了《当年赠被情谊深　如今亲人在何方》的文章，发表在《经济日报》上。该报道引起了邓颖超等老红军的高度关注，在全国发起了寻找这三名女红军的倡议，遗憾的是英雄已无觅处。1991 年，邓颖超、康克清、蔡畅、萧克等 15 名老红军委托罗开富给徐解秀送去一条被子，而此时徐解秀老人已去世，没能亲手收到这份温暖。[①]

（二）建设"半条被子的温暖"专题陈列馆

"半条被子"故事发生地——徐解秀旧居始建于 1720 年，是一栋面阔三开间两层砖木结构楼房，为汝城县乡土建筑典型代表，属湘南民居建筑风格。

"半条被子的温暖"专题陈列馆位于沙洲瑶族村村部南端的沙洲红色旅游景区，占地面积 17440 平方米，建筑面积 3640 平方米，展厅面积 2200 平

---

① 《汝城县"半条被子的温暖"专题陈列馆》，湖南省人民政府官网，2021 年 8 月，https：//www.hunan.gov.cn/hnszf/c101482/202108/t20210830_20409697.html。

方米，为两层湘南民居式建筑，于 2017 年 10 月建成并对外开放。"半条被子的温暖"专题陈列馆由专题展厅、"半条被子"故事发生地（徐解秀旧居）及中国工农红军总卫生部、总司令部、总政治部、总后勤部、卫戍司令部（中华苏维埃国家银行）旧址等组成，另有民俗广场（"半条被子"故事雕塑）、纪念广场、惜别亭、望军桥等纪念设施。专题展厅分上、下两层，以中国工农红军长征经过汝城为主线，挖掘红色题材，讲好革命故事，展示 213 幅图片、28 组文物资料、22 位铜像人物，再现中央红军在汝城"军爱民、民拥军"的光荣历史和感人事迹。

陈展内容由序厅加四个部分组成。序厅和第一部分在第一层。序厅主要展示习近平总书记在纪念红军长征胜利 80 周年大会上讲述"半条被子"故事的视频、讲话摘要，红军长征经过汝城示意图，毛泽东诗词《七律·长征》。第一部分主要展示汝城早期党组织组织领导的工农革命运动和毛泽东、朱德、彭德怀等老一辈革命家在汝城的革命活动，包括朱德与范石生谈判合作、朱德召开策划湘南起义的汝城会议、毛泽东策应湘南起义队伍上井冈山、朱德和彭德怀率领部队先后到汝城扩红建政等历史事件。第二、第三和第四部分在第二层。第二部分主要展示红军长征经过汝城时，在汝城人民倾力支持下胜利突破第二道封锁线、发布《出路在哪里?》、红军各机关在文明休整、汝城青年踊跃参加红军、主要战斗遗址、红五军团军团长董振堂"跟我上!"的故事等。第三部分主要展示"半条被子"故事发生的场景、"半条被子"精神的延续，红军军纪严明、秋毫无犯和军民一家亲的故事，以及红军经过汝城期间的大事记。第四部分主要展示的是红军长征经过汝城后汝城人民在共产党的领导下顽强地坚持游击战争、大力支持抗日战争和解放战争，以及沙洲人民在中央、省委、市委、县委的领导下，贯彻习近平新时代中国特色社会主义思想、传承长征精神、砥砺前行建设幸福沙洲取得日新月异的变化。

目前陈列馆共收集文物藏品（陈列品）317 件（套），其中二级文物 1 件（套）（邓颖超等国家领导人 1996 年送给徐解秀的印花被），三级文物 6 件（套），参考品和陈列品 310 件（套）。

2020年9月16日，习近平总书记亲临湖南调研，第一站便抵达了"半条被子的温暖"专题陈列馆，重温红军过境汝城时"军爱民、民拥军"的感人故事，强调要用好红色资源，讲好红色故事，搞好红色教育，让红色基因代代相传。

该馆建成开放以来，将红色资源与党性教育、党史国史教育、爱国主义教育相结合，坚持服务青少年，深入开展"传承红色基因，争做时代新人"主题教育活动，围绕培育和践行社会主义核心价值观，推进青少年思想道德建设，引导广大青少年听党话、感党恩、跟党走。

（三）构建主辅融合发展格局

沙洲村是一个瑶族村，是汝城县面积最小的村，该村围绕"半条被子"红色经典故事，将昔日偏僻小山村打造为理想信念教育新基地、红色旅游新名片、小康生活新样板、乡村振兴新典范。

设立"半条被子"党性教育基地，传承红色基因。"半条被子"映照着初心和使命，是共产党同人民群众风雨同舟、血肉相连、命运与共的真情本色。"半条被子的温暖"专题陈列馆成为全国的热门"打卡地"，迎来了全国各地一波又一波的党员群众和青年学生，他们走进沙洲学初心、悟初心，感党恩、颂党恩，产生了很好的社会效应。"半条被子的温暖"专题陈列馆相继入选第三批全国关心下一代党史国史教育基地、全国妇女爱国主义教育基地、全国爱国主义教育示范基地、湖南省全民国防教育基地、湖南省爱国主义教育基地、湖南省党史教育基地、第一批湖南省委组织部备案的干部党性教育基地、经济日报社"四力"教育实践基地、省直机关党员干部党性教育现场教学点、湖南省民族团结进步教育基地、湖南省发展改革系统党性教育基地等十多个教育基地或教学点。

发展"红色+"产业，助力脱贫致富。红色资源的保护利用带来人气、带动人流，沙洲村把握机遇，成立湖南（沙洲）红色文旅特色产业园，整合红色文化、绿色生态、蓝色温泉、古色乡风、特色水果资源，发展红色旅游，开发特色农副产品，发展民宿、农家乐，开展"人人有技能"培训,实现"家家有产业、个个有技能、户户能增收"。形成以沙洲核心景区为主,以红色传统教育区、四季果园采摘区、生态垂钓休闲区、田园生活体验区以及生态农业景观观光带的"四区一带"为辅的发展格局,全力打造全国知名红色旅游景点。2017年,以"半条被子"故事为主题建成沙洲红色旅游景区,2019年底升级为国家AAAA级旅游景区,被评为全国红色旅游发展典型案例。2018年沙洲村整村脱贫,400多名村民在家门口创业就业,人均可支配收入由2016年的0.48万元增长到2021年的1.71万元,村集体经济收入由2016年的0.36万元增长到2021年的57万元;2023年,沙洲村村集体经济收入106万元,村民人均纯收入2.3万元。

外塑形象,内修里子,提升乡村治理能力。沙洲村下好民生"先手棋",共画治理"同心圆",聚焦创建全国"好人之村""志愿之村""和谐之村"三大目标,努力打造"红色基因传承""干群关系和谐""共同富裕示范"三大品牌,以实际行动续写新时代"半条被子"故事。打造"好人之村",红色基因永续。沙洲长期"好人文化"的滋养与发展,为"好人之村"的打造提供了必要的涵育环境。为此,沙洲以选树典型为抓手,以身边人带动身边人、以身边事启发身边事,持续传播向善力量,激励更多的人齐心向善、乐于行善。打造"志愿之村",文明新风润沙洲。在全县率先建立新时代文明实践站,依托新时代文明实践站,组建沙洲村青年志愿服务队伍,发展志愿者74人,如火如荼开展志愿活动,把群众"最需要"作为"发力点",实行群众点单、志愿者做单,将群众的"需求清单"转化成"幸福清单"。以党员干部志愿者为主力军,推行马上办、指导办、代帮办、上门办、预约办"五办"服务模式,新增老年公交卡办理、临时救助等6项网办事务,36类48项审批事项均可在村办理。村民足不出村就能"一门式"办理、"一站式"办结。坚持目标导向和需求导向,策划实施文明实践活动,通过"党建+文化""党建+宣传"的形式,多层次、多渠道、多形式地开展文化文艺活动,确保月月有主题、次次不重样,不断丰富居民群众精神文化生活,满足群众多元化精神需求。打造"和谐之村",共同致富向未来。"半条被子"故事带火了红色旅游，在游客、门店、摊子越来越多的同时，也为村庄治理带来挑战，为此，沙洲村因地制宜，形成了"一约四会"治理形式，即村规民约、屋场会、互助会、理事会、履约评议会，形成有事大家商、困难大家帮、村庄大家管的基层治理新格局。"四会"组织以党支部为核心，选任一批有联系群众经验、有服务群众意愿、有组织群众影响力的"红色管家"，借助村民自治组织的力量，从村庄治理的"决策者"转变为"支持者、引导者、激励者"，大大激发了村民主人翁精神和建设家园内生动力。"湘妹子能量家园"通过集体树立标准，以激励机制引领，用小小积分制"兑"出乡风家风大变化、"兑"出乡村治理大提升，进一步提高广大村民的获得感、幸福感。与此同时，沙洲村开展季度卫生评比、"十大好人"评选等系列活动，将文明新风实践量化成共建沙洲村的能量。村民们争当清洁户，主动拆除杂屋围墙，"助人为乐""见义勇为""诚实守信""敬业奉献""孝老爱亲"等好人典型纷纷涌现。为提升村民参与共治的积极性，沙洲村在增进民生福祉上下功夫。统筹景区保护和 48 户村民住房需求，启动建设幸福新村；村集体经济每月为老年人发放养老金，为全村群众代缴一半医保费；开办幸福食堂，为 70 岁以上老人和病残户等群体免费提供一日三餐。系列举措的实施，使沙洲村党群关系愈发密切、邻里之间更加和睦、社会氛围日益和谐。

四 "筑巢引凤"助力乡村振兴——新四军苏浙军区旧址保护利用项目

（一）简介

1943 年 9 月，日军在苏浙皖边发动新的战役，浙西大片土地再次沦陷。中共中央和新四军军部命令在苏南的新四军第六师十六旅挺进苏浙皖边的长兴一带。1945 年 1 月，粟裕率新四军一师主力由苏中渡江南下浙西与十六旅会师。1 月 13 日，根据中央军委电令成立新四军苏浙军区，司令员粟裕，政委谭震林（未到职，由粟裕代政委），4月任命叶飞为副司令员，刘先胜为参谋长，统一指挥苏南、浙西、浙东地区的抗日反顽斗争。苏浙军区成立后，在打击日伪的同时，取得了天目山3次反顽自卫战的胜利，建立了以天目山为中心的浙西抗日根据地，成为华中8个战略区之一的苏浙皖边抗日根据地的重要组成部分，根据地内建有4个地区级、10个县级政权。

新四军苏浙军区旧址群现基本保存的旧址有17座建筑，总占地面积约1万平方米，是目前江南地区保存最为完整、规模较大的一处抗日战争时期的革命旧址群。其中包括新四军苏浙军区第一纵队司令部旧址（新四军苏浙军区纪念馆），苏浙军区司令部、政治部、供给部、兵工厂、后方医院、《苏南报》社旧址，苏浙公学旧址，苏南行政公署旧址，等等，分布在苏浙皖三省交界的长兴县白岘乡、槐坎乡纵横80平方公里范围内，抗战后期被人们誉为"江南小延安"。

1961年，新四军苏浙军区司令部旧址群被列入县级文物保护单位，同年4月15日，浙江省人民委员会公布长兴温塘旧址为省级重点文物保护单位，由此，旧址保护进入规范化、法治化管理。2001年新四军苏浙军区旧址（含15个点）被国务院公布为全国重点文物保护单位，另3处新四军苏浙军区旧址被列为长兴县文物保护单位。

以一纵队司令部旧址为依托建立起来的新四军苏浙军区纪念馆坐落在煤山镇温塘村，纪念馆室原系清咸丰年间民宅，整座建筑大小共46间，气势恢宏、布局紧凑、构造精致、雕饰华丽，建筑艺术融文学、绘画、戏剧、雕刻、书画为一炉，体现了清代民宅徽派建筑古朴、庄严、典雅的艺术风格。1976年，成立文物保管所并对外开放。1985年1月13日，长兴县召开纪念新四军苏浙军区成立40周年大会，同年长兴县筹备建立了"新四军苏浙军区纪念馆"，分前后两进，四面高墙的两层楼房，占地面积4000平方米，建筑面积3300平方米，馆内有接待室、休息室3个150平方米，文物库房100平方米，展厅1000平方米，由"新四军在浙西""宣誓厅""廉政厅"等组成，陈列着新四军发布的文告、作战笔记、军用地图、作战武器、战利品、医疗器械、《苏南报》、红军银行纸币、烈士遗物、生活用品等，陈列图片1000 余幅、文物 920 多件（套）。

为迎接中国人民抗日战争暨世界反法西斯战争胜利 70 周年，2015 年 9 月，新四军苏浙军区纪念馆"浙西丰碑"主题陈列展开展。展厅由基本陈列"浙西丰碑"、特色展厅"红色标杆"和临时展厅"红色记忆"组成。共展出文物 130 件（套）、珍贵资料图片 240 幅、军事武器 35 件。

自 1985 年成立以来，新四军苏浙军区纪念馆先后获全国爱国主义教育示范基地，全国青少年教育基地，国家国防教育示范基地，全国红色旅游经典景区，国家 AAAA 级旅游景区，国家级抗战纪念设施、遗址，全国中小学生研学教育实践基地，浙江省党史教育基地，浙江省廉政文化教育基地等荣誉称号。

（二）旧址维修保护

稳妥做好旧址征收工作。新四军苏浙军区旧址以前都是民居，为稳妥做好旧址征收工作，长兴县专门成立旧址征收工作小组，由分管副县长牵头办理，征收经费由县财政直接拨付。1998 年之前征收了 5 处，至 2018 年底共征收 14 处。2019 年完成其余 4 处的征收，全面完成旧址征收工作。

创新立体保护模式。纪念馆自成立之初就与旧址住户相互尊重，建立了良好的关系，并通过经常性走访，进行现场文物教育宣传，通过在旧址村落内设立文物保护宣传展板、发放文物保护宣传资料、开展文物保护有奖知识问答、组织旧址住户参观文物展馆等方式，让群众认识到旧址文物保护的重要性。

多年来，纪念馆坚持每周巡查的传统，每月巡查 5 次以上，发现问题立即解决。10 多处旧址分散在 80 平方公里的山沟里，存在很大的监管难度，为此，纪念馆依托旧址附近村民组成了一支颇有规模的业余"文保队"，实行文保员认看认护制度，业余文保员对各自负责的旧址进行不间断巡查，发现问题及时上报纪念馆，确保旧址时时处于监护状态。很多旧址的房主成为志愿者，进而成为业余文保员。每年给的经费不多，以自愿为主。每年召开

1 次到 2 次业余文保员会议，加强交流和沟通。从原来的文物部门保护，拓展到群众来保护，从政府、文物部门到老百姓形成了立体保护。

2020 年，新四军苏浙军区纪念馆投入资金 600 余万元，对新四军苏浙军区司令部旧址、江南银行旧址进行了改造提升，对原来未开发开放的粟裕宿舍和办公室旧址、苏浙公学旧址进行了布展。展览增加了声、光、电、媒体互动等现代化技术，提升展陈水平，增强观展体验。

（三）革命文物赋能"三红"产业

以红色旅游推动红色精神传播。2011 年 7 月 1 日，长兴将槐坎一带的红色资源、绿色环境、徽派建筑、特色活动等多项特色内容有机结合，打造"江南红村"，正式对外开放。如今，"江南红村"已集旅游、餐饮、住宿、参观、培训、社会实践等于一体，成为全国爱国主义教育示范基地和全国红色旅游经典景区。

打造红色教育品牌。近年来，纪念馆在红色文化、红色旅游、红色教育方面挖掘资源和潜能，突出特色，主打"江南小延安"红色教育品牌，创造性地推出了集培训、参与、体验、拓展训练于一体的党员干部红色教育培训模式，面向基层干部、党员群众、中小学生推出"红色体验"活动，探索了一条全方位、多形式红色教育的新路子。

纪念馆整合长兴县委党校、县历史文化研究会等单位专家教师，组建了铁军讲师团，进一步丰富了现场教学、体验教学、拓展训练、课堂教学、访谈教学等多种教学模式。一是深入挖掘访谈教学。挖掘散落在长兴的军民鱼水情故事，并赴北京、南京、上海等地采访新四军老战士及其后代，2017年正式推出访谈教学，让学员们真实聆听、切身感受。二是融入推进拓展教学。引入专业素质拓展团队，以新四军在抗战中的历史故事为背景，组织红色穿越、模拟会师、模拟行军、寻觅情报等素质拓展活动，进一步培养学员的组织纪律意识、团队协作能力。三是创新开展多元教学。围绕纪念馆红色教育的主线，开展"敬献一次花圈花篮、重温一次入党誓词、参观一次红色展览、聆听一堂红色党课、烧一餐红色灶头饭、学唱一首红色歌曲、体验一次红色之旅、拍一张支部全家福"等八个一活动，教学形式变"单一"为"多元"，使学员的体验感得到增强。

新四军苏浙军区旧址群18个现场教学点布局分散，纪念馆比较成功地开发了3条教学路线，设计了多种教学模式。比如，设计了"仰峰会师"教学环节，其历史依据是1945年1月6日新四军第六师十六旅与粟裕率领的一师主力部队在仰峰村胜利会师。组织教学时将团队分两组进行，同时从纪念馆出发，一组徒步经7处旧址，一组翻越竹林山经4处旧址，时长约1.5个小时，两支队伍在仰峰村司令部旧址胜利会师。再比如，设计了寻找"九二步兵炮"体验环节，历史依据是1944年杭村缴大炮战役。将仰峰村的4处旧址串联，加入独轮车运送军粮、抬担架运送伤病员等环节。这样的教学模式，把原本比较分散的"点"成功地串成了"线"，充分挖掘现场教学点的特色和亮点。这种培训可以根据培训单位的需求，设计一天、两天、三天等培训方案。2011年7月，新四军苏浙军区纪念馆配套设施"江南红村"建成，占地80亩，集餐饮、会展、住宿三大功能于一体，可满足游客吃、住、行、游、购、娱、教育培训等多方面需求。近年来，纪念馆成为党政机关团体开展"党的群众路线教育""两学一做""主题党日"等学习教育活动的主阵地。在年接待近20万人的参观游客中，党员干部占41.5%。2018年截至10月底，共接待红色教育培训班次52个、培训人员2720人。

纪念馆针对中小学生的"当一回新四军小战士"活动，自1997年首次举办以来，已成功举办60多期，累计接待了湖州地区和上海、杭州、无锡等地的中小学生近10万人次，被浙江省委宣传部授予"浙江省爱国主义教育基地活动创意奖"。活动中，"小战士"亲身体验打草鞋，垒土灶烧竹筒饭，抓小鱼、小蟹，抓"日伪军"俘虏，射飞镖、打靶、炸碉堡等项目，在纪念馆工作人员和教官的辅导下"整理内务""练军姿""训练步伐""唱军歌"。

2018年10月，新四军苏浙军区纪念馆被命名为2018年全国中小学生研学实践教育基地。

五　讲好红嫂故事　赋能乡村振兴

（一）简介

临沂作为全国著名的革命老区，是沂蒙精神的主要发源地，有着光荣的革命传统。革命战争年代，我党我军先后在此创建滨海、鲁中、鲁南革命根据地，成立了全国第一个中国共产党执政的省级人民政权。八路军第一一五师司令部、新四军军部、华东野战军总部及华东、山东党政机关曾驻扎在这里，刘少奇、陈毅、罗荣桓、徐向前、粟裕等老一辈无产阶级革命家都在这里战斗工作过。当时根据地420万人，120万人拥军支前，21万人参军参战，10万多名烈士英勇牺牲，涌现了沂蒙红嫂、沂蒙母亲、沂蒙六姐妹等一批英雄群体，铸就了"党群同心、军民情深，水乳交融、生死与共"的沂蒙精神。2013年11月，习近平总书记视察山东及临沂时指出，沂蒙精神与延安精神、井冈山精神、西柏坡精神一样，是党和国家的宝贵精神财富，要不断结合新的时代条件发扬光大。近年来，临沂牢记习近平总书记嘱托，将沂蒙精神作为沂蒙大地的魂、革命文物作为老区记忆的根，按照"有址可寻、有物可看、有史可讲"原则，坚持立法与监管并重、保护与利用兼顾、教育与传承结合，推动革命文物焕发时代光彩。

曾经一曲《沂蒙颂》唱响大江南北，沂蒙红嫂的感人故事因此家喻户晓、妇孺皆知。地处"红嫂家乡"沂南县的常山庄村，位于沂蒙山区腹地，曾是中国共产党领导开展山东抗战活动的中心区域，周边村庄涌现了入选"100位为新中国成立做出突出贡献的英雄模范人物"、以乳汁救伤员的"沂蒙红嫂"明德英，创办战时托儿所的"沂蒙母亲"王换于，以及架起火线桥的"沂蒙大姐"李桂芳等先模人物。

常山庄始建于明洪武年间，村中一条主街长达2公里，主街两侧基本上是清末至解放初建立的民宅，清一色的当地石墙、石屋、石街，保留着20世纪二三十年代的山村风貌，名列第3批中国传统村落，并入选2015年"中国十大最美乡村"。位于常山庄内的山东省青代会会址是省级文物保护单位，临沂深入研究挖掘青代会红色资源，编制了《常山庄山东省青代会会址抢救性保护设计方案》，对周围院落进行了保护性修缮和功能更新，开辟为山东省第二次青代会展馆。聚焦沂蒙红嫂事迹，依托闲置院落设立了中国红嫂革命纪念馆，纪念馆由一个个沂蒙山区原始风貌的村居组成，用 24 个展室来讲述"沂蒙红嫂"明德英、"沂蒙母亲"王换于、"沂蒙大姐"李桂芳、"爱国拥军好妈妈"胡玉萍等光荣事迹，同时建成人民子弟兵将帅纪念馆、跟着共产党走展馆、山东省战邮纪念馆，被中央党校、山东省委组织部等 100 多个部门和单位确立为党性教育基地，每年前来接受教育的党员干部 10 万多人。

（二）加强革命文物保护

在全市范围内组织开展了革命文物普查，建立革命文物资源数据库，分级分类纳入保护名录。目前，全市有革命遗址 318 处，县级以上革命文物保护单位 166 处（其中国家级 3 处、省级 41 处），不可移动革命文物 182 处（其中省级 142 处）。先后公布两批市级抗战遗址 201 处、三批红色堡垒村（镇）131 处。临沂市沂南、沂水等 9 县被全部列入国家革命文物保护利用片区。

近年来，临沂争取上级资金 2000 余万元，地方政府多渠道融资 2900 余万元，对这些革命旧址、抗战遗址等进行了本体保护修缮。依托这些革命旧址、红色资源建设提升了一批革命场馆，策划推出了一批精品展览展陈，锻炼培养了一支优秀讲解员队伍。其中，"红色基因、薪火相承"革命文物展、"跟着共产党走"沂蒙精神革命文物展等精品展陈入选中宣部、国家文物局推介名单。临沂市讲解员李聪、高天、李晓三名同志被评为全国红色旅游五好讲解员，纪洲丽同志被中宣部授予"金牌讲解员"称号。同时，积极推动建立革命场馆与高校协同研究机制，临沂大学、华东野战军总部旧址暨新四军军部旧址纪念馆积极创建国家革命文物协同研究中心。市博物馆、沂蒙革命纪念馆等加入山东革命场馆与高校融合发展联盟。临沂市在全国革命文物与新时代高校思想政治工作融合发展论坛上作交流发言。2021 年山东省革命文物工作会议在临沂市召开，2022年山东省"红色文化主题月"活动在临沂市启动。

（三）顶层设计引领文化产业发展方向

临沂市把革命文物作为独特的教育资源，先后颁布实施了以红色文化资源保护传承为主题的地方性法规《临沂市红色文化保护与传承条例》、政府规章《临沂市红色旅游促进办法》，并建设了"红色沂蒙"智慧平台，出台红色研学专项奖励政策。沂南县委、县政府高度重视文化旅游产业发展，坚持"红色引领、文化铸魂，绿色托底赋能乡村振兴"的工作思路，构建了全域文旅发展体系，成立了山东省第一个红色旅游融合发展中心，实体化运作文旅康养工作专班，建立"指挥部+专班+国企+镇村+合伙人"工作机制，形成了协同发展、合力推进的工作格局。先后制定《沂南县全域旅游发展总体规划》《沂南县文旅融合发展规划》《沂南县文旅康养产业发展规划》，构建了"一核五带、八大综合体"空间发展格局。确定了以诸葛亮文化、汉代文化、红色文化、泉水文化为主题的一业一策文化旅游产业发展模式，精心布局文旅康养等五条重点产业链，将沂蒙泉乡乡村振兴示范区、东高庄红色文化和美丽乡村示范区等十大乡村振兴项目纳入全县八大重点突破任务，形成了协同发展、合力推进的工作格局，将文化产业赋能乡村振兴切实落到实处。[①]

全省第一个在县级层面出台了《沂南县基层文物安全管理暂行办法》《沂南县革命文物保护利用规划（2022-2035年）》等文物保护性文件。争取上级文物保护资金5400余万元，实施了临沂大青山突围战遗址（抗大一分校旧址）抢险加固、山东抗日军政干部学校旧址文物保护等项目，沂南县创建的"沂蒙精神"革命文物保护利用示范区被列入全省首批文物保护利用示范区创建名单。建成山东抗日民主政权创建纪念馆、沂蒙红嫂纪念馆

[①] 严亦舒：《沂南文化产业赋能乡村振兴 谱新篇 走在前》，大众网·临沂，2023年11月28日，https://linyi.dzwww.com/tyyl/202311/t20231128_13216566.htm。

等 10 余家红色展馆，规划建设东高庄红色片区，沂南县已成为全国重要的爱国主义教育基地。

（四）机制创新激发文化产业发展动力

沂南致力于以政策创新推动文化共建共享，持续健全现代公共文体服务体系，激励社会力量繁荣乡村经济。特别是在资本要素保障方面，构建高质量普惠金融服务体系，引导全县人力、物力、财力向文化旅游产业倾斜，制定实施《关于进一步加快服务业发展的实施意见》《关于加快构建现代公共文化服务体系的实施方案》，设立文化旅游产业引导基金，组建阳都文旅、朱家林乡建集团等国有平台，为朱家林乡建集团、龙腾竹泉、影视基地等文旅企业协调融资贷款 7.85 亿元、债券融资 2.28 亿元建设阳都城市客厅等城市新地标，为文化旅游产业发展开快道、亮绿灯。

高标准打造文化空间，聘请中央美术学院人员规划设计，投资 1.2 亿元建成集图书馆、美术展览中心等功能于一体的综合性场馆，县图书馆获评国家一级馆；串联 26 个文化特色村、16 处景区化村庄、4 处国家 AAAA 级景区的"爱尚沂南　红色之旅"全国"十大最美农村路"环线让 20 余万群众从中受益。享生活，丰富群众文化活动，2023 年立足县域特色文化资源，举办第七届沂南县文化和旅游惠民消费季活动，结合竹泉村嗨玩节、智圣汤泉海浪节等活动发放文旅惠民消费券，实施文化惠民工程，举办诸葛亮文化旅游节、第十九届广场文化艺术节等大型群众文化活动，完成"送戏下乡"活动 324 场、"送电影下乡"3684 场。

发展红色研学。在中国红色文化研究会的指导下，编制了《中国梦，红嫂情》研学教材与涵盖小学、初中、高中、成教 4 个层面的研学课程；创新开展"六个一"实践教育，即吃一顿支前餐、唱一首红色歌曲、听一场红色报告、看一场红色电影、演一次红色实景剧、写一段心灵感悟，增强红色研学教育的表现力、传播力、影响力。2017 年被评为"中国研学旅行教育实践示范基地"，2018 年被授予"全国中小学生研学实践教育基地"称号。

（五）人才优势注入文化产业发展朝气

积极落实《沂南县关于推进新时代人才工作八条措施》招才引智举措，坚持以人才支撑推动乡村基层善治，筑巢引凤，开启人才与乡村的"双向奔赴"。为服务乡土人才，沂南搭建徐公砚传习所、景泰蓝工艺团队、元宝根艺培训基地等文创产业平台，构建"1+N"雁阵式人才体系，建立"美丽乡村供应商"人才孵化基地，与上海戏剧学院、山东大学等高等院校的合作密切，探索"产学研"一体化协同合作新机制。

引进泰山产业领军人才、上海戏剧学院韩生教授团队，推出大型沉浸式史诗剧《沂蒙四季·红嫂》，打造了9个沉浸式小院，打造了展馆+沉浸情景演出的文旅融合发展和红色基因传承新模式，让红色文化"活"了起来，成为沂蒙老区爱国主义教育、党性教育的一张"名片"。其中《妇救会》《跟着共产党走》在全省小戏小剧评选和"大擂台"中获一等奖、金奖，《激情四季·唱响临沭》《多彩文化·魅力郯城》先后入选全国公共文化服务体系示范项目，"沉浸式情景小剧：讲好红色故事的沂南实践"入选基层公共服务高质量发展典型案例，"讲好红嫂故事，赋能乡村振兴"作为全国18个案例之一入选国家文物局编《全国革命文物保护利用案例集（2022）》。围绕宣传弘扬沂蒙精神，先后推出《沂蒙情》《沂蒙山》《燕翼堂》等红色文艺作品120余部，创作推出群众性小戏小剧260余部，涌现出《第一碗饺子》《河湾情》《两代人的小康路》等一批有温度、接地气、深受群众喜爱的优秀作品，先后有8部作品在全省小戏小剧评选、擂台活动中获奖，《沂蒙山》《燕翼堂》获中宣部"五个一工程"奖，《沂蒙山》《沂蒙情》荣获文华奖，《沂蒙那段情》荣获第十九届群星奖。

（六）项目引领赋能乡村振兴

临沂市立足红色文化资源和革命文物，做好"红色+"文章，先后推出沂蒙红嫂、沂蒙六姐妹、孟良崮等500多种"沂蒙系列"品牌产品，同时加强红色文创产品开发，赋能"山东手造、产自临沂"，带动相关产业发展。常山庄、朱村等15个村被评为山东省红色文化特色村。蒙阴县垛庄镇、莒南县大店镇充分发挥红色资源优势，分别将孟良崮、省政府旧址等红色元素融入城镇建设，精心打造乡村振兴红色赋能品牌。

沂南坚持把片区示范引领作为乡村振兴的突破口，依托自然风貌、文化底蕴，规划建设占地36平方公里的卧龙源城乡融合示范区，建设诸葛亮文化公园。深入挖掘北寨汉墓文化内涵，筹划建设3万平方米的汉代文化博物馆和汉代文化遗址公园，建设非国有博物馆群。传承创新沂南乡村旅游发展范式，建设卧龙源乡村康养度假区，加快推进东高庄红色乡村振兴片区、依汶美丽乡村衔接片区等"乡村振兴十大项目"，持续丰富朱家林田园综合体片区、沂蒙泉乡田园综合体片区业态，逐步形成以诸葛亮汉文化、红色教育、乡村休闲为特色的"乡村振兴十大片区"，全力打造具有沂蒙特色的红色旅游示范区、乡村振兴样板区、美好生活向往区。

制定《"山东手造"推进工程实施方案》，依托68个非物质文化遗产项目加快推进文创产品研发，徐公砚、蒙山妈妈老粗布入选"山东手造·优选100"名单。打造19家县级以上非遗工坊，建成岭上砚博物馆、竹泉乡村记忆馆、红石寨酒具博物馆等20个展示体验销售平台。强化文化产业品牌化市场推广，高来德烧鸡、醉三国酒业文化园等企业形成"工业+旅游+文化+互联网"经营模式，企业产值突破亿元，三和玩具、盛源玩具等8家企业发展迅猛，产品远销美国、欧盟、中东等国家和地区，其中三和玩具年均自营出口额达5000多万美元，获评"一带一路"文化产业和旅游产业国际合作重点项目。

沂南县马牧池乡常山庄建起了红嫂家乡旅游区暨沂蒙红色影视基地，大力发展红色旅游。让红嫂唱主角，讲好红嫂故事、红色文化、红色旅游融合发展，叫响了"红嫂"旅游品牌，创新打造了红色旅游发展的"常山模式"。常山庄依托沂蒙红色影视基地，承接400多部影视剧拍摄，电影《斗牛》《铁道飞虎》、电视剧《红高粱》《沂蒙》《战神》《永不磨灭的番号》等均取景于常山庄。全村设置60多处商品售卖摊位和20多家商店、网店，村民土地入股当社员、景区务工当职员、穿上戏服当演员、售卖产品当店员，将自家生产的蔬菜、瓜果、大煎饼、大碗茶、草编就地转化成旅游消费品，拉长红色产业链条，成为当地农民增收致富的好渠道，被评为山东省文化产业示范基地。山东红嫂家乡旅游区等 5 处红色景区被列入全国"建党百年红色旅游百条精品线路"。2020 年，依托景区，常山庄以及周围的张家峪子、西寺堡、双泉峪子、新立村等，人均可支配收入均达到或超过了 1.5 万元。兰陵压油沟景区覆盖 14 个村庄，2015 年开始了精准扶贫——生态旅游扶贫，压油沟村及周边 5 个村居 5000 亩山区得到了升级改造，一个集湖光山色、农事体验、特色美食、手工作坊、红色教育、传统民宿、休闲养生于一体的"文农旅"融合发展的国家 AAAA 级景区被完美打造出来，实现了由"穷"到"脱贫"再到"振兴"的大跨越。临沂市共有全国乡村旅游重点镇 2 个、重点村 9 个，省级乡村旅游重点村 24 个、景区化村庄 107 个，省级精品文旅名镇 5 个，临沂被授予"第四批全国旅游标准化试点单位"等称号。沂南全域旅游助力扶贫、兰陵县压油沟村"企业+政府+合作社+农户"的组合模式先后入选世界旅游联盟旅游减贫案例，兰陵县下庄镇代村"农文旅"三位一体构建乡村振兴"共同体"入选世界旅游联盟——旅游助力乡村振兴案例。沂南县以"宜居宜业和美乡村"建设为目标，坚持"以红带绿、以绿映红、红绿接蓝、古今辉映"发展思路，聚力整合，创新融合，探索文化产业赋能乡村振兴的"沂南模式"，塑造"智圣故里、红嫂家乡、温泉之城、休闲胜地"特色文旅品牌，获首批国家级旅游业改革创新先行区、国家全域旅游示范区、全国旅游标准化示范县、全国休闲农业与乡村旅游示范县等荣誉称号。文化和旅游部、教育部、自然资源部、农业农村部等部门于 2023 年 10 月底联合发布全国首批 63 个文化产业赋能乡村振兴试点名单，其中，山东省两地成功入选，临沂市沂南县也名列其中。

附录一
全国革命文物保护利用十佳案例名单

附表 1　2019 年全国革命文物保护利用十佳案例名单

序号	案例名称	申报单位
1	沈阳抗战联线	沈阳"九一八"历史博物馆
2	桥儿沟革命旧址东、西山旧址保护维修工程	延安鲁艺文化园区管理办公室
3	百件革命文物说江西	江西省博物馆
4	香山革命纪念馆文物征集和复仿制	中国人民抗日战争纪念馆
5	"重温长征史·共筑中国梦——红军长征在四川"展览	四川博物院
6	"睹主席遗物　学伟人风范　做合格党员"党课宣教	韶山毛泽东同志纪念馆
7	"不忘初心　牢记使命"主题展览教育	(信阳)鄂豫皖革命纪念馆
8	淮海战役精神"三进教育"工程	淮海战役烈士纪念塔管理局
9	革命文物保护宣传	(遵义)四渡赤水纪念馆
10	"那些年　那些人　那些书——连环画中的红色经典"主题社教活动	武汉中共中央机关旧址纪念馆

附表 2　2020 年全国革命文物保护利用十佳案例名单

序号	案例名称	申报单位
1	东湖旅店——营救中国文化名人陈列馆	中共惠州市惠城区委宣传部
2	让红军标语"活"起来——乐安县"红军标语+全社会力量"保护利用模式	乐安县文化广电新闻出版旅游局
3	弘扬抗疫精神　传承红色基因——武汉革命博物馆抗疫物证收藏保护利用	武汉革命博物馆

序号	案例名称	申报单位
4	重庆宋庆龄旧居"时代小先生"系列社教活动	重庆中国三峡博物馆
5	进藏先遣连战斗遗址保护修复和进藏先遣连纪念馆建设工程	中共阿里地委宣传部
6	中共中央北京香山革命纪念地文物保护修缮项目	北京市香山公园管理处
7	东北烈士纪念馆"云+"系列——疫情条件下红色资源的展示与宣传	东北烈士纪念馆
8	以纪念馆建设为载体传承红色基因——湘江战役旧址保护利用实践探索	桂林红军长征湘江战役文化保护传承中心
9	武汉上空的鹰——纪念苏联空军志愿队特展	辛亥革命博物馆
10	中国酒泉卫星发射中心历史展览	中国酒泉卫星发射中心历史展览馆

附表3　2021年全国革命文物保护利用十佳案例名单

序号	案例名称	申报单位
1	北京大学红楼保护展示工程	北京市委宣传部等
2	"红色三岩"革命文物保护利用项目	重庆红岩联线文化发展管理中心
3	"社会+"革命文物办展实践项目	南昌八一起义纪念馆
4	陕西革命旧址云传播项目	陕西省文物局、中共陕西省委党史研究室
5	红色故事微视频制播和青少年党史学习教育课程研发项目	延安革命纪念馆
6	人民空军东北老航校旧址保护展示工程	中国人民解放军93066部队
7	再造"胜利之舟"——渡江胜利纪念馆基本陈列改造提升项目	南京市博物总馆渡江胜利纪念馆
8	"互联网+长征"数字化展示与传播项目	中国工农红军强渡大渡河纪念馆
9	红色电波中的领袖风范——毛泽东同志香山时期发布电报手稿展示项目	香山革命纪念馆
10	推进展教融合创新,服务高校思政教育	常州三杰纪念馆

附表 4 2022 年全国革命文物保护利用十佳案例名单

序号	案例名称	申报单位
1	央地合作,协同保护——国立蒙藏学校旧址保护展示工程	国家民族事务委员会、中共北京市委员会宣传部、西城区人民政府等
2	红石砬子抗日根据地遗址考古发掘项目	吉林省文物考古研究所
3	创新保护利用 打造"哈军工革命文物+"工程	哈尔滨工程大学哈军工纪念馆
4	"百物进百校,百讲证百年"——中共一大纪念馆百件文物藏品进课堂活动	中国共产党第一次全国代表大会纪念馆
5	保护一片旧址 带旺一个村镇——朱坊村革命旧址赋能乡村振兴示范项目	瑞金中央革命根据地纪念馆
6	倾力旧址修缮保护,奏响新时代和平强音——潍县西方侨民集中营旧址保护利用工程	乐道院潍县集中营博物馆
7	弘扬抗战精神 讲好中国故事——云南省博物馆"大动脉——抗战时期中国经济社会的主通道与生命线"主题展览	云南省博物馆
8	创新馆际合作模式,共同讲好党的七大故事	八路军西安办事处纪念馆、延安杨家岭革命旧址管理处
9	"南梁精神"进校园——南梁革命纪念馆青少年思政教育实践活动	南梁革命纪念馆
10	传承红色基因,助力文化润疆——乌鲁木齐市三馆联动整体提升项目	乌鲁木齐市博物馆(乌鲁木齐市革命历史纪念地管理中心)

附录二
全国革命文物保护利用优秀案例名单

附表 1　2019 年全国革命文物保护利用优秀案例名单

序号	案例名称	申报单位
1	"追梦·广州红"微信小程序	广东省博物馆　广州欧科信息技术股份有限公司
2	于都县红军标语保护与利用	（赣州）于都县博物馆
3	西北局革命旧址抢险加固工程	（延安）西北局革命旧址管理处
4	"五四宪法"起草地旧址保护宣传	（杭州）"五四宪法"历史资料陈列馆
5	"革命战士　别样风采——雨花英烈文学艺术作品"展	南京市雨花台烈士陵园管理局
6	"红色记忆　辽沈丰碑"保护宣教活动	辽沈战役纪念馆
7	哈尔滨颐园街一号欧式建筑保护修缮工程	东北烈士纪念馆
8	古田会议旧址群——中共闽西一大旧址文昌阁修缮	古田会议纪念馆
9	红土地文物捐献展	福建省革命历史纪念馆
10	"庆祝中华人民共和国成立 70 周年——革命文物说"宣教	苏州革命博物馆

附表 2　2020 年全国革命文物保护利用优秀案例名单

序号	案例名称	申报单位
1	抗大旧址群共建共享	中国人民抗日军政大学陈列馆
2	红旗渠风景区文物保护展示	林州市红旗渠风景区旅游服务有限责任公司
3	"学英烈事迹　诵抗战经典　做红色传人"主题教育活动	中国人民抗日战争纪念馆

续表

序号	案例名称	申报单位
4	"寻伟人足迹 立成才志向"韶山研学实践教育活动及配套文创	韶山毛泽东同志纪念馆
5	红色金融历史展	中国钱币博物馆
6	青海原子城"两弹一星"精神教育实践活动	青海原子城纪念馆
7	对民间革命文物深度开发利用的探索与实践	山西烽火抗战博物馆
8	红色寻宝之旅	平津战役纪念馆
9	纪念红十四军建军90周年"革命文物网上秀"系列主题活动	如皋市红十四军纪念馆
10	"吹响集结号 重走东渡路"纪念八路军东渡黄河出师抗日主题活动	韩城市文物局

附表3 2021年全国革命文物保护利用优秀案例名单

序号	案例名称	申报单位
1	中共一大会址(含博文女校)保护修缮工程	中国共产党第一次全国代表大会纪念馆
2	讲好"半条被子"故事,助力沙洲乡村振兴	湖南沙洲红色文旅特色产业园管理委员会
3	串联红色线路,追寻革命足迹	广东革命历史博物馆
4	罗湾老屋红色标语保护利用	江西省铜鼓县文化广电新闻出版旅游局
5	余村"两山"会址保护利用	浙江省安吉县天荒坪镇余村村民委员会
6	瑞金革命旧址群合理利用创新实践	瑞金中央革命根据地纪念馆
7	百年征程 初心如磐——庆祝中国共产党成立100周年主题活动	八七会议会址纪念馆
8	"锋"火传承行动——湖南雷锋纪念馆服务大学生思政教育实践	湖南雷锋纪念馆
9	山河赤子心 岁月峥嵘行——"鲁迅与共产党人"红色主题宣教活动	绍兴鲁迅纪念馆
10	开发党史教育课程,强化沉浸式体验	八路军驻洛办事处纪念馆

附表4　2022年全国革命文物保护利用优秀案例名单

序号	案例名称	申报单位
1	"流动的抗战馆"——中国人民抗日战争纪念馆主题展览巡展	中国人民抗日战争纪念馆
2	北大营营房旧址保护利用项目	沈阳"九·一八"历史博物馆
3	保护·纪念·传承——东北野战军锦州前线指挥所旧址革命文物保护利用项目	辽沈战役纪念馆
4	红色资源"智慧+"沉浸式服务青少年研学教育项目	东北烈士纪念馆
5	用好文物史料打造雨花英烈精品纪录片	南京市雨花台烈士陵园管理局
6	南京市博物总馆革命文物保存现状调研	南京市博物总馆
7	淮海战役历史展览中文物史料的活化运用	淮海战役纪念馆
8	"筑巢引凤"助力乡村振兴——新四军苏浙军区旧址保护利用项目	长兴新四军苏浙军区纪念馆
9	探索可视化演绎，让革命文物"活"起来	南昌八一起义纪念馆
10	探索全媒体多元融合模式，推动革命文物阐释传播——山东博物馆"红色文化主题月"项目	山东博物馆
11	军地共建、活化利用——刘公岛甲午战争纪念地建筑群保护利用项目	中国甲午战争博物院、山东省古建筑保护研究院
12	焦裕禄精神展示传播项目	兰考县焦裕禄纪念馆
13	"大别有礼"系列文创产品开发与展示传播项目	鄂豫皖革命纪念馆
14	文物藏品中的英雄武汉	辛亥革命博物院(辛亥革命武昌起义纪念馆)
15	穿越时空的红色力量——沉浸式红色文化传播项目	广东革命历史博物馆
16	湘江战役旧址与红色旅游融合发展的创新探索	全州红军长征湘江战役文化保护传承中心
17	因地制宜焕新颜，革命文物助力城市更新——海南解放公园提升改造与委托运营项目	海南省博物馆
18	活化利用革命旧址　赓续传承红色血脉——赵一曼纪念馆保护利用项目	宜宾市赵一曼纪念馆
19	多馆联动史料共享　中国共产党人精神谱系红色资源展示新探索	延安革命纪念馆
20	建设军垦精神红色基因库——中华民族文化基因库红色基因库首批试点项目	新疆生产建设兵团军垦博物馆

附录三
建党百年红色旅游百条精品线路

附表 1　建党百年红色旅游百条精品线路

序号	精品线路名称	具体路线
1	"伟大征程·历史见证"精品线路	天安门广场—人民英雄纪念碑—毛主席纪念堂—人民大会堂—中国国家博物馆—新文化运动纪念馆—李大钊故居—中国人民革命军事博物馆—中国人民抗日战争纪念馆—宛平城—卢沟桥—长辛店"二七"纪念馆
2	"平津战役·走向胜利"精品线路	天津市和平区中共中央北方局旧址纪念馆—中共天津历史纪念馆—河北区金汤桥会师公园(平津战役胜利会师地)—平津战役纪念馆—周恩来邓颖超纪念馆
3	"不忘初心·进京赶考"精品线路	河北省石家庄市西柏坡红色旅游系列景区—保定市淑吕村毛泽东住宿旧址—颐和园益寿堂(毛泽东带领党中央到达北平的第一个落脚点)—北京香山双清别墅—北京香山革命纪念馆
4	"烽火太行·抗战脊梁"精品线路	山西省长治市屯留区抗大一分校旧址—长治市潞城区神头岭伏击战遗址公园—长治市黎城县黄崖洞兵工厂旧址—长治市黎城县"北方局黎城会议纪念馆"—长治市武乡县八路军太行纪念馆—长治市武乡县王家峪八路军总部旧址景区—晋中市左权县麻田八路军纪念馆、八路军总部旧址—晋中市左权县晋冀鲁豫边区临时参议会旧址—河北省邢台市信都区前南峪抗大纪念馆—邯郸市武安市晋冀鲁豫中央局旧址
5	"勠力同心·共同抗敌"精品线路	内蒙古自治区鄂伦春自治旗团结抗战胜利纪念碑—呼伦贝尔市世界反法西斯战争海拉尔纪念园—满洲里市红色国际秘密交通线教育基地—多伦县察哈尔抗战遗址—武川县大青山抗日根据地旧址
6	"革命烽火·红色草原"精品线路	内蒙古自治区锡林浩特市中共锡察巴乌工委驻地旧址—乌兰浩特市内蒙古民族解放纪念馆—乌兰浩特市内蒙古自治区政府成立纪念地—中国共产党内蒙古工作委员会办公旧址—乌兰牧骑宫—科右前旗兴安盟农村第一党支部纪念馆

续表

序号	精品线路名称	具体路线
7	"不忘国耻·英勇抗战"精品线路	辽宁省沈阳市"九·一八"历史博物馆—抚顺市三块石革命文物片区—本溪市本溪县东北抗联史实陈列馆—本溪市抗联第一路军西征会议遗址—本溪市桓仁县东北抗日义勇军纪念馆—大连市旅顺口区苏军烈士陵园、苏军烈士纪念塔
8	"辽沈枪声·解放号角"精品线路	辽宁省沈阳市秀水河子战役纪念馆—锦州市辽沈战役纪念馆—解放锦州烈士陵园—凌海市牤牛屯村(辽沈战役东北野战军锦州前线指挥所所在地)—葫芦岛市塔山阻击战纪念馆—锦州市黑山阻击战纪念馆
9	"抗美援朝·保家卫国"精品线路	辽宁省沈阳市抗美援朝烈士陵园—丹东市抗美援朝纪念馆—丹东市鸭绿江断桥景区—丹东市中国人民志愿军空军青椅山机场旧址—吉林省集安市鸭绿江国境铁路大桥
10	"英雄吉林·精神永存"精品线路	吉林省长春市东北沦陷史陈列馆—吉林市革命烈士陵园、纪念园—吉林市丰满劳工纪念馆—通化市杨靖宇烈士陵园—延边朝鲜族革命纪念馆—珲春市大荒沟抗日根据地遗址—长白山老黑河遗址—四平市塔子山战斗遗址—四平战役纪念馆—四平烈士陵园—四平市三道林子战斗遗址—四平市东北民主联军四平保卫战指挥部旧址
11	"红色龙江·英雄不朽"精品线路	黑龙江省哈尔滨市东北烈士纪念馆—哈尔滨市东北抗联博物馆—哈尔滨市侵华日军第七三一部队罪证陈列馆—尚志市革命烈士陵园—牡丹江市八女投江革命烈士陵园—牡丹江市海林市杨子荣烈士墓及剿匪遗址—牡丹江市绥芬河秘密交通线纪念馆
12	"从北大荒到北大仓"精品线路	黑龙江省鸡西市密山市北大荒开发建设纪念馆—双鸭山市友谊县友谊农场—鸡西市密山北大荒书法长廊景区—虎林市第一把荒火地 850 农场—虎林市现代大农业 856 农场—虎林市云山湖红色旅游度假景区—虎林市北大荒农机博览园
13	"走近铁人·感受拼搏"精品线路	黑龙江省大庆市铁人王进喜纪念馆—大庆市石油科技馆—大庆市大庆油田历史陈列馆—大庆市大庆石油馆—齐齐哈尔市中国第一重型机械厂("一五"期间 156 项重点建设项目之一)
14	"开天辟地·革命启航"精品线路	上海市中共一大发起组成立地—上海市中共一大代表宿舍旧址—上海市中共一大会址纪念馆—浙江嘉兴南湖红船—浙江嘉兴南湖革命纪念馆

序号	精品线路名称	具体路线
15	"致敬新四军·不忘革命路"精品线路	江苏省镇江市句容市茅山新四军纪念馆—常州市中共苏皖区一大会址—常熟市沙家浜革命历史纪念馆—泰州市泰兴新四军黄桥战役纪念馆—南通市海安苏中七战七捷纪念馆—盐城新四军纪念馆—盐城新四军重建军部旧址—盐城阜宁中共中央华中局第一次扩大会议旧址—宿迁市雪枫公园（彭雪枫将军纪念地）—淮安市淮阴区八十二烈士陵园
16	"淮海战役·伟大胜利"精品线路	江苏省徐州市淮海战役纪念馆—徐州市淮海战役碾庄圩战斗纪念馆—徐州市贾汪起义纪念馆—新沂市窑湾战斗纪念馆—徐州市吕梁狼山阻击战纪念碑—安徽省淮北市濉溪县淮海战役双堆集烈士陵园—淮北市中共淮海战役总前委旧址—淮北市小李家指挥部—宿州市萧县蔡洼淮海战役总前委会议暨华东野战军指挥部旧址
17	"铭记历史·砥砺前行"精品线路	江苏省南京市中山陵—雨花台烈士陵园—中共代表团梅园新村纪念馆—侵华日军南京大屠杀遇难同胞纪念馆—中国近代史遗址博物馆
18	"水乡抗战·红色浙江"精品线路	浙江省湖州市新四军苏浙军区旧址群—宁波市浙东（四明山）抗日根据地旧址—丽水市浙西南革命根据地旧址群—温州市浙南（平阳）抗日根据地旧址—温州市洞头先锋女子民兵连纪念馆
19	"初心如磐·不屈军魂"精品线路	安徽省黄山市红军北上抗日先遣队陈列馆—黄山市岩寺新四军军部旧址—宣城市泾县皖南事变烈士陵园及新四军军部旧址—六安市皖西烈士陵园—裕安区独山革命旧址群—舒城县新四军第四支队纪念馆—合肥市庐江县新四军江北指挥部旧址—滁州市来安县新四军二师师部旧址
20	"百万雄师过大江"精品线路	安徽省蚌埠市渡江战役总前委孙家圩子旧址—合肥市渡江战役纪念馆—合肥市肥东县渡江战役总前委旧址—芜湖市板子矶渡江战役第一船登陆点纪念碑—江苏省南京市渡江胜利纪念馆
21	"小岗精神·改革序幕"精品线路	安徽省滁州市凤阳县小岗村"大包干"纪念馆—滁州市凤阳县沈浩同志先进事迹陈列馆—滁州市凤阳县当年农家（大包干前后农村生产生活场景）—滁州市凤阳县小岗村培训中心—滁州市凤阳县工坊一条街

序号	精品线路名称	具体路线
22	"闽西苏区·红色福建"精品线路	福建省龙岩市上杭县古田会议旧址及纪念馆—龙岩市上杭县毛泽东才溪乡调查纪念馆—龙岩市松毛岭战地遗址—龙岩市长汀县红色旧址群—龙岩市连城县新泉红四军"新泉整训"旧址群—龙岩市永定区中央红色交通线旧址群—三明市宁化县革命纪念园—三明市清流县红军标语遗址—三明市明溪县革命纪念园—三明市尤溪县坂面闽中红军旧址—三明市建宁县红一方面军总司令部、总前委、总政治部旧址—三明市泰宁县红军街—南平市武夷山市大安红色首府旧址—南平市邵武市中共苏区闽赣省委旧址、东方县委旧址
23	"井冈之路·星火燎原"精品线路	江西省吉安市井冈山会师纪念馆—茅坪八角楼毛泽东故居—黄洋界哨口—五龙潭红军洞—小井红军烈士墓—小井中国红军第四军医院旧址—大井朱毛旧居—北山革命烈士陵园—茨坪革命旧址群—遂川县工农兵政府旧址—井冈山革命博物馆
24	"英雄城·红色城"精品线路	江西省南昌八一起义纪念馆—南昌起义总指挥部旧址—新四军军部旧址(陈列馆)—二十军指挥部旧址—江西革命烈士纪念堂—朱德军官教育团旧址—方志敏纪念馆—南昌市新建区小平小道陈列馆
25	"红色摇篮·革命赣南"精品线路	江西省瑞金市叶坪革命旧址群—沙洲坝革命旧址群—瑞金共和国摇篮景区—中华苏维埃共和国中央革命军事委员会旧址—于都县中央红军长征集结出发地纪念园—安远县天心整军旧址—寻乌县毛泽东寻乌调查纪念馆—大余县大余整编旧址—崇义县上堡整训旧址—兴国县苏区干部好作风纪念园—宁都县中央苏区反"围剿"战争纪念馆
26	"弘扬沂蒙精神"精品线路	山东省临沂市沂南县沂蒙红嫂纪念馆—沂南县沂蒙红色影视基地—蒙阴县、沂南县沂蒙山孟良崮战役遗址—费县沂蒙山小调活态博物馆—大青山胜利突围纪念馆—莒南县八路军一一五师司令部—沂蒙革命纪念馆(华东革命烈士陵园)—临沂市华东野战军总部旧址暨新四军军部旧址纪念馆
27	"改天换地·中原奇迹"精品线路	河南省安阳市林州市红旗渠—安阳马氏庄园(刘邓大军指挥部旧址)—开封市兰考县四面红旗展览馆—兰考县张庄村(焦裕禄工作联系点)—兰考县展览馆—兰考县焦裕禄烈士陵园

序号	精品线路名称	具体路线
28	"革命大别山·红色鄂豫皖"精品线路	河南省信阳市息县刘邓大军渡淮纪念馆—信阳市新县鄂豫皖苏区首府革命博物馆—信阳市浉河区四望山新四军第五师师部旧址—信阳市王大湾会议会址纪念馆—信阳市商城县金刚台红军洞群—安徽省六安市金寨县红二十五军军政机构旧址—六安市金寨县革命烈士陵园—六安市金寨县革命博物馆—湖北省黄冈市麻城烈士陵园—黄冈市红安县黄麻起义和鄂豫皖苏区烈士陵园—黄冈市麻城市乘马会馆
29	"红色武汉·英雄城市"精品线路	湖北省武汉市中国共产党纪律建设历史陈列馆—中共五大会址纪念馆—武昌区毛泽东旧居及中央农民运动讲习所旧址纪念馆—江岸区八七会议会址纪念馆—武汉中共中央机关旧址纪念馆—八路军武汉办事处旧址纪念馆—汉口新四军军部旧址纪念馆—江岸区武汉二七纪念馆
30	"湘鄂边苏区"精品线路	湖北省恩施州宣恩县板栗园大捷遗址—恩施州咸丰大村会议遗址—咸丰忠堡大捷遗址及烈士陵园—来凤县张富清先进事迹展馆—湘鄂边苏区革命烈士陵园—湘鄂边苏区革命文物陈列馆—五里坪革命旧址群—红二军团总指挥部旧址—锣鼓山三十二烈士殉难处—中营镇红岩坪红三军军部旧址—段德昌囚居处旧址—工农革命军邬阳关收编"神兵"旧址—巴东县金果坪红三军烈士陵园—贺龙旧居—红三军枪炮局—段德昌烈士墓—建始官店照京坪革命历史陈列馆
31	"跟着毛主席去游学"精品线路	湖南省长沙市橘子洲景区—岳麓山—湖南第一师范学校旧址—中共湘区委员会旧址暨毛泽东、杨开慧故居—湘潭市韶山市毛泽东故居和纪念馆—湘潭市湘乡东山学校旧址
32	"红色旗帜·潇湘火种"精品线路	湖南省郴州市汝城县沙洲村—郴州市宜章县湘南暴动指挥部旧址—郴州市苏仙区郴县苏维埃政府旧址—耒阳市湘南起义旧址—永州市道县陈树湘烈士纪念园—怀化市通道县湖南通道转兵纪念馆—湘西州永顺县湘鄂川黔革命根据地旧址—张家界市刘家坪红二方面军长征出发地
33	"秋收起义·湘赣红旗"精品线路	江西省九江市修水县秋收起义修水纪念馆—宜春市铜鼓县秋收起义铜鼓纪念馆—萍乡市秋收起义广场—萍乡市莲花县莲花一枝枪纪念馆—吉安市永新三湾改编旧址—湖南省株洲市炎陵县毛泽东水口连队建党旧址—株洲市炎陵红军标语博物馆—浏阳市文家市秋收起义会师旧址纪念馆

序号	精品线路名称	具体路线
34	"红色广州·革命之城"精品线路	广东省广州市黄花岗七十二烈士墓—黄埔陆军军官学校旧址—中共三大会址纪念馆—毛泽东同志主办农民运动讲习所旧址—广州起义纪念馆和烈士陵园
35	"百色起义·红色广西"精品线路	广西壮族自治区百色市田东县红军亭—百色市田东县右江工农民主政府旧址—百色市百色起义纪念馆—百色市红七军军部旧址(百色市右江区粤东会馆)—百色市右江百色起义纪念碑园—百色市乐业县红七军和红八军会师地旧址
36	"血战湘江·突破包围"精品线路	广西壮族自治区桂林市全州县红军长征湘江战役纪念馆—桂林市全州县湘江战役大坪渡口—桂林市全州县湘江战役全州觉山铺阻击旧址—桂林市兴安县千家寺红军标语楼—桂林市兴安县红军长征湘江战界首渡口遗址、界首红军堂、界首红军街—桂林市兴安县光华铺烈士墓—桂林市兴安县红军长征突破湘江烈士纪念碑园—桂林市灌阳县湘江战役灌阳新圩阻击战旧址
37	"天涯海角·红色椰岛"精品线路	海南省海口市龙华区海南革命烈士纪念碑—海口市琼山区琼崖工农红军云龙改编旧址—定安县母瑞山革命根据地纪念园—琼海市红色娘子军纪念园—万宁市六连岭革命遗址—五指山市五指山革命根据地纪念园—三亚市梅山老区革命烈士陵园
38	"踏寻红岩足迹·感悟红岩精神"精品线路	重庆市渝中区《新华日报》营业部旧址—渝中区周公馆—渝中区桂园(1945年,毛泽东、周恩来等在国共两党谈判期间的主要活动场所)—渝中区化龙桥街道红岩村(红岩革命纪念馆、八路军重庆办事处旧址、"沁园春·雪"广场)—渝中区中国民主党派历史陈列馆—渝中区特园(抗战时期中共及各民主党派活动的重要场所)—沙坪坝区渣滓洞集中营—沙坪坝区白公馆监狱旧址—沙坪坝区蒋家院子(叶挺将军被囚处旧址)—重庆歌乐山烈士陵园—沙坪坝区红岩魂广场及陈列馆
39	"红军不怕远征难"精品线路	四川省雅安市宝兴县夹金山红军纪念碑—阿坝州小金县达维会师遗址—阿坝州小金县两河口会议旧址—阿坝州松潘县川主寺红军长征纪念碑园—阿坝州松潘县毛尔盖会议遗址—阿坝州若尔盖县巴西会议旧址—阿坝州若尔盖县包座战役遗址—阿坝州红原县瓦切红军长征纪念遗址—马尔康市卓克基会址旧址—阿坝州黑水县芦花会议会址—甘孜州泸定县红军飞夺泸定桥纪念馆—甘孜州泸定县磨西镇毛泽东住地旧址—阿坝州石棉县安顺场红军强渡大渡河纪念地—凉山州会理县会理会议遗址—凉山州会理县皎平渡红军渡江遗址—凉山州冕宁县彝海结盟遗址、红军长征纪念馆

序号	精品线路名称	具体路线
40	"奇兵入川·铁血丹心"精品线路	四川省达州市红军文化陈列馆—达州市宣汉县红三十三军纪念馆—达州市万源市万源保卫战战史陈列馆—巴中市平昌县中国工农红军石刻标语园—巴中市通江县红四方面军总指挥部旧址纪念馆—巴中市通江县川陕革命根据地红军烈士陵园—巴中市巴州区川陕革命根据地博物馆—巴中市川陕苏区将帅碑林—巴中市南江县巴山游击队纪念馆—广元市剑阁县红军攻克剑门关遗址—广元市苍溪县红军渡纪念地—广元市旺苍县红军街—广元市旺苍县木门军事会议会址
41	"汶川抗震·众志成城"精品线路	四川省成都市"万众一心、众志成城"抗震救灾主题展览馆—都江堰市虹口深溪沟地震遗址纪念地—阿坝州汶川县映秀镇汶川地震震中纪念地—阿坝州汶川县水磨古镇(被联合国评为全球灾后重建最佳范例)—绵阳市北川羌城地震遗址博物馆—绵阳市北川县永昌镇(北川新县城)
42	"红色贵州·雄关漫漫"精品线路	贵州省黔东南州黎平县黎平会议会址—遵义市红军山烈士陵园—遵义市遵义会议纪念馆—遵义市桐梓县娄山关景区—遵义市乌江渡景区—习水县青杠坡战役遗址—习水县四渡赤水纪念馆—赤水市丙安红一军团陈列馆—赤水市赤水红军烈士陵园—遵义市苟坝会议旧址—毕节市金沙县钱壮飞烈士陵园—遵义市四渡赤水之南渡乌江渡口—贵阳市息烽集中营革命历史纪念馆
43	"彩云之南·红色热土"精品线路	云南省昭通市威信县扎西会议纪念馆—曲靖市会泽县水城红军扩军旧址—昆明市禄劝县皎平渡—昆明市寻甸县红军长征柯渡纪念馆—楚雄州元谋县龙街红军横渡金沙江渡口—丽江市玉龙县石鼓红军渡口—迪庆藏族自治州香格里拉市独克宗古城红军长征纪念馆
44	弘扬"老西藏精神""两路精神"精品线路	西藏自治区昌都市江达县西藏解放第一村(十八军碉堡、十八军作战猫耳洞、十八军渡江口、十八军战斗遗址)—江达县岗托红旗广场(十八军军营旧址展览馆)—江达县十八军徒步翻越矮拉山遗迹—江达县同普洒咽营地—江达县邓柯十八军渡江遗址(十八军渡江索桥)—拉萨市青藏铁路拉萨站—拉萨市烈士陵园—拉萨市中央人民政府驻藏代表楼旧址
45	"红色陕西·圣地延安"精品线路	陕西省西安市"西安事变"纪念馆—西安市八路军西安办事处纪念馆—铜川市陕甘边照金革命根据地旧址—照金薛家寨革命旧址—延安市南泥湾革命旧址—延安革命纪念地景区—延安市吴起县中央红军长征胜利纪念园—延安市甘泉县中央红军和陕北红军会师地旧址—延安市安塞区王家湾革命旧址—延安市延川县永坪镇革命旧址—延安市子长市瓦窑堡会议旧址

续表

序号	精品线路名称	具体路线
46	"红军会师·征途在前"精品线路	甘肃省甘南州迭部县俄界会议旧址和茨日那毛主席旧居—甘南州迭部县腊子口战役遗址—白银市会宁县红军长征会师旧址—定西市岷州会议纪念馆—定西市通渭县榜罗镇革命遗址—陇南市宕昌县哈达铺红军长征纪念馆—平凉市静宁县中国工农红军长征界石铺纪念园—庆阳市华池县红色南梁大景区
47	"壮怀激烈·初心不改"精品线路	甘肃省武威市古浪县红军西路军古浪战役遗址—金昌市永昌县红西路军永昌战役纪念馆—张掖市高台县高台烈士陵园—高台县中国工农红军西路军血战高台场景复原地—临泽县梨园口战役纪念馆
48	"雪域高原·红色青海"精品线路	青海省西宁市中国工农红军西路军纪念馆—果洛州班玛县红军沟革命遗址—果洛州班玛县红二、四方面军临时指挥所—果洛州班玛县红军墓—果洛州班玛县红军亭
49	"红旗漫卷六盘山"精品线路	宁夏回族自治区固原市隆德县六盘山长征纪念馆—固原市西吉县兴隆镇单家集红军长征遗址—固原市西吉县中国工农红军长征将台堡会师纪念碑—固原市青石嘴战斗遗址—吴忠市同心县红军西征纪念园—吴忠市盐池县革命烈士纪念馆
50	"革命记忆·新疆足迹"精品线路	新疆维吾尔自治区乌鲁木齐市八路军驻新疆办事处纪念馆—乌鲁木齐市革命烈士陵园—新疆维吾尔自治区博物馆—中国工农红军西路军总支队纪念馆—昌吉州新疆新辉红色记忆博物馆
51	"爱国守边·青春无悔"精品线路	新疆维吾尔自治区伊犁州昭苏县灯塔知青馆—博尔塔拉蒙古自治州博物馆—博尔塔拉纪念园—塔城地区裕民县 161 团小白杨哨所—塔城市红楼博物馆—克拉玛依一号井—克拉玛依展览馆—阿勒泰地区吉木乃县 186 团吉木乃口岸—阿勒泰地区哈巴河县西北边境第一连
52	"屯垦戍边·红色兵团"精品线路	新疆维吾尔自治区阿克苏地区阿克苏人民英雄纪念碑—阿克苏博物馆—阿拉尔三五九旅屯垦纪念馆—石河子市新疆生产建设兵团军垦博物馆—石河子市军垦文化广场—石河子市军垦第一连—五家渠市新疆兵团第六师五家渠市博物馆
53	"科技之光·强国之路"精品线路	中国科学院大学"两弹一星"纪念馆—中国科学院力学研究所风洞实验室—中国科学院物理研究所党员教育基地—中科算维智慧科技馆—中国科学院力学研究所党建基地

续表

序号	精品线路名称	具体路线
54	"盛世中国·奥运圆梦"精品线路	北京奥林匹克公园—北京奥林匹克森林公园—国家速滑馆"冰丝带"—延庆区国家高山滑雪中心—国家雪车雪橇中心—河北省张家口市崇礼区国家跳台滑雪中心—国家冬季两项中心(2022年北京—张家口冬季奥林匹克运动会项目比赛场馆)
55	"千年大计·未来雄安"精品线路	北京大兴国际机场—雄安新区雄安高铁站—雄安新区规划展示中心—雄安新区市民服务中心—"千年秀林"大清河片林一区
56	"红色军工·太原力量"精品线路	山西省北方机械制造有限公司(国营第247厂)—太原市重型机械集团—太原市中国煤炭博物馆—太原钢铁集团—忻州市岢岚县太原卫星发射基地
57	"共和国长子·新时代工业"精品线路	辽宁省沈阳市沈飞航空博览园—沈阳市中国工业博物馆—沈阳铁路陈列馆—沈阳新松机器人集团—抚顺市雷锋纪念馆—本溪钢铁集团—鞍山钢铁集团—鞍山市鞍钢化工总厂雷锋纪念馆—大连现代轨道交通有限公司电车工厂—大连船舶重工集团
58	"民族工业·科技之星"精品线路	吉林省长春市长光卫星技术基地—长春汽车经济技术开发区—长春一汽红旗文化展馆—长春空军航空大学航空馆—长春电影制片厂
59	"大国海陆空·科技向前冲"精品线路	上海市汽车博览公园—上海市洋山深水港—上海市商飞上海飞机制造有限公司浦东基地—上海市春秋航空模拟机基地(飞培中心)
60	"数字科技·云上逐梦"精品线路	浙江省嘉兴市桐乡乌镇世界互联网大会会址—杭州市杭州湾跨海大桥—嘉兴市海盐县秦山核电科技馆—杭州市云栖小镇(浙江数字经济特色小镇)—杭州市城市大脑公司—杭州市未来科技城—杭州市梦想小镇
61	"科技创新·驱动江淮"精品线路	安徽省合肥市京东方光电科技—合肥市包河区安徽创新馆—合肥市合肥科学岛(合肥现代科技馆、人造小太阳)—合肥市长鑫存储技术有限公司—芜湖市奇瑞智能网联"未来工厂"
62	"福建发展·晋江经验"精品线路	福建省福州市福清核电站(第三代核电技术"华龙一号"全球首堆)—晋江市"晋江经验"馆—宁德市锂电新能源小镇(全球最大的聚合物锂离子电池生产基地)—上汽集团福建宁德生产基地(新能源汽车生产基地)—福安青拓集团(全球最大的不锈钢生产基地)
63	"工业旅游·扬帆起航"精品线路	山东省青岛奥林匹克帆船中心(上海合作组织青岛峰会主会场)—青岛市青岛港工业旅游基地—青岛市海尔工业园—青岛市海信工业旅游基地—荣成市国家电投新能源科技馆—烟台市"耕海1号"海洋牧场

序号	精品线路名称	具体路线
64	"南水北调·活水之源"精品线路	河南省温县南水北调中线总干渠—郑州黄河博物馆—南阳市淅川县南水北调中线渠首—湖北省丹江口市丹江口大坝—丹江口市南水北调纪念园—十堰市博物馆—十堰市东风工业遗产旅游区
65	"中国三峡·世纪工程"精品线路	湖北省武汉市汉阳区武汉长江大桥—荆州市公安县荆江分洪工程—宜昌市三峡工程展览馆—宜昌市三峡大坝旅游区—宜昌市三峡工程—重庆市万州区三峡移民纪念馆—重庆市白鹤梁水下博物馆—重庆市渝中区重庆中国三峡博物馆
66	"科技湖南·动力中国"精品线路	湖南省长沙中联重科麓谷工业园—长沙远大科技集团远大城—株洲动力谷(高铁机车、通用航空、新能源汽车相关产业展示)—衡阳工业博物馆—郴州宝山工矿
67	"奋进大湾区·逐梦新时代"精品线路	广东省广州市海珠区广州地铁博物馆—佛山市珠三角工匠精神展示馆—深圳市莲花山公园—深圳市博物馆—大亚湾核电站—大亚湾中微子实验室—港珠澳大桥
68	"航天文昌·飞天梦想"精品线路	海南省文昌航天发射基地—文昌航天科普馆—文昌航天主题公园—文昌龙楼航天小镇—文昌淇水湾
69	"两弹一星·大国重器"精品线路	四川省绵阳市梓潼县中国两弹城景区—雅安市石棉县双螺旋隧道(国际首创的双螺旋小半径曲线型隧道)—凉山自治州西昌卫星发射中心—攀枝花中国三线建设博物馆—攀枝花市开发建设纪念馆—攀枝花市大田会议纪念馆
70	"三线记忆·中国天眼"精品线路	贵州省六盘水三线建设博物馆—安顺三线贵州航空发动机厂旧址—三线贵州歼击机总装厂旧址—贵阳国家大数据(贵州)综合试验区展示中心—平塘县"中国天眼"景区—平塘县克度镇天文科普馆
71	"能源陕北·科技西安"精品线路	陕西省榆林市陕西北元化工集团—榆林市榆树湾煤矿—榆林市陕西未来能源化工—延安市延长县中国陆上第一口油井—西安市阎良航空科技馆—杨凌农业高新技术产业示范区—西安市西安交通大学西迁纪念馆
72	"神秘原子城·大国铸剑人"精品线路	青海省湟源县小高陵红色教育基地—海晏县原子城纪念馆—海晏县原子弹纪念碑—海晏县原子城遗址—221基地地下指挥中心
73	"生态蓟州·田园如诗"精品线路	天津市蓟州区下营镇常州村—蓟州区下营镇青山岭村—黄崖关长城—蓟州区下营镇郭家沟村—蓟州区下营镇团山子村—蓟州区穿芳峪镇毛家峪村—蓟州区穿芳峪镇小穿芳峪村—蓟州区穿芳峪镇东水厂村

续表

序号	精品线路名称	具体路线
74	"艰苦奋斗路·绿色塞罕坝"精品线路	河北省承德市滦平县金山岭长城—隆化县茅荆坝国家森林公园—围场县塞罕坝机械林场—御道口草原—丰宁县京北第一草原—千松坝国家森林公园—张家口市沽源县五花草甸—张北县德胜村
75	"脱贫攻坚·小康河北"精品线路	河北省保定市阜平县龙泉关镇骆驼湾村—阜平县龙泉关镇顾家台村—石家庄市平山县岗南镇李家庄村—西柏坡镇北庄村—石家庄市正定县塔元庄村—邢台市内丘县岗底村
76	"山西好风光·乡村奔小康"精品线路	山西省忻州市岢岚县宋家沟村—太原市娄烦县河北村—汾阳市贾家庄镇贾家庄村—孝义市新义街道贾家庄村—吕梁市离石区信义镇归化村—吕梁市柳林县三交镇三交村—吕梁市柳林县薛村镇军渡村—吕梁市临县碛口镇李家山村—吕梁市方山县北武当镇来堡村—吕梁市交城县庞泉沟镇苏家湾村
77	"绿色阿拉善·多彩额济纳"精品线路	内蒙古自治区阿拉善腾格里沙漠天鹅湖景区—阿拉善盟胡杨林旅游区—阿拉善盟额济纳旗黑城弱水胡杨景区—额济纳旗居延海景区—额济纳旗东风航天城
78	"兴边富民·辽吉风光"精品线路	辽宁省丹东市天华山森林公园—丹东凤城市大梨树村—丹东东港市獐岛村—通化市集安市太王镇钱湾村—吉林省延边州敦化雁鸣湖小山村—延边州汪清县大兴沟镇红日村—延边州和龙市东城镇光东村—延边州珲春市敬信镇防川村
79	"生态伊春·美丽乡村"精品线路	黑龙江省伊春铁力市年丰乡长山村—伊春市马永顺纪念馆—伊春市西岭森林生态旅游度假区—伊春市永达木艺研学基地—伊春市森林博物馆—伊春市上甘岭溪水林场—伊春市丰林县五营镇平原社区—伊春市新青区松林户外风情小镇—伊春市嘉荫县红光乡休闲农业旅游度假区
80	"一江两岸·别样水乡"精品线路	江苏省常熟市蒋巷村—无锡市阳山镇前寺舍村—溧阳市塘马村—盐城市大丰区新丰镇荷兰花海—盐城市恒北村—盐城市东台市弶港镇巴斗村
81	"两山理念·振兴之路"精品线路	浙江省湖州市安吉县余村—安吉县目莲坞村—蔓塘里村—安吉县鲁家村—安吉县黄杜村—湖州市莫干山国家旅游度假区—杭州市西溪国家湿地公园—杭州市淳安县千岛湖景区—杭州市淳安下姜村—衢州市开化金星村
82	"清新福建·脱贫攻坚"精品线路	福建省宁德市福鼎市赤溪村—宁德市寿宁县下党村—寿宁县斜滩镇车岭古道—南平市政和县石圳村—南平生态银行展厅—南平市延平区王台国家储备林基地—三明市沙县俞邦村（沙县小吃第一村）—三明市将乐县常口村"两山学堂"—三明市尤溪县半山村—厦门市同安区军营村—龙岩市长汀县水土保持科教园

续表

序号	精品线路名称	具体路线
83	"古徽州·新农村"精品线路	安徽省六安市金寨县花石乡大湾村—黄山市翡翠新村—黄山市黟县宏村—黄山市黟县西递村—黄山市歙县雄村—江西省上饶市婺源县晓起村—上饶市婺源县江湾景区—上饶市婺源县篁岭
84	"齐风鲁韵·魅力田园"精品线路	山东省淄博市中郝峪村—临沂市沂南县朱家林田园综合体—临沂市沂南县竹泉村—临沂市平邑县九间棚旅游区—临沂市兰陵县压油沟景区—临沂市兰陵县代村—临沂市兰陵县国家农业公园—枣庄市山亭区兴隆庄村
85	"山乡巨变·美在中原"精品线路	河南省洛阳市嵩县天桥沟村—洛阳市栾川县重渡村—洛阳市栾川县抱犊寨—新乡市新乡县刘庄村—新乡市新乡县京华村—新乡市卫辉市唐庄—新乡市辉县市裴寨村—新乡市辉县市回龙村—新乡市辉县市郭亮洞—信阳市新县田铺大湾村—信阳市司马光油茶园和东岳村
86	"土家风情·美丽恩施"精品线路	湖北省恩施盛家坝镇二官寨村—恩施白杨坪镇洞下槽村—宣恩伍家台—来凤杨梅古寨—咸丰马倌屯现代农业产业园—利川南坪乡营上村—利川东城办事处白鹊山村—建始县龙坪乡店子坪村
87	"精准扶贫·首倡之地"精品线路	湖南省湘西州花垣县十八洞村—吉首市矮寨奇观景区—湘西州乾州古城—湘西州泸溪县浦市古镇—湘西州凤凰县凤凰古城(包括老洞村、竹山村)—凤凰县菖蒲塘村
88	"岭南文化·人文遗存"精品线路	广东省梅州市平远县仁居镇仁居村—梅州市平远县泗水镇梅畲村—梅州市梅县区雁洋镇长教村—梅州市大埔县西河镇北塘村—潮州市广济门城楼—潮州市广济桥—潮州市牌坊街—潮州市潮安区庵埠镇霞露村—汕头市侨批文物馆—汕头市开埠文化陈列馆—汕头市潮南区仙城镇波溪村
89	"八桂大地·乡村欢歌"精品线路	广西壮族自治区柳州市融水县安锤乡江门村—柳州市梦鸣苗寨民俗文化体验园—河池市天峨县岜暮乡么村—河池市巴马瑶族自治县那桃乡平林村—河池市环江县毛南族感恩教育中心—河池市金城江区东江镇里仁村—河池市宜州区中国村民自治展示中心—河池市宜州区刘三姐故里景区—河池市宜州区屏南乡合寨村—来宾市忻城县马泗乡马泗村—来宾市忻城县红渡镇六纳村—来宾市金秀县六巷乡大岭村—来宾市金秀瑶族自治县金秀镇六段村
90	"热带海岛·热情海南"精品线路	海南省海口市海南农垦博物馆—海口市秀英区诗茶村—海口市琼山区橡胶林、红明荔海共享农庄—儋州市海南莲花山文化景区—儋州市蓝洋樱花乐园—澄迈县福山咖啡联邦小镇—临高县临高角解放公园—三亚市吉阳区博后村

序号	精品线路名称	具体路线
91	"旅游扶贫·渝乡成就"精品线路	重庆市巫山县竹贤乡下庄村—重庆市巫山县双龙镇白坪村、安静村—重庆市石柱县中益乡华溪村—重庆市酉阳县桃花源景区—重庆市酉阳县车田乡旅游扶贫示范基地—重庆市酉阳县龚滩古镇
92	"壮美三峡·安逸乡村"精品线路	重庆市奉节县永乐镇白龙村—奉节县永乐镇大坝村—奉节县安坪镇三沱村移民文化墙—奉节县三峡原乡景区—奉节县兴隆镇陈家河观景平台—奉节县兴隆镇卡麂坪传统村落—奉节县兴隆镇金凤云海景区—奉节县青龙镇大窝景区
93	"天府新貌·蜀道不难"精品线路	四川省成都市郫都区战旗村—成都市蒲江县明月村—成都市彭州市宝山村—眉山市丹棱县顺龙乡幸福村—乐山市峨边县黑竹沟镇底底古村—攀枝花市米易县新山傈僳族乡新山村—凉山州昭觉县谷莫村—凉山州昭觉县阿土列尔村(悬崖村)—凉山州美姑县依果觉乡古拖村
94	"多彩贵州·幸福苗侗"精品线路	贵州省遵义市播州区花茂村—遵义市播州区团结村—六盘水市盘州市岩博村—黔西南州兴仁市鲤鱼村—黔东南州从江县岜沙苗寨—黔东南州黎平县肇兴侗寨—黔东南州雷山县西江千户苗寨—黔东南州凯里市下司古镇—黔东南州丹寨县丹寨小镇
95	"傈僳山寨换新颜"精品线路	云南省怒江州怒江大峡谷—怒江州福贡县匹河怒族乡老姆登村—怒江州贡山县丙中洛镇—怒江州贡山县独龙江乡
96	"门巴风情·雪域欢声"精品线路	西藏自治区泽当景区—拿日雍措—百花滩景观台—门巴民族新村—岗亭瀑布—森木扎景区
97	"体验关中民俗·品味陕西味道"精品线路	陕西省西安市鄠邑区甘亭镇东韩村—西安市周至县周至水街—咸阳市礼泉县袁家村—咸阳市兴平市马嵬驿—咸阳市泾河县茯茶小镇—宝鸡市岐山县西岐民俗村—宝鸡市陈仓区香泉镇大水川景区
98	"治沙典范·生态甘肃"精品线路	甘肃省古浪县八步沙林场—临夏州布塄沟村—定西市渭源县元古堆村—武威市凉州区长城镇红水村—张掖市大漠紫光三万亩黑色食品产业园—武威市红崖山水库
99	"脱贫攻坚·花儿最艳"精品线路	青海省海东市南门峡镇磨尔沟村—海东市互助县麻吉村—海东市互助县卓扎滩村—海东市互助县小庄村—海东市互助县班彦村—西宁市湟中县上五庄镇包勒村—西宁市湟中县拦隆口镇卡阳村

序号	精品线路名称	具体路线
100	"金沙滩·山海情"精品线路	宁夏回族自治区银川市永宁县闽宁镇原隆村—银川市永宁县棚湖湾树莓生态景区—银川市永宁县原隆村扶贫工坊—银川市永宁县赵家农民文化大院—银川市贺兰县四十里店村稻鱼空间生态园—宁夏生态移民就业创业示范基地广场

附录四
庆祝中国共产党成立100周年精品展览

附表1 全国庆祝中国共产党成立100周年精品展览名单

省份	精品展览项目	申报单位
北京市	不忘初心 牢记使命——中国共产党历史展览	中国共产党历史展览馆
	友好往来 命运与共——党和国家领导人外交活动礼品展	中央礼品文物管理中心 中央礼品展示馆
	"百年恰是风华正茂"主题档案文献展	中央档案馆、中国第一历史档案馆
	光辉伟业 红色序章——北大红楼与中国共产党早期北京革命活动主题展	中国共产党早期北京革命活动纪念馆、北京新文化运动纪念馆
	在党的旗帜下前进——人民军队庆祝中国共产党成立100周年主题展	中国人民革命军事博物馆
	建党百年农业农村发展历程展	全国农业展览馆(中国农业博物馆)
	风卷红旗关权归——庆祝中国共产党百年华诞海关百物特展	中国海关博物馆
	人民空军忠于党——庆祝中国人民解放军空军成立70周年展览	中国航空博物馆
	民航人·初心——庆祝中国共产党成立100周年民航优秀共产党员主题展	民航博物馆
	中流砥柱——中国共产党抗战文物展	中国人民抗日战争纪念馆
	红色电波中的领袖风范——毛泽东同志香山时期发布电报手稿专题展览	香山革命纪念馆
	见证——庆祝中国共产党成立100周年	北京市古代钱币展览馆
天津市	红色记忆——天津革命文物展	天津博物馆
	周恩来邓颖超纪念馆基本陈列	周恩来邓颖超纪念馆
	平津战役基本陈列	平津战役纪念馆

续表

省份	精品展览项目	申报单位
河北省	抗日模范根据地——晋察冀边区	晋察冀边区革命纪念馆
	晋冀鲁豫边区政权建设展	八路军一二九师纪念馆
山西省	初心映三晋　百年铸辉煌——山西省庆祝中国共产党成立100周年文物特展	山西博物院
	在太行山——庆祝中国共产党成立100周年革命文物精品展	八路军太行纪念馆
内蒙古自治区	内蒙古革命历史陈列	内蒙古博物院
辽宁省	开国第一战——庆祝中国共产党成立100周年专题展	抗美援朝纪念馆
	伟大胜利——锦州战役专题陈列展	辽沈战役纪念馆
	在理想光辉照耀下——大连市庆祝中国共产党成立100周年主题展	大连博物馆
	钢铁是怎样炼成的——庆祝中国共产党成立100周年革命文物展览	鞍钢集团博物馆
吉林省	初心如磐——吉林省庆祝中国共产党成立100周年主题展览	吉林省博物院(东北抗日联军纪念馆)
	永恒的旗帜——中国共产党延边历史展	延边博物馆
黑龙江省	红色记忆——纪念建党百年黑龙江革命文物、文献展	东北烈士纪念馆
	人民空军东北老航校历史展览	人民空军东北老航校旧址展陈中心
	东北民主联军前线指挥部旧址陈列	第四野战军纪念馆
上海市	伟大的开端——中国共产党创建历史陈列	中国共产党第一次全国代表大会纪念馆
	红色足迹——中国共产党党章历程展览	中共二大会址纪念馆
	初心之地　美好生活——庆祝建党100周年文物史料展	上海市历史博物馆(上海革命历史博物馆)
	渔阳里　青年团从这里出发——中国社会主义青年团创建史陈列展	中国社会主义青年团中央机关旧址纪念馆
	力量——百年来中国共产党领导下的资本市场实践和发展历程	中国证券博物馆
	红色记忆　蓝色航海——庆祝中国共产党成立100周年特展	上海中国航海博物馆

续表

省份	精品展览项目	申报单位
江苏省	百年征程 初心永恒——中国共产党在江苏历史展(1921—2021)	南京国际博览中心
	铁窗犹见坚壮志——雨花英烈狱中斗争革命文物展	雨花台烈士纪念馆
	只要跟党走 一定能胜利——庆祝中国共产党成立100周年新四军革命文物专题展	新四军纪念馆
	初心如磐 人民至上——苏皖边区革命史陈列	苏皖边区政府旧址纪念馆
	峥嵘岁月——扬州地区革命文物展	扬州博物馆
浙江省	红船起航——南湖革命纪念馆基本陈列	南湖革命纪念馆
	浙里小康——庆祝中国共产党成立100周年特展	浙江省博物馆(浙江革命历史纪念馆)
	红船引航 迎潮搏浪——中国共产党与中国强港之路	宁波中国港口博物馆
	望道之路——陈望道与《共产党宣言》暨中国共产党成立100周年系列联展	金华市博物馆
安徽省	初心映江淮——庆祝中国共产党成立100周年主题展	安徽博物院
	剑指江南——渡江战役总前委孙家圩子旧址陈列展	蚌埠市博物馆
	大包干纪念展	大包干纪念馆
福建省	红色映像——庆祝中国共产党成立100周年福建革命文物精品联展	中央苏区(闽西)历史博物馆
	战旗猎猎永飘扬——中国工农红军闽南独立第三团历史	福建省漳州市博物馆、毛主席率领红军攻克漳州纪念馆
	百年辉煌 闽西荣光——庆祝中国共产党成立100周年龙岩老区苏区成就展	龙岩市博物馆
江西省	百年回望 红心向党——庆祝中国共产党成立100周年主题展	南昌八一起义纪念馆
	红色摇篮——江西革命史陈列	江西省博物馆
	井冈山革命斗争史	井冈山革命博物馆
	人民共和国从这里走来——中华苏维埃共和国史基本陈列	瑞金中央革命根据地纪念馆
	红色安源 工运旗帜——安源路矿工人革命斗争史基本陈列	安源路矿工人运动纪念馆
	南国烽烟举红旗——南方红军三年游击战争历史陈列	大余县南方红军三年游击战争纪念馆
	无声的号角——中央苏区红色标语展览	赣州市博物馆

续表

省份	精品展览项目	申报单位
山东省	让党旗永远飘扬——山东省庆祝中国共产党成立100周年主题展	山东博物馆
	人民海军历史基本陈列	海军博物馆
	尽善尽美唯解放——庆祝中国共产党成立100周年专题展	潍坊市博物馆　乐道院潍县集中营博物馆
	伟大的历程——中共百年来在烟台的辉煌足迹	烟台市博物馆
	跟着共产党走——庆祝建党100周年沂蒙精神革命文物展	临沂市博物馆
	初心·使命——莒南县庆祝建党100周年革命历史专题展	莒南县博物馆
河南省	出彩中原——河南红色文化陈列	河南博物院
	永远跟党走——庆祝中国共产党成立100周年大别山革命文物陈列展览	鄂豫皖苏区首府　革命博物馆
	伟大的转折	刘邓大军渡黄河纪念馆
	不朽的信仰——庆祝建党100周年平顶山革命文物展	平顶山博物馆
湖北省	荆楚百年英杰	湖北省博物馆
	紧急时期的艰难探索——中国共产党第五次全国代表大会历史陈列	武汉革命博物馆
湖南省	芳草之地　红满潇湘——湖南省博物馆馆藏革命文物专题展	湖南省博物馆
	恰是百年风华——庆祝中国共产党100周年主题展	韶山毛泽东同志纪念馆
	刘少奇与中国共产党	刘少奇同志纪念馆
	光辉起点——秋收起义历史陈列	秋收起义文家市会师纪念馆
	血性湘西——湘西革命历史陈列	湘西自治州博物馆
广东省	红色热土　不朽丰碑——中国共产党领导广东新民主主义革命历史专题展	广东省博物馆
	中国共产党第三次全国代表大会历史陈列	中共三大会址纪念馆
	侨心向党　同心圆梦——五邑华侨华人与中国共产党	江门市博物馆

省份	精品展览项目	申报单位
广西壮族自治区	百年初心　逐梦八桂——中国共产党在广西百年历程展览	广西壮族自治区博物馆
	英雄史诗　不朽丰碑	红军长征湘江战役纪念馆
	左江党旗红——崇左市庆祝中国共产党成立100周年主题展览	崇左市壮族博物馆
海南省	二十三年红旗不倒——琼崖纵队文物史料展	海南省博物馆
重庆市	初心·使命·奋斗——中国共产党重庆100周年光辉历程展	重庆红岩革命历史博物馆
	牢记嘱托战贫困　巴山渝水换新颜——重庆市脱贫攻坚展	重庆中国三峡博物馆(重庆博物馆)
	建党100周年　统战百件大事——统一战线庆祝中国共产党成立100周年主题展览	中国民主党派历史陈列馆
四川省	永恒的记忆——四川红军标语文物展	四川博物院
	厚德载物　精神永存——朱德革命文物展	朱德同志故居纪念馆
	邓小平与中国共产党专题展	邓小平故居陈列馆
	奋斗与辉煌——中国共产党百年礼赞	四川省建川博物馆
	红旗漫卷大巴山	川陕苏区纪念馆
贵州省	伟大的历程——中国共产党是这样走向胜利的大型历史图片全国巡展	遵义会议纪念馆
	艰苦历程——革命烽火中的红军医院	四渡赤水纪念馆
	红二、红六军团长征陈列展览	红二、红六军团长征贵州纪念馆
云南省	不忘初心　牢记使命——云南省庆祝中国共产党成立100周年成就展	云南省博物馆
	扎西会议放光芒　三军过后尽开颜	扎西会议纪念馆
	党的光辉照边疆	德宏州博物馆
西藏自治区	伟大里程——西藏工委旧址纪念馆基本陈列	西藏工委旧址纪念馆
	藏东辉煌——中国共产党昌都工作委员会及中华人民共和国昌都地区人民解放委员会特展	昌都市革命历史博物馆

省份	精品展览项目	申报单位
陕西省	不忘来时路——庆祝中国共产党成立100周年延安革命纪念馆馆藏精品文物展	延安革命纪念馆
	延安文艺的光辉历程	延安文艺纪念馆
	扶眉战役基本陈列展	扶眉战役纪念馆
甘肃省	旗帜飘扬——长征精神在陇原	甘肃省博物馆
	中国酒泉卫星发射中心历史展览	中国酒泉卫星发射中心历史展览馆
青海省	两弹一星精神原子城纪念展	青海原子城纪念馆
	光辉里程——两路精神之青藏公路精神纪念展	青藏公路纪念馆
	青藏高原上的那一抹红色	班玛县红军长征纪念馆
宁夏回族自治区	红旗漫卷——宁夏革命文物陈列	宁夏回族自治区博物馆
新疆维吾尔自治区	中国共产党在新疆——迎接中国共产党建党100周年新疆革命文物展	新疆维吾尔自治区博物馆
	物语百年——庆祝中国共产党成立100周年主题展览	乌鲁木齐市烈士陵园
新疆生产建设兵团	新疆生产建设兵团屯垦戍边历史展	新疆生产建设兵团军垦博物馆

附录五
以革命文物为主题的"大思政课"
优质资源示范项目名单（10项）

附表1 以革命文物为主题的"大思政课"优质资源示范项目名单

项目名单	申报单位
"百物进百校，百讲证百年"——中共一大纪念馆百件文物藏品进课堂活动	中共一大纪念馆 上海市青少年学生校外活动联席会议办公室
革命文物映初心 红船起航高校行——行走的思政课	南湖革命纪念馆 浙江大学
韶山下的思政课	韶山毛泽东同志纪念馆 北京大学
北京中轴线上的大思政课	中共北京市委教育工作委员会 北京市文物局 中国人民大学
新时代青年延安行——革命文物融入思政课社会实践活动	陕西省文物局 西北大学 中共陕西省委宣传部 中共陕西省委教育工作委员会 共青团陕西省委
"学英烈事 诵抗战经典 做红色传人"主题教育	中国人民抗日战争纪念馆 北京市中小学生社会大课堂管理办公室
打造"六个一课"，讲好国家公祭仪式举办地"大思政课"	侵华日军南京大屠杀遇难同胞纪念馆 南京大学
传承红色基因 争做时代新人——红岩革命故事展演	重庆红岩革命历史博物馆 重庆大学
刘公岛开学第一课	中国甲午战争博物馆 山东大学(威海)
红巷里的思政课	武汉革命博物馆 武昌高校马克思主义学院联盟

附录六
以革命文物为主题的"大思政课"优质资源精品项目名单（100项）

附表1　以革命文物为主题的"大思政课"优质资源精品
项目名单——现场教学类（40项）

省份	项目名单	申报单位
北京市	"走进中国华侨历史博物馆"系列思政课程	中国华侨历史博物馆　北京市东直门中学
	阳早寒春故居"纪念馆里的思政课"建设	中央财经大学　中国农机院阳早寒春故居及生平事迹展厅
	"赶考"路上的北京答卷——北京市以"实践教学"为主题的大思政课示范教学	香山革命纪念馆　北京科技大学
	"觉醒年代"研学行　首都高校力量参与红色文化研学项目	中国共产党早期北京革命活动纪念馆　清华大学
天津市	"青春火炬"思政课	平津战役纪念馆　天津大学
河北省	"五四诵读"活动	留法勤工俭学运动纪念馆　河北大学
山西省	"兵器陈列室"里的大思政课	中北大学　太行工业学校旧址
内蒙古自治区	中共六大满洲里"红色边境线"红色基因传承沉浸式思政课程	满洲里博物馆（市文物保护中心）　满洲里市第五中学
辽宁省	"红色传承培根铸魂"东野前指旧址系列大思政课	辽沈战役纪念馆　辽宁工业大学
	传承抗战精神　思政铸魂育人"大思政课"实践教学	沈阳"九·一八"历史博物馆　东北大学
	"传承雷锋精神　构建思政课堂"主题活动	辽宁省博物馆　沈阳市教育研究院
上海市	《人民城市建设寻访》新中国史专题实践课程	复旦大学　上海市杨浦滨江人民城市建设规划展示馆
	寻访"科学家精神"　博物馆"大思政课"	上海交通大学钱学森图书馆　上海市徐汇区田林第三中学

省份	项目名单	申报单位
江苏省	常州三杰纪念馆"红色1+N"实境思政课	常州三杰纪念馆　江苏理工学院
	书画经典中的党史　南京城里的红色故事	江苏警官学院　渡江胜利纪念馆
浙江省	山河赤子心　岁月峥嵘行——"鲁迅与共产党人"大思政课	绍兴鲁迅纪念馆　绍兴市鲁迅小学
安徽省	博物馆里的思政课——小小红领巾成长志	安徽博物院(安徽省文物鉴定站)　合肥工业大学附属中学
	"让生命在春天歌唱"主题思政教育活动	六安市清水河学校　金寨县革命博物馆
福建省	"华侨与中国革命"主题现场教学	华侨大学　泉州华侨革命历史博物馆
	福建革命文物主题课程现场教学	福建省革命历史纪念馆　福州市廨院小学
江西省	"以情动人　以理服人　以史育人"启智润心思政教育课程	南昌八一起义纪念馆　江西师范大学
	长征前夕毛泽东同志的历史自觉　基于赣南省苏维埃政府旧址暨长征前夕　毛泽东同志旧居——何屋的大思政课	于都中央红军长征集结出发历史博物馆(中央红军长征出发纪念馆)　赣南师范大学
山东省	"听涛观海青岛山　一战遗址读沧桑"系列思政课程	青岛一战遗址博物馆　中国石油大学(华东)
	"致敬我们最可爱的人"系列思政课程	乐道院潍县集中营博物馆　山东畜牧兽医职业学院
河南省	"一把藤椅的故事"系列课程	兰考县焦裕禄纪念馆　河南大学
	"传承红色基因　弘扬红旗渠精神"系列思政课程	红旗渠纪念馆　华北水利水电大学
湖北省	"用好革命文物资源　传承珞珈红色基因"系列思政课程	武汉大学周恩来旧居纪念馆　武汉大学附属中学
	八七红色教育课系列课程	八七会议会址纪念馆　沈阳路小学
湖南省	"开学第一课"研学活动	湖南党史陈列馆　湖南师范大学
	《青春一师　榜样力量》主题现场教学	毛泽东与第一师范纪念馆　湖南第一师范学院第一附属小学
广东省	"点燃理想之光"研学课程	中国共产党第三次全国代表大会会址纪念馆　广州市越秀区东山培正小学
	"双师"沉浸式研学实践教育课程	黄埔军校旧址纪念馆　广州市黄埔军校纪念中学
	"农讲所红色传承之旅"研学课程	毛泽东同志主办农民运动讲习所旧址纪念馆　广州市越秀区雅荷塘小学

续表

省份	项目名单	申报单位
重庆市	凝心聚力　"移"路前行　三峡移民红色基因大思政课	重庆三峡移民纪念馆　重庆市万州南京金陵中学
四川省	弘扬伟大抗震救灾精神主题系列课程	5·12汶川特大地震纪念馆　绵阳师范学院
甘肃省	"忆苦思甜感党恩　抚今追昔永向前"系列思政课程	会宁县红军会宁会师旧址管理委员会　会宁县东关小学
青海省	"博物馆里的思政课"教育课堂	青海省博物馆　西宁市胜利路小学
宁夏回族自治区	永不消逝的"半部电台"　永不停息的奋斗精神	宁夏工商职业技术学院　宁夏无线电博物馆
新疆生产建设兵团	《人民群众是历史的创造者》　以新疆生产建设兵团八师一五〇团团史考察为核心的思政课教学	石河子大学　八师一五〇团驼铃梦坡纪念馆
	新疆兵团军垦博物馆系列红色课程	新疆兵团军垦博物馆　石河子市第二小学

附表2　以革命文物为主题的"大思政课"优质资源精品项目名单——工作案例类（25项）

省份	项目名单	申报单位
北京市	开展青少年志愿服务　发挥实践育人作用	宋庆龄故居管理中心　北京师范大学
	光影看中国　"电影中的党史大课"系列课程活动	中国电影博物馆　中国科学院大学
天津市	"纪念馆+高校"的"大思政课"融合育人共同体：南开大学十年苏区实践的探索与实践（2012—2022）	南开大学　瑞金中央革命根据地纪念馆
河北省	抗大旧址共建共享	中国人民抗日军政大学陈列馆　黑龙江大学
山西省	"追寻红色足迹　点燃理想之光"社会实践研学课程	山西国民师范旧址革命活动纪念馆　太原理工大学
内蒙古自治区	聚焦红色文化展馆的"思政课程与课程思政"教学实践	内蒙古大学　乌兰夫纪念馆

续表

省份	项目名单	申报单位
上海市	校馆耦合 协同育人——遵义会议纪念馆里的"同济思政课"	同济大学 遵义会议纪念馆
	"龙华魂"研学思政大课堂	上海市龙华烈士纪念馆 华东师范大学
江苏省	雨花英烈事迹与精神融入高校"大思政课"建设的实践探索	南京市雨花台烈士陵园管理局 南京邮电大学
	淮海战役大思政课一体化建设 "三三三"工程	淮海战役纪念馆 徐州市教育局
	"五维融入" 活化资源——探索革命文物进入高校"大思政"课堂有效途径	常州大学 云岭新四军军部旧址纪念馆
安徽省	安庆师范大学"大思政课"实践教学案例	安庆师范大学 安庆市博物馆
山东省	沂蒙革命老区革命文物资源数字化建设及应用	临沂大学 华东野战军总部旧址暨新四军军部旧址纪念馆
	"红色文博轻骑兵" 唱响校园主旋律	烟台市博物馆 烟台职业学院
湖北省	馆校联盟共建"大思政课"教学实践基地大学生志愿者服务实践平台工作案例	武汉中共中央机关日址纪念馆 华中科技大学
湖南省	清水塘畔担使命 用情用力讲活"大思政课"	中国共产党长沙历史馆 长沙学院
广东省	打造"情景故事+"育人模式 为培养时代新人赋能	广东革命历史博物馆 上海大学
重庆市	用好革命文物资源 创新志愿服务平台	重庆中国三峡博物馆 重庆市第一一〇中学
四川省	穿越历史的红色传承——青年党史讲坛	四川大学博物馆 成都七中育才学校
贵州省	深挖革命文物资源 强化思政教育实效馆校合作共建"大思政课"的有效策略	四渡赤水纪念馆 贵州大学
云南省	"国之歌者——聂耳小提琴"系列思政课程实践案例	云南省博物馆 昆明市官渡区关上实验学校
陕西省	发挥红色展馆力量 在传承西迁精神中构筑思政人新高地	西安交通大学交大西迁博物馆 西安交通大学附属小学
	文化传承 铸魂育人——"三位一体"思政教育模式	陕西师范大学博物馆 陕西师范大学实验小学
	讲好延安革命故事·赋能西大红色基因西北大学"大思政课"主题案例	西北大学 延安革命纪念馆
新疆维吾尔自治区	"立德润心，行以致远"中小学研学实践活动	乌鲁木齐市博物馆（革命历史纪念地管理中心） 天山区教育局所属中小学

附表3　以革命文物为主题的"大思政课"优质资源精品
项目名单——情景故事类（20项）

省份	项目名单	申报单位
北京市	"中国人民大学校史展：中国共产党创办新型正规大学的典范""红色家书里的信仰之光"系列思政课项目	中国人民大学博物馆　中国人民大学附属中学
吉林省	"小小花瓶"插满"革命理想之花"——抗战时期吉林红色秘密交通站上的革命文物价值释义	吉林大学　吉林省博物院（东北抗日联军纪念馆）
黑龙江省	"永远的铁人——王进喜生平业绩展"	大庆铁人王进喜纪念馆　哈尔滨工业大学
浙江省	文物无声　精神不朽——浙江革命文物故事	浙江革命烈士纪念馆　杭州市上城区教育学院
浙江省	传承创新中医药文化，献身建设健康中国	宁波卫生职业技术学院　屠呦呦旧居陈列馆
浙江省	"话说革命文物"系列短视频	嘉兴博物馆　嘉兴学院
浙江省	思政微课作品《四代人的接力与奋斗》	温州医科大学　温州市博物馆
江西省	"小平小道蕴思想，春天故事国富强"主题系列"大思政课"红色教育项目	南昌市小平小道陈列馆　南昌大学
江西省	红色安源　工运旗帜——"行走的思政课"系列课程	豫章师范学院　安源路矿工人运动纪念馆
山东省	百岁老人"沂蒙精神"口述故事	山东青年政治学院　沂蒙革命纪念馆
湖北省	以"黄祯祥血衣"的故事为切入口开展革命精神教育	华中师范大学　辛亥革命博物院
湖北省	情景剧《初心与使命的对话》	武汉纺织大学　中共五大会址纪念馆
广西壮族自治区	红色舞台剧《右江潮》	百色起义纪念馆　百色学院
广西壮族自治区	湘江战役主题系列"大思政课"	桂林红军长征湘江战役文化保护传承中心　桂林理工大学
海南省	红色文化海南说　博物馆里的"大思政课"	海南大学　海南省博物馆
四川省	"为两弹元勋代言"系列情景故事	西南科技大学　中国两弹城博物馆
云南省	讲好民族团结故事　铸牢中华民族共同体意识	云南农业大学　云南省民族博物馆
西藏自治区	行走的课堂"雪域丰碑——西藏革命文物展"流动展进校园	西藏博物馆　拉萨市江苏实验中学
甘肃省	"艾黎与中国共产党的红色印记"系列思政课堂	山丹艾黎纪念馆　张掖山丹县清泉学校
甘肃省	小小干粮袋背后的故事	两当兵变纪念馆　两当县城关小学

附表4 以革命文物为主题的"大思政课"优质资源精品
项目名单——新媒体产品类（15项）

省份	项目名单	申报单位
黑龙江省	《藏品有话说》系列短视频	哈尔滨工程大学哈军工纪念馆 哈尔滨市继红小学校
上海市	《力量之源·红色100》系列红色故事视频	中共四大纪念馆 上海工程技术大学
福建省	福清革命史陈列云展览	福清市博物馆（福清侨乡博物馆） 中共福清市教育工作委员会
江西省	"八角楼——实事求是闯新路"视频微课	井冈山革命博物馆 江西软件职业技术大学
山东省	《我把红色青岛讲给你听》网络情景短视频	青岛市文化和旅游局 青岛理工大学
河南省	中国共产党领导治黄中的"河韵悠扬"视频微课	郑州大学 黄河博物馆
	《"行走河南·读懂中国"红色耀中原故事会》系列线上课程	河南博物院 郑州师范学院附属小学
湖南省	"探秘红火沙洲的幸福密码"视频微课	湖南大学 "半条被子的温暖"专题陈列馆
	《"好好学习"文博系列课程之阅读湖湘红色之旅》线上课程	湖南博物院 国防科技大学附属中学
	坚定理想信念,点燃青春梦想——杨得志故居陈列馆"大思政"情景故事课	杨得志故居陈列馆 湖南化工职业技术学院
广东省	基于数字孪生的革命文物保护虚拟仿真实验课程	广东工业大学 广州起义纪念馆
广西壮族自治区	红旗漫卷壮乡——中国共产党在广西文物图片展线上展示	广西壮族自治区博物馆 广西民族师范学院
四川省	飞夺泸定桥VR·思政课虚拟仿真体验教学项目	西南财经大学 红军飞夺泸定桥纪念馆
	黄继光思政虚拟仿真体验教学项目	成都航空职业技术学院 黄继光纪念馆
陕西省	"爱国情、强国志、报国行"馆校联动系列思政课程	陕西工业职业技术学院 安吴青训班旧址

图书在版编目（CIP）数据

全国革命文物保护利用报告 / 刘善庆主编 . --北京：
社会科学文献出版社，2024.10. --ISBN 978-7-5228
-4014-7

Ⅰ. K871. 6

中国国家版本馆 CIP 数据核字第 2024H5S711 号

全国革命文物保护利用报告

主　　编 / 刘善庆
副 主 编 / 黎志辉　汪忠华

出 版 人 / 冀祥德
责任编辑 / 冯咏梅
文稿编辑 / 李铁龙
责任印制 / 王京美

出　　版 / 社会科学文献出版社 · 经济与管理分社（010）59367226
　　　　　地址：北京市北三环中路甲 29 号院华龙大厦　邮编：100029
　　　　　网址：www. ssap. com. cn
发　　行 / 社会科学文献出版社（010）59367028
印　　装 / 三河市龙林印务有限公司

规　　格 / 开　本：787mm×1092mm　1/16
　　　　　印　张：24　字　数：363 千字
版　　次 / 2024 年 10 月第 1 版　2024 年 10 月第 1 次印刷
书　　号 / ISBN 978-7-5228-4014-7
定　　价 / 148.00 元

读者服务电话：4008918866